太平洋戦争下の

全国の障害児学校

被害と翼賛

Shimizu hiroshi
清水 寛

新日本出版社

はしがき

「盲唖《もうあ》モ亦人《またひと》ナリ。天《てん》、性命《せいめい》ヲ下《くだ》ス」（古河太四郎）という天賦人権論の立場からの人間の平等の理念にもとづき、一八七八（明治一一）年に日本で最初の公立障害児学校「京都盲唖院」（京都府立）が誕生した。

それから一四〇年の歳月を経るなかで障害児学校は量質ともに発展し、二〇一七年現在、全国の障害児学校は一一三五校（国立・公立一一二一、私立一四）に達し、その障害別内訳は視覚障害八二校、聴覚障害一一六校、知的障害七七六校、肢体不自由三五〇校、病弱・身体虚弱一四九校である（本校・分校の合計数であり、障害種別に延べ数で計上）。そして、障害の重症な子どもたちを含め、すべての障害がある人たちの発達と権利の保障に大きな役割を果たしつつある。

しかし、障害児学校がここに至るまでには、創設期の個人的経営や慈善・社会事業的性格を改善し変革していくことをはじめ、多くの困難があった。とりわけ、国の存亡をかけ、すべてが戦争遂行のための軍事力・労働力として動員される総力戦体制の時代においては、障害児学校もまたその影響をつよく受けざるを得なかった。

本書の目的は、一五年近くにわたるアジア・太平洋戦争の、とくに太平洋戦争（一九四一〔昭和一六〕年一二月～四五〔昭和二〇〕年八月）の時期を中心に、当時設置されていた全国の障害児学校について、〝戦争による被害〟と〝戦時体制への翼賛〟という両面から、その性格と実態を実証的に究明し、太平洋戦争下の全国の障害児学校の実像・全体像を明らかにすることにある。

文部省による調査によれば、太平洋戦争がひきおこされる前年の一九四〇（昭和一五）年の五月現在の盲学校は五二校（公立二七、私立二五）、盲唖学校は三三校（公立二四、私立九）、聾唖《ろうあ》学校は三四校（公立二三、私立一一）である。◆1その他に、公立の肢体不自由学校・同知的障害学校が各一校設置されていた。

著者は文部省科学研究費補助金を交付され、一九八七年から八八年にかけて、「第二次大戦下のわが国における特殊教育諸学校の戦争被害に関する調査」という題目で、質問紙郵送法により、第一次アンケート調査を太平洋戦争期から存続している都道府県の「特殊教育諸学校」を対象として、第二次アンケート調査を太平洋戦争期に「特殊教育諸学校」に勤務していた教員を対象として実施した。その結果、第一次調査では一三二校中一〇五校（回答率約八〇％）、第二次調査では一一二名中九五名（回答率約八五％）の回答が寄せられた。それらの回答から、太平洋戦争期に設置されていて戦争被害を直接・間接に受けた障害児学校として一〇八校を確認することができた。

そして、それら全一〇八校について調査・研究し、最初の論稿「第2次大戦下の全国の障害児学校の戦争被害の実態（中間報告）」（『埼玉大学紀要教育学部〔教育科学Ⅰ〕』第38巻第1号、一九八九年三月、二七～四九頁）を発表した（以下、「中間報告」と記す）。「中間報告」としたのは、内容が第一次・第二次アンケート調査への回答の分析・考察が中心であり、該当校の『記念誌（年史）』などを検討することができなかったからである。

その後、著者は全一〇八校について本書巻末に「参考文献」として記載したように、『記念誌（年史）』の収集に努めるとともに、各地方における戦時下の代表的な学校を訪問し、戦時中に勤務していた教職員からの聴き取りや、戦時中の学校の第一次資（史）料である「教務日誌」「当直日誌」「舎監日誌」をはじめ、当時の障害者教育・福祉関係団体の機関誌などの閲覧・複写、および戦争・軍国主義と障害児学校としてかかわりのある事物の撮影にも力を注いだ。

こうして、「中間報告」から三〇年近くたって本書をまとめることができた。

本書は全六章から構成されている。

第1章は空爆による被害についてである。空爆により被害を受けた学校が一〇八校中四四校と半数近くもあるのに人命の損傷が少ないのはなぜかなどについて考察している。

第2章は学校集団疎開についてである。〝子どもの戦闘配置〟としての学童集団疎開政策のもとでの障害児の学校集団疎開の実態と特徴を明らかにしようとしている。

第3章は勤労奉仕・勤労動員についてである。軍国主義教育の徹底、戦意高揚によって盲学校・盲唖学校中等部の鍼按《しんあん》科の生徒・卒業生のなかには、軍属として「海軍（陸軍）技療手」を志願し、軍隊の一員として、負傷した兵員（軍人・軍属）の鍼按灸《きゆう》マッサージ治療のために戦場にもおもむき戦死した者もいることなどを明らかにしている。

第4章は学校の運営と教育活動についてである。「戦争に役立たぬ穀《ごく》つぶしの盲・聾唖児の学校なぞつぶしてしまえ！」というような風潮が強まるなかで、学校を軍需工場化したり、生徒を「産業戦士」として養成しながらも、人間として生きるための基礎学力をつちかうために点字指導に熱心にとりくみ、将来の職業生活に不可欠な鍼按、灸、マッサージの技能を身に付けさせる指導などに教職員は懸命に力を尽くしていることなどを明らかにしている。

第5章は敗戦後の窮乏と復興へのとりくみについてである。太平洋戦争の末期にはその存続自体が危機にさらされた障害児学校が敗戦後の窮乏のなかでどのようにして復興し、戦後の新たな障害児教育への道を切り拓いていったかを多角的な視点からさまざまな分野にわたって論及している。

補章は旧植民地台湾・朝鮮における障害児学校についてである。本書が「太平洋戦争下の」時期を中心に、しかも「全国の」障害児学校について研究しようとしている以上、いまだ不十分な内容ではあっても究明していかなければならない課題《テーマ》である。

全体として、「中間報告」は題目が示しているように、主として戦争による「被害」を追究しようとしたのに対し、本書は「被害」と同時に、戦時体制への「翼賛」、すなわち戦争・軍国主義への同調・協力・加担の面も重視し、総合的に論証しようとしているところに新たな特質があるといえよう。そのために、各校の公的な記録であり報告書である『記念誌（年史）』を中心に、さらに第一次基本資（史）料である当時の「教務日誌」「舎監日誌」などや、当事者からの聴き取り、「中間報告」の際に寄せられた第二次アンケート調査への回答の「自由記入」欄の記述、および都道府県教育史に関する論文・図書の「特殊教育（障害者教育）」の章・節、障害者関係団体の機関誌なども参照しながら執筆した。

巻末には、「参考文献」（都道府県の障害児学校の『記念誌（年史）』などの地方別・県別一覧）、「中間報告」での第二次アンケートの調査用紙、全一〇八校に対する「空爆被害」から「沿革」までの全一三項目からなる学校ごとの一覧表を作成し収録した。

著者は、〝日本は、今、新たな戦前ではないのか〟という危機感を抱いている。政府は国民の多くが批判し反対しているにもかかわらず、集団的自衛権の行使容認、安保法制＝戦争法、秘密保護法・共謀罪の強行制定、公文書改竄《かいざん》などの立憲主義・民主主義の破壊、激増する膨大な軍事費の計上など、日本を海外で戦争する国にする政策を押し進めているからである。

戦争とそれを遂行する軍国主義・全体主義、あるいはファシズムは障害者をつくりだし、障害がある人たちの人間としての自由と権利、個人の尊厳をまっさきにふみにじる。戦争と障害者の幸福追求権の実現とは決して両立しない。

それをかけがえのない歴史の教訓として、日本の戦後の障害者教育・福祉などの実践・研究・運動は歩み始めた。とりわけ、日本国憲法の「恒久の平和・国民主権・基本的人権の尊重」の原則に支えられ、かつそれらの原則を実質的に深化させながら、力づよく、豊かに発展してきた。それは「障害者権利条約」（二〇〇六年、国連総会採択）など国際的な障害者権利保障の方向と軌を一にしている。その歩みをいっそう確かなものにしていきたい。

本書はそのような課題意識にもとづき、渾身の力をふりしぼって、基本的に全文を書き下ろした（第2章第2節の「2 官立東京聾啞学校の集団疎開」などは既発表論文を一部修正・加筆）。出発点となった「中間報告」とあわせて読んで下されば幸いである。

二〇一八年八月六日、広島原爆投下七三年目の日に記す。

◆1 文部省普通学務局『昭和十五年度 全国盲学校／聾啞学校ニ関スル諸調査――昭和十五年五月十日現在』一九四二（昭和一七）年四月一日発行、参照。

目　次

第4章　学校運営と教育活動　217

第１章　空爆による被害

本章では、第1節において、まず太平洋戦争の開始の前年に設置されていた盲学校・盲唖《もうあ》学校・聾唖《ろうあ》学校の校数などを示し、次いで、太平洋戦争下の全国の障害児学校の空爆による被害、集団疎開、勤労奉仕・勤労動員、戦時中と敗戦後の授業について統計的な概況を述べる。

そして、第2節では空爆を受けた障害児学校について、全焼・全壊、半焼・半壊、一部焼失・損壊の被害の程度別にそれぞれいくつかの代表的事例に即して紹介し、その実態を検討する。

さらに第3節では、障害児学校の空爆被害の特徴について、国民学校の空爆被害と比較したり、障害児学校においては空爆による被害を受けた学校数が多く、またその被害の程度が大きい場合にも、人命の損傷が少ない理由・要因について、空爆による被害を受けた学校の教職員・生徒による記録・証言などから考察する。

第1節　空爆による被害を受けた障害児学校の統計的概要

まず、文部省の調査によると一九四〇（昭和一五）年五月一〇日現在の全国の盲学校、盲唖学校、聾唖学校の校数は一一九校であり、それらの公立・私立別の内訳は表1の通りである。すなわち、公立は七四校（六二・二%）、私立は四五校（三七・八%）である。

そして、当時、盲学校および聾唖学校に設置されていた各部科の箇数と選科生の人数は表2の通りである。すなわち、盲学校は初等部、中等部、別科、研究科に関しては聾唖学校よりも多いが、聾唖学校は初等部予科を置く校数が盲学校よりも多く、また選科生の人数も盲学校よりも多い。初等部予科を設置していた聾唖学校が多い理由は聾唖児は聴覚に障害があるため言語の獲得に困難が多く、学齢前の幼少期からの教育が盲児以上に緊要であったからであると考えられる。

次いで、太平洋戦争期に設置されていた障害児学校のうち、著者が調査・研究の対象としてとりあげた全一〇八校について、空爆による被害、疎開、勤労奉仕・学徒動員、戦時中の授業継続の有無と戦後の授業再開の時期に関して統計的概括を表3で示し、また空爆による被害を受けた障害児学校の一覧を表4で示す。

表1　盲学校・盲唖学校・聾唖学校数　——一九四〇年五月現在

事項別	盲学校		盲唖学校		聾唖学校		計		合計
	公立	私立	公立	私立	公立	私立	公立	私立	
校数	27	25	24	9	23	11	74	45	119

出典　文部省普通学務局『昭和十五年度　全国盲学校／聾唖学校ニ関スル諸調査——昭和十五年五月十日現在』一九四二年四月一日発行より。

表2　盲学校・聾唖学校の部科別数　——一九四〇年五月現在

部科別／盲聾別	初等部予科ヲ置ク学校	初等部総数	中等部予科総数	中等部総数	別科総数	研究科総数	選科生総数	合計
盲学校	2	82	8	85	71	30	7	85
聾唖学校	29	65	—	59	8	12	23	67

出典　表1と同じ。

そのうえで、太平洋戦争下における各種の障害児学校における空爆による被害に関して、表3、表4にもとづき、重点的に概略する。

なお米軍飛行機などによる焼夷弾《しょういだん》をはじめとする爆弾投下や射撃などを空爆という用語で表現したのは、空襲よりもその攻撃の性格・実態をより的確に言い表わせると考えたからである。しかし、これまで例えば東京大空襲のように、広く使用されてきた言葉についてはそのまま用いた。したがって、空爆と空襲という用語は適宜に用いることとする。

まず、障害児学校の空爆による被害の有無について、「表3　太平洋戦争下の全国の障害児学校の統計的概括」の「1　空爆による被害」から見

表３　太平洋戦争下の全国の障害児学校の統計的概括

1．空爆による被害（108校中）

有　44（40.7％）
- 全焼・全壊　27（61.4％）
- 半焼・半壊　10（22.7％）
- 一部焼失・損壊　7（15.9％）

無　62（57.4％）

不明　2（1.9％）

2．空爆被害の時期（44校中）

1944年	2校	（4.6％）
1945年	42校	（95.5％）
2月	1	（2.4％）
3月	4	（9.5％）
4月	5	（11.9％）
5月	6	（14.3％）
6月	10	（23.8％）
7月	12	（28.6％）
8月	8	（19.1％）

注　42校のうち、4校が2回、他の月・日にも空爆により被害を受けている。

3．疎開（108校中）

有　34（31.5％）

無　73（67.6％）

不明　1（0.9％）

開始時期

1944年	10（29.4％）
1945年	22（64.7％）
1946年	1（2.9％）
不明	1（2.9％）

終了時期

1945年	9（26.5％）
1946年	13（38.2％）
1947年	4（11.8％）
1948年	4（11.8％）
1949年	2（5.9％）
1952年	1（2.9％）
不明	1（2.9％）

注「疎開・有」の34校の中には戦中・戦後に2回疎開した学校、3回疎開した学校が各1校含まれているが、開始と終了の時期については、いずれも最初と最後の疎開を該当年とした。

4．勤労奉仕・勤労動員（108校中）

- 有　――　74（68.5％）
- 無　――　12（11.1％）
- 不明　――　22（20.4％）

5．戦時中の授業（108校中）

- 継続　――　50（46.3％）
- 一時休止　――　16（14.8％）
- 中止　――　36（33.3％）
- 不明　――　6（5.6％）

6．戦後の授業開始時期（108校中）

- 1945年　――　88（81.5％）
- 1946年　――　10（9.3％）
- 1947年　――　2（1.9％）
- 1951年　――　1（0.9％）
- 再開せず　――　4（3.7％）
- 不明　――　3（2.8％）

注　1945年の88校の中には、1948年に廃校となった学校が1校含まれている。

以上の各統計の数値は、太平洋戦争期に設置されていた都道府県の障害児学校の『記念誌』、各学校及び各学校の元・教員や元・生徒に対するアンケートの回答にもとづいている。

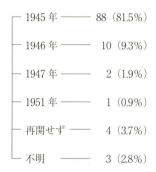

表４　太平洋戦争下の障害児学校の空爆被害一覧

番号	被害程度	学校番号	学校の名称	被害の年.月.日	時間帯	空襲の呼称	人的被害の有無など
1	全焼・全壊	34	私立杉山鍼按学校	’44.			
2		35	私立仏眼協会盲学校	〃			
3		108	沖縄県立盲聾唖学校	’45. 2.		沖縄戦	あり。’45. 2.11、卒業式後、死傷者多数。
4		16	平市立盲学校	〃. 3. 10		磐城地方大空襲	あり。渡辺寿重校長、教員2人爆死。
5		83	神戸市立盲学校	〃. 3. 17	夜間	神戸市空襲	なし。’45. 7.疎開先の県立一宮中全焼。
6		65	愛知県立盲学校	〃. 3. 19		名古屋大空襲	なし。
7		66	愛知県立聾唖学校	〃. 3. 25		〃	なし。寄宿舎焼失、’44. 8.27、疎開。
8		30	東京都立聾学校	〃. 4. 13		東京大空襲	なし。’44. 8.21、疎開し免れる。
9		28	官立東京聾唖学校	〃. 5. 25		〃	あり。疎開中、児童・生徒2人死亡。
10		33	私立東京同愛盲学校	〃		〃	
11		37	東京都立光明国民学校	〃		〃	なし。’45. 5.15に疎開し免れる。
12		41	横浜市立聾話学校	〃. 5. 29		横浜大空襲	なし。’44. 9. 1に疎開し免れる。
13		82	兵庫県立聾唖学校	〃. 6. 5	昼間	神戸大空襲	なし。防空壕待避、’45. 6.10、疎開。
14		77	大阪市立聾唖学校	〃. 6. 15		大阪大空襲	なし。’44. 9.初旬、疎開。
15		63	私立浜松盲学校	〃. 4. 20、一部 〃. 6. 18、全焼			なし。’45. 5. 6、空爆避け休校。
16		64	私立浜松聾唖学校	〃. 4. 30、一部 〃. 6. 18、全焼			なし。’45. 5. 初め、学校閉鎖。
17		95	高知県立盲唖学校	〃. 7. 4	未明	高知市大空襲	なし。教員・舎生、落下弾を避難。
18		92	徳島県立盲唖学校	〃. 7. 3～4	夜間	徳島市大空襲	なし。防空壕から川・田へ避難。
19		59	岐阜県立岐阜盲学校	〃. 7. 9	〃	岐阜市大空襲	あり。失明傷痍軍人生徒1人、避難先で爆死。
20		85	和歌山県立盲唖学校	〃		和歌山市空襲	あり。寄宿舎で舎生2人、焼死。
21		80	堺市立堺聾唖学校	〃. 7. 10		堺大空襲	不明。
22		7	青森県立青森盲唖学校	〃. 7. 28		青森市空襲	なし。空爆10日前に児童・生徒帰省。
23		46	新潟県立長岡聾唖学校	〃. 8. 1	夜間	長岡大空襲	なし。夏休み中、中等部舎生無事避難。
24		49	富山県立盲唖学校	〃. 8. 2	未明	富山市大空襲	なし。当直教員、舎生無事避難。

25	全焼・全壊	99	佐賀県立盲唖学校	〃.8.5~6	夜間	佐賀第1次空襲	なし。全盲舎生約20人田圃へ避難。
26		100	長崎県立盲学校	〃.8.9	昼間	原子爆弾投下	あり。多比良義雄校長、市内で被爆し死亡。市内で自宅待機、生徒4人爆死。疎開中。
27		101	長崎県立聾唖学校	〃	〃	〃	あり。市内「分校」教員2人、予科生十数人、爆死。
1	半焼・半壊	43	私立横浜訓盲院	'45.5.29		横浜大空襲	なし。横穴式大防空壕を造設し全員待避。
2		76	大阪市立盲学校	〃.6.15、半焼 〃.6.25、一部	昼間	大阪市第4次空襲	なし。'44.10、疎開、中等部生避難。
3		107	鹿児島県立鹿児島盲唖学校	〃.6.17	夜間	鹿児島市大空襲	あり。寄宿舎焼失、児童1人死亡。
4		67	愛知県立豊橋盲唖学校	'45.6.19		豊橋大空襲	あり。寄宿舎焼失。教員の消火活動で校舎1棟残る。
5		91	山口県立下関盲唖学校	〃.7.2		下関第2次空襲	なし。'45.5、疎開、中等部生避難。
6		54	山梨県立盲唖学校	〃.7.6	夜間	甲府大空襲	あり。寄宿舎焼失。通学生徒1人、焼死。
7		103	大分県立盲唖学校	〃.7.16~17	夜間	大分市大空襲	あり。寄宿舎、講堂、炊事場焼失。教員・舎生協力し校舎への延焼止める。家庭の防空壕直撃で生徒1人死亡。
8		32	私立八王子盲学校	〃.8.2		八王子空襲	なし。
9		89	広島県立盲学校	〃.8.6	昼間	原子爆弾投下	なし。'45.4、全校疎開。
10		90	広島県立聾学校	〃	〃	〃	なし。同上。
1	一部焼失・損壊	61	静岡県立静岡盲学校	'45.4.4、一部 〃.6.19 〃			あり。通学生徒1人、焼死。
2		84	奈良県立盲唖学校	〃.4頃			なし。疎開せず。防空壕避難。
3		42	私立横浜盲人学校	〃.5.29		横浜大空襲	なし。同上。
4		62	静岡県立静岡聾唖学校	〃.6.19			なし。同上。
5		93	香川県立盲学校聾唖学校	〃.7.4	夜間	高松市大空襲	なし。空襲警報で全教員駆け付け、舎生避難。
6		60	岐阜県立聾唖学校	〃.7.9		岐阜市空襲	なし。疎開せず。防空壕待避。
7		94	愛媛県立盲唖学校	〃.7.26~27	夜間	松山市大空襲	なし。同上。'45.7.4、休校、舎生帰省。

注　太平洋戦争期に設置されていた都道府県の障害児学校の『記念誌』(『年史』)、各学校および元教職員への第1次・第2次アンケートへの回答などより作成。

てみると、調査対象とした全一〇八校のうち、被害「有」は四四校（四〇・七％）、被害「無」は六二校（五七・四％）、「不明」が二校（一・九％）である。
すなわち、障害児学校の四割余が空爆による被害（直接被弾しての火災・破壊または類焼、爆風などによる損壊および間接的な諸要因による破壊）を被っているのである。

次に、空爆による被害を学校種別で見ていくと、「表4　太平洋戦争下の障害児学校の空爆被害一覧」が示すように、盲学校一五校（三四・一％）、盲聾学校（盲唖学校）一五校（三四・一％）、聾学校（聾唖学校）一三校（二九・五％）、養護学校（「東京都立光明《こうめい》国民学校」肢体不自由学校）一校（二・三％）である。

さらに、被害の程度について、「表3」と「表4」とから、学校種別とも関連づけながら見ていくと、「全焼・全壊」が二七校（六一・四％。内訳は盲学校九校、聾学校一一校、盲聾学校六校、養護学校一校）、「半焼・半壊」が一〇校（二二・七％。内訳は盲学校四校、聾学校一校、盲聾学校五校）、「一部焼失・損壊」が七校（一五・九％。内訳は盲学校二校、聾学校三校、盲聾学校二校）である。

このように、全一〇八校の四割もの障害児学校が空爆による被害を受け、しかもそれらの学校の六割もが、校舎・寄宿舎等の「全焼・全壊」の状況に陥っていることに注意しなければならない。

そして、空爆によって被害を受けた時期は、「表3」の「2」が示すように、敗戦の年の一九四五年に集中しており、それも戦争末期の三月以降に増加している。この障害児学校の空爆による被害の推移は、米空軍による日本本土への空爆の戦略爆撃（戦争の最前線の戦闘部隊にではなく敵国の航空機工場・飛行場等の主要目標に対して実施された爆撃）の経過と対応している。

その例証として、奥住喜重たちが米軍のマリアナ基地群に配備されたＢ29部隊の司令部が残した『作戦任務報告書』（Tactical Mission Report）に基づいて考察し、提起した「Ｂ29作戦の推移」の三つの期間の特に第二期と第三期の特徴を挙げることが出来よう。

すなわち、奥住たちによれば、「第一期」（四四年一一月一日から四五年三月一〇日の直前までの四か月間）は「高高度精密爆撃の時期」で、この期間の「作戦任務」の「大半」は「日本の最も重要な航空機工場、わけても航空発動機工場を目標にして、目視による精密爆撃を繰り返した」ことにある。それに続く「第二期」は「大都市焼夷空襲の時期」で「四五年三月一〇日の東京下町に対する大空襲から、六月一五日の大阪——尼崎に対する空襲まで、日数にして約三箇月」であり、この期間の「作戦任務」の「主要な目的は、日本本州の三つの大都市圏、京浜地区、中京地区、阪神地区の市街地を焼き払うこと」にあり、そして、「第三期」は「中小都市空襲の時期」で、「四五年六月一七日から日本降伏の八月一五日に至る六〇日間の二箇月」であり、「目標は中小都市に転じ、北限は青森から鹿児島まで五七に及ぶ都市が焼かれた」が、「八幡」以外は「夜間攻撃」であったという。[1]

奥住たちによるこのような指摘は、表4で示した空爆によって被害を受けた「学校の名称」「被害の年・月・日」「空襲の呼称」を通覧していくと、「被害程度」の違いを超え、ほぼ全体として当てはまるといえよう。すなわち、空爆を受けた障害児学校が所在する地域と被害の時期は、初めは日本占領のための最重要地域とされた沖縄と東京、神戸、名古屋、横浜などの大都市であり、その後、地方都市に広がり、敗戦直前には日本全域におよんでいるのである。

なお、地域による「被害程度」の違いを概括すると、全体として、激烈な地上戦が行われた沖縄県、原子爆弾を投下された広島市・長崎市の原爆被災地および、大都市の障害児学校のほうが地方都市の障害児学校よりも被害の程度や規模が大きい。

このように、米空軍側の戦略によって遂行された空爆による各地の障害児学校の被害において注目すべきことは、表4の「人的被害の有無など」の欄に記載したように、学校の建物等の物的被害の大きさに比して、人的被害が全体として、きわめて少ないことである。このことは空爆による被害の程度が最も多大である「全焼・全壊」の該当校についていてもいえる。

それはなぜであろうか。空爆の時期が学校の夏期休業中であったことや、次第に警戒警報・空襲警報の発令が多くなり、実際に空爆による人命損傷の危険が迫ってきたのであらかじめ児童・生徒を帰省させたり、疎開や休校などの措置をとっていた学校も少なくないことなども理由として挙げられよう。しかし、空爆時に寄宿舎には児童・生徒の舎生がかなり在舎していた学校で、しかも「全焼・全壊」に陥った学校においても、人的被害を免れた例が少なくないのである。そこには、戦時下での防空壕造成や避難訓練、教職員による適切な誘導と盲・聾の児童・生徒の相互援助など、さまざまな要因があってのことであろう。

また、障害児学校の空爆による被災率が高く、しかも被害の程度が激しいのは、当時、障害児学校が各府県に一校から数校しかなく、しかも交通の便宜上などから県都に設けられる場合が多かったことなども要因になっているであろう。

これらのことに関しては、空爆によって実際に被災した障害児学校、あるいは結果として被害は免れたけれども近辺の被災状況に照らして、かなりの被害を被る危険性が高かった障害児学校を対象として、さまざまな面から具体的に検討し、考察していく必要がある。

そこで、次節では、「被害程度」の区分ごとに、各種の障害児学校のいくつかを事例としてとりあげ、その地域における当時の空爆による被災状況とも関連づけながら、障害児学校の空爆による被害について見ていこう。

第2節　空爆による被害を受けた障害児学校

1　全焼・全壊の事例

一　火の海を免れて——岐阜県盲学校

まず、中部地方西部に位置し、内陸の県である岐阜県の県都・岐阜市の梅ヶ枝町に設立されていた県立岐阜盲学校（以下、県盲学校と記す）について取り上げる。

県盲学校は敗戦の一か月近く前の四五年七月九日二三時三四分頃から一〇日の二時三〇分頃までの、夜間約三時間におよぶ岐阜市空襲によって校舎・寄宿舎などが全焼した。

岐阜空襲を記録する会による『岐阜空襲誌』（一九七八年）は米軍報告書（第20航空軍『日本本土爆撃詳報』、同『日本本土爆撃概要』）に基づいて、岐阜市空爆ではB29は、七月九日～一〇日、岐阜市上空約四五〇〇メートルから、爆撃機約一三〇機が高性能爆弾五四発、一〇〇ポンド膠化《こうか》ガソリン爆弾一二二一発（四二一トン）、五〇〇ポンド焼夷弾二三八七発（四七七トン）を投下したと報告し、その結果、「焼失地域は北は四谷公園から忠節用水に沿って平中橋を権現山麓にいたる線から、東は税務所《ママ》（瑞泉寺入口、殿町三丁目）から鶴田町川西機械に至る以西、本荘、加納にかけての当時の市内の約八割が一望焦土と帰し、長良橋北詰、島、鏡島、合渡などの一部を焼失した。[2]」と記している。

では、県盲学校の教職員と生徒達はこの空爆の中でどのように行動したか。『岐阜盲学校六十年誌』[3]（一九五四年）、『岐阜盲学校百年史』[4]（一九九四年）と岐阜市空襲を体験した元生徒たちの「戦災同志会」が作成した体験文集[5]（一九九四年）とから、避難の過程に焦点を絞って述べる。

また、岐阜市大空襲による「人及び家屋に対する損害」に関しては、各種資料によって差異があるとして、五種類の報告（「昭和20年8月30日岐阜合同新聞」、「戦災復興誌」、「米調査団報告書」、「経済安定本部」、松尾吾策「八十年の回顧」）を表で示したうえで、それらを要約し、「焼失地域は市内（当時）の七～八割、死者約九〇〇人、負傷者約一〇〇〇人、全半壊家屋二万戸（約五割）、罹災者約一〇万人（約六割）といえよう。[6]」と記している。四四年の岐阜市の人口は一七万四六七六人、戸数は三万九六〇四である。

なお、米空軍の岐阜市への攻撃方法はいわゆる「包囲火災」攻撃であるとして、次のように説明している。

「旧市内の東北部の金華山と、北部を包むように流れる長良川という地理的条件を検討した上で、まず市南部より攻撃を開始し、ついで北、西部への避難路めがけて集中攻撃をし、市中心部は最後になってほとんど類焼によって全滅している。そのため、前述したように避難コース途上及び避難先で死亡者負傷者が多発することになったが、これは中小都市への夜間無差別爆撃の典型的な例ともいえよう。[7]」

最初に、空爆で壊滅的な状態となった岐阜市街の写真1と、県盲学校の教職員・生徒たちが空爆下を避難した経路と焼失地域を示す図1を掲げる。これらの写真と図を見れば、これから紹介する県盲学校の教職員・生徒たちの岐阜市空襲における避難がいかに必死の、文字通り命懸けであったかがわかるであろう。

戦局の悪化にともない岐阜県の各務原市（当時の代表的戦闘機「飛燕」「屠龍」の生産工場川崎航空機岐阜工場等

写真１　空襲後の岐阜市街

出典　『岐阜空襲誌』編集委員会編『岐阜空襲誌』岐阜空襲を記録する会、1978年、グラビアより。

があった）、大垣市に四五年三、四月以降に連続して空爆があった。そのような状況の中で、他県出身の教員たちは郷里へ、女性教員は家庭へと学校を去っていき、戦争末期の県盲学校の教職員は校長と五人の教員と書記一人の七人という「心細い状態」になったが、「本県盲教育の為に死なば諸共爆弾の下で」と誓い合ったという。なお七人の教職員のうち、晴眼者（失明していない人への呼称）は舎監宿直の大塚教諭と山下書記だけであった。

四五年に入ると、岐阜市も空爆されるようになり、「小学部の親は危険を感じ、子供を寄宿舎から一人二人と迎えて連れ帰る」ようになり、七月一日に終業式を行って小学部の児童は全て帰家させた。残る五十余人の中等部鍼按科生徒には七月九日まで授業をし、翌一〇日に終業式を行って全員を舎から帰し、教職員の手で備品や図書を疎開する手はずを整えた。その七月九日の深夜から一〇日の未明岐阜市大空襲となっ

図1　岐阜市大空襲と岐阜盲学校の教職員・生徒たちの避難の経路

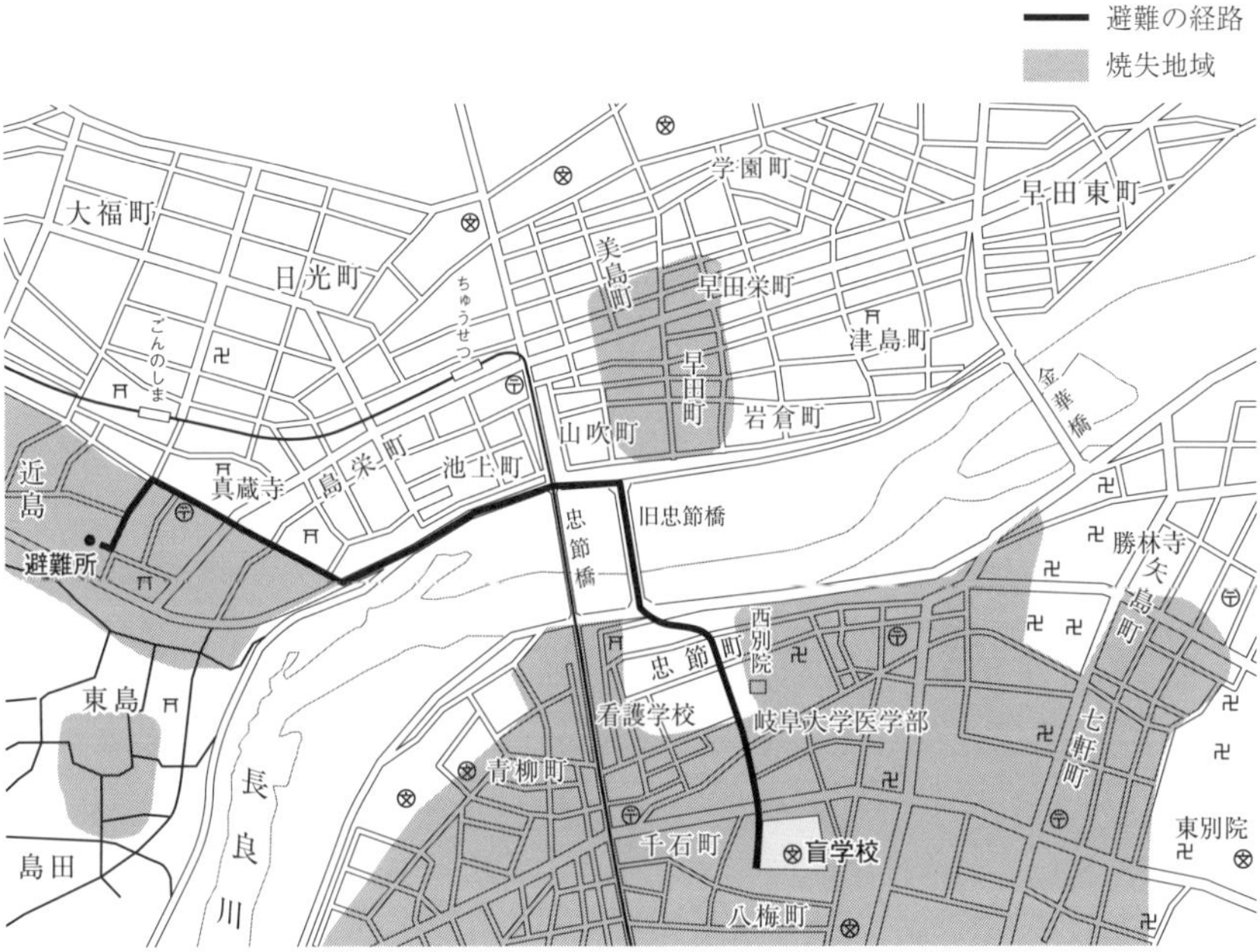

注　1945年7月9日、岐阜市大空襲。
出典　『岐阜盲学校百年史』岐阜県立岐阜盲学校創立百周年記念事業実行委員会編集・発行、1994年、150頁より。

たのである。

次に、当時の校長小坂井桂次郎が『岐阜盲学校六十年誌』（五四年）に述べた避難の経過を抄記する。

「七月九日　炎暑の夏の日が漸《ようや》く暗くなった。午後八時頃より警報と共に敵機がしきりに襲来した。私は学校宿直小島君（女生班避難隊長）藤田君（男生班避難隊長）舎監宿直大塚君を促して直ちに全員避難方を命じた。非番の桐野君も馳《ママ》付けた。生徒全員を校庭に集合させ点呼をした。総員四十六名に異常はない。しかし生徒松原が白いシャツのまゝ飛出してきたので、黒い上衣を着てくるよう命じた。全員揃ったと見て、かねてから待避所にきめておいた近之島真蔵寺へと急いだ。途中、片岡教諭が引率する愛盲寮（苦学生で午後は街に出て按摩などのアルバイトをしていた盲人たちの寄宿舎――引用者注）の四名も合体した。（略）

忠節橋方面は避難民で北へ西へと雑踏している。（略）すでにこの時、岐阜市は焼夷弾の雨で火の手は何ヶ所となく上っている。後方池之上区、近之島区も同じである。（略）

避難所も焼夷弾の雨で既にお寺は全焼して見当らない。一面に焼野原となり余燼《よじん》が燻《くすぶ》っている。職員生徒はちりちりばらばらになっている。先《ま》ず藤田班を見つけ、集結先を大塚宅と指示し、小島班を探したら、二、三町先の桑畑の中で避難民に助けられている。これも前同様指示した。三班が集った所で生徒の点呼をしたところ、どうしても養老郡池辺村出身の失明軍人松永春吉がいない。早速近之島区長に届出で、大塚君を近之島一円一里四方を廻って捜索させたが見当らない。困ったことになったと思っているところへ真蔵寺住職藤井了祥氏から、盲学校の生徒らしい一人が死んでおるから検視にきてくれとの報がきた。直ちに大塚君を駈付けさせて調べさせたところ、硝煙で燻っている屍体なのではっきりしないが、着用の帽子の氏名で松永であると断定された。背中に直撃弾を受けたのである。後できけば一坪に一つの割合で弾が落ちたそうである。先ず父兄宅へ電報を打った。姉婿さんが飛んでこられたが、一応家庭へ連絡のため帰られ、翌十一日午前十時頃姉さんがみえ、松永君であることを再確認した。棺桶も間に合せで、住職の厚意ある読経で野辺の送りをすました。（略）

さて学校の方はどうであったであろうか。一人で学校を守った桐野君の話しに、玄関に第一の焼夷弾を受けた。一人でどうにもならず裏へ走ったら、校庭も焼夷弾でものすごい音がした。もうあたりは火の海、どうして逃げたのか知らないが、今の鶯谷女子高等学校裏手の山へ避難した。沢山の避難の人々と共におののきながら一夜をあかした。それから先ず避難先へ行ったが、誰もおらぬ。多分大塚君の家へ行けば解るだろうという訳で午前十一時頃に合流し、お互に命のあったことを喜び合った。」◆8

県盲学校からかなり離れた所にある「近之島の真蔵寺」をかねてから避難所と決めていたのは、長良川の向うにあり空爆により市街が火災になった際に火の手が及びにくいと判断していたためと、一人の生徒の親元が真蔵寺であり援護を受けられることになっていたからである。
では、激しい空爆によって火の海となっていく街の中、当初は教師に引率され、二列に並び、ロープを真ん中にしてそれぞれそれを片手で摑《つか》み避難所へ向かったものの途中で「ちりちりばらばら」になってしまった生徒たちはどのような状態に陥ったのであろうか。
同校卒業生たちの「戦災同志会」が作成した『文集』から幾人かの手記を紹介する。

「大空襲で九死一生

小森　操

（当時、筆者は寄宿舎「愛盲寮」から通学し、中等部四年生で岐阜市大空襲に遭う——引用者注）

突然、夜風の中で警報が鳴りだした。当時、岐阜の空襲は時間の問題と言われていた故、我々はすぐ避難を開始した。忠節橋の手前で、寄宿舎生の避難して来たのと合流し、忠節橋を渡ってとの思いで、我らの避難場所に充てられた真蔵寺に到着したのは午後の九時頃だと思う（略）。

それから間もなくの事、シュー、ドカーンとすさまじい轟音《ごうおん》と共に、焼夷弾が我らの集合せる場所を直撃した。

我が傍らなる松永氏は、伏せろ、伏せろ、としきりに叫ばれたが、私は果たして伏せてばかりいて大事に至りはしないかと、半信半疑で一度は伏せてみたものの、竹筒に火をつけ投げ散らす如き火の勢いの猛烈さにはむろん無理で、私も左肩上部より上肢にかけて火を浴び、防空ずきんと上着を脱ぎ捨て、しかも非常袋まで投げねばならぬ事になったのだった。思えば二メートルとへだたぬ地点に居られた松永氏が犠牲（松永は陸軍一等兵として徴兵中の四三年一二月に眼病が悪化し、翌年一〇月に兵役を免除されて本校中等部鍼按科に入学。農繁期休暇で帰省していたが九日朝に寄宿舎に戻ったばかりで大空襲に遭い、真蔵寺の境内で直撃弾に当たり即死した——

引用者注）になられたのだから、そこは最も危険な場所だったのだ。私は、わずか一本の木を境にして生死を分けたのだから、まさに運命はきびしいものである。

さて、いかにすればこの阿鼻叫喚《あびきょうかん》から逃れるかと考えたけれど、皆我先にと逃げ散って側に弱視者居らず、このまま推移せば生命の存在保ち難く、全盲の身にとり最悪の状態となったのだった。その時、『なんとしても逃げるのだ』と誰れかが訴えるようにささやくように言うのだが、名前はしかと覚えがない。私は決然と立ち上がり、側にいた館林君、伊藤君、高橋てる子さん、それに私との四人で避難する事を思い立ち、我らは固く手をとりあった。すると、横合いより坂脇（旧姓岩間）喜美子さんも、『一緒に逃げて』とせがまれたが、私は無情にもその手を振り払った。これは、一生悔やまれる事だが、幸い彼女が無事避難されていたので、まず安堵した次第だった。（略）（以下、傍線や傍点を、引用者がとくに留意してほしい箇所に付す——引用者注）

我らは、火を避けて畑の中をとうきびをなぎ倒し、かぼちゃに頭を打たれ、肥溜《こえだめ》にまで落ちるやらで、まさにさまよい歩いた。その間にも、彼方《かなた》の空では機関銃のけたたましい音が聞こえ、普通の道路に出たと思えば、前方の家が今や焼け落ちんとする状態と聞き、呆然《ぼうぜん》と立ち尽くす場面にも直面した。（略）

その内に夏の夜はもう白み始めた。何とか早く本隊に合流せねばと急ぐ。飢えの為、飢餓状態に陥る恐れがなきにしもあらず。今にして思えば、オーバーな言い方かも知れぬが、当時としては栄養不足の結果、耐久力が全くなかったのだった。岐阜の学校へ行けば何とかなると思って我らは岐阜の町に向かってまた歩き出したのだった。

しばらく歩いて行くと、我らを探しに出て来た佐藤、大岩両氏に出会い、彼らに伴われて、大塚教頭のお宅に行った。そこには、大多数の同志が居られて、校長も元気な存在を見せていた。そこで、松永氏のなくなった事を知り、桐野先生も到着されて、先生から校舎の全焼を聞いたのだった。」◆9

この手記からは、とくに、視覚に障害がある者たちにとって、「なんとしても逃げるのだ」という共通の意志を持って団結して行動したことが困難に打ち克つためにいかに強い力となったかがわかると共に、たとえ同じ障害を有する仲間であろうと、極限状態におかれると「一緒に逃げて」という要求を拒絶する非情さを――一生悔やまれる事であるが――抱かざるを得なかった事実が強く印象として残る。

また、同じく視覚に障害があり、同じ盲学校に学ぶ生徒であっても、空爆で火焔《かえん》に包まれ生死を分ける危機的な状態に直面した場合には、全盲者にとっては「半盲」と呼ばれた弱視者の存在と協力がいかに貴重かを示唆する手記があるので、次に紹介する。

「雨の廃墟

広瀬　政夫

（七月九日、朝礼で休校になることが発表されたが、県盲学校が長年にわたって実施してきた岐阜市の東の郊外にある陸軍病院への治療奉仕は休校中も続けられることになり、その日が自分の当番であったので昼間はその奉仕に出向き、夜になってその疲れですぐ眠りにおちかけた時、空襲警報が鳴り、直ちに避難行動を開始し避難場所の真蔵寺に向かったという。筆者は全盲生である。――引用者注）

そのうちに、町外れで安全だと思っていた真蔵寺の周囲にも焼夷弾が盛んに落ちだした。それから間もなくの事だ。私達の真上で、シャーッという音がしたかと思うと、シュシュシュッという音と一緒に、ドカン、ドカン、ドカンと私達のいるところに焼夷弾が落ちて来たのだ。焼夷弾というのは、三十六本が一塊りになって出来ている。つまり、焼夷弾は一発落ちただけで、それが分かれてそこらあたりに散らばり、三十六の火柱がたつのである。そんなのが何発も私達のいる所に落ちたのだから、お寺は忽《たちま》ち火に包まれた。私は焼夷弾が落ちた時、一度は伏せたが、すぐ立ち上がった。石油臭い匂いとすべての物が燃えるゴーゴー、パチパチという音と熱風、そして『ギャーッ』という人間の悲鳴、まさに阿鼻叫喚。

訓練の時のように、綱につかまって避難する事などこの状態ではとうてい不可能。（略）みんながいた方へ行こうとしたが、もうそこら中が燃えていて無理。私は、やむなく逆にお寺の中に入って、裏口はないかと、そこらあたりを夢中で探り回した。しかし、手に触れるものこれ全て板と壁。その間にも、焼き殺されるのではないかと思うほどの熱風を、火炎放射機《ママ》の如く吹き付けながら炎は容赦なく迫って来る。ああ、我の運遂に極まりか、いや空襲如きで死んでたまるか。私の考えは、このほんの僅《わず》かな時間に生死の境を何度も行き来した。

その時だった。向うの方で、しきりに何か言い交わす女の声が聞こえた。私が、『おおい、そこにいるのは誰だあ』と叫ぶと、相手も『ここや、早く早く』と叫び返した。私はその女の声の方へ走った。すると、そこに岐阜盲の武藤（今は青木）さんと豊田さんがいた。豊田さんは、その前年の七月、東京から転校して来た目のかなり見える人だが、彼女は私より一年上級だった。（略）その豊田さんに命を助けられて、彼女が私の一生で最も大事な人になったのだ。思えば、炎々と燃え盛るお寺の中で、彼女と出会った事こそまさに運命の出会いだったのである。私は、豊田さんに出会った時、これで自分は助けてもらえると思った、とは言うものの、一刻も早くここを抜け出さないと、すさまじいうなり声をたてて夜の岐阜の町いっぱいに踊り狂っている紅蓮《ぐれん》の炎は、まもなくお寺と一緒に私達をも飲み込んでしまうだろう。

『早く出ようよ』と私が言うと、『だって、出口がないのよ』と豊田さんが言う。彼女も気が動転していたのだ。『窓でも塀でもいいけど、飛び越せさえ出来たら』と私が言うと、彼女は、すぐに落ち着きを取り戻して、『ここなら出られそうよ』と言った。そこは、私の首から顔あたりの高さにある空間だった。私達はそこから裏の畑のようなところに出た。かぼちゃやとうきびなどが植わっていて、そこらあたりに落ちた焼夷弾が燃えていた。豊田さんは、それらをよけながら私達を連れて行ってくれた。
　そんなところをかなり行ってから、家と家との間を通り抜けてやっと普通の道へ出た。上空には、なお敵機がうろつき、ちょっと離れた所に、焼夷弾をばらまく音がしている。豊田さんが、『私たちの前も後ろも燃えていて、このままだと火の挟み撃ちになりそうよ。』と言った。どっちの火が小さく乗り切れそうか、と聞くと、『前の方なら越えられそうよ』と言った。四メートルほどの幅の道の両側で家が盛んに燃えているのだ。そこで、私達はしっかりと腕を組み合って、それこそ火の海の中を息もつかずに突っ走った。
　そして、やっと火のない地帯にたどりついたのだった。（略）
　それから私達は（略）岐阜の町へ向かって歩いて行くうちに、呼びこを吹きつつ私達を捜索中の岐阜盲の先生と出会い、その先生に連れられて大塚先生の家に行ったのだった。[10]」

なお、「この夜の空襲によって本校関係者二名も罹災し死亡したと伝えられる。[11]」

校舎全焼後、罹災を免れた大塚教諭の好意で、教職員・生徒共、同教諭宅で起居を共にしていたが、二日、三日と経つうちに生徒は次第に帰省し、焼け出された教職員もまた、それぞれの地に疎開した。

その後、学校復興に向けて、ひとまず仮事務所を小坂井校長の出生地に近い岐阜市木造町の勝林寺に設けた。そして、勝林寺の本堂一つがいくつかの教室と職員室、事務室をも兼ねて、四五年九月一五日に「第二学期授業を開始」した。「（始業——引用者注）式に列した者は、職員七、生徒一五名」であった。[12]

二　市街の八割が焼失するなかで——新潟県立長岡聾唖学校

敗戦直前の八月一日夜、B29の空爆によって市街のおよそ八〇%を焼失し全滅寸前の悲運に襲われた新潟県長岡市の空襲は、全国空襲都市の中でも最も被害が甚大であった地方都市の一つである。長岡市上中島町に設置されていた新潟県立長岡聾唖学校（一九〇五〔明治38〕年に私立長岡盲唖学校として創立され四〇年の歴史を有していた）もこの長岡市大空襲で校舎・寄宿舎等、すべての施設・設備を失った。

ただし、四五年に入ると空襲による危険を避けるために初等部の児童たちは帰省させており、また長岡市大空襲のときは夏期休業中であり、寄宿舎には中等部の生徒たちのうち、軍需工場に学徒動員されていた生徒たちだけが留まっていたようであり、人的被害は避けることが出来た。

そこで、ここでは夏休み中でも学校の管理に当たっていた教員たちの大空襲時の行動と思いを中心に述べることにする。

まず、地方都市でありながら激烈な空爆を受けた長岡市の沿革、本校創設の経緯および長岡市大空襲の概要について記す。

長岡市の沿革と長岡市大空襲の概況

長岡市は新潟県中央部、信濃川沖積地に位置し、信濃川舟運と中継河岸と街道の要衝として発展した地方都市である。

長岡市大空襲について、『日本の空襲―四』（一九八一年）から、その被害と特徴について重点的に紹介する。

「一九四五年八月一日、夜間、長岡を襲ったB29は一二六機、死者一一四三名、重傷者三五〇名、罹災者六万五九九人、焼失家屋一万五一二三戸。この一夜の空襲で、長岡市は市街の約八〇パーセントを焼き、焦土と化した。主な被害建物は、市役所、税務所《ママ》、裁判所、日赤病院、郵便局、小・中学校、神社等。長岡市は繊維の卸問屋の多い商業の町であると同時に、津上製作所、大阪機械、新潟鉄工、呉羽紡績などの工業の町であった。工場が焼けずに、市街地そのものが狙われたという点で、長岡空襲は、やはり市民の戦意喪失を目的とした典型的な、夜間焼夷弾空襲であった。[13]」

長岡市大空襲での焼夷弾の量は東京大空襲で投下された焼夷弾一六六五トンの半分以上であり、人口一〇万人以上の空襲都市の人口一〇〇〇人当たりの死亡者の平均五・八人の約三倍の死者を出した。[14]

なお、当時、長岡警察署次席であった監物忠吉は、自分の書いた「戦災メモ」には、「七月二八日（土）――夕べカラ今朝ニカケ三回警報発令サル、敵機来タリテ二回ニ亘リ、上空カラ伝単ヲマク――」との記録があり、その「伝単」（米軍の予告・宣伝ビラ）には爆撃都市として長岡市が指定されていたという。[15]

また、同じく〈監物メモ〉には、「当夜の避難先」で市民の人数が多かった場所の一つに「長生橋を中心に、信濃川堤防左右両岸四キロ」が挙げられているが、後述するようにそこは長岡聾学校の教員と生徒たちが当初は学校の防空壕に入ったが類焼していく校舎などの建物を目の当たりにして、壕から脱出して逃れていった場所である。しかし、当時、「警防団千手分団」に所属し、「防空監視哨」の一員として千手小屋上につくられた監視哨から米軍機の長岡市攻撃を目撃した近藤栄七は、「（爆弾攻撃の――引用者注）第三弾は信濃川東側堤防づたいに焼夷弾が落ちると同時に火災が起きました。これで空襲範囲を決めたものと思います。たちまちにして全市は火の海。そのときには頭上に敵機の爆音がごうごうと聞こえ首が縮みます。地方の市民が右往左往火の中を逃げまどう様がよくみえます。[16]」と語っている。避難先の信濃川の土手も安全な場所ではなかったのである。

長岡市大空襲と長岡聾啞学校の焼失

長岡市大空襲以前においても、空爆によって命を失う危険に晒《さら》されることが市内の軍需工場に学徒動員された聾生徒たちや引率を担当した教員にもあった。

当時、長岡聾唖学校の二〇歳代の女教師であった廣川ミスの回想記からもその一端をうかがうことができる。

「大根めし　　旧職員　廣川ミス

昭和二十年には、だんだん戦争が激しくなり、空襲を避けるため、低学年は帰省しました。ガランとした校舎、寄宿舎、それに中庭やグランドは野菜畑に変わっていました。

私は、残った中等部の生徒たちといっしょに北越製紙工場（当時は軍需工場――引用者注）で働いたことが強く印象に残っております。（略）

朝霧を踏んで信濃川沿いに土堤を歩きました。男子生徒はゲートル、女子生徒はモンペ、共に肩には大きな防空頭巾、腰にはオシン（ＮＨＫテレビの朝の連続ドラマ「おしん」の主人公――引用者注）ならぬ大根飯のおべんとう。

作業内容は直径一抱えもある大きなドラム缶の上下のバンドの鋲打ち（略）大きな工場内で作業中、一日何回も鳴り響く警戒警報、空襲警報のサイレンに、工場内の防空壕に避難、いざ解除、人員を確かめるまで異常がなかったかと胸をドキドキさせながら工場内を走り廻ったこと。

夕日を迎え帰校する頃は、手のマメをさすりながら、みんな元気に通いました」◆17

次に、警報が発令されたときの長岡聾学校での教員たちの行動と寄宿舎の聾唖の生徒たちの防空壕への退避の様子について、戦争末期に赴任した山田佐馬太の手記「思い出すこと想うこと」から抄記する。

「毎夜のように警報がかかり、その都度先生方は、自家を顧みず学校に駈けつける。熟睡している聾児を、それこそ叩き起すようにして退避させる仕事は、想像に絶する。当時は僅かな山田、堀さん等の保母さんの苦労は格別なものがあった。防空壕の中で口癖のように唱える広川先生の念仏の声に日本の末路を想う。

事態の急迫を察し、夏休みを待たずして初等部を帰省させる。

はたせるかな、昭和二十年八月一日午後十時頃あの恐るべき長岡大焼爆《ママ》の惨事起る。

福本校長指揮のもと宿直員坂井先生並稲垣、佐藤、石山先生等の決死の活動により、生徒を信濃川土手に避難させ重要書類を搬出した。

私は折り悪しく当夜妻の出産あり、家族を避難させせて学校へ駈け付けた時は、最早や中学舎から表校舎に火は廻りつゝあり、校長と唯二人涙の中に傍観するのみ。全焼、時に午前三時。（略）」◆18
同じく、長岡市大空襲における長岡聾唖学校の全焼と教員たちの行動・思いについては、元・当時教員の坂井富二が当日宿直当番であったので時間的経過に沿って、一層生々しく、具体的に記しているので、先の山田の記述と重なる面もあるがほぼ全文を紹介する。

「長岡大空襲の夜
旧職員　坂井富二

昭和二十年八月一日夜の午後十時過ぎ頃だったろうか。サイレンがまたウーと鳴り出した。誰かが『警戒警報の様ですね。』と言った。私はちょうど宿直当番にあたっていた。またかと思いながら、以前からの訓練できめられていた通りに、早速、身支度するとすばやく背中に、三十キログラム位の重さの、非常時持ち出しの箱を背負い、首に風呂敷で包んだ勅語謄本をしばりつけて校外に出た。勿論《もちろん》外は真っ暗（灯火管制が実施されていたことにもよろう——引用者注）、いつのまにか、かけつけられた故福本校長先生と、石山（現橋村）先生と三人で、学校前の防空壕に入った。その時はもう空襲警報に入っていた様であった。わらのこも（菰——引用者注）をかぶって息を殺してじっとしていて、米機が、ガーッと凄い音を立てながら立ち去ると、こもを開けて見る事数回、この時の米機のB29の編隊は、五十機、否百機とも言われている。ぱっと北の空が明るくなった。見ると北越製紙のあたりに、焼夷弾を落とした様だ。続いて間もなく、中心街がぱっぱっと明るくなった。愈々《いよいよ》、本格的な空襲だ。私達はじっと防空壕に身を寄せていた。どんどん連なって街から敷布団を頭からかぶって逃げて来る人、寝巻姿で来る人が、連なって信濃川堤へ避難して行く。
故福本校長先生の指図で、我々もここに居ては駄目だという事で三人は、ちりぢりばらばらになって堤に逃げはじめた。私は生きた心地もなく重い荷物を背負って田圃道を走った。両側の田圃《たんぼ》に焼夷弾が、ヒューヒューと落ちてささる。漸く信濃川の土堤に上がって身をひそめた。堤からは、長岡市街が一望に見渡される。物凄い火の海だ。本校は南からの火で類焼。私達がただぼう然としている中に燃えおちていった。[19]」

このような状況の中で、長岡聾唖学校は全焼という痛手を負ったにもかかわらず、それから僅か一か月余後、すなわち敗戦の年の九月一〇日には、県立長岡高等女学校寄宿舎の一棟を借用、そこを仮校舎として授業を開始している。本校関係者たちの戦前からの聾教育にかけた信念と熱情に感銘を覚えずにはいられない。

なお、長岡市役所発行の『長岡の空襲』（一九八七年）は、「（八月一日夜の――引用者注）一時間四十分の空襲で千四百六十余人の市民の尊い生命が奪われた。犠牲者はおとしよりや婦女子が多かった。[20]」と述べている。長岡聾唖学校の児童・生徒、卒業生で同市に居住していた聾唖者をはじめ障害がある人たちの犠牲も少なくなかったのではあるまいか。そして、このことは他の地域における空爆による被災においてもいえることであろう。

次に、盲児と聾児を同じ学校で教育していた盲唖学校で全焼した学校について二校とりあげる。いずれも、空爆前には疎開せず、空爆を受けたときに、寄宿舎には生徒たちが入舎していた学校である。

三　八十余人の盲・聾唖児が無事避難――徳島県立盲聾唖学校

(1) 徳島市大空襲

徳島県下の全域にわたって、B29による爆弾・焼夷弾の投下、戦闘機による機銃掃射が四五年三月一七日の初空襲以来、数十回行われた。県都徳島市に対する主な空爆だけでも、四五年六月一日、同五日、同一五日、同二二日、同二六日、七月三日～四日、同二四日の七回に及ぶ。その中でも、四五年七月三日深夜から四日未明にかけての徳島市大空襲は最大規模の攻撃であり、市内のほぼ全域が被災し、県立盲聾唖学校の全校舎・寄宿舎も全焼した。

この徳島市大空襲について、『日本の空襲―七　中国・四国』(一九八〇年)は次のように記している。

「二〇年七月三日～四日　徳島市。市内のほぼ全域にわたって被災。被災家屋一六二八〇戸、死者九七〇名、負傷者一二〇〇〇名、徳島市内のほぼ六〇パーセントが焼き払われた。／なお、死傷者の数については資料によって異なり、後日、負傷者の死亡により死者二〇〇〇名に及んだ、ともいわれる。当然、負傷者もふえたであろう。[21]」

また、次のようにも述べている。

「七月四日午前一時頃から約二時間三〇分にわたって三〇数波をもってB29約一〇〇機が全市に七〇ポンド油脂焼夷弾（大型）と四〇ポンドエレクトロン焼夷弾（小型）を投下。旧市街の六二パーセントが灰になり、徳島市の機能は完全にマヒした。死者九八四名、負傷者約二〇〇〇名（このうち死者が相当数出た）[22]」

後述するように、県立盲聾唖学校は徳島市大空襲のとき、隣接する徳島中学校が被弾炎上し、同校も全校舎・

寄宿舎が類焼・焼失する。にもかかわらず、八十余人もの盲聾唖男女舎生は三時間近い猛爆を逃れて一人も犠牲者を出していないのである。それはいかに教職員の適切な誘導と生徒たちの平素の避難訓練の成果、さらには盲聾唖生徒たち同士の協力によるものであるかを示すものであろう。

(2) 県立盲聾唖学校の決戦体制への準備[23]

まず、表5に、徳島県立盲唖学校の太平洋戦争期の盲部および聾唖部の在籍児童生徒数の推移について記す。所在地は名東郡八万村字沖浜、校地面積は二九〇九坪、建築総面積は五三三坪。在籍児童生徒数の推移は表5の通りであり、盲部・聾唖部併設校としても大規模のようである。

しかし、四五年八月第一週の寄宿舎の入舎者数が八十余人と少なかったのは、空襲が激しくなり、初等部低学年は休校にしたこと、中等部生でも帰省した者がいること、また夏期休業中であったことにもよろう。それにしても、寄宿舎にそれだけの人数の舎生が居たのは、夏期休業中でも中等部生は学徒動員に応じなければならなかったからであろう。

そこで、同校における戦争末期の治療奉仕や勤労動員などの状況について記しておく。

盲部では鍼按科全員が教員と共に数班に分かれて遠く農山村まで治療奉仕に出かけた。また陸軍病院への治療奉仕やマッサージ指導のほか、本校および近辺に駐留する軍人への奉仕も実施した。四五年には軍人援護会県支部の委嘱により校内に職業補導所を設置し、戦没者「未亡人」に家庭マッサージの講習も始めた。

聾唖部は各種軍需工場（田宮の川崎航空や八興被服、沖州の徳島造船、勝瑞の帝国繊維など）への散髪奉仕、被服製作や作業労働に従事した。

両部の生徒で労働の参加不能の者は、出征兵士の見送りや戦没軍人の遺骨凱旋の出迎えなどに参加した。

当時、県立盲聾唖学校の聾唖部の女教師であった佐山節は、著者のアンケートへの回答の「自由記入欄」の記述の補足として、別紙に勤労奉仕活動の体験を次のように記している。

「昭和十九年のことでした。裁縫科の生徒六名を連れて、引率者として八興被服工場へ通うことになりました。国防色の軍服の袖の表と裏を綴じ合せて袖口をまとめる作業をしました。両袖で一組です。この工場内では、一番やさしい過程と聞きました。先ず引率者に係りの方から要領を教えられ、それを生徒達に伝えるのですが、その頃の聾教育は、読話に、発語にと、口話教育の盛んな時でしたから、技術の指導も読話を通して何度もくりかえし、生徒も理解しようと努めていました。（略）四、五日目に心にかかっていた空襲警報が発令されて、サイレンと同時に、一斉に所定の場所に避難しました。おびえたような目を、引率者の口形一つに受けて誘導し、工員方と共に行動が出来たことは、解除と共に一度に力が抜けていく程、ほっとした思いでした。ろう教育が、その当時どのようなものか、その内容など、未知の人が多い時に、話すことがわかり、返事をしたり、問いかけたりして技術を覚える実際を認めてもらったことは、生徒達にとっても、戦時中とはいえ、働くためのきびしさとか、そのなかで得た体験とをあわせて、大きな収獲を得たといえましょう。」

表5　徳島県立盲聾唖学校の太平洋戦争期の児童・生徒数の推移

部＼年度	一九四一（昭和16）	一九四二（昭和17）	一九四三（昭和18）	一九四四（昭和19）	一九四五（昭和20）
盲部	七八	九二	九七	九四	一〇一
聾唖部	一二四	一三三	一三〇	一三七	一四三
計	二〇二	二二五	二二七	二三一	二四四

注　徳島県立聾学校『創立五十周年記念誌』一九八二年、三二頁より作成。一九四三年度と一九四五年度の数値は、徳島県立盲学校『徳島県盲教育史――徳島県盲教育八十年記念・徳島県立盲学校五十周年記念』五四頁の「表8」の「註」に基づいて修正した。

他方、学校教育の状況の変容に目を向けると、四三年一月、県令に従って「学校規則ノ一部改正」が行われ、「本校ハ皇国ノ道ニ則リ盲人及聾唖者ニ普通教育ヲ施シ皇国民ノ練成スルヲ目的トス」と改め、いわゆる皇道教育を目的に据えることを明確にし、第五条の「学科」に新しく「修練科」を加えた。そしてこの年から手旗モールス信号等の指導を行うと共に、簡略ながら銃器庫も備え聾唖・半盲（弱視）の生徒は三八式歩兵銃による調練も行い、配属将校の検閲を受け、毎週月曜日の朝会の後は「分列行進」を行った。四四年には「体操」が「体練」と改められ、専ら〝軍事教練〟に充てられるようになった。

教室の一部に本土決戦に備えた軍隊（「善通寺師団輸送隊」）が駐屯し、校庭には弾薬・兵器が集積した。四五年になると、学業日数は数えるほどになり、勤労奉仕・学徒動員のほか食糧（「食糧」という言葉は厳密には主食や穀類を指すとされるが、本書では主食以外の食料も含め「食糧」という表記で統一したい――著者注）確保のために近郊各地の借用地での米作、荒蕪地《こうぶち》を開墾しての甘藷《かんしよ》などの栽培、さらに校庭に鍬《くわ》を振っての南瓜作りなど、給水のためには昼と夜に人員を分けて水車を踏むなど、まさに昼夜を分かたぬ苦闘が果てしもなく続けられた。宿舎薪炭用の雑木伐採に近郊の山林へ学校総出で当たらざるを得なくなった。

本校の教職員から四人が出征し、うち一人は戦死した。

服装も軍事一色に変わった。

県立への移管当初に制定された小倉織黒、または白霜ふり金ボタンおよび和装袴着用の男女制服に代わって、国防色の上下にゲートル、もんぺ姿となる。胸には血液型、動員票、「徳島盲聾唖部」に部別姓名を記した名札をつけ、下着に至るまで氏名を記した。事がらは些細《ささい》なようだが、意味するものは深刻である。空爆による災害に遭遇する事態を想定しての服装だからである。

このような敗色が濃くなった戦争末期の非常時局下の同校の状況について、徳島県立盲学校『徳島県盲教育史』（一九八〇年）は次のように記している。

「学習は寸断された。教科は国語数学のみとなり、それも息絶えだえの授業であるが、それでも授業らしい形を保ったのは十八年までで、その後は動員につぐ動員、時には集団、或《あ》る時は分散して各種各地の労働に寧日なく、週にただ一度日を定めて学校に集合するのみであった。校内外の一切の行事が停止したのは言うまでもない。そこは戦場であり彼らは兵士となる。非戦闘員などという者は已に存在しない。」◆24

この表現が過度でないことは、当時の政府の教育方針と施策に照合すれば明らかである。

すなわち、四五年三月、「決戦教育措置要項」を閣議決定し、「全学徒ヲ食糧増産、軍需生産、防空防衛（略）其他直接決戦ニ緊要ナル業務ニ総動員」することを定め、「国民学校初等科ヲ除キ学校ニ於《お》ケル授業ハ昭和二十年四月一日」より「停止」、続いて五月には「戦時教育令」「戦時教育令施行規則」を公布、学校ごとに「学徒隊」結成を指令したのである。徳島県もそれに則り、「学徒隊結成要項」を定め、本校では六月二二日に、配属将校を迎えて「徳島県立盲唖学校学徒隊」を発足させた。

このように、いわば〈学校即戦場〉、そして〈学徒すなわち兵士〉という状況がつくられつつあったのである。先に引用した当時の県立盲聾唖学校の状況に対する描写は、政府のこのような指令に可能な限り応えようとしていたことを物語っているといえよう。

そのほか、同校では防空対策として、例えば校庭の周囲五か所に防空壕を造成し、避難訓練も繰り返し実施している。また空爆の際、寄宿舎から舎生を避難させる方法としては次のような訓練を行っている。

寄宿舎には、各室に班長、副班長を置き、一室一〇人位の生徒を単位とし、班長がロープの先端を握り、中間を班員、後尾を副班長が守り、当直教員・舎監などが避難すべき方向に誘導するのである。この避難訓練を就寝中にも、突然、繰り返し実施している。

(3) 徳島市大空襲による全焼・全壊と避難

四五年七月三日、夕刻、警戒警報が発せられた。高知方面から徳島県上空をB29二〇機ぐらいの編隊が現れ北方へ飛び去ったのである。同日午後九時頃、再び警戒警報が出された。警戒警報は、日常のものとなっており、誰にもさほどの緊迫感もない。そして、午後一一時頃、突如として飛来する爆音を当夜の舎監福本礼一と幾人かの生徒は聞いた。それは空襲を告げるサイレンと殆ど同時であった。

以下、主に徳島県立盲学校『徳島県盲教育史』(一九八〇年)より記す。

「直ちに舎監は退避を命じる。舎内舎外の者全員防空壕に避難、日頃の訓練によって事は迅速に運ぶ。人員点呼後壕外に立てば、投下された照明弾によって、頭上は白昼の如く輝き、その青白い光の中を、白銀にひらめいて飛行するB29一機があざやかに見え、瞬間、唸りを生じて焼夷弾の雨は降り、忽ち目前に徳島中等学校が火を噴き上げ、時を移さず本校々舎にも火炎は揚る。火勢は瞬時のうちに西より東へ紅蓮の舌でなめ尽くす。またたく間の出来事である。危険を察知した福本は防空壕よりの脱出を命じる。生徒は校庭の周囲をめぐる川に浸り川を越え、八万国民学校付近の水田の中に散開、川にひそむ者は川の、田に腹ばう者は田の泥水に漬り、葡伏して危機の去るのを待った。焼夷弾は驟雨《しゅうう》の如く音たてて叩きつけ、爆裂音、焼け崩れ落ちる倒壊音、火焔の響、火は風を生じ風は猛火を呼んで東の間にあたりに熱気は漲《みなぎ》る。近くに連なる眉山は猛火の山となり、烈風に乗じて舞い上る炎は天を焦がし地に映じ、ために水田は火の海と化し、その中に打ち伏した生徒たちの上に火の粉は舞い落ちる。上空ただ敵機の跳梁《ちょうりょう》乱舞に委ねる外なく、B29は執拗に荒れ狂い、飛び去り飛び来って波状攻撃を全市に加え、投下されるエレクトロン焼夷弾、油脂焼夷弾、小型爆弾数千発のために、全市は焦熱業火の海に包まれたのである――。

敵機が姿を消したのは午前2時頃であろうか。三時間に及ぶ猛攻である。攻撃が収まるのを待って、生徒全員を招集、八万青年学校に避難して人員を確認する。点検の結果、小学部唖生1人の姿が見えず、直ちに引き返した福本は、焼け残った八万国民学校をくまなく探した。ここには付近の死傷者や罹災者が各教室に収容されていたのである。ここでは発見出来ず、余燼をあげる本校跡にも人影はなく空しく引き返した。ものの焦げ焼けただれる異臭の中で、校長はじめ一同の心は暗然と沈んだが、幸運にもこの生徒は翌朝ひとりで青年学校へ姿を現す。一人はぐれて田圃の中で一夜を明かしていたのである。全員無事。」[25]

こうして、校舎・寄宿舎が全焼・全壊したにもかかわらず、盲・聾唖の生徒八十余人が一人の犠牲者も出すことなく、非常の難を逃れ得たのは、舎監をはじめとする教員たちの沈着冷静な判断と適切な避難の誘導が大きな要因であると同時に、前述したような日頃の避難訓練、さらには盲・聾唖生同士の障害の違いによる意思疎通の困難を乗り越える連帯の念の強さと協力・共同し得た行動力が貴重な要因となっているように思われる。

同前書には、この点について次のように説明し、一人の中等部の男子盲生のエピソードを紹介している。

「(一名の犠牲者も出さなかったのは——引用者注)天佑、奇蹟的であるが、これはかかって日頃の訓練と生徒同志の連帯にあったであろう。彼らの中に年長者の多かったのも幸いした。防空壕脱出の際もいつの時も、弱視者は全盲と、年長者は幼年の者と共にあった。てんでばらばらの無統制な行動ではなかったのである。日常、教育や訓練の場で盲唖協力、弱視全盲相扶《あいたす》ける精神が体得されていたため、このような非常の修羅場においても、おのずからその精神が発揮された。寄宿舎脱出の折、同室の下級全盲生の置き忘れた学用道具を持ち出すため、火焔を上げる寄宿舎に駈け上って、荷物を窓下に投下、点字板のみふところにし、地上に投げた蒲団の上に飛び降りて脱出した中等部生森山泰義の行動なども伝えられている。」[26]

七月四日、教職員、生徒も握り飯一個の配給があっただけで過ごした。翌日からは半ば焼け残った八万村の食糧倉庫から玄米の支給を受けて飢えをしのいだが、今後の方針について教職員協議の結果、いったんは学校を閉鎖することとし、生徒たちには次の連絡を待つように指示して夕刻より可能な者から帰宅させた。市営バスなどが火災で運行出来なくなっていたので帰宅する者は全て徒歩である。間もなく中田駅、佐古駅まで歩けば南北に汽車は通じるようになり、帰宅不能の者を残したほか、殆ど全員を帰家させることが出来た。焼け野原となり方角地理定かならぬ余燼くすぶる街に生徒を帰すことは危険が伴うことであったが、ここでもまた年長の生徒の存在が幸いした。それらの者に、同じ方向へ帰る年少の児童を託して帰宅させたのである。

七月下旬、県西の穴吹高等女学校および民家一軒、南部の富岡高等女学校にそれぞれ分校を設置し、主として按摩《あんま》実習などを中心に授業を再開した。ただし、初等部は当分の間休業とした。

このように、戦争終末期、本校の校舎・寄宿舎を失いながらも授業の再開に努力したことには当校の教員たちの盲教育への熱意と盲生徒たちの卒業後の按摩業就業への期待がつよく感じられる。

四　県知事表彰の「特設防護団」——高知県立盲唖学校

⑴　高知市大空襲と被害状況

『日本の空襲—七　中国・四国』（三省堂、一九八〇年）所収の「高知県下空襲被害状況一覧」によれば、高知県における空爆は四五年一月一九日から八月一〇日まで計四九回（うち七月が一七回、四月が一一回、六月が九回と多い）にわたって行われている。来襲機は七種類（最多はB29で、B24、P51、グラマンなども含まれる）、計二三四三機に及ぶ。その中には三月二九日の幡多郡沖ノ島における潜水艦四艦による船舶二隻の銃撃も含まれる。四五年六月一日、午前一〇時一九分以降のB29による空爆では、県立盲唖学校の所在地である愛宕町を含む地帯に四ポンドエレクトロン油脂焼夷弾約二〇〇〇個が投下されたが、同校は被害を免れた。しかし、高知県下空襲被害で最大の被害を生じた三三回目の四五年七月四日夜間の高知市大空襲においては、県立盲啞学校も全焼・全壊した。

そこで、七月四日の高知市大空襲について記す。午前二時、B29編隊五〇～八〇機が汐江地区、小高坂方面、市街中心部に油脂焼夷弾大量投下、罹災面積四一八万六四四六平方メートル、罹災戸数一万一九一二戸、罹災人口四万七三三七人、被害人員七一二人（内訳、死亡四〇一人、重傷九五人、軽傷一九四人、不明二二人）、被害建築一万一九一二戸（内訳、全焼壊一万一八〇四戸、半焼壊一〇八戸）。そのため「官公庁や学校、会社、工場はほとんど損害を受け、一時、その機能を奪われた。」という。[27]

この高知市大空襲における市民の被災体験については、例えば、高知県師範学校の教員で宿直に当たっていた寺尾茂が「『御真影』を奉護して火焰の間を彷徨し、命からがら逃げのびる」体験をしたと述べている（前掲『日本の空襲―七』三六〇頁、参照）。

天皇の権威を示すものであった「御真影」（天皇・皇后の公式写真の通称）は一八七〇年代頃から官の機関の証《あかし》として官立諸学校などに下付（「下賜」）されていたが、初代文部大臣森有礼はこれを天皇と民衆の一君万民的君臣関係、臣民感覚を涵養《かんよう》するための媒体と位置づけ、府県立学校へと下付範囲を拡大させていき、一九一〇年代には私学を含めた全ての学校・幼稚園も下付の対象となっていった。「御真影」はその取扱いにも最大限の配慮が要求された。非常の際の避難（「奉遷」）の手続きが定められ、警衛のため教員の当直制が施行されたほか、三〇年代には防火性の堅牢なコンクリート型の「奉安庫」「奉安殿」が学校の特定の場所に建築された。県立盲啞学校なども同様であった。[28]

⑵ 戦時下の県立盲唖学校の状況と校舎全焼

太平洋戦争下の高知県立盲唖学校（以下、県立盲唖学校と記す）の状況と高知市大空襲による焼失、児童・生徒と教職員の避難の過程について、高知県立盲学校『創立五十周年記念誌』（一九八二年）、同『創立七十周年記念誌』（一九九九年）、高知新聞社編集局企画・編集『秋《とき》のしずく――敗戦70年といま』（二〇一六年）、著者による高知県立盲唖学校の元教員へのアンケートへの回答、および著者による同校の元教員・生徒からの聴き取りなどから述べる。

県立盲唖学校は四〇年四月二〇日、失火により普通教室四、洋裁室一を全焼、木工室を半焼した。そのため、寄宿舎を仮校舎として授業を行い、四一年九月二〇日に焼け跡に新校舎を建設した。その後、四二年一二月には帝国盲教育会、日本聾唖教育会の中国四国部総会・研究大会を同校を会場として開催するなど、中国・四国地方の盲学校・聾学校の中心校としての役割を果たしていた。県立盲唖学校の創立時（二九〈昭和四〉年）の所在地は高知市江ノ口裏別当（現愛宕町、校地面積は一〇五二坪）。太平洋戦争期から盲・聾教育義務制が逐年進行で開始される四八年度までの同校の児童（小学部）・生徒（中等部）、教職員の人数の推移を表6で示す。

四一（昭和一六）年新築の校舎と当時の盲部の授業の様子について、四三（昭和一八）年四月に盲部中等部に入学した「半盲生」（弱視生徒）の回想からその一端を紹介する。

「今はなき学び舎

氏原圭聡（昭和二二年中等部卒）

木造2階建ての美しい校舎は狭い校庭を取り囲むように建ち並び、その中でたわむれ遊んでいる児童たちを抱き抱えているようでした。手を叩き号令をかけ、児童と一緒に体操をしている佐野先生の後ろ姿も、校庭の隅で地面に届くほど茂った、大きなしだれ柳が見守っているようでした。校舎の南側には愛宕町の家並みが間近に迫り、教室の窓から腕を伸ばすと屋根瓦に届きそうでした。校庭の北には歩行訓練のため、手を取り合い隊列を作って歩いて行った愛宕の山がはるか彼方に見えていました。木造の校舎は、壁も床もほのかに木が香り、広く滑らかな枝の廊下を皆がすわりこんで糠袋《ぬかぶくろ》で磨きました。盲学校の狭い教室には何か不似合いな大きな黒板を授業に使い、先生がいないときは、私たち半盲生にとっては算数や解剖図など、手ごろな楽しい落書き板でした。

国語の時間に佐野先生が教卓のイスに腰をかけ、アメリカ文学の『アンクルトムの小屋』を読んでくれました。大農場の少女バンジェリンと黒人奴隷トムの情景に、先生は喉を詰まらせ泣きじゃくりながら読んで下さいました。私も胸を熱くし、涙をこらえて聞いていました。戦時体制のさなかにキリスト教のかおりのするエバとトムの物語を読む佐野先生は修道女のようでした。」◆29

しかし、戦局が悪化し、空爆の危険が迫ってくると、全校生が入れるだけの防空壕（教員や聾唖部中等部の男子が中心になり校庭をつるはしやスコップで掘り、太い孟宗竹を組み合わせて上の屋根を作る掩蓋《えんがい》式の防空壕。「半盲生」＝弱視児、女生徒も土運びなどに加わる）を数か所造ったり、寄宿舎が食料不足のため、校庭や竹藪を開墾しての野菜栽培、近所の田畑を借りての耕作、家庭からの食料提供などのほか、

表6　高知県立盲唖学校の児童・生徒、教職員の人数の推移（一九四一年度〜一九四八年度）

年度＼人数	児童	生徒	教職員
一九四一 昭和16	8	30	7
一九四二 昭和17	10	27	7
一九四三 昭和18	12	22	7
一九四四 昭和19	14	23	7
一九四五 昭和20	22	28	7
一九四六 昭和21	24	30	7
一九四七 昭和22	19	27	9
一九四八 昭和23	23	22	12

注　「第二次大戦下のわが国における特殊教育諸学校の戦争被害に関する調査」のアンケートへの松本武夫の回答（一九六八年九月一日付）より作成。

学校から遥か西の彼方にある宇津野の山を開墾して甘藷づくりにもとりくんだ。また、江の口川の河口に蜆《しじみ》貝を採りに行き蛋白《たんぱく》源の足しにした。

防空・避難訓練にも力を入れた。特に、小川明校長（三九年三月、市立聾学校教諭より就任）のもとでの「特設防護団」による防災活動は注目され、四二年一二月に県下特設防護団の模範として知事より表彰された。実際の防空・避難訓練は、筆者によるアンケートへの回答によると、例えば松本武夫（一九一一・明治四四年生まれ。三九年三月、官立東京盲学校師範部卒業。四二年四月、高知県立盲唖学校の盲部に赴任。戦後は高知県立盲学校に七〇年三月まで勤務し教頭として退職）は「自由記入欄」と別紙の書簡で次のように記している。

「昭和二十年に入ると高知市でも再々空襲警報が鳴り、あちらこちらに爆弾が落とされるようになりました。避難する時は防空壕に入り、空襲警報が解除になるまでそこから出られなくなりました。」「眼の見える者や聾唖者は爆弾が落ちたら叩き消したり、バケツで水をかける稽古もしていました。空襲警報は主に夜になると鳴るので、先生方は当番で寄宿舎に泊まりこんで、空襲があれば生徒を避難させなければならないようになりました。毎晩のように空襲警報が鳴り避難するようになったので、六月には小学部四年生以下は帰省させ、年長者と教師だけで学校を護るようになり、授業は殆ど出来なくなりました。」「食糧も無くなり、毎日、少しばかりの芋などを食べて過ごしていました。◆[30]」

また、著者が高知県立盲唖学校の元教員や元生徒たちから聴き取りをしたところ、「防災訓練」「避難訓練」については、例えば次のように語った。◆[31]

「特設防護団の防災訓練では、例えば校舎のどこに爆撃を受けたか、火の手があがったかによって、どちらの方向に、誰と誰が手をつないで、どのような順序でどうやって逃げるか、という細かなところまで定めた規則をつくり、それを徹底させた。」（松本武夫の談）、「特に盲生と聾唖生を区別しての訓練は無かったけれども、聾の子どもたちには訓練の意味が充分に分かっていなかったため、夜間の訓練などでは起こしてもまた眠ってしまう子がいて苦労した。（略）当時、先生方は県外出身の方が多く、若い男性の先生は出征していたため、校長先生から女教師も寄宿舎に泊まり込み空襲の際に備えるようにと言われたが、娘一人を自宅に残すことは出来ないとお断りした。」（新改ふじ子の談。新改は聾唖部の初等部の教諭。夫は応召し国民学校六年生の娘と二人暮しであった）。

なお、四二年四月、県立盲啞学校の盲部に入学した溝渕健一は、高知新聞の記者による取材の中で、「防空演習」の体験について次のように語っている。

「2年生になって『防空演習』が始まった。授業中に突然、教室のスピーカーから『警戒警報発令！』の放送が流れる。／その音声を聞くとすぐ防空頭巾をかぶり、校内の『あんま室』に向かった。少し目が見える子どもが先頭に立ち、溝渕さんら全盲の児童が後に続く。／『5〜10人が連なって歩くわけです。手をつないだり、前の人の肩に手を置いたりしてね。今で言う、電車ごっこ』／訓練は夜中、寄宿舎でもあった。（略）やがて防空演習のアナウンスには『空襲』『敵機襲来』が加わる。逃げる先は、あんま室から壕に変わった。」

また、溝渕は「毒ガス攻撃」に備えて「息を数十秒間止める」訓練も受けたという。この特殊な訓練も県知事に表彰を受けた〝特別防護〟の一環であったろう。そのような訓練を行う理由について、ある男性教員は、「相手は鬼畜米英だ。毒ガス（攻撃）なんて平気でやってくる」「『毒ガス攻撃は最初が勝負』（略）息を数十秒間止めていると、その間に毒ガスは空気中に拡散し薄まる」と説明した。溝渕はその訓練の実際について次のように語っている。

「講堂に全児童を集め、それは行われた。1人ずつ前に出て、試験官役の教頭がそばに立つ。教頭の手には鏡と時計。鏡を児童の鼻の前にかざし、『ヨーイ、始め』。鏡に鼻息が掛かると、その表面は曇る。教頭は各人の記録を帳面に記入し、『ちょっとでも（曇るまでの時間が）長くなるよう時々稽古すること』と言った。」また、「洗面器に水を入れ（その中に顔をつけて）息を止め（略）その長さを計る。」訓練も行われたとのこと。[32]

勤労奉仕・学徒動員に関しては、著者によるアンケートに対して、例えば当時、盲部中等部鍼按科の男子生徒は、「農村、工場へマッサージ奉仕に出かけた。」と回答している。[33] 聾唖部中等部の生徒は主として農家の農作業の手伝いに従事した。

高知県立盲学校『創立五十周年記念誌』（一九八二年）は、四四年五月二〇日に「盲部治療班は港地区の工場」などへの「慰問治療を行う。」と記録し、さらに、四五年六月一〇日には「空襲激化に対応し、初等部四学年以下、及び遠隔地よりの生徒を帰省させる。」、七月一日には「高知県立盲唖学校学徒隊を結成する。」と記している。[34]

食料不足の状況については、著者が同校の元・盲部中等部の生徒たちに聴き取りしたところ、「寄宿舎の舎生の中には栄養失調から肋膜炎に罹病し、学業半ばにして病死した生徒もいた。」と語った者もいた。[35]

以上のような状況の中で、敗戦の一か月近く前の高知市大空襲で同校は校舎・寄宿舎が全焼した。その時の空爆と避難の経過について松本武夫はアンケートへの回答で次のように記している。

「毎日空襲に怯えて暮していましたが、遂に七月四日の日が来ました。その日は宵のうちに空襲警報があって皆な防空壕に入って避難していましたが、間もなく解除されたので舎に戻り生徒たちを寝させました。それまでも空襲警報があっても、どこか遠い所がやられていて、身近には危険が無かったので、余り心配しませんでしたから、警報が解除されると皆、寄宿舎の自分たちの室に帰って眠ることが出来ました。

ところが、午前二時頃、爆音で目覚めました。空襲警報より先に米軍機が来襲しました。入舎していた舎生五〇人近くを起こし、外の様子を窺うと空襲は南から北へと迫って来ており、次々に投下される焼夷弾に、防空壕に入っても助からないと判断し、北の山のほうへ避難することに決めました。そして、学校の北の田圃の畦道を通って逃げていきました。盲生たちには、四、五人ずつに紐を握らせ、『離すな！　離したら助からんぞ』と叫びながら、田圃《たんぼ》の中にも落ちてくる焼夷弾を避けながら盲生・聾唖生を教師たちが誘導していきました。

『御真影』を護る係の先生――たしか教頭先生はそれを納めた箱を背負って、田圃の中にこけながらも、必死になって避難しました。

ふりかえって学校のほうを見ると、すでに学校の屋根には十数発の焼夷弾が投下されて炎上していました。これではとても消火は出来ないので、北の宇津野部落まで逃げ、宇津野駐屯部隊のテントに全員無事避難し、即日、生徒達は手分けして帰省させました。

空襲で校舎・寄宿舎は焼失し、奉安殿（コンクリートで建立――引用者注）だけが焼け残りました。校長、教頭のほか六名の教師の自宅が焼けてしまいました。[36]」

その後の授業再開に至るまでの経過について、高知県立盲学校『創立七十周年記念誌』より転記する。

「昭和20年（一九四五）七月六日、宇津野駐屯部隊の好意で穀倉の一山小屋を借用して、校長以下数名の教職員が宿泊し一〇日間仮事務所とする。

七月一五日、高岡郡黒岩村国民学校に疎開し、校長以下数名の教員が宿泊して仮事務所とする。

八月一〇日、学徒農村進駐指令により本校は黒岩村に進駐することになる。

八月三一日、終戦になり、疎開進駐地黒岩村より高知市に帰る。市内にある新本町のマリヤ園（カトリック系の幼児施設――引用者注）を仮校舎として、中水道久保氏宅を仮寄宿舎として借用、通学生及び市附近の舎生を出校させて授業を再開する。[37]」

2　半焼・半壊の事例

一　駐屯部隊の消火活動で校舎への延焼を免れる——鹿児島県立鹿児島盲唖学校

(1) 鹿児島市大空襲について

『日本の空襲―八　九州』[38]（一九八一年）によると、「五大都市（東京、名古屋、神戸、大阪、横浜）を大規模爆撃によって破壊し、焼き尽くしたマリアナ基地のB29部隊（第二〇航空軍）は中小地方都市に対する夜間焼夷弾レーダー攻撃を計画した。その最初の目標の一つに鹿児島が選ばれた。」「鹿児島市は前後八回にわたって規模の大きい空襲を受けた。（四五年）三月一八日と四月八日、それに四月二一日、五月一二日、六月一七日、七月二七日、七月三一日、八月六日である。」

この前後八回の主要な空爆によって、鹿児島市が受けた被害は「被災人口は昭和二十年初期の人口十九万七千六百人に対して六十六パーセント、被災戸数は全戸数三万八千七百六十戸に対して五十七パーセントを占める（『鹿児島市史』）状態」[39]であったという。

鹿児島市に対する前後八回に及ぶ「規模の大きい空襲」の中でも、最大の被害を生じたのが四五年六月一七日の鹿児島大空襲であり、鹿児島県立鹿児島盲唖学校（鹿児島市草牟田町三八七三番地。以下、鹿児島盲唖学校あるいは当校と記す）は寄宿舎および舎監住宅一棟を焼失したが、校舎への延焼は免れた。

この六月一七日夜間の鹿児島市大空襲について、同前書は『鹿児島市戦災復興誌』に基づき次のように概括している。

「六月一七日午後一一時五分、一七一機のB29の大編隊の爆音が深夜の鹿児島上空に轟《とどろ》くとともに、市街地は火の海となった。米側資料では投下された焼夷弾は一、〇二三トン、破壊目標の一〇五％を破壊したと発表している。この時の空襲で死者二、三一六人。負傷者三、五〇〇人。罹災戸数一一、六四九戸、罹災人口六六、一三四人に上り、市内の人口は九三、〇三二人に減少した。」◆40

そして、この日の被災者の証言を六人紹介している。ここでは、一〇歳だった少女の体験記録を抄記する。

「血なまぐさい焼け跡

日高佑子　一〇歳

二〇年四月。私の家は救護病院であったので疎開はできなかった。唐湊通りの工機部へ通ずる上荒田に住んでいた。（略）八日にグラマンが工機部を襲撃、学徒動員で従事していた女学生がタンカに乗せられ、爆風で手や足をもぎとられ、あるいはからだに弾丸をうけ瀕死の状態ではこばれてきた。

学校では、先生のもとで防空壕への避難訓練、手旗、無線通信、それに敵機の高度測定など、レコードを聞いての猛練習だった。

六月一七日夜。逃げまどう人びとの群れが右往左往しながら山手の方へ続いた。（略）みるみるうちに周囲は火の海と化してしまう。空からは焼夷弾、機銃掃射。金属製のかなきり音を響かせながら低空飛行で襲ってくる敵機。たけりくるう炎をふきあげながら燃え落ちる家並み。

負傷して動けぬ人、地面でもがき苦しみながら絶叫する人など、まさにこの世の地獄である。私もチクチクと膚をさす痛みを感じながら人びとの列に従った。田上川の橋の下にしゃがみこんだとき、自分が一人でのがれてきたことに気づいた。川の水は冷たく一時間余り浸っていると涙がこぼれてきた。家族と別れ、血なまぐさい、焼け跡を無我夢中でさまよい、やっとのことで自宅の焼け跡にたどりついたのは二日目の明けがただった。

いずこも真っ黒にやけただれた焼け野が原。焼けこげのにおいと煙がまだたちこめていた。あちらこちらと防空壕ではむし焼きにされ衣もまとわぬ焼けぶくれの死体がころがっていた◆[41]。」

(2)「大東亜戦争決戦」下の鹿児島盲唖学校

二一（大正一〇）年、第二代校長となった川畑宗次郎は傷痍軍人で陸軍大佐。政府が「大東亜戦争」と呼ぶ太平洋戦争の三年目の四三（昭和一八）年の二月二日に開催した当校の創立四〇周年記念式典の式辞で川畑は次のように述べている。

「『今や時局大東亜戦争決戦第二年に入り、第一線将兵は申すに及ばず第二線にある国民一体が必勝の信念に満ち、火の玉となってこの完遂に邁進《まいしん》するとき』であると。」

これが単なる建前の言葉に終わるものではないことは、それまでも県内の中学校と同じく、三九年の霊峰霧島参拝歩道改修作業、四三年の護国神社参道建設や伊敷の練兵場で行われる儀式などには欠かさず当校も参加してきたこと、および四一年七月七日に盲部自治会と聾唖部心身団を統合して学校報国団を結成し、さらに同年九月一五日にはそれを学校報国隊と改組したことなどからも明らかである。校内においても、四四年になると「校庭わきの花壇は芋畑に、プールは田んぼに変身。上級生を中心に防空壕掘り、またバケツリレーでの防火訓練、麻縄での避難訓練などが日常的となっていた。」と四〇年四月に当校の盲部に入学した生徒は回想している◆[42]。

そして、四五年三月以降、鹿児島市への空襲も頻発するようになり、児童・生徒の身にも危険が及ぶようになったので、鹿児島盲唖学校は四月一五日より「停学」し、寄宿舎の舎生たちは帰省した。六月一三日から「第一八部隊」が当校に駐屯し、校舎に宿泊するようになった。

このような状況下での六月一七日夜間の鹿児島市大空襲による当校の被災であった。

そこで、その当時の当校の実際の様子を出来るだけ第一次資（史）料から知るために、著者が鹿児島県立鹿児島盲学校を一九八九年一二月六日に訪問し、閲覧・複写させていただいた鹿児島県立盲唖学校『昭和二十年度／昭和二十一年度　学校日誌』から、当校が半焼・半壊した六月一七日前後の記録について検討する。

まず、四五（昭和二〇）年度全般にわたる記録の特徴として印象に残る点をいくつか記す。

第一に、昭和二〇年六月末までは空襲に対する警報の発令と解除の時刻の記録が極めて多い。第二に、昭和二〇年度中は食糧増産のため教職員が畑仕事などに従事した記録がたびたび見られる。第三に、六月一七日の鹿児島市大空襲で全焼した県立病院が六月末から当校に移転し、戦後になっても転出しないため授業の再開に支障を生じ病院側との折衝を重ねている記事がみられる。第四に、食料不足のため、寄宿舎の運営困難となり盲部、聾唖部ともそれぞれ独自に「休業」の期間を数回にわたって設けている。第五に、日本の敗戦を告げる八月一五日の天皇による詔書の放送についてはなぜか全く何の記述もない。第六に、敗戦の翌年には、一月に「職員朝礼改む」、二月に、「教員大会武国民学校にて」開催、三月、「御真影奉還」、「軍国主義並ニ極端ナル国家主義的諸項払拭」などの記録がみられるようになり、四六（昭和二一）年度の四月以降は「占領軍司政官来校」の記録がしばしばみられ、いわゆるアメリカ新教育を受容し始める動向が窺《うかが》われるようになる。

では、次に四五（昭和二〇）年六月に限定して、二回にわたる米軍機による被害を含めて、戦争末期における当校の動向を三つの面から区分し、継時的に記録を見ていく。
(i)「空襲警報」の発令日時と「敵機来襲」について。
六月六日午後三時、七日九時半（敵機来襲）、八日午後一時頃（夜八時半敵機来襲）、十日午前午後二回（敵機来襲、職員十名集合)、十一日正午過、一六日午前十時前、十八日数回、十九日数回、二十日、二十一日八時過、二十四日、二十五日二回、二十八日「空襲被害状況外一通報告」、二十九日「物品移動。重要書類横穴壕ニ移動」。

(ii)「義勇戦闘隊組織」などについて。

六月五日「義勇戦闘隊組織について協議」、六日「義勇戦闘隊組織について職員会」、七日「県への報告物(「学徒動員基礎調査、防具農具調査」など)発送」、八日「大詔奉戴日　奉読式」、九日「十八部隊より三将校来談」、十二日「学徒義勇戦闘隊結成を生徒へ報告　結成表を県に報告」、十三日「第十八部隊本日より宿泊」、十五日「義勇戦闘隊留守名簿作成」、十七日「校長会報告　義勇戦闘隊再報告準備」。

(iii)食糧増産について。

六月一日㊎晴「小麦刈　肥料運搬」、二日㊏曇「甘藷畠ニ堆肥運び　小麦刈」、三日㊐晴「甘藷植付け作業　女職員午後菜種落し」、四日㊊晴「甘藷植付け」、五日㊋晴「麦の仕上げ」、六日㊌晴「開拓　麦の仕上げ」、七日㊍晴「伊敷麦刈作業　校庭開拓作業」、十一日㊊晴「伊敷農場麦の仕上げ　校庭開拓」、十二日㊋晴「里芋の除草追肥　ジャガイモ収穫等の作業　農繁期増産協力状況報告」、十四日㊍雨「甘藷植付け」、十五日㊎「甘藷植付け」。

以上の記録からわかるように、敗戦二か月近く前の当校は『学校日誌』の記録から見る限り、殆ど連日のように空襲警報が鳴り空爆を受ける危険に晒《さら》されていたこと、そのような状況であるにもかかわらず食料不足に対処するため伊敷の農場だけではなく校庭などを開墾し、麦・甘藷・里芋・馬鈴薯などを収穫するための農耕作業に学校の休校期間(四五年四月一五日〜九月末)であっても、教職員は尽力していたこと、政府・県当局の軍事動員政策にしたがい、他の中等学校と同様に「義勇戦闘隊」の組織化にもとりくんでいたことなどがわかる。

鹿児島盲唖学校は四五年五月から六月まで空爆による被害を二回受けている。

その時の状況を『学校日誌』より引用する。

「（昭和二〇年）五月十四日㈪曇　終日空襲下にあって校葬（川畑校長が五月九日、執務中卒倒し死去――引用者注）について準備す（略）。甘藷畠の開拓。午後三時半頃の空襲に木工室の西北隅の屋根を機関砲弾のために破壊さる。電話線切断さる。警防団へ報告、四時半団検分に見ゆ。五月十五日㈫雨　空襲被害状況につき県へ報告」

「六月十七日㈰曇　校長常会報告（略）午後十一時五十分頃空襲を受く。波状爆による焼夷弾、爆弾、寄宿舎及住宅（舎監用――引用者注）一棟焼失。本校舎、宿泊部隊の協力により難をまぬがる。集合職員、千知岩、宮之、新屋敷、鵜木、沈大後、飯田、田邊、山本、都成、集合。

六月十八日㈪曇　県長野視学来校、被害状況視察。

六月十九日㈫曇　焼後の整理を宿泊の兵隊さんにやって頂く」。

一回目は校舎の一部損壊、二回目は寄宿舎全焼であったが、休校中であったため舎生の人命損傷はなく、校舎への類焼は駐屯軍の消火活動で免れている。六月一七日は鹿児島市大空襲であったにもかかわらず、九人の教職員が自宅から学校に駆け付けているのが注目される。

四五年一〇月一日、通学生を対象に授業再開。しかし、校舎の大半は引き続き県立病院が使用していた。「県当局と県立病院移転について交渉したが、『教育より人命が大切だ。病人の方が優先だ』といって、なかなか立ちのいてくれ◆[43]」なかったという。

『学校日誌』によると、「（昭和二〇年）十月十五日㈪　舎生帰舎多数あり」、「十一月十二日㈪　本日より盲部授業開始」、「十一月十九日㈪　本日聾部授業」と記録されている。しかし、その実際は「校舎の半分は鹿大医学部産婦人科病室として使用され、残り半分を二分して盲部聾部が授業していた。教室に使えるところは全部使用し、夜は舎生がそこに寝るという状態であった。講堂も三分して授業をしていた。◆[44]」とのことである。

3　一部焼失・損壊の事例

一　教職員の消火活動で寄宿舎一部焼失にくい止める――愛媛県立盲唖学校

⑴ 松山市大空襲について

愛媛県における空爆は県都松山市をはじめとして今治市、宇和島市、八幡浜市、新居浜市、西條市などに対して頻繁に行われた。これらの都市に爆撃が集中した理由としては、①松山に航空隊があったこと、②殆どの都市が重工業または軍需品生産都市であったこと、③米空軍の本土爆撃の主要航空路である豊後《ぶんご》水道に面していたことなどがあげられるという。[45]

なかでも最大の被害を受けたのが松山市で、四五年三月一九日以降、空襲は一一回にも及んでおり、とくに七月二六日の松山市大空襲では徹底した波状爆撃を受けた。

この日、B29約六〇機の編隊が豊後水道を東北方に進み、佐田岬を経て松山市の西方上空に現れ、午後一一時五分頃から翌日午前一時五分頃まで油脂焼夷弾を投下し、市中心部を焼き尽くし、城北通町の一部を除いて旧市街は灰燼《かいじん》に帰した。罹災戸数一万四三〇〇戸、死者二五一人（男一一七人、女一三四人）、行方不明八人、負傷者は数え切れぬほどであったという（『松山市戦災復興誌』による）。[46]

また、この爆撃によって、かろうじて生き残った焼け跡の市民に対し、八月一二日、つまり敗戦の三日前、艦載機の大編隊が、機銃攻撃を加えている。[47]

愛媛県立盲唖学校（松山市御幸町一八八番地）は、四五年七月二六日〜二七日、夜間の松山市大空襲において、校庭や校舎・寄宿舎に焼夷弾を投下されたが、教職員集団の消火活動により、寄宿舎別室一棟の焼失でそれ以上の災害の拡大をくい止めた。

この戦禍の体験について、『日本の空襲―七　中国・四国』（一九八〇年）から、当時一四歳であった水口和子の「親子三人が焼跡の用水槽の中に寝た」ことの述懐とそれへの論評を紹介する。

「あたりが暗くなり、見知らぬ地で人気のない茫漠とした焼跡でのこの夜の淋しさとみじめさと孤独感は、私の生涯に二度とはないだろう。〝こんな処でどうするの、どうするの〟と両親に責めるように言ったのを思い出す。昼間それほど感じなかった焼跡の異様な臭いが鼻についたり、三人が少しずつななめに重なり合う寝苦しさに、たまらず外に出て真っ暗な辺りを見わたした時、つい三〇メートル位の処で、白紫のぼうっとした、明かりともかげろうとも分からないゆらゆらしたものを見た。ひやっと体が縮み、気味悪さに用水槽に飛びこみ、鼻の上すぐにトタンをかぶせてまんじりともせず一夜を過した。翌日その辺りの防空壕の中で四人が焼け死んでいるのが分かり、あの時燐《りん》が燃えていたのだと話題になったことを恐怖と共に覚えている。昼になれば焼跡の片付けをしたり、東雲の門へおむすびの支給を受けにいったりして、二夜を身を縮めて用水槽の中で寝た。三日目に興居島の叔父が安否を気づかい、高浜から歩いて連れにきてくれた時は、〝地獄に仏〟のたとえ通りだった。」

「戦災に遭った人々は、まず身寄りを頼りにして、身寄りの者に救われる例が多い。〝無防備都〟市民にはこうするしか仕方のなかったことと思われる。一方、寄る辺のない人々は、さなきだに乏しい物資を分け合い、貧弱な救護施設、収容所で塗炭の苦しみを味わわねばならかった。◆[48]」

(2) 戦時下の愛媛県立盲唖学校と空爆被害

松山聾学校『創立五十年誌』(一九五八年)から、太平洋戦争下の愛媛県立盲唖学校(以下、県立盲唖学校と記す)の状況と敗戦一か月近く前の松山市大空襲による被害について概要を記す。

三六年頃から校庭を軍隊が使用し始め、三八、三九年頃になるとその軍人の数が増え、学校に戦争の雰囲気が強まっていく。

四一年、「大東亜戦争」が勃発してからは、〈国家があっての国民である〉という風潮が社会全体に強まり、教育に対する国による統制も厳しさを増す。教職員も生徒もゲートルを巻き、もんぺを着用して、行進ラッパに歩調を合わせるようになった。一日に何回となく出征兵士を見送り、帰還兵士を出迎えた。大詔奉戴日と定められた毎月八日は、早朝、護国神社に戦勝祈願の参拝、朝礼では遠く宮城《きゅうじょう》を遥拝し、式日には勅語が読みあげられ、授業の始めには「必ず神棚を拝した」。

「錬成教育」はますます狂熱さを増し、「寒中でもパンツ一枚で校庭に飛び出し、ふらふらになるまで駈け回らされ、児童・生徒たちは「かゆ腹を抱え、代用食を口にして、夢中で走り続けた。」

それでも、当時はまだ「学習指導が放任」されることはなく、聾唖部では「合併学級が生れ、三十人近い生徒数を一人の担任で授業するようなことはあったが、焦点授業の記録も残っているし、この方面の研究は続けられている。『奉公行事』のあい間を見ては、口話教育をやっていた。当時を知る人たちは、当時の生徒たちの学力を、今でも高く評価している。」という(同前書、五三頁、参照)。

しかし、「大東亜戦争」も末期に近づき、空襲警報のサイレンが連日のように鳴るようになると、「学校も、校庭も、戦場のような観を呈して」いき、「落着いて授業する余裕などは、いくら捜してもなかなか得られ」なくなった。土手に面した南校庭や運動場、あるいは寄宿舎の庭に、次々と防空壕が掘られていき、それが出来上がった頃には、敵機の爆音が頭上に響くようになり、それを迎撃する高射砲の破片が校庭に落ちることもあった。やがて、昼夜を分かたず防空壕への避難訓練が行われるようになった。

奉仕作業として盲部による出征軍人家族への慰問治療などを行ってきたが、四四年以降は、松山市内の中等学校以上の学校に行われていたのと同様に、当校の盲部・聾唖部の中等部男女生徒も学徒動員に従事するようになった。その作業要員は引率教員を含めて約五〇人であった。作業の種類は、吉田浜海軍航空隊基地整備、「掩体《えんたい》壕《ごう》」（飛行機の格納庫）造り、今治市内の軍需工場および木製飛行機製作所への分宿しての就労などである。かなり重労働の作業もあった。軍需工場での作業中に空襲警報が鳴り、工場の防空壕へ避難したこともあった。また、北条町の山に約三町歩ほどの「学校林」を学校ぐるみでつくったりもした。

なお、その期間は不詳だが当校では六人もの教員が応召し、うち一人は戦死した。

こうして、四五年の七月を迎えた。

B29やP51などによる爆撃で児童、生徒の身に危険が及ぶようになり、閉校し舎生を帰省させることにした。帰省に際しては教員が引率し家庭まで送った。その途中でグラマン機の機銃掃射を受ける事態も生じたが全員を無事に帰宅させることが出来た。

その直後に七月二六日の松山市大空襲に、県立盲唖学校は襲われた。

その時の状況を松山聾学校『創立五十周年誌』（一九五七年）は次のように記している。

「この夜B29の徹底的な焼い弾攻撃を受け、旧市内から新市にかけて、あらかた灰じん期《ママ》した。本校また火の海となり、一時は手の着けようがなかった。校庭校舎には、無数の油筒が散乱し焔上《ママ》した。講堂は、中型焼い弾で打ち抜かれ、真っかな焔を床板にまき散らした。寄宿舎別室ひとむねは炎上した。しかしながら二神校長を中心に、がっちりと組んだ本校の消化《ママ》活動は、り災直前に、これを食い止めることができたのであった。

市内でり災を免れ得たのは、本校と松商の二校だけであった。他校はあらかた焼失した。
あの空襲から、よくも守り切れたものである。しかし、それは奇蹟ではなかった。その陰には、学校防護に敢闘して、り災した十六世帯の職員がいたことを忘れてはならない。あるいはまた、愛児が、背に直撃弾を受け、その悲しい知らせも秘して、防護に敢闘した職員のあったことも、忘却してはならない。[49]」

四五年八月一五日、〝終戦の勅語〟の放送を教職員一同で聴く。

「信じて、信じることができなかった。あれほど苦しみ、これほど戦い、しかも、その結果が、無惨や無条件降伏に終わろうとは。戦いのあとはうつろであった。虚脱の状態が続いた。放心の状態が続いた。なにをするにも、手がつかなかった。しようともしなかった。そんな気持は起きなかった。赤黒い余じんの、漂う互《ママ》れきの中をさまよった。見渡すかぎり焼野原と化した市街をながめてたたずんだ。急造のバラックは赤黒かった。道行く人の肩は落ちていた。[50]」

だが、二神常一校長は「終戦直後に職員会議を開催し、全校職員に協力方を要請」し、さらに「関係各方面と折衝の上」、「九月二十六日を期して全校生徒召集、授業再開の措置を講じた。[51]」という。

第3節　障害児学校の空爆被害の特徴

1　国民学校の戦災との比較

第1節では、太平洋戦争期に設置されていた全国の障害児学校の約四割が空爆による被害を受け、しかも被害の程度が「全焼・全壊」が約六割と大きいことを明らかにした。

では、当時の国民学校の戦災はどうであったのか。両者の学校数があまりに違うので比較することは殆ど意味がないが、参考までに見ておこう。

文部省の調査によれば、太平洋戦争によって一一六七校の国民学校が戦災に遭っている。[52] 一九四五年度の国民学校数は二万六三三二校であるから、被災校の比率は四・四%である。[53] また空爆による被害を示す一つの側面である被災面積について見てみると、国民学校一校あたりの被災面積は約五四坪、一方、盲・聾学校のそれは約二四二坪である。盲・聾学校には中等部を有する場合が多かったから、一般の学校と被災状況について比較するならば中学校・高等女学校などとするほうが意義があったかも知れない。いずれにしても、障害児学校の空爆による被災が全体として極めて高かったことは否定できない。

2　障害児学校の空爆被害における人命損傷の少なさ

障害児学校に対する空爆による被害は、校舎・寄宿舎などの建物の焼失・破壊が多い割には人命の損傷は少ない。その理由としては第1節で指摘したように、空爆を受ける前に、疎開や休校の措置をとったり、空爆のときは夏期休業中で児童・生徒の多くは帰省していたことなども挙げられよう。

しかし、空爆で被害を受けた四四校の中には夜間の空襲時、寄宿舎に舎生が残っていた学校が少なくとも一〇校以上ある。しかも、「全焼・全壊」した学校にもそのような場合があったことは、第2節の「1　全焼・全壊の事例」の岐阜盲学校、長岡聾唖学校、徳島県立盲聾唖学校の事例からもいえることである。

では、空爆による建物などの物的被害が大きかったにもかかわらず、人命の損傷など人的被害が少なかった主要な原因は何か。空爆を受ける以前からの防空壕造りなどの防護態勢と避難訓練、空爆に曝《さら》された際の教職員の適切な判断と誘導、防空壕や寄宿舎から脱出する際の盲・聾生徒の努力と協力などを挙げることができよう。

これらのことを示唆する証言としては、第2節の「1　全焼・全壊の事例」の高知県立盲唖学校、「2　半焼・半壊の事例」の鹿児島県立鹿児島盲唖学校、「3　一部焼失・損壊の事例」の愛媛県立盲唖学校の当時の教職員・生徒が語っていることなどを示すことができる。ここでは、さらに他のいくつかの障害児学校から、やや詳しく例証することにしよう。

一　防空壕造りと避難訓練

まず、米軍の空爆に政府がどのように対処しようとしたかを簡略ながら見ておきたい。「防空演習」と呼ばれた対空襲訓練は、二八（昭和三）年、大阪で実施され、以後、本格的演習が各地に広がり、三三（昭和八）年に第一回関東防空大演習が行われた。防空演習の拡大は、地域末端組織として町内会や防護団（のちの警防団）の整備を促進し、軍部主導の国民動員体制の形成に役立った。こうした防空態勢の進展に対応して、政府は三七（昭和一二）年に「防空法」を制定（四月五日公布、一〇月一日施行）、それを四一（昭和一六）年、さらに四三（昭和一八）年に改正した。[54]四三年改正では、第一〇条で「主務大臣ハ（略）防空ノ訓練ヲ為スベキコトヲ命ズルコトヲ得」と規定している。

すなわち、「満州事変」（三一・昭和六年）を起点とする十五年戦争の直前から実施され始め、日中戦争から太平洋戦争の時期に制度化されている。

防空演習の実際は、灯火管制と防火・消火のためのバケツリレー、負傷者の応急手当てなどであり、それへの参加が義務づけられた。しかし、米軍の本土空襲に際しては、その圧倒的な威力を前に、こうした訓練は殆ど役に立たず、自力消火の強制は一般住民の被害を増やすことになったと指摘されている。[55]

防空において最重要視されたのが、多数の焼夷弾によって引き起こされる同時多発火災への対処であり、政府の防空壕に対する位置づけもその立場からなされた。すなわち、焼夷弾の落下直後から消火活動を開始し、延焼防止に努めることが効果的な対策とされ、国民はそれぞれの持ち場を守るよう求められた。それゆえ、防空壕は避難所ではなく、危険を避けつつすばやく消火活動に移るための待避所とみなされ、敷地内などに簡易なものを造るよう指示がなされた。しかし、大型爆撃機による本土空襲の危険性が高まるなかで、四三年秋以降、より堅固で規模も大きな横穴式防空壕の整備も進められるようになった。しかし、斜面などを利用する横穴式防空壕は特に都会などでは設置する場所が限られ、またセメントなどの資材不足もあって整備が間に合わないうちに、第1節で述べたように大都市、さらに地方都市は本格的な空爆に襲われることとなった。◆56

二　各学校の事例から

では、政府のこのような防空対策の変遷と基本的な性格のもとで、各地の障害児学校は空爆による危険や災害に対してどのように備えようとしたのであろうか。

いくつかの盲学校、聾唖学校、盲唖学校の記念誌（年史）や著者によるアンケートへの回答などから見てみよう。

(1) 千葉県立聾唖学校について

千葉県立千葉聾学校『創立五十年』（一九八三年）より、アジア・太平洋戦争期における各年度の「沿革」に関する記述の中から防空演習（訓練）、避難（待避）訓練、空襲警報等発令、防空壕に関する記録を継時的に抜き書きし、そのうえで当時の教員による空襲と防空壕への待避にかかわる回想を抄記する。

「昭和十二年度
九月一〇日　防空演習／九月一五日　防空訓練（十時半より千葉寺方面へ避難訓練をする）
昭和十四年度

一〇月一三日　避難訓練演習をする（〜二八）
昭和十六年度
三月五日　空襲警報発令
昭和十七年度
四月一八日　空襲警報発令／八月一二日　警戒警報発令／九月二四日　空襲時の避難演習／三月四日　防空訓練
昭和十八年度
六月一七日　待避訓練／六月二九日　防空壕掘り（〜三〇）／九月六日　防空訓練
昭和十九年度
六月二〇日　職員で防空壕作業（度々あり）／七月七日　寄宿舎の防空壕をつくる／九月一九日　零時半警戒警報発令直ちに全児童帰宅
昭和二十年度
七月六日　千葉市街空襲のため炎上、本校は被害なし、職員宅（鈴木・篠塚・愛甲・湯浅）全焼」

次に、太平洋戦争期に当校に勤務していた二人の教諭の回想記から、空襲・避難・防空壕造りなどに触れている箇所を抄記する。

「（昭和十九年）警戒警報が発令されると、生徒を自宅まで送り届け、警報が解除されるまで自宅待期《ママ》をさせた。戦局が不利になるにつれて自宅待機回数が多くなり、父兄の負担が重くなった。／昭和二十年三月四日には、米海軍グラマン機の低空飛行による寄宿舎周辺の急襲を受け、一同防空壕に避難して肝を冷したが無事であった。（略）昭和二十年六月十日、千葉市の空襲により学校は休校し、児童は自宅待機となった。」（神作藤次

郎元校長執筆◆57）

「空襲があるようになり警報が出ると、児童を家庭に帰宅させるのですが、駅まで送る途中で、街中の防空壕に児童と一緒に待避することが度々でした。／授業は中断して、教育は困難を極めました。（略）寄宿舎の空地に木材を使って防空壕を作ったりしました。そして、警報がでると、夜中でも鉄かぶとを背にして寄宿舎や校舎の警戒を続けたものです。（略）出州海岸の上空で激しい空中戦が行われました。二十年の三月までに三十回もの空襲を受けるようになり、私は三月十一日、東京大空襲の翌日に、鈴木校長、神作先生たちに見送られて千葉駅から出征しました。／小岩からお茶の水の駅までは焼野原となり、黒く焼けただれた幾千の死者に冥福を祈りながら、足もすくむ思いでお茶の水駅まで歩き、甲府連隊から北支へ派遣されました。」（篠塚進元教頭執筆◆58）

このように見てくると、千葉県立聾唖学校の場合は、日中戦争が本格的に開始された時期から防空演習（訓練）、避難訓練が実施され、太平洋戦争が勃発して米軍機による空襲が激化する中で、教職員などにより防空壕造りが進められ、戦争末期には戦闘機の急襲を受けて防空壕に避難したこと、また警戒警報が発令されると教員が児童に付き添い、空爆の危険に遭いながら自宅に送り届け、かろうじて学校を運営してきたことがわかる。しかし敗戦の年の六月、千葉市大空襲を機に、舎生を帰省させ学校は事実上閉鎖になった。

次に、盲部と聾唖部とを合併した盲聾唖学校における防空活動と避難の経過について、いくつかの学校の年誌と筆者によるアンケートへの回答から見ていこう。

(2) 香川県立盲学校聾学校について

香川県立盲学校／香川県立ろう学校『創立五十周年記念誌』（一九五八年）では防空壕造りと避難訓練につい

て次のように記している。

「戦争が日を追って烈しさを極め、本土が空襲を受けるようになった時、大きな防空壕が数箇所に造られ、平行棒、肋木、シーソーなどあらゆる体操器械、鉄材、木材がその材料に当てられ、来る日も来る日も避難訓練に大部分の時間が費されました。[59]」

そして、高松市大空襲の際の避難の過程と、焼失を免れた校舎・寄宿舎が、負傷した罹災者たちの収容所に当てられた惨状を述べている。

「忘れもしない昭和二十年七月四日の未明から、高松は大空襲の洗礼を受けたのであります。サイレンの断続吹鳴と同時にB29の空襲が開始されました。職員生徒はいちはやく防空壕にはいったが、さすがにいたたまれず、組分けして郷東川の川口を目指して避難しました。幸に一人のぎせい者も出さなかったのは、機宜を得た先生方の機敏な処置によるものと思われました。

夜が明けて帰って見ると空襲をまぬがれた校舎や寄宿舎の内外はひきもきらず運びこまれるけが人で埋められ、あちらこちらで苦痛を訴える悲鳴や断末魔の絶叫で、まさに修羅の巷さながらでした。[60]」

このような状況から三か月後、次のような劣悪な環境・条件の中で学校での教職員と生徒の生活と教育は再開される。

「十月頃から学期の授業が始まりましたが焼け出された職員と寄宿舎生で一ぱいで、校舎も昼は教室、夜は宿舎となり、修理する材料も不足のまゝに窓は荒けずりの板を打ち付けて忍び寄る冬の夜風をしのぎ、空腹にはぬかパン、さつまいも、かぼちゃなどで満たされる状態でありました。[61]」

(3) 長野県立長野盲啞学校について

同校の聾啞部の女教師であった寺西榮子は警戒警報が発令された際の教職員の責務と防空壕づくりについて次のように回想している。

「在職中の思い出

寺西榮子

戦争が次第に激しくなり、長野へも敵機が飛来するようになりました。警戒警報のサイレンが鳴ると、職員は夜半でも学校へ駆けつけることになっていました。防空頭巾をかぶり懐中電灯を手に学校へ駆けつけました。空襲に備えて寄宿舎に防火用の貯水池を掘ることになりました。炊事室の西側へ縦五メートル、横三メートル、深さ一・五メートル程の池を全職員力をあわせてつくりました。[62]」

また、戦時期、当校の聾啞部小学科の児童であった中村光男は校庭に防空壕を造った体験を次のように綴っている。

「長野への空襲を体験

中村光男（昭和二十九年度卒）

それは、昭和二十年、大東亜戦争のさなか、私が長野ろう学校小学部三年の頃のことであった。（略）長野周辺も空襲されるという噂があった。それまでは上空を米軍のB29爆撃機が通り過ぎてゆくだけであった。空襲に備えるために、ゲートルを巻き、防空頭巾はいつも肩から下げながら通学した。それから二週間たった八月十三日朝、突然東の山々から米軍グラマン機の編成により空襲がおきた。（略）不思議にもこの学校に焼い弾や爆弾の投下はなく、みんな無事に終わった。（略）夏休みが終わって最初の日に先生が『日本は戦争に負けた。従って、生徒たちが掘ったこの穴は、もう要らなくなった。穴を埋めて、今度は畑を作る』と言った。

次の日から生徒たちはスコップを使い、何日もかゝって、穴の中に土を放り込んだ。穴というのは防空壕のことである。校庭にアリのように穴を掘ったのである。遊ぶ場所は完全に消えてしまった。その時、私は小学部三年生であった。小さい体を使って、来る日も来る日も校庭に穴を掘り続けた。先輩の生徒も先生もみんなで力を合わせて、穴を掘り続けた。空襲警報のサイレンが鳴ると、その穴に入り込み、身を伏せたのである。（略）『せっかく掘った穴、今度は埋めるのか。もったいない』という奇妙な気持ちになったことだけはよく覚えている。（略）穴は埋められても、校庭は遊び場には戻せなかった。」[63]

盲唖学校は盲部と聾唖部は同じ校長が両部を管理し、職員室には両部の教職員が同居したが、一般に、児童・生徒の教室、寄宿舎では別々の教室・舎室で学習・生活し、学校全体の行事や儀式などは合同で行うものの、盲児と聾児のコミュニケーションや意思疎通は困難であった。そうであるだけに、両部の児童・生徒の生命にかかわる空爆による危険や災害を避けるためには、防空壕の利用を含めた、より適切な避難のあり方が求められた。とくに、夜間の就寝時における空爆に際し、寄宿舎の盲・聾唖児の舎生をいかにして無事に避難させるかは空爆が激化していく中で、盲部・聾唖部の舎監をはじめ、盲唖学校の全教職員にとって最も緊要なことであった。

次に、盲唖学校におけるこの問題に焦点をあてて、いくつかの学校での取り組みの事例を紹介する。

(4) 神奈川県立盲唖学校について

同校の聾唖部の教員であった武田市朗（官立東京聾唖学校師範部卒業、三九年四月赴任）は舎監であったときの空爆と避難の体験を次のように回顧している。

「平塚校創立三十五周年を祝って　武田市朗（横須賀ろう学校長）

『健康に、安全に――』は、当時の舎経営の主眼点であった。これを実行するには舎監の方ばかりの心構えのみでは出来ないもので、ここに生徒達には、つらいことであったかもしれないが、起居動作の機敏を必要とした。これの訓練の結果が再三の危機にも事なく過したのである。その例には校庭の隣地が高射砲陣地であったので、一つは横浜空襲の日。何百機かの編隊群の中から生徒の入った防空壕の入口一米《メートル》先に機銃弾の掃射をうけたり、グラマン機の射つ硝煙が壕の中に流れこんだりしたが、狭い壕内でもよくも秩序を守ってくれたことである。

それにもまして、私の一生忘れ得ないものとしては、舎監当番として宿直の夜に平塚の空襲を受けたことである。起してもすぐ又、寝込んでしまうろう児、目も見えぬ（或はあの人達には昼でも同じことだったかもしれないが）盲生までが、焼夷弾落下前に一名の負傷者もなく退避壕に誘導できたことである。当夜、舎生と共に寝起きして居られた女先生方や炊事室の方々の挺身協力には感謝の言葉はなかった《ママ》。◆[64]」

(5) 宮城県立盲唖学校について

同校の教頭であった佐藤実（三六年〜四八年、同校および宮城県立盲学校に在職）は四五年七月九日〜一〇日、夜間の仙台市大空襲の際に、最初は校内の防空壕に舎生を避難させたが、そのままでは危険と判断し、さらに郊外に脱出させ人命損傷を免れた体験について次のように述べている。当時、同校の校舎は仙台市東九番丁の宮城県立第二高等女学校の西隣にあり、寄宿舎は同高女の古い寮を改造して使用していた。

「苦は楽の種　　佐藤　実

思い出は尽きませんが、その中で胸をしめつけられるのは、仙台空襲の夜でした。

教頭として宿直を預かり、寮は斎藤寮長が管理し、万一に備えておりました。／『備えあれば……なし。』の言葉どおり寮に残っておった盲、ろう生を如何に無事故で守るかという配慮を致しました。『空襲警報発令』という発令が終るか終らないうちに青葉山の方からB29が飛来し、爆弾、焼夷弾が雨あられと降りそそぎ一瞬の中に仙台が火の海と化しました。私は二階から町の様子を見ましたので、斎藤寮長、鈴木炊婦長、寮母と共に、防空壕に避難させておった盲ろう生を引率して、脱出させ薬師堂に全員無事避難させることができました。／私はただ一人この学校と生死を共にしようと心に決めて居残りました。／幸に学校は無事でした。

生徒を避難させる時、盲生は言葉やホイッスルで合図してすぐ行動させることができましたが、暗い中でろう生に伝達する方法は言葉も手話も通じないで困りました。体をたたくとか、手を強く引っぱるとか、壕から出すのに一苦労でした。◆[65]」

(6) 三重県立盲唖学校について

「盲唖学校」の寄宿舎における防空訓練として避難の指導は、盲と聾唖の生徒とでは障害の特性が異なるため舎監にとっても困難な面が多かった。

同校で太平洋戦争期に小学部の教員と舎監を兼務した中野喜代一（官立東京聾唖学校師範部卒業、四〇年四月～四五年九月聾唖部在職）は、空襲警報が発令されたときに舎生を防空壕に誘導・避難させる際の盲部と聾唖部の生徒たちに見られる対応の違いについて次のように述べている。

「防空訓練

○空襲の声におどろく盲児たち後れてさわぐ聾児いとほし

○月あらば月がたよりぞ五月闇耳しひの子は何をたよろぞ

戦争が激しくなり、運動場に防空壕が作られた。と言っても不完全なもので、身をかくすていどのものであった。まともに空襲を受けたら一たまりもなかったであろうと思う。この壕を使って防空訓練が行なわれた。主として退避訓練であった。

授業時間中は授業担任が引率して退避するのであるから、ほとんど混乱がなかったし、盲生よりも聾生の方が手際よく行なわれた。だが寄宿舎の夜間の訓練は大変であった。盲生は電灯が消えていても平常通りの退避ができたが、聾生の方は昼間と大違いであった。

消灯下では口話はもちろんのこと、手真似も通用しなかった。月の光でもあればまだしも、暗闇ではどうすることもできなかった。特に就寝時の退避にはほとほと手をやいた。ふとんを叩いてひとりひとり起した。下駄箱で自分の靴を手探りで見つけるのに苦労する。壕の中の人数を確認するにもひとりひとりの頭を押えて調べる。ひとり足りなければ、都度に引き返してふとんを調べる。いやはや大変であった。」

◆66

(7) 群馬県立盲唖学校について

盲唖学校における警報が発せられたときの盲生と聾生の対応の違いや、とくに聾生に対する避難の指導の難しさについては、群馬県立盲唖学校の教員で舎監を務めていた田島始（四三年四月～四六年三月在職）もほぼ同様の体験を記している。

「あの頃の思い出　田島　始（教諭）

二十年に入り空襲がはげしくなると警報が発せられるたびに寝ている舎生をおこして本校舎階下の廊下に待

避させることが舎監の最も重要な任務となった。警報発令と同時に盲生は互いに起こし合って速かに待避できた。暗やみの中でも平気で走り廻われるので其の点は安心できたが聾唖生にはほとほと困りぬいた。一人をおこして次の者をおこす間に前の生徒は又寝てしまう始末である。（略）結局、各室毎に舎生を紐でつなぎ、室長を廊下に近い所に寝かせ舎監がその室長だけをおこし廻わって待避させることにした。」◆67

さらに、田島は、戦争末期の空襲警報が昼夜を分かたず発せられるようになったときの同校の避難の実情や地域が空爆で被災したときの状況について次のように回想している。

「二十年度に入ると空襲警報は毎日数回にわたって発令される様になり、其のたびに全校の者が防空頭巾をかぶって利根川の川原へ避難した。定期便の様に午前八時、正午、午後四時、夜の七時頃に警報が出るので、一日に二度も三度も利根川迄往復するため授業も食事も自習さえも殆んどできず、上級生は防空壕作りに精一っぱいであった。（略）

八月五日の空襲時は本校舎は南部救護所にあてられた。職員室には包帯や薬品が散乱し、講堂や実習室には血だらけになった重傷者が数知れず呻吟していて、その間を看護婦や救護班の人々がかけ廻っていた。そして重傷者のうちの相当数の人がこゝで息をひきとって行った。」◆68

盲唖学校の当時の生徒たちによる回想では、夜間の空襲の際、寄宿舎では全盲生が避難で主導的な役割を果たしたことが語られている。

例えば、長野県立長野盲唖学校について、「昭和十年代の盲学生の逸話」の一つとして、宮崎光子（四六年卒業）は次のように語っている。

「寄宿舎について

空襲があった夜など、身の回り品を入れたリュックやモンペや運動靴を枕もとにおいて寝たもんですが、

『空襲』と言うとそれをしょって、寮母さんが先頭に立って、治療室の寝台の下にもぐり込んだものです。そんな時、『俺が先に立つから』と言って全盲生が先頭に立ったものです。何しろ灯火管制下は先生より生徒の方がね……。」[69]

さらに、夜間の空爆により焼失しようとした校舎を教員と弱視の生徒たちが協力して消し止めた例もある。岡山県盲唖学校の場合がそうであり、その経過について当時、校長で舎監長でもあった藤原安雄（三七年六月〜五二年三月、当校に在職）は、「在職中の思い出」と題して四五年六月二九日の岡山市大空襲の際の消火活動について、次のように述べている。

「真夜中の一時過ぎ、只ならぬ爆音に目をさまし、戸外に出て見ると、B29が岡山市の空を乱舞し、各所へ爆弾の雨を降らせていました。

盲部の舎監長をしていた私は、取る物も取り敢えず、無我夢中で学校へ自転車を走らせました。

私は当直の阿佐教諭に御真影を背負わせ、視力の最もよい半盲生を総動員して、消火に当らせました。

全盲生は寄宿舎前の防空壕に避難させ、メガホンで刻々情報を伝え安堵させました。

学校寄宿舎を通じて、六発の焼夷弾が落下したが、中でも盲部陸上の実習室近くに落ちた油脂焼夷弾は中々消えないので、礼法室の横にあった長梯子をかけ、水道が全部止まっていたので、寄宿舎の井戸水をバケツリレーしてやっと消し止めた。

かくて職員生徒必死の敢闘により事なきを得ましたが、市内の県立学校で無被害の学校は本校只一校のみでありました。」[70]

さいごに、著者によるアンケートへの回答から空爆時の体験に関することを中心に、記入者の感想や意見をいくつかの項目に分類して紹介する。

3　第2次アンケートへの回答の「自由記入」欄にみる感想・意見

一　夜間に聾唖児を避難させる難しさ

盲唖学校で舎監を務めた教員からは、夜間の避難訓練や実際に空襲を受けた際に、聾児を避難させることが難しかった体験を記している例が少なくない。

例えば、鈴木秀治（秋田県立盲唖学校）は、「夜の灯火管制下の避難訓練は聾生にとって非常に困難、空襲を受けたら共に死ぬほかないと覚悟していた。」と記し、福本礼一（徳島県立盲聾唖学校）は、「避難訓練を重ねると、聾唖生は『又ウソ』と言って出てこなくなること。本空襲の時もこれがあり、一旦、避難壕に出て、又寄宿舎へ帰り寝た者があった。」と記している。

訓練であろうと、実際の空爆であろうと、夜間で敵機の襲来を目で確かめることが出来ない聾児にとっては危険性を実感できなかったのであろう。

二　防空壕の実態について

遅くとも四四年後半から四五年になると、防空対策の設備として、どの障害児学校でも防空壕を造設する。その数や大きさなどは学校の規模、とくに在学児の人数によっても違うが、学校が平坦地に建てられている場合が多いので、防空壕も寄宿舎の近くか運動場の一隅に掩蓋式で造ったものが殆どであった。そのため、校舎・寄宿舎が爆撃されて炎上したり、校庭にも爆弾が投下されるような事態になると入壕していることがかえって危険になるので、いつ脱壕し、どこへ逃げていくかが教員たちの重要な判断と避難の指示となる。

それに教職員や聾児・弱視児などが協力して造った校内の防空壕は貧弱で、空襲警報が解除されるまでの時間が長い場合には壕に待避していること自体が健康に差し障ることもあった。

例えば、鈴木秀治（秋田県立盲唖学校）は「校地は地下水面が高く、30cmも掘れば水が湧き、防空壕は水が溜っていた。本番以外には入れなかった。」、また福本礼一（徳島県立盲聾唖学校）は「戦争中、後半では殆ど学習時間がとれず、作業や空襲のための避難で終わる。／空襲の激化に伴い、防空壕を掘ることでいっぱいの思い。校内にタコツボが30〜40ヶ所位用意できた。」と記している。だが、おそらく数人しか逃げ込めない「タコツボ」では数多く造っても、大型爆弾の投下や戦闘機の急襲などから盲・聾児たちはどれだけ身を守ることが可能であったのだろうか。

ただし、横浜訓盲学院（一八八九年、米国のキリスト教伝道師C・P・ドレーパーが横浜市南区中村町五三番地に「盲人福音会」として創立したキリスト教主義の私立盲学校。戦時中の所在地は東京府荏原郡松沢村上北沢）は四二年から校舎の東南向きの丘の斜面に教職員と生徒たちで壕を掘り始め、四五年には奥行き約六〇〜七〇メートル、しかも左右に数か所の居住室と貯蔵庫を配した広大で堅固な大防空壕を完成させた（写真2、参照）。そのおかげで、四五年五月二九日の横浜大空襲の際には数百発の焼夷弾と十数発の五〇キロ爆弾が校内に落ち、建物の六割ほどを焼失したにもかかわらず、一人の死傷者も出さなかった。◆71

写真２　横浜訓盲院の大防空壕と退避中の盲生徒たち

注　1945年５月29日、横浜大空襲で校舎は大破したが人命損傷を免れた防空壕。
出典　横浜訓盲院・横浜訓盲学院編『百年瞬間――横浜訓盲院／横浜訓盲学院創立百年記念写真集』1989年、177頁より。

三　火災で絶命した生徒・教職員や焼け出された教職員・家族

第１節の表４で、空爆により校舎・寄宿舎が焼失した際、あるいは疎開に加わらず自宅にいて命を奪われた児童・生徒、教職員の例は、和歌山県立盲唖学校の舎生二人、長崎県立聾唖学校の「分校」の教員二人、在宅児童七人、岐阜県立岐阜盲学校における避難先での失明傷夷軍人生徒一人、長崎県立盲学校における公務出張中の校長と自宅待機生徒四人の原爆死があることを各校の記念誌より明らかにした。

しかし、そのほかに空襲が激化してきたため学校が休校となり帰省中に焼死したり、通学生であったため登下校の途中で爆死したりした児童・生徒や、夜間の空爆に自宅で遭い死亡した教職員もいる。これらの死去について記録し、その死を悼む記述を次に記す。

例えば、田島始（群馬県立盲唖学校）は、休校中に自宅で「空襲で生徒一人が死亡した。」こと、中島嚴（山梨県立盲唖学校）は、寄宿舎が焼失した四五年七月六日の甲府大空襲の際の、「通学生一名焼死」、小杉茂作（静岡県立静岡盲学校）は、「通学生で帰宅中、夜、直撃弾により一人死亡」、山田栄（大分県立盲唖学校）は、「空襲により学校での人的被害はありませんでしたが、家庭の防空壕で直撃を受けて生徒の一人も死亡しました。」ということを記している。

また、熊沢静夫（神奈川県立盲唖学校）は、四五年七月一六日夜間の平塚市大空襲に際しては、当校は海軍火薬廠の近くに位置していたにもかかわらず火災を免れたが、教員で居宅焼失した者が多かったこと、事務職員が一人、弾死したことを、当夜の舎監による日誌を引用して記し、追悼と感謝の念を表している。

「武田舎監は当日の『舎監日誌』に次のように記述している。

『二十二時三十五分頃ヨリB二十九相模湾ヨリ侵入シ学校附近ニ焼夷弾ヲ落下シ大火災発生ス。舎生ハ空襲警報発令ト同時ニ待避壕へ入ル。二時間近クニ本市の目抜キ通リハ灰燼ニ帰セリ。本校職員ニ於テ居宅焼失セル者嘉成舎監ヲハジメ十名ナリ。ソノ中最モ悲シムベキハ山田書記ノ敵弾ノタメ倒レラル、然レドモ舎生一名ノ負傷者モナク無事息災タリシハ神仏の加護ナリト感謝ス。次の来襲ニ於テモ無事ナランコトヲ祈ル。』

この状況からしても、当日の当直教員の必死の防火避難によって被害を受けなかったことは今後の本校教育実施の上からも誠に幸なことであって、当夜の当直教員の労がしのばれる。」

戦争末期、空爆の激化する中、障害児学校の多くは、初等部（小学部）の児童は授業を中止し、帰省（帰宅）させているので、縁故疎開をしなかった場合は、戦災で生命を奪われた者が少なくなかったのではなかろうか。同じく、中等部（中学部）の生徒で自宅から通学していた者の場合も在宅時に空爆で被災したり、登下校の際に、空襲警報が発令される状況に陥り、近くに防空壕がなかった場合には身の危険に曝されることがあったのではなかろうか。

四　欠席・退学の増加による児童・生徒数の減少

伊藤貴義（千葉県立聾唖学校）は「警報発令の連続で生徒は落ち着いて学習できず、登校と臨時休業との繰り返しで生徒の欠席が増え退学者も出て児童・生徒数は大幅に減少した。」と記し、また林次一（官立東京聾唖学校）は空爆を避けて埼玉県の宮代町に学校ぐるみ疎開したが、「子どもの親も空襲の激化で変動が多く、一家で地方に疎開するので迎えに来たり、『どうせ死ぬなら一緒に』と東京へ連れ帰って、少しすると『まだ大丈夫そうなので』と連れて来たりして、子どもの顔ぶれも絶えず変動した。」と記している。

五　作業・防空壕造り・避難に追われる

戦争の末期になると、宮田金男（熊本県立盲唖学校）は、「殆ど学習時間はとれず、作業や防空壕掘り、空襲のため避難で終った。」、中島テツ（佐賀県立盲唖学校）は、「授業も思う通りに出来ず、職員も軍の服を縫う作業に従事し、爆撃されてからは夏の暑いのに綿入れの着物をまとい、昼夜いつも逃げることが日課となりました。」と記している。

六　不発弾で遊び怪我したり障害を負う生徒

小倉啓二（静岡県立静岡聾学校）は、「生徒が焼夷弾の信管（炸薬に点火して弾丸を炸裂させるため弾頭または弾底に付ける起爆装置――引用者注）を拾って叩いているうちに破裂して親指がちぎれ日赤病院に運んだ。」と記している。大阪市立盲学校教諭として優れた教育を実践し障害者権利保障運動にも貢献した藤野高明（三八年、福岡生まれ）が小学校二年生のときに川底に落ちていた不発弾を拾ってきて遊んでいるうちに暴発し、弟は即死、藤野は両眼・両手首を失ったことは彼の著作[◆72]を通じて広く知られている。こうした事故による障害も戦争がもたらした戦災のひとつであり、多発したのではなかろうか。ちなみに、藤野の母スミエは、「あんたがこげんなったのは戦争のせい。あんたの責任じゃなか。」と藤野を励まし続けたという。

他方、校舎の消火に挺身した教員、焼け跡を生徒の安否を尋ね歩いた教員などのことや、戦時下の極限状況に直面しながらも教師が子どもたちの命を守りぬいたこと、その中で教師と子どもたちの人間としての絆《きずな》はつよまったことなども、アンケートの回答の「自由記入欄」あるいは別紙には書き記されている。

例えば、河合哲（愛知県立豊橋盲唖学校）は、「本校が空襲被災の時、学校近くに居住していた熊谷源治郎（校長事務取扱い）は自宅をかえりみず、本校の消火に努め校舎一棟を類焼から守り抜きました。これが戦後の本校再開の緒です。当時、県立移管間もなく、『校舎を焼いては申訳けない』との一念だったそうです。しかし、そのため自宅はもとより、貴重な書画（横山大観、荒川畝などの）も焼失してしまいました。」と記している。また斎藤武郎（静岡県立静岡盲学校）は、「静岡大空襲（昭和二十年六月十九日夜だったと思うが）で静岡市は殆ど焼け、多くの焼死者が出た。翌朝、私は登校したが学校は無事だった（すぐ近くまで焼けていたが）。それから私は市内を歩き廻り、まだアチコチ焼けくすぶって熱い中を生徒の安否をたずねて廻った。一面の焼野原で目標もなく、探すに大変であった。土蔵が所々に建っていた。生徒は全員無事で、何れかへ避難していたので大変嬉しく思った。それから又、当分の間、毎日、アチコチで死者を焼く煙とイヤな臭いが立ちのぼるのを見て悲しい思いに心ふさがる経験も忘れられない。」と記している。

そして、激しい空爆下の「超非常時局」を障害がある子らのための学校の教師として生きぬいた責務と誇り・喜びを、それぞれアンケートの回答の「自由記入欄」に次のように記している。

浜口久次郎（三重県盲唖学校）

「戦時下でも一日も教育をゆるがせにしなかった。／但し、防空訓練、避難訓練は欠かさずやった。運動場に舎生全員を収容できる防空壕を作り、生命の安全を期した。」

小久保タカ（東京都立聾学校）

「戦時中、特に印象に残っていることと云えば、大塚ろう学校（四三年七月、都立ろう学校、さらに四九年六月、都立大塚聾学校と改称――引用者注）の先生方が児童・生徒の生命を守り通すことが出来たことです。」

小杉茂作（静岡県立静岡盲学校）

「戦時中は生徒、職員が一丸となって学校を守り、共愛扶助の日々の活動は、知的教育以上のものがあった。当時の師弟関係は一体のものであって生涯ほぐれることのない親密な人間関係を作った。」

かくして、太平洋戦争下、激烈な空爆を受け、国の防空対策に従いつつ、それぞれの障害児学校が有する条件・可能性を生かしながら精一杯、障害がある子らの生命を守り、この子らに欠かせない教育の課題に必死でとりくんだ教師たちは、次のような障害児観をも抱いていた。

「障害児達は障害に屈することなく、障害をのりこえ強く生きた。」（古沢七郎〔滋賀県立聾話学校〕）

◆注

◆1 奥住喜重・早乙女勝元共著『東京を爆撃せよ――作戦任務報告書は語る』三省堂、一九九〇年、二〇～二四頁より引用。その他、奥住喜重著『中小都市空襲』三省堂、一九八八年、同『B―29 64都市を焼く――一九四四年一一月から一九四五年八月一五日まで』揺籃社、二〇〇六年、工藤洋・奥住喜重共著『写真が語る日本空襲』現代資料出版、二〇〇八年、平塚柾緒編著『米軍が記録した日本空襲』草思社、一九九五年、参照。

◆2 『岐阜空襲』編集委員会編『岐阜空襲誌――岐阜・各務原・大垣 熱き日の記録』岐阜空襲を記録する会発行、一九八七年、四三～四五頁、参照。

◆3 岐阜県立岐阜盲学校編集・発行『岐阜盲学校六十年誌』一九五四年、四四～四六頁、参照。

◆4 岐阜県立岐阜盲学校創立百周年記念実行委員会編集・発行『岐阜盲学校百年史』一九九四年、一四四～一五〇頁、参照。

◆5 戦災同志会編集・発行『岐阜空襲体験記 文集』一九九四年、全四四頁、参照。

◆6 ◆2、五四～五五頁より。

◆7 ◆2、九九頁より。

◆8 ◆3、四四～四六頁より。

◆9 ◆5、一三～一五頁より。

◆10 ◆5、一七～二〇頁より。

◆11 ◆4、一四九頁より。

◆12 ◆4、「岐阜盲学校沿革年表」、三一九頁より。

◆13 企画＝松浦総三・早乙女勝元・今井清一、編集・日本の空襲編集委員会『日本の空襲―四 神奈川・静岡・新

潟・長野・山梨』三省堂、一九八一年、二九二頁より。
◆14　◆13、二九三頁、参照。
◆15　◆13、二〇六〜二〇七頁、参照。
◆16　◆13、二九八頁より。
◆17　廣川ミス「大根めし」、新潟県立長岡聾学校編集・発行『白い鳥　空高く　創立八十周年記念誌』一九八四年、三四頁より。
◆18　教務主任　山田佐馬太「思い出すこと想うこと（昭和二十年〜昭和三十年）」、新潟県立長岡聾学校編集・発行『創立七十周年記念誌』一九七五年、一二七〜一二八頁より。
◆19　坂井富二「長岡大空襲の夜」、◆17『白い鳥　空高く　創立八十周年記念誌』、三四頁より。
◆20　「長岡の空襲」編集委員会編『長岡の空襲』長岡市役所発行、一九八七年、六七頁より。
◆21　『日本の空襲―七　中国・四国』三省堂、一九八〇年、二八四頁より。
◆22　◆21、二八八頁より。初出は徳島市史編さん室編『徳島市史』第一巻、徳島市、一九七三年。
◆23　徳島県立聾学校『創立五十周年記念誌』（一九八二年）の「第二編　盲聾唖学校時代」および徳島県立盲学校『徳島県盲教育史――徳島県盲教育八十年記念・徳島県立盲学校五十周年記念』（一九八〇年）の「戦局の推移と学校情況」に基づいて記す。
◆24　徳島県立盲学校『徳島県盲教育史』一九八〇年、五六頁より。
◆25　◆24、五七〜五八頁より。
◆26　◆24、五八頁より。
◆27　◆21、三五六頁、三五八頁、参照。
◆28　「御真影」については佐藤秀夫著『教育の文化史1　学校の構造』阿吽社、二〇〇四年、小野雅章「1930年代の御真影管理厳格化と学校儀式――天皇信仰の強制と学校教育」、『教育学研究』第74巻第4号、二〇〇七年、参照。

◆29　氏原圭聡（昭和二二年中等部卒）「今はなき学び舎」、高知県立盲学校創立70周年記念誌編集委員会編『創立70周年記念誌』高知県立盲学校発行、一九九九年、四二～四三頁より。

◆30　筆者によるアンケートへの松本武夫（高知市朝倉甲に在住）からの一九八七年九月一日付の回答より。

◆31　筆者による聴き取りは、一九八八年二月二一日、高知盲聾福祉会館にて、元教員二人、元生徒二人と座談会の形式で実施。

◆32　高知新聞社編集局企画・編集『秋《とき》のしずく――敗戦70年といま――高知新聞取材班』、高知新聞社、二〇一六年、七三～七六頁より。

◆33　筆者によるアンケートへの入江四郎からの一九八八年七月二二日付の回答。

◆34　高知県立盲学校編集・発行『創立五十周年記念誌』一九八二年、二五頁より。

◆35　◆31と同じ。

◆36　◆30と同じ。

◆37　高知県立盲学校編集・発行『創立七十周年記念誌』一九九九年、一九頁より。

◆38　『日本の空襲―八　九州』三省堂、一九八〇年、三四八頁、参照。

◆39　◆38、三四二頁より。初出は『鹿児島市史』。

◆40　◆38、三四八頁より。

◆41　◆38、三五八頁より。

◆42　実行委員長　内野克己「百周年の成功に向けて」、鹿児島県立鹿児島盲学校『創立百周年記念誌』二〇〇三年、五八頁、参照。

◆43　鹿児島県立鹿児島盲学校『創立百周年記念誌』六〇頁より。

◆44　◆21、元・教頭大津孝成の回想による。六〇頁より。

◆45　◆21、三一六頁、参照。

◆46　◆21、三一八頁より。

◆47 ◆21、三一六頁より。
◆48 ◆21、三二二～三二三頁より。
◆49 愛媛県立松山聾学校『創立五十年誌』一九五七年、五七～五八頁より。
◆50 ◆49、五八頁より。
◆51 ◆49、五八頁より。ただし、愛媛県教育委員会／愛媛県特殊学校長会共編『愛媛県特殊教育百年記念誌』（一九七八年）一六頁には、当校は「終戦後の授業は九月一一日に再開したものの、食糧、物資の欠乏、人心の荒廃による生徒指導の問題等、この後、数年間の荒廃は詳述するに忍びないものがあった。」と記されている。
◆52 文部省大臣官房編『文部時報』第九三六号、一九五五年八月号、八四頁、参照。
◆53 国立教育研究所編『日本近代教育史』第五巻、一九七四年、八八五頁、参照。
◆54 防空法に関しては、水島朝穂・大前治共著『検証　防空法――空襲下で禁じられた避難』法律文化社、二〇一四年、参照。
◆55 土田宏成著『近代日本の「国民防空」体制』神田外語大学出版局、二〇一〇年、参照。
◆56 黒田康弘『帝国日本の防空対策――木造家屋密集都市と空襲』新人物往来社、二〇一〇年、参照。
◆57 創立五十周年記念誌編集委員会編『創立五十年』千葉県立千葉聾学校創立五十周年記念事業推進委員会発行、一九八三年、一四三頁より。
◆58 ◆57、一四三頁より。
◆59 香川県立盲学校／香川県立ろう学校『創立五十周年記念誌』一九五八年、四八頁より。
◆60 ◆59、四八頁より。
◆61 ◆59、四八～四九頁より。
◆62 長野県長野ろう学校創立百周年記念誌編集委員会編『長野県長野ろう学校創立百周年記念誌』長野県長野ろう学校創立百周年記念事業実行委員会発行、二〇〇三年、一二九～一三〇頁より。
◆63 ◆62、一三五～一三六頁より。

◆64　神奈川県立平塚聾学校『創立35周年記念誌』一九六〇年、一一頁より。
◆65　宮城県立盲学校『文集　寄宿舎の思い出――創立六十周年を記念して』一九七三年、八〜九頁より。なお蜂矢忠雄（昭和一六〜二三年在職）は同文集への寄稿「想い出」（九〜一〇頁所収）の中で、「寄宿舎の生徒は舎監の先生や、いち早く駆けつけた先生達と、東の方の郊外に、闇の中を夢中で避難したので全員無事であり、また学校も、戦火からまぬがれました。夜が明けてから避難した生徒達は、先生達と学校に帰ってきました。／その時、高木校長先生をはじめ、学校を守った先生方と小おどりして喜んだものでした。」と記している。したがって、避難先の「薬師堂」とは仙台市の東方の郊外にあったと考えられる。この時の仙台大空襲では当校の近くまで延焼している。
◆66　中野喜代一「耳しひの子らと共に」、三重県立聾学校六十年の歩み記念誌編集委員会編『六十年の歩み　三重県立聾学校』同校発行、一九七九年、一七〜一八頁、参照。
◆67　田島始「あの頃の思い出」、群馬県立盲学校『あゆみ――群馬県盲教育60年誌』一九六七年、五七頁より。
◆68　◆67、五八頁より。
◆69　「昭和十年代の盲学生の逸話」、長野県長野盲学校編集『長野県長野盲学校創立百周年記念誌』長野県長野盲学校創立百周年記念事業実行委員会発行、二〇〇〇年、一八頁より。
◆70　藤原安雄「在職中の思い出」、岡山県立岡山盲学校『五十年のあゆみ』一九五八年、一九〜二〇頁より。
◆71　今村鎮夫編『白寿記念　今村幾太の全力投球人生』自家版、一九八七年、九二〜九四頁より。社会福祉法人　横浜訓盲院／学校法人　横浜訓盲学院編集・発行『百年瞬間――横浜訓盲院／横浜訓盲学院　創立百年記念写真集』一九八九年、一七七頁の防空壕写真、参照。
◆72　藤野高明著『あの夏の朝から――手と光を失って30年』一光社、一九七八年、同『未来につなぐいのち』クリエイツかもがわ、二〇〇七年、同『楽しく生きる』同前、二〇一五年、参照。

第2章　学校集団疎開

本章では、第1節の前半で、太平洋戦争期における政府の学童集団疎開に対する政策の推移と背景およびその性格と特質などについて概括し、後半で全国の障害児学校の集団疎開の全体的状況と特徴について述べる。

次いで、第2節では、視覚障害児学校・聴覚障害児学校の集団疎開について、前半では全国の盲学校・盲聾啞《もうろうあ》学校に対して主導的役割を果たしていた官立東京盲学校（現・筑波大学附属視覚特別支援学校）を対象として、後半では同じく全国の聾学校・盲聾啞学校に対して同様の役割を担っていた官立東京聾啞学校（現・筑波大学附属聴覚特別支援学校）を対象として、それぞれの学校集団疎開の経緯と実際を述べる。

さらに、第3節では、前半において全国で唯一の公立の知的障害児学校であった「大阪市立思斉《しせい》国民学校」（現・大阪府立思斉支援学校）を対象として、後半では同じく全国で唯一の公立の肢体不自由児学校であった「東京都立光明《こうめい》国民学校」（現・東京都立光明特別支援学校）を対象として、それぞれの学校集団疎開の経緯と実際を述べる。

第1節　〈子どもの戦闘配置〉としての学童集団疎開と障害児学校の集団疎開の統計的概括

1　疎開の用語の由来と学童集団疎開の本質

「疎開」という用語の由来をめぐっては二つの説がある。すなわち、軍事用語転用説と都市計画用語発祥説である。前者は、火器の優勢な敵に際会したときに広く兵を散開させて相対する歩兵戦法の語を、大都市の人員・建物を地方に移す施策に転用したとする説であり、後者は、都市計画の手法として、人口や建物を制限して、都市環境を整備することを示す用語が防空のためにとり入れられたという説である。[1]

太平洋戦争下の障害児学校の学校ぐるみの集団疎開を含めて、国による学童集団疎開の政策の基本的な性格を理解するには前者の説を演繹《えんえき》するのが妥当であろう。

そこで、本書では前者の立場からの学童疎開に関する総論的な論稿として、佐藤秀夫の「総論　学童疎開」[2]（一九九四年）、学童疎開史に関する画期的な歴史研究として逸見勝亮の著書『学童集団疎開史——子どもたちの戦闘配置』[3]を位置づけ、それらの研究成果に依拠しながら論及していくことにする。

佐藤の論稿は日本の学童疎開について、ヨーロッパでの同様な事例（evacuation of school children, Kinderlandverschickung. KLV）との対比も試みながら、日本の防空政策や疎開に関する公文書の分析を通して、政府や軍にとっての学童疎開の目的に関しては、少なくとも次のような三つの面からとらえる必要性を提起している。すなわち、①「『足手まとい』をなくして防空態勢を強化する観点」、②「将来の戦力資源の温存という見地」、③「人的被害を大きくすることによる人心の動揺、とりわけ『幼な子』を失うことによる親たちの落胆と憎悪（それは当初爆弾を投じた敵に向けられようが、やがて『罪なきわが子』を殺した戦争目的自体への疑問から『憎悪』へと展開する恐れがある）拡大の予防があった」といえることである。

そして、国家総力戦体制下における「疎開」の性格と、その一環としての「学童疎開」の位置づけについて次のように述べている。

「疎開はいずれの国においても、総力戦下での国内戦時体制構築上の方策以上でも以下でもなかったと考えられる。敵軍侵入の阻止、国内軍需生産発展の確保から人的損耗の回避まで、すべて広義の国内防衛で一貫するのが総力戦である。（略）学童疎開をさして、『防空態勢の強化であり、帝国将来の国防力培養でありまして、帝都学童の戦闘配置を示すものであります』という大達茂雄（四三年七月東京都制の制定に際し初代東京都の長官となり学童疎開などを推進――引用者注）の有名な一句は、単なる『建て前』や『強がり』を述べたというよりも、本質を正確に表現したと見るべきであろう◆4。」

他方、逸見の著書は副題が示すように、「子どもたちの戦闘配置」という観点から、東京をはじめとする学童集団疎開の実施の過程と背景、特質などについて歴史学研究の手法を駆使して、実証的、かつ緻密《ちみつ》に分析し考察している。とくに、「Ⅴ　疎開は子どもの戦闘配置」、「Ⅵ　引率教職員は兵士の決意を」は、東京都の学童集団疎開を中心にその実態と文部省・東京都教育局の行政上の方針とその施策の推移を綿密に論証し貴重である。

また、「Ⅷ　『顔面蒼白にして精気を欠き……』」では学童集団疎開における文部省・厚生省の保健衛生対策の内容と集団疎開学童の深刻な疾患（伝染病集団発生、女子児童間における淋病《りんびょう》の蔓延《まんえん》などを含む）、栄養不良・衰弱などの実態を、一定の統計に基づいて明らかにし、さらに、「集団生活の強要にともなう精神衛生の保持」の問題をも究明しようとしており、学童集団疎開と障害児・病児問題との関係を考えていくためにも重要な問題提起となっている。

とくに、集団疎開児童の選定に関する行政側の文書とそれを受けての東京都や大阪市の国民学校における集団疎開不適格者の選別の実際に基づいての次の指摘はきわめて重要な意義を有する。

「東京都教育局は『集団生活は戦時措置による疎開生活である事を考慮し、……不適格者を決定した』[5]と説明した。すでにみた学童集団疎開への強力な『勧奨』は、『集団生活は戦時措置による疎開生活である事を考慮』した集団疎開にふさわしい児童の峻別《しゅんべつ》をともなってもいた。学童集団疎開は、『都市防空の足手まとい』を遠ざけるために、さらに別の『足手まとい』を遠ざけた。学童集団疎開が『戦闘配置』であるからには、『戦闘配置』にふさわしくない児童を排除するのは当然の帰結であった。（略）／『集団疎開参加不適当疾病異常標準』はあいまいであったが、不適格者の排除はきわめて〝厳密〟であった」[6]（傍線は引用者による。以下同じ）。

以上の佐藤秀夫の論稿と逸見勝亮の著書から、私たちは学童集団疎開の本質と、それに基づく国民学校における集団疎開学童からの特定の児童の除外と障害児学校の集団疎開に対する行政側の消極的あるいは放置ともいえる対応の理由について貴重な示唆を与えられる。

疎開は疎開した側と受け入れた側があって初めて成り立つ。これまで後者の側に焦点を当てた研究は立ち遅れていた。東松山市の元・高校教師の一條三子《みつこ》著『学童集団疎開——受け入れ地域から考える』（岩波現代全書、岩波書店、二〇一七年）は後者の側からの先駆的で実証的な研究として有意義である。東京都区部の児童の疎開を割り当てられた埼玉県を主なフィールドとしつつ、東北や北陸各県、沖縄などの実態調査を行っている。そして、例えば埼玉県比企地域における学童集団疎開の当初の疎開地を地図に落とすと、比企地域に点在していた地下軍需工場の位置と一致すること、また学童集団疎開地であった場所やその近くに軍事施設や軍隊が疎開してきたことが明らかになった。それらのことから、学童集団疎開が他の場所に再疎開したのは国の最優先課題が重要軍事施設の疎開にあったからであり、そのために児童たちは当初の疎開先を追われて再疎開させられたのだということを究明している。

著者も障害児学校が再疎開、さらには第三次疎開をしている事例には、その背景に同様の要因が関わっている場合もあることを後述する。また、著者は、障害児学校の疎開・再疎開には受け入れ地域の住民たちの障害観、とりわけ障害がある児童・生徒たちに対する理解や偏見の有無・程度も重要な関わりがあることを事例を挙げて指摘する（本書章第3節の1参照）。

2 学童集団疎開の沿革と障害児学校の集団疎開の概況

一 四〇万人の国民学校生徒が集団疎開――学童疎開の沿革

疎開政策には建物疎開、人員疎開、物資疎開などがあり、人員疎開には個人・家族の縁故疎開と学校単位に集団で移動する学童集団疎開があった。いずれも戦局の推移と深い結びつきがある。障害児学校（「盲学校」「盲聾唖学校、聾唖学校」など）には「部」（中等部）・「科」（盲者のための鍼按科などや聾唖者のための理髪科など卒業後の就職に備えての職業指導のための特別なコース）制があり、かなりの年長者も在籍し、疎開にも加わった場合があるが、本書ではそのような障害児学校の学校ぐるみの疎開も広義の学童疎開として位置づけている。
児童の集団疎開は、東京都では戦時疎開学園として四四年三月以降に小規模で実施された。学童集団疎開の実施が国レベルで決定されたのは四四年六月三〇日の閣議決定（「学童疎開促進要綱」）である。マリアナ諸島への米軍侵攻により、本土空爆が必至となったことが大きな要因となっている。集団疎開実施地域は東京都（区部）及び川崎・横浜・横須賀・名古屋・大阪・神戸・尼崎の各市であり、対象は縁故疎開が見込めない国民学校初等科の三学年生以上であった。付添いの教員のほか、児童の世話をする寮母や作業員が雇われた。沖縄における学童の本土への移動も内容的には学童集団疎開と同じだが、政策的には別のものとして扱われ、財政的措置などで差別があった。

集団疎開に応じた学童たちは四四年八月初めから九月半ばまでに、割り当てられた疎開地に向かった。疎開先の宿舎（学寮とも呼ばれた）は、多くは旅館・寺院などであった。食糧は配給によって賄うとされていたが、全国的な食糧難もあり、食糧不足は次第に深刻となっていった。疎開学童は宿舎生活では、とくに食糧難による飢餓と蚤や虱に襲われての苦しみが多かった。

保護者の負担は学童一人当たり月一〇円であったが、学校後援会費などの名目での追加負担があった。疎開学童たちの通学した地元の学校では、特別教室の使用や二部授業の実施などが迫られ、また学寮での授業（座学）が通常となった場合もあった。四五年二月以降、六学年生が都会へ帰ったが、米軍の大都市無差別空爆に直面した。四五年度から対象が一学年生まで拡大され、また三月から六月にかけて疎開地を移す〝再疎開〟が実施された。〝再疎開〟の施策は安全上の問題、温泉地などの過密の問題のほか、傷痍《しょうい》軍人の療養のために宿舎を明け渡さねばならないこと、軍事的施設への転用なども大きな理由であった。他方、空爆の激化によって、京都・舞鶴・西宮・芦屋・広島・呉・釜石・山形・函館などで新たに学童集団疎開が実施された。
敗戦後、四五年一一月中に大部分が疎開先から帰還したが、親の空爆死などで四六年三月まで疎開先にとどまった児童たちもいた。親や家族が空爆で亡くなり、戦災孤児として苦難の歩みを強いられることになった者も多かった。学童集団疎開の参加者数は時期によって増減があるが、約四〇万人とされる。[7]

二　障害児学校の集団疎開の概況

太平洋戦争期に設置されていた全一〇八校の障害児学校の集団疎開について、記念誌（年史）、学校史、著者による第一次・二次アンケートへの回答などから、三四校を対象として表7を作成した。
なお、これらの障害児学校以外にも、宮崎県立聾唖学校に関しては、『宮崎県特殊教育史』（一九七九年）に次の記述がみられる。

「戦争下に於ける学校経営
近くにある飛行機《ママ》（場か――引用者注）を中心にグラマンの襲撃をうけて、不安な日を過した。当時四十名からの寄宿生をかかえて、日夜心を痛めた。（略）空襲が烈しくなると、山田町に疎開もしていたが短期日《ママ》で、学校も破壊されることなく教育を続けることができたのは不幸中の幸いであった。[8]」

しかし、同校の疎開の期間、疎開先を明記した記念誌などを見いだすことが出来ないでいる。そのため、疎開に関する事項については同校以外の三三校を中心にして述べることにする。

(1) 集団疎開の有無（一〇八校中）

一四頁の表3で示したように、疎開した学校数は一〇八校中三四校（三一・五％）、疎開しなかった学校数は七三校（六七・六％。うち、準備中が六校）、不明が一校（〇・九％）である。

(2) 障害別の集団疎開の校数（三四校中）

疎開した学校の障害別の校数は、盲学校一〇校（二九・四％）、聾（聾唖・聾話・聾口話）学校一三校（三八・二％）、盲聾唖学校九校（二六・五％）、肢体不自由の国民学校一校（二・九％）、知的障害の国民学校一校（二・九％）である。

(3) 公立・私立別の集団疎開の校数（三四校中）

疎開した学校の公立・私立別の校数は公立学校三三校（九七・一％）、私立学校一校（二・九％）である。なお、公立学校の府県立の内訳は、官立学校二校、都立学校三校、府立学校二校、市立学校五校、県立学校二一校で、県立の障害学校が六割余を占めている。

(4) 集団疎開の期間別の校数（三三校中）

疎開期間が判明している学校三三校についてその期間を五つに区分すると、①〇年以上一年未満が九校（二七・三％）、②一年以上二年未満が一四校（四二・四％）、③二年以上三年未満が四校（一二・一％）、④三年以上四年未満が三校（九・一％）、⑤四年以上が三校（九・一％）である。

なお、疎開期間が最も短いのは高知県立盲唖学校で四五年七月一五日から同年八月三一日まで一か月間余であ

表7　全国の障害児学校の集団疎開一覧

	県名	学校名	疎開の期間	疎開先の地域・場所など
1	宮城	宮城県立盲唖学校	'45・7・21～'45・10・25	県内栗原郡宮野村、寺院。
2	東京	官立東京盲学校	'44・9・10～'46・3	静岡県伊豆長岡町、富山県宇奈月温泉、旅館、寺院。分散
3	東京	官立東京聾唖学校	'44・9・15～'46・12・5	埼玉県北葛飾郡高野村、南埼玉郡百間村、寺院。分散
4	東京	都立聾唖学校	'44・5・15～'46・4・1	神奈川県津久井郡小淵村、吉野町、千木良村、小原村、寺院。
5	東京	都立聾学校	'44・8・21～'45・12・3	東京都足立区花畑町、都の元・避病院。
6	東京	私立日本聾話学校	'45・4・27～'45・11・6	長野県小県郡滋野村、農家。
7	東京	都立光明国民学校	'45・5・15～'49・5・28	長野県更級郡上山田村上山田温泉、旅館。
8	神奈川	横浜市立聾話学校	'44・9・1～'46・1・15	横浜市南区井戸ヶ谷、寺院。同保土谷、「青年錬成事務所」。分散
9	新潟	新潟県立長岡聾唖学校	'45・9・10～'48・10・18	新潟県立長岡高等女学校の寄宿舎1棟借用。
10	富山	富山県立盲唖学校	'45・9・15～'48・10・31	県内婦負郡八幡村草島、日本海船渠K・Kの「八仁寮」。
11	岐阜	岐阜県立岐阜盲学校	'45・9・15～'47・1・23	県内山県郡梅原村、国民学校→同郡木造町、寺院。再
12	山梨	山梨県立盲唖学校	'45・9・20～'46・9・22	県内西八代郡共和村下田原、民家借用。
13	愛知	愛知県立盲学校	'44・9・30～'49・3	県内一宮市、県立一宮中学校→津島市、県立津島中学校。再
14	愛知	愛知県立聾唖学校	'44・8・27～'46・2・4	県内碧海郡知立町、寺院→同西加茂郡猿投村、寺院。再
15	大阪	大阪府立盲学校	'45・5・26～'45・10半頃	大阪府南河内郡富田林町廿山、同北河内郡津田町穂谷、寺院。分散
16	大阪	大阪府立聾口話学校	'44・9・13～'45・10・20	大阪府八尾市、同泉北郡高安村・和泉村、奈良県吉野郡大淀町、寺院。分散
17	大阪	大阪市立盲学校	'44・10・28～'45・10・15	大阪府高槻市大字原、天理教清原分教会。
18	大阪	大阪市立聾唖学校	'44・9初旬～'46・1・1	大阪府北河内郡寝屋川町、大阪市立聾唖学校附属施設（「香里道場」）。
19	大阪	大阪市立思斉国民学校	'45・4・15～'48・11・4	大阪府泉北郡南池田村国分、「青年修養道場」（「光明寮」と改称）。

20	兵庫	兵庫県立聾唖学校	'45・6・10～'47・2	県内明石郡垂水町、県立盲学校→同町、自治会館。再
21	兵庫	神戸市立盲学校	'45・1・29～'47・1・31	同右、兵庫県立盲学校→神戸市立真野小学校。再
22	和歌山	和歌山県立盲唖学校	'46・2・1～'48・8・31	県内和歌山市西脇の磯の浦海洋道場・同公会堂。
23	広島	広島県立盲学校	'45・4・1～'46・6・1	県内双三郡田幸村、実業学校、寺院。
24	広島	広島県立聾学校	'45・4・5～'46・12・16	県内高田郡吉田町、寺院。分散
25	山口	山口県立下関盲唖学校	'45・5・10～'45・10半頃	県内厚狭郡二俣瀬村、寺院。
26	徳島	徳島県立盲聾唖学校	'45・7下旬～'46・7・末	県内、「穴吹高等女学校」「富岡高等女学校」、民家一軒借用。
27	高知	高知県立盲唖学校	'45・7・15～'45・8・31	県内高岡郡黒岩村、国民学校。
28	佐賀	佐賀県立盲唖学校	'45・9・1～'52・3・31	佐賀市高木瀬町の寺院、芦部町の民家→佐賀郡の「道場」→多布施町の会社青年寮。分散、再
29	長崎	長崎県立盲学校	'45・6・23～'48・5・28	県内西彼杵郡長与村丸太郷、三菱造船所の保養所。
30	長崎	長崎県立聾唖学校	'45・5・3～'47・5・29	県内南高来郡加津佐町、三菱造船所の宿泊施設→大村市古町。再
31	熊本	熊本県立盲唖学校	'45・7・7～'45・9・15	県内下益城郡砥用町土食、青年道場。
32	大分	大分県立盲唖学校	'45・5下旬～'46・3	大分郡狭間町、寺院。
33	宮崎	宮崎県立盲学校	'45・6・27～'46・2中旬	県内西諸県郡野尻村、民家。
34	宮崎	宮崎県立聾唖学校	不詳	不詳

注 「分散」とは同一校が部・科・学年・性別などによって異なる地域へ疎開したこと、「再」とは同一校が再疎開（複数回を含む）したことを示す。疎開先の地名はその当時の名称である。

出典 ①都道府県の各障害児学校が編集・発行した記念誌（年史）、②同学校史の冊子・図書、③都道府県教育委員会および個人・団体が編集・発行した都道府県教育史・冊子・刊本などから作成。

る。そして、全体として、戦争末期の四四年の後半に疎開を開始する学校が増え始め、敗戦直前の空爆が激化した四五年の前半に疎開を開始する学校が最も多くなる。

最も多いのは、②の一年以上二年未満で、次に多いのが①の〇年以上一年未満であり、両者を合わせると二三校（六九・七％）と大多数を占める。最も長い期間の⑤の三校は佐賀県立盲啞学校、愛知県立愛知県盲学校、都立光明国民学校である。前二校は戦争末期から戦後四年余ないし六年余の長期に及んでいる。但し、前二校とも一か所で疎開を続けたのではなく、再疎開を重ねており、それらの期間を合せた期間が最長になっているのである。他方、都立光明国民学校は敗戦直前の四五年五月から戦後の四九年五月まで同じ地域に四年間疎開しており、同一地域での疎開としては最も長期間である。

(5) 集団疎開の開始の時期（三三校中）

四四年が一〇校（三〇・三％。うち一月から六月までの前半が二校、七月から一二月までの後半が八校）、四五年が二三校（六六・七％。うち、前半が一三校、後半が九校）、四六年が一校（三・〇％）である。

(6) 集団疎開の終了の時期（三三校中）

四五年が九校（二七・三％。全て後半）、四六年が一二校（三六・四％。前半が八校、後半が四校）、四七年が四校（一二・一％、全て前半）、四八年が四校（一二・一％。前半が一校、後半が三校）、四九年が三校（九・一％、全て前半）、五二年が一校（三・〇％。前半）である。すなわち、敗戦の翌年が最多数で一二校、次いで敗戦の年が九校であり、両年を合わせると二一校（六三・六％）と七割近くになる。

四九年の二校は愛知県立愛知県盲学校と都立光明国民学校である。前者は四四年九月三〇日から四五年三月一九日まで、県内の県立一宮中学校に疎開したが、同校が空爆により四五年七月二九日に全焼したため、四五年一二月から四九年三月まで県内の津島市の県立津島中学校へ再疎開している。後者は四五年五月一五日から四九年五月二八日まで、長野県更級郡上山田村上山田温泉に疎開している。五二年の一校は佐賀県立盲唖学校で、四五年九月一日から五二年三月三一日までに、全て県内であるが第一次疎開を佐賀市高木瀬町の龍谷中学校と願正寺、第二次疎開を盲部は上芦部町の民家、聾部は佐賀郡春日村の「春日山道場」、第三次疎開を多布施町の日東航機の青年寮と三回にわたって疎開している。

(7)〈分散疎開〉の校数（三三校中）

同じ学校が疎開の時期や期間はほぼ同じであるが、疎開先の地域が初等部と中等部などでは異なる地域に分散して実施された場合を本書では分散疎開と呼ぶことにする。

そのような分散疎開をした障害児学校は表7に「分散」と付記して示したように六校ある。分散疎開の実際を知るために、例えばその中の大阪府立盲学校の場合を見てみると、四五年五月二六日から中等部生徒男子三六人と女子一五人は府下北河内郡穂谷の山間の部落の寺院に、他方、初等部児童四十余人は高野線河内半田駅から東へ三〇丁ほどの山の上の南河内郡富田林町廿山《つづやま》の寺院に、それぞれ集団疎開している。[◆9]

(8)再疎開などの校数（三三校中）

空爆の危険を避けて疎開したにもかかわらず、疎開先の学校などが戦災で焼失したことなど、さまざまな事情でさらに他の地域に再疎開したり、その後も第三次疎開までしなければならなかった学校がある。

表7で記したように、再疎開（第二次疎開）は、愛知県立盲学校、愛知県立聾唖学校、岐阜県立岐阜盲学校、

兵庫県立聾唖学校、神戸市立盲学校、長崎県立聾唖学校の六校（再と記載）であり、第三次疎開まで実施した学校としては佐賀県立盲唖学校がある。

ここでは、集団疎開の回数が最も多い佐賀県立盲唖学校について見てみよう。第一次疎開は表7で示したように、佐賀市水ヶ江町の南端の町はずれにあった同校が四五年八月五日〜六日夜間の空爆で全焼・全壊したために、市内高木瀬町の龍谷中学校の一室を借りて事務所とし校務を執行している中で敗戦を迎えた。そこで同年九月初めに市内高木瀬町の願正寺と上芦町の民家（料亭跡）に分散して第一次疎開。その後、盲部は上芦町に残り、聾部は四六年九月に佐賀郡春日村久池井の「春日山道場」（元・県所管の県民修養の錬成場）へ第二次疎開。道場は山の中にあって授業には適していたが、行政的に不便な面が多く、食糧難に苦しんだ。四七年四月に新学制にもとづき盲学校と聾学校は分離し、佐賀県立盲学校と佐賀県立ろう学校となっていたが野中栄次校長は両校の校長を兼任した。そして、四七年九月、両校は一緒に市内多布施町にある旧・日東航機会社の青年寮跡に第三次疎開。両校の〝校舎〟となった旧・青年寮は大変に狭い敷地に建てられた粗末な荒れはてた建物であった。戦後初期に着任した女教師の久原萩子は、佐賀県立ろう学校『県立六十周年記念誌』（一九八四年）への寄稿『ある九ろう研』の中で、「思えば、貧しさと荒廃と――戦争の傷跡がまだ色濃く残っていた頃のことであった。当時は全般的に見て、十分それが癒《い》えていなかったとはいえ、〝特殊学校〟には、格別厳しい形で残されていたのであろうか。」◆[10]と回顧している。

(9) 集団疎開の入所施設（三三校中）

疎開先ではどのような施設（建物）に入所したかを調べると、最も多いのが宗教的施設で寺院が一三校、天理教分会が一校で合わせて一四校（四二・四％）、学校（国民学校、高等女学校、実業学校、中学校）が一〇校（三〇・三%)、民家(農家、通常の民家)が五校(一五・二%)、その他が三校(九・一%)である。

(10) 集団疎開後の校舎・寄宿舎

疎開後の校舎・寄宿舎は、空爆による被災のほか軍隊が駐屯、軍需関係工場の会社が接収、疎開残留児のために一時期授業、空爆で自宅を焼けだされた学校の教職員とその家族が居住などさまざまに利用された。そのため敗戦後、疎開地から戻ると、縁故疎開をしていたり、帰省したりしていた児童・生徒にも呼びかけて、本校で授業を再開しようとしたが、学校を利用していた会社などがすぐには明け渡さぬため再開が遅れた学校もある。

集団疎開をした障害児学校で疎開後に空爆によって被災した学校の校数・校名を被災の程度別に記すと次の通りである。表4(第1章一一頁)と表7とを照合して述べる。

すなわち、全焼・全壊した障害児学校は一七校あり、校名は①神戸市立盲学校、②愛知県立盲学校、③愛知県立聾唖学校、④東京都立聾学校、⑤官立東京聾唖学校、⑥東京都立光明国民学校、⑦兵庫県立聾唖学校、⑧大阪市立聾唖学校、⑨高知県立盲唖学校、⑩徳島県立盲聾唖学校、⑪岐阜県立岐阜盲学校、⑫和歌山県立盲唖学校、⑬新潟県立長岡聾唖学校、⑭富山県立盲唖学校、⑮佐賀県立盲唖学校、⑯長崎県立盲学校、⑰長崎県立聾唖学校。

半焼・半壊した障害児学校は五校あり、①大阪市立盲学校、②山口県立下関盲唖学校、③山梨県立盲唖学校、④大分県立盲唖学校、⑤広島県立盲学校。

一部焼失・損壊の障害児学校はなし。

全焼・全壊した障害児学校の中には、第3節でとりあげる都立光明国民学校のように、四五年五月一五日に疎開し、その僅か一〇日後の五月二五日に東京大空襲によって全焼・全壊した学校もある。このように疎開した前後や数か月以内に空爆で被災した学校が少なくない。また被災直後に疎開した学校も少なくない。それらのうち、

全焼・全壊した障害児学校としては、高知県立盲唖学校（四五年七月一五日疎開、同年七月四日被災）、徳島県立盲唖学校（四五年七月下旬疎開、同年七月三日被災）、兵庫県立聾唖学校（四五年六月一〇日疎開、同年六月五日被災）、新潟県立長岡聾唖学校（四五年九月一〇日疎開、同年八月一日被災）、富山県立盲唖学校（四五年九月一五日疎開、同年八月二日被災）、佐賀県立盲唖学校（四五年九月一日疎開、同年八月五日被災）、長崎県立聾唖学校（四五年五月三日疎開、同年八月九日、原爆投下により被災）がある。

(11) 集団疎開した地域での勤労奉仕・学徒動員

集団疎開した障害児学校の中には、疎開以前に実施していた勤労奉仕・学徒動員の活動を疎開先の地域においても行っている場合が少なくない。

例えば、栃木県立聾唖学校は県内の河内郡横川村に校舎があった時期は初等部高学年以上の生徒と教職員は「出征家族への勤労奉仕作業」などにとりくんでいたが、四四年三月に同郡城山村に集団疎開してからは、「中島飛行場宇都宮工場に勤労動員による奉仕作業」に従事している。[11] また、大阪市立盲学校は、「空襲時における被害を軽減するため」に四四年一〇月に高槻市大字原にある天理教清原分教会へ集団疎開しここに「学寮（高槻山寮と呼ぶ）」を設けたが、「中等部生徒の一部は動員学徒として、教職員監督のもとに、二葉電機株式会社および失明軍人会館の工場に出動した。」[12]

(12) 集団疎開の人数

障害児学校の学校の種類・規模および疎開対象などによって異なり、少ない場合は教職員を含めて数十人、多い場合は一〇〇人以上とさまざまである。

少ない事例としては、例えば宮城県立盲唖学校が「盲部・聾唖の中等部の生徒の主として郡部の希望者の二〇名と職員一〇名の三〇名」[13]、多い事例としては、例えば官立東京聾唖学校が「初等部は、三年から六年までの生徒が五十二人、教職員も九人。中等部は、一年から五年までの生徒が四十五人、教職員五人」[14]で合計一一一人である。

⒀ 疎開準備中であった障害児学校

障害児学校の中には、記念誌（年史）や著者によるアンケートへの回答などで見る限り、少なくとも次の五校が集団疎開の準備にとりくんでいたが敗戦となり実施しなかったようである。すなわち、①青森県立八戸盲唖学校、②秋田県立盲唖学校、③私立横浜訓盲院、④兵庫県立盲学校、⑤香川県立盲学校聾唖学校である。

例えば、秋田県立盲唖学校の場合について略記すると、「昭和二十年の夏になると戦局苛烈を極め両陛下の御真影」を河辺郡川添国民学校の「奉安殿に納め」、次いで「学校も盲部は由利郡西滝沢村に、聾部は河辺郡米川村に疎開することになり、生徒は早く帰省させてその準備に取りかかった。（略）トラック一台より割当がなかったので大部分の備品類は空襲で焼かれるものと覚悟して西端の大部屋に詰め込み、ピアノは疎開先の学校でも使って貰おうと他の積荷を犠牲にして戸米川に運ぶこととし、満載のトラックが戸米川小学校に走ったのは昭和二十年七月十二日と記憶している。かくして学校は木船工補導所に明け渡された。」[15]しかし、その一か月後、敗戦となり、集団疎開は実施されずに終わった。

第2節　視覚障害児・聴覚障害児学校の集団疎開

本節では障害児学校の集団疎開の事例として、視覚・聴覚児学校としては、戦前においては唯一の官立（文部省直轄）学校であり全国の盲学校・聾学校・盲聾唖学校に対して主導的な役割を果たしていた官立東京盲学校と官立東京聾唖学校について、やや詳しく紹介することにする。

1　官立東京盲学校の集団疎開[16]

一　分散疎開の実施

四三年二月頃、米軍戦闘機の銃弾片が校庭に落ちるということがあって校内に防空壕を造った。また中等部師範部の鍼按科・音楽科の生徒たちに米軍飛行機の機種別、高度別の音盤（レコード）を聴取させ、図書館屋上で防空監視哨に立たせる実験も行われた[17]。

こうした事態もあって、四四年九月から一一月にかけて二か所に分散して集団疎開を開始した。一般の国民学校の学童集団疎開の場合は、当初、初等科三年生から六年生までを対象としたが、同校では初等部三年生から年長者の多い師範部まで一斉に実施した点に特徴がある。

師範部鍼按科、同音楽科第一部は静岡県伊豆長岡の酒屋旅館という温泉旅館と農家の二階に疎開し東京盲学校第一分校と称した。他方、初等部三年生以上、中等部、師範部普通科（師範学校を卒業した「晴眼者」が対象）、同音楽科は富山県宇奈月の恒春館という温泉旅館を一軒借り切って疎開し、東京盲学校第二分校と称した。疎開は任意であったが、ほぼ全員が参加したようであり、不参加者の中には休学する者、縁故疎開をして地方の盲学校に編入する者もいた。一方、教職員は家族ぐるみで集団疎開に加わる者もいたが、多くは退職あるいは休職した。そのため各分校の教職員は六人（うち、普通科の教員はいずれも三人）ほどしかいなかった。ただし、第二分校では生徒の姉が寮母として、また祖父が炊事夫として加わった。そのほか、両分校において「慰問隊」と称して、しばしば家族が面会を兼ねて手伝いに来たり、児童・生徒が帰省から戻るのに付き添って疎開地を訪れ、数日泊まりこんで掃除、洗濯などの生活の手伝いを行っている。また、男親が食糧調達の手伝いに参加したこともあった。

二　疎開地での教育

疎開先での教育活動は、師範部の教育課程の規程にある「教育実習指導授業」を適用して、師範部の生徒に授業を受け持たせ教員不足を補った。とくに第二分校では、同地の別の旅館に疎開していた「失明傷病軍人教習所」（東京盲学校内に日中戦争開始の翌年の一九三八年に設置）の生徒が疎開以前に本校で実施していた「教育実習」を継続するという名目で初等部の児童の授業を担当した。

三　勤労作業・治療奉仕など

疎開地での生活の大半は、とくに中等部生徒の場合はさまざまな勤労作業に追われた。第一分校について『昭和十九年度第一分校教務日誌』を閲覧すると、例えば次のように授業のほか、勤労作業や治療奉仕、戦時下の儀式などさまざまな記録が見られる。

「九月十九日㈫　報国農場開墾鍬入初式。
九月二十日㈬　農場開墾ニ赴ク。
十月五日㈭　午后二時迄授業／治療患者五名。正規授業ヲ午前中三時間。午后一時間　行フ事トス。
十月二十二日㈰　靖国神社招魂ノ儀。
十月三十日　区民ヨリ贈ラレタル甘藷約八貫ヲ袋ニ入レ（略）駅ニ運搬。
十一月二十四日㈮　本日ヨリ陸軍病院治療奉仕ニ赴ク。
十一月二十五日㈯　本日ヨリ音楽科ノ授業ハ杉山氏ノ土蔵二階八畳ニテ行フコトトス。
十二月四日㈪　陸軍病院ニ於ケル治療奉仕ハ本日ヲ以テ終了。入院患者一同ヨリ衷心感謝セラレ本奉仕ハ極メテ有意義ナリシヲ覚ユ。／生徒ノ体験感想極メテ有効。
昭和二十年一月十九日㈮　本日ヨリ三島陸軍病院長ノ懇請ニヨリ四名宛、病院ニ出張治療ニ当ル事トス。（昼食先方持、若干手当アル筈）
一月二十五日㈭　午前中授業。薪用立木伐採個所決定（買収ヲ完了）（略）午后一時半ヨリ全職員生徒引率初入山。枯枝等集荷。

二月十日㈯　一年二年ハ授業ヲ休止シ、三島大社、三島市澤地ノ龍沢寺ニ参詣（略）、三年綜合試験（治療学）、二年生鍼按科、午前中三沢訳地　農家治療奉仕、甘藷数貫入手」◆18

第二分校における勤労作業も中等部生徒以上の生徒たちで行われたが、その内容は日常生活に密着したものが多い。毎日のように行われるのは「便所の汲み取り」、「風呂沸かし」などであるが、豪雪地帯であるため厳冬の「雪下ろし」は重労働であり、危険を伴うものであった。しかし、これらの作業には「半盲生」（弱視の生徒）、普通師範生が中心になって全員でとりくんだ。風呂は、温泉が湯元から引いてあり、夏場はそれを利用できたが、冬は温泉が凍ってしまうため利用できず、ドラム缶に水を汲んで薪で沸かし、それを湯船に入れてうめていった。「便所の汲み取り」も夏はそのまま畑に運ぶが、冬は汲み取ったものを樽に入れて埋めるという作業を行ったという。

疎開先でも食糧などの配給はあったが、その受け取りは困難をきわめた。その様子を『昭和十九年度第二分校週番日誌』からうかがうと「半盲生」、普通師範生が味噌、醤油、米などの配給品を受け取るには宇奈月から魚津まで約二〇キロメートル以上の距離を出かけなければならなかった。この食糧調達も、冬には宇奈月と魚津を結ぶ宇奈月線が雪で不通になってしまうため、徒歩で二日がかりで出かけた。朝七時頃出発して夕方五時頃に着く片道の道程を線路の上を歩いていったという。こうして受け取った食糧を倉庫に運び込む作業もまた重労働であった。男子は一人二俵の米俵を背負い、階段を上って二階の倉庫に運び込んだという。

四　地域住民とのかかわり

疎開地での両分校の生活は地域の人々とのかかわりの中で営まれた。両分校とも地域の住民からの理解と援助が得られたようである。それは両分校の中等部鍼按科の生徒たちが教育実習の一環として鍼按などの治療奉仕を行ったり、また農作業の手伝いなどにとりくんだり、地元の儀式に音楽科の生徒たちが演奏活動で参加したことなどが地域住民にとって有益であったことにもよるのであろう。

第一分校では治療室を常設し、地域の人たちに対する鍼按による治療にあたった。また前述したように地域に設置されている陸軍病院に数日間泊まり込みで出張治療にも従事した。また地元の氷川神社の祭礼にあたって、「午前十時ヨリ全職員生徒参拝　石井嘱託ニヨリ箏曲『皇太后陛下御歌』奉納」（『昭和十九年度第一分校教務日誌』「十月十九日㈭」より）している。

第二分校でも近くの農家などに治療奉仕や農作業の手伝いに出かけている。また音楽科の教員が「宇奈月音頭」なるものを作曲し、地域の住民を招いて演奏会を開催している。第二分校では、「昭和十九年十二月八日大詔奉戴日　村主催戦勝祈願祭典参加」（『昭和十九年度第二分校教務日誌』より）を行っている。なお、同校の師範部の鍼按科と音楽科第一部は戦前においては唯一の制度として認定された盲人の高等教育機関であり、教育活動の質の高さには定評があった。

こうした盲学校の生徒・教員の専門性を生かした治療奉仕や農作業への支援、さらには文化的活動、村主催の国家的儀式への参加などを通しての地域とのかかわりが、例えば先に紹介した第一分校の生徒たちへの長岡婦人会代表による「慰問品贈与　甘藷五百貫目」というかたちでも表されたといえよう。そのほか、両分校では地域とのかかわりの中で農地や宿舎の斡旋なども受けたようである。

五　集団疎開体験者からの聞きとり

官立東京盲学校の集団疎開に参加した元・生徒たちの体験と思い出について、飯塚希世はとくに第二分校を中心に聞き取りを行い、それらの内容を含めて、論文「官立東京盲学校の疎開地における生活」[19]（一九九二年一二月）を発表している。今から三〇年近く前に聞き取りしただけに、元・生徒たちの疎開体験と思い出もかなり鮮明にとらえられており、官立東京盲学校の集団疎開に関する先駆的で実証的な価値を有する論文である。論文の後半では、「6　第二分校をめぐるいくつかのエピソード」と題して、「1)　食糧に関して」、「2)　疎開生活のなかでの楽しみ」、「3)　辛《つら》かった思い出」、「4)　教員との関係」の四項目にわたって具体的に論述している。例えば、「疎開生活のなかでの楽しみ」では「夜や空時間の読書会」で「晴眼者」の上級生や寮母が『アルプスの山の娘』『岩窟王』などを読み聞かせてくれたことや茨城県に疎開していた盲人点字図書館から[20]『点字毎日』『点字読売』が郵送されてくると「みんなで集まって読んだこと」などが語られており、「辛かった思い出」では「誰もが共通して苦労したこと」は食糧不足のほかに「虱、寒さ、紙の不足（とくに点字に使える用紙――引用者注）である。」と述べている点は全国の盲学校・聾学校においてもいえることである。

両分校が疎開生活を終え、空爆による被災を免れた雑司ヶ谷校舎に復帰したのは四六年三月のことであった。

2　官立東京聾唖学校の集団疎開

太平洋戦争期の官立東京聾唖学校（小石川区指ヶ谷町七七番地、校長は川本宇之介）は広大な小石川植物園の南端に隣接する高台に位置し、学校の敷地総面積は約六〇〇〇坪、建物総面積は延約二二〇〇坪。校舎は木造建築二階建であった。

同校は四四年九月から四六年一二月までの二年余を埼玉県葛飾郡高野村と同南埼玉郡百間《もんま》村の三つの寺院に分散疎開した。

以下、その学童集団疎開（集団の実態に即して学校集団疎開と記す）について、同校の学校史[21]、記念誌（年史）、疎開した元・児童生徒、教員たちによる回想の手記[22]およびその文集『疎開生活の回想』[23]（一九七二年作成）、著者によるアンケートへの回答（一九八七年）などに基づいて述べる。

とりわけ文集『疎開生活の回想』は疎開体験者である元・児童生徒たちが幾度も会議を重ね共同の学習・研究を通して編集・執筆した成果であり、障害児学校の集団疎開のきわめて貴重な記録・証言集としての価値を有する。著者は本文集の編集・執筆者たちに聴き取りを行うとともに、一緒に疎開先を訪れ当時の住民とも交流した。そこで、拙稿では官立東京聾唖学校の集団疎開については主として本文集に基づき、学校集団疎開を特徴づけると考える一〇項目に内容を整理して述べることとする。引用は、とくに断らぬかぎり本文集からである。

一　学校集団疎開実施の経緯と問題点

四四年（昭和一九）年になると戦局はますます悪化し本土決戦への努力が国民に一層強いられるようになった。閣議は同年二月二五日に「決戦非常措置要綱」（学徒動員態勢の徹底、国民勤労体制の刷新、防空体制の強化など）を、そして、三月三日には「一般疎開促進要綱」（縁故疎開促進の原則出される）を決定。他方、文部省は盲聾学校は学校を閉鎖してもよいとの通達を出した。[24]

東京聾唖学校では学校閉鎖・授業停止か学校集団疎開・授業続行かを協議した結果、「今、ここで教育を中断しては、今までの『ことばの教育』（口話主義に基づく言語教育――引用者注）がくずれてしまう。困難でも、ぜひ集団疎開をして教育を続けよう。[25]」との方針を決定した。その際、「四歳児から（予科を設け四歳からの早期教育を実施していた――引用者注）の集団疎開は心身の発達程度から不可能ではないかと考えられたが、ここで初期の言語教育を中断すれば、すべてが水泡に帰してしまうので、困難は承知で、疎開を実行することにした。[26]」という。

そこで、三月二五日、第五六回卒業式（指ヶ谷の校舎での最後の卒業式となった）を挙行したあと、非常時体制に応じて四月六日に学校を閉鎖し、寄宿舎生は実家に帰省。五月一日、緊急全員登校、疎開実施決定発表。七月までの一学期間は集団疎開の準備期間として居住地域ごとに幾つか分け、尾久の民家などで分散授業を実施。

そして、四四年九月一五日、初等部第三学年から第六学年までの児童は埼玉県南埼玉郡百間《もんま》村東の西光院《さいこういん》（第二分教場と称す）、中等部の生徒は百間村中《なか》の宝生院《ほうしょういん》（第三分教場と称す）に疎開し、それから一か月後に予科（四歳以上の幼児を家庭に代って口話基礎教授）と初等部第一、二学年の児童は北葛飾郡高野村の永福寺《えいふくじ》（第一分教場と称す）に疎開した。

疎開は基本的に保護者の希望申請に基づいて行われ、参加したのは学校閉鎖前の半分位であり、不参加者のなかには「自然退学、転校、縁故疎開など」がいた。集団疎開に参加しなかった者のなかには、終戦後、再び本校に復帰し一、二学年下の学年に編入した者も多い。この疎開に当初参加した児童・生徒は約一四〇人（男子約八〇人、女子約六〇人）、教職員は約三〇人であった。

以上の学校集団疎開の経緯をめぐっては、今後、さらに解明していくべき重要な問題が少なくとも三点ある。

一つは、文部省の戦時下の障害児学校の教育に対する方針、施策についてである。盲・聾学校は閉鎖してもよいとの通達を出したとのことであるが、それはなぜか。戦争遂行のための軍事力・労働力の積極的な担い手となり得ないという考えがあったからではないか。学童集団疎開に関しても明確な施策が見られないのはなぜか。先に述べたように、学童集団疎開政策の基本的目的・性格が「子どもたちの戦闘配置」（逸見勝亮）、換言すれば〈将来の戦力の保持〉にあったからではないのか。文部省直轄の東京聾啞学校の疎開が実現したのは、なによりも、聾児の保護者の希望と教職員の聾教育に寄せる熱意によってである。

二つは、政府の学童集団疎開の対象は国民学校初等科三年生から六年生まで（後に一・二年生の希望者の参加も認めた）であったのに、東京聾啞学校の場合は、予科から中等部・師範部までの学校集団疎開であったのはなぜかということである。中等部・師範部も対象とした点は前述の「官立東京盲学校」と同じである。その理由は、視覚障害や聴覚障害に必要な教育（職業指導を含む）を継続することもさることながら、疎開する教職員の人員不足を補うためと疎開先での勤労奉仕に役立たせるためであった。東京盲学校は地域住民や三島陸軍病院で鍼按治療に従事しており、東京聾啞学校では後述するように農家での稲刈などの作業に携わっている。予科を参加させたのは先の筆者のアンケートに対する元・予科の教諭からの「回答」が示すように、口話法の早期教育の必要性を重視してのことであろう。

三つは、学校集団疎開への参加を本人も望み保護者も希望申請したにもかかわらず、認められなかった聾唖児がいたことである。太平洋戦争期、東京聾唖学校には、聾唖の男性教員が二人在職し、両親とも聾唖である聾唖児だけを入級させた複式学級（児童数は四、五人）の小さな教室を中等部の校舎の裏側に設置し、手話による指導を行っていた。これらの児童のうち、少なくとも一人は学校集団疎開実施の方針が決定した時、希望申請したが不許可となったのである。[27] 理由は、東京聾唖学校は校長の川本宇之介が口話教育の推進者であり、学校の教育方針が口話主義教育を根本としていたため、疎開先においてあえて手話による教育を行う必要性・意義を認めなかったからであろう。ここには、口話主義教育を絶対視していた本校の差別的体質が窺われる。学校では手話を使うと教師に厳しく罰せられた。東京聾唖学校に例外的にせよ手話により指導する小規模の複式学級が設置された経緯や、このいわば聾唖学校の中の〈特殊学級〉の教師・児童と他の学級の教師・児童との関係、学校集団疎開への参加を希望しながら学校側から拒絶された理由などについては、今後、可能な限り、関係者・当事者からの聴き取りも含め究明していく必要がある。

二　学校集団疎開の実際

(1) 家庭・家族から離された寂しさ

東京からそれ程遠隔ではない農村の田園の中で疎開生活は始まった。しかし、当初は疎開の意味を知る児童は少なかったという。その必要性を実感するのは四五年になり疎開地から東京方面の空が爆撃による炎上で赤く染まるのを望見するようになってからであった。それでも、とくに幼児や年少の児童にとっては家族から離れ、慣れない環境で集団生活をすることは寂しく辛いことであった。親たちにとっても思いは同じであったろう。子どもの中にはホームシックに陥って二か月たっても泣き止めない者や無断で帰宅した児童もいた。

教職員側は家族の面会日を毎月一回設け、親たちはリュックザックに手づくりの食物などを詰めて各分教場に足を運んだ。しかし、面会に来て貰えぬ児童もいた。その定期面会日も空襲の激化のため四四年一一月までで途絶えた。それでも空襲の危険や交通の制限の中を来訪する親はあった。だがお土産の食べ物をめぐって「盗難事件が続出した」こともあったという。

第一分教場の或る女教師は次のような短歌を詠んでいる。

「来る日も来る日も朝な夕には母を恋ひ泣く子どもの声す／（改行を示す、以下同様）濁りたる声にしあれど『オカアサン』と出でし嬉しさまた言はしむる／無心なる子等の寝顔よ一人一人のぞきまわる五十人の顔」

(2) 食糧と燃料の不足

疎開生活の思い出の中で最も辛かったこととして、どの分教場でも共通して挙げられているのが食糧不足である。そのために子どもも教職員も苦難を共にした。

例えば、第一分教場所属で食料係をしていた教員（男性）は、「はじめは村役場から、もちやさつまいもをいただいたり、多少の特配」があったが「そのうち何もなくなってしまい」、疎開中「ずっとぞうすい」であり、当初は「麦、かぼちゃ、いも類を入れ」たが、それも少なくなり、「畑をかりてじゃがいもやはっぱをつくり、主としてなっぱを入れて量をふやす有様で」ぞうすい量も足らなかったこと、子どもたちと川で蜆《しじみ》のような貝を採って味噌汁に入れたり、田圃《たんぼ》の田螺《たにし》や桑畠の桑の実を食べたりしたと記している。

第二分教場はどうであったか。ある教員（男性）は「（食糧を）村当局や農家にたのんで見ても駄目であった。

（略）朝食、夕食は配給米に薯を混ぜた雑炊、昼食はさつま薯、じゃが薯の日が大部分。（略）近くの流れにエビ蟹取りに行ってこれを食膳に添えたこともある。魚類肉類は全くなし。」と記している。秋には子どもと教職員と総出で広い田圃に入って蝗《いなご》を捕り、夕食のおかずにしたこともあった。

では第三分教場はどうであったか。中等部の女子は炊事も当番制で担当した。女子は当初、寝起きは第二分教場でしていたので、朝・夕二回、歩いて四〇分もかかる第三分教場に出向いて炊事の仕事に当たった。或る女子生徒は「（炊事の後）午前中授業、午後近所のお百姓さんの田畑の手伝いをします。三時になると黄色いキントンのさつまいもがおやつに出て食べることには皆楽しみにしていたようでした。」と記している。なお、第三分教場の宝生院の住職は杉戸農業学校にも勤めており、中等部の生徒たちに豚を飼わせてくれた。それを屠殺して食べたのが「疎開生活上初めての肉食」であったという。敗戦からもう四か月近い一二月一一日のことである。

炊事をしたり、暖をとるのに欠かせない燃料の不足も大きな問題であった。第二分教場の或る職員（男性）は次のように記している。

「燃料不足も疎開生活での苦しみの一つ。毎日三キロもある町の製材所に荷車を引いて先生・生徒で運搬に行く。買い入れが出来る日は幸いでついにこれもなくなり、遠い山林に放置してあるものをたばねて運搬しなければならなくなった。」

(3) 劣悪な衛生環境

農村の寺院の本堂などに雑居して生活する子どもたちの衛生状態は良くなかった。とくに蚤《のみ》、虱《しらみ》の害は大きかった。

著者によるアンケートの中の住・衛生環境等に関する設問全八項目に対して、第一分教場所属の一教員（男性）はイからへの六項目に肯定の丸印を付け、補足の記述もしている。

「寄宿舎（寺と修正している――引用者注）で困ったことはどんなことですか。

㋑病気やけがの児童、生徒がでたか（眼病が流行した。幼いのでよく病人が出て隣り町までリヤカーで受診に連れていった）㋺のみ、しらみ、回虫などが発生したか（疎開して暫くしたら虱が出て忽ち増えた。虱とりは毎朝の仕事であった）㋩医薬品がたりなかったか（不足）㋥施設・設備が破損、老朽化しても修理できなかったか（お寺の本堂に寝た。東京の予科の校舎の戸、黒板などを全部はずしてトラックで運び、バラックを境内に建てて使用した）㋭寝具や衣料品がたりなかったか（不足）㋬寮母がたりなかったか（幼児の家族や親戚の若い女性と女教師が世話をした）㋣寮母の健康状態が悪かったか　㋠その他」◆[28]

なお、第一分教場では女子の頭髪に虱がたかり男子と同じく坊主刈にした子もいた。蚤・虱の害は、終戦後、米軍から入手したＤＤＴを用いるまで続いた。

(4) 日課と授業

文部省から学校を閉鎖してもよいとの指示を受けながらも、学校集団疎開を実施した目的・理由の一つに、本校が長年にわたって築いてきた聴覚障害児に対する言語教育、とりわけ口話法による指導の継続があっただけに、教員たちは出来る限り、その教授・訓練に努めたようである。とくに、第一分教場には、聴覚障がい教育の教員を志望する師範部生や講習生もおり、子どもの世話をしながら研修に励んだ。

文集『疎開生活の回想』には第三分教場での次のような「中等部の日課表」が掲げられているが、第二分教場でもほぼ同様であったとのことである。

「一　起床　六時／二　点呼　六時十分／三　清掃　六時十五分／四　洗顔　六時四十分／五　拝礼（児

童・生徒全員が本堂の仏壇の前に座り、先生が読経して礼拝――筆者注）七時／六 朝食 七時三十分／七 朝礼　八時二十分／八　学習　自八時三十分至十一時三十分／九　昼食　十一時三十分／十　作業　自十三時至十五時／十一　夕食　十七時／十二　自習　自十八時至十九時／十三　点呼　二十時／十四　就寝　二十時三十分／十五　消灯　二十一時」

かなり厳格で規則的な日課であるような印象を受ける。しかし、実際には当時、第二分教場の児童であった女性が回想しているような次のような生活であったのではなかろうか。

「勉強が三分の一くらいで食べるために畠へ出かけて働いておりました。さつまいも、じゃがいもを取ったり、草取りをしたりの毎日の生活でした。都会生活になれている私達にとっては、それはとてもきつい毎日でした。」

「日課表」では午前中の「学習」と午後の「作業」が並立して示されているが、その実態は上級学年、さらに中等部になると後者に比重がかかっていたようである。

(5) 農耕作業と勤労奉仕活動

食糧不足を補うために、学校としてかなり広い耕地を借り受け、初等部上級学年の児童を含め、教職員と児童・生徒とは一体になって農耕作業に取り組んだ。

さらに、第三分教場の中等部の生徒たちは、当時の中学校・高等女学校の生徒たちが工場などに動員されたのと同様に、農家（男性が入隊した家族やその後、戦死した家族で労働力不足の農家であろう）の農作業を手伝う勤労奉仕活動に従事した。

文集『疎開生活の回想』所収の「年表」によれば、「昭和一九年一〇月一七日　中等部生徒、勤労奉仕（農家の手伝い、以後たびたび行う）」とある。

(6) 多彩な行事と地域の国民学校・村民との交流

東京聾唖学校の疎開の生活と教育において最も注目すべき特質の一つは、終始、多彩で内容豊かな行事が展開されたこと、しかもそれが少なからず地域の国民学校や青年団と合同して行われたり、さらには村民との親睦・交流を深める上で重要な役割を果たしていることである。

文集『疎開生活の回想』にはそれらの多種・多様な行事の具体的な内容と日時・場所、準備の過程と見物した村の人たちの感想までもが、当時、児童・生徒がつけていた日記や行事の企画・指導にかかわった教員の回想記などに基づいて、極めて具体的に、かつ生きいきと再現されている。太平洋戦争末期から敗戦直後までの障害児の学校集団疎開の一つの側面を物語る資料として貴重である。

しかし、本項では行事の特徴・意義を概括するにとどめる。

まず、行事の種類は大きく三つに分類できる。

第一は儀式的行事で、疎開以前に実施していたことを基本的に受け継いでおり、学校の管理・運営上不可欠な儀式（卒業式など）と国策に対応する式典的儀式（紀元節など）に分けられる。前者についていえば、第二分教場で中等部を卒業すると第三分教場の中等部に入り、第三分教場で中等部を卒業すると疎開生活を止め自宅へ戻っている。

第二は娯楽・文化的行事で、聾唖学校だけで行う場合（分教場ごとの遠足や学芸会、春日部や杉戸の町の映画館での映画鑑賞やサーカスの見物、夏の夜の「試胆会」、「仮装会」、「娯楽会」、「収穫祭」など）と、百間国民学校での「疎開学童慰安会」や映画会への参加、遍照院での村の青年団の演芸会への中等部生徒の出演、「学芸会」への国民学校の児童や村民を招いての開催などに分けられる。学芸会の演目は歌唱・踊り・手品・劇、教員による紙芝居など興味深く、村民も楽しみにしていたようである。とくに、疎開生活の終わりが近づいた四六年一一月二五日、第三分教場の宝生院で、村民への感謝を表すために開催した学芸会は青年団有志も出演し、境内に溢《あふ》れた村の人たちと終演後には互いに涙を流して別れを惜しんだという。

第三は運動・体育的行事で、これも聾唖学校だけで行う（川での水泳練習、分列行進、相撲大会など）と百間国民学校との合同運動会（とくに中等部男子生徒の組立体操は賞讃された）や野球試合（国民学校生徒と師範生）からなる。

以上のような諸行事は疎開生活の寂しさを紛らわせるために多大な効果をもったであろうし、とくに「学芸会」という演劇的表現活動は、教員の指導・援助を受けながらも、児童・生徒が中心になり、お互いの役割を理解してみんなが力を合わせないと実行できないため、聴覚に障害がある児童・生徒に自発性や自己表現能力を培い、さらに集団としての協調性や行動力を高めていく上で有益であったろう。また、娯楽的・文化的行事や運動的・体育的行事を通じて疎開先の国民学校の児童や地元の青年団・村民と交流できたことは聴覚障害をもつ児童・生徒のコミュニケーション能力をより豊かにし、同時に地域の人たちの聴覚障害者への理解を深める貴重な機会ともなったであろう。[◆29]

(7) 空襲と避難

疎開した翌年の四五年になると農村である百間村にも空襲による被災の危険が迫ってきた。深夜、警戒警報が発令され、防空頭巾を被って防空壕に避難したりしている。戦局が悪化し鹿島灘に米軍が上陸した場合に「秩父の山奥」まで避難するために「子どもの足を鍛えておこう」と朝食前に「古利根川の土手の道を一まわりかけ足訓練」をさせた（第一分教場の教員の回想記）。第二分教場には「御真影」が金庫に納められており、「夜間空襲のとき主任の先生は大へん。御真影を背負って裏の竹林をあっちへ行ったりこっち来たり」したという（第二分教場の教員の回想記）。

(8) 児童・生徒の発病や死亡

第一分教場の幼児や年少児のなかには、親から引き離されたことにより精神的不安定に陥ったり、病気で高熱を発したりした者もあって布団にくるんでリヤカーに乗せ杉戸町の病院まで受診に連れていったことがある（筆者のアンケートへの「回答」より）。

また疎開中に、児童・生徒が二人死亡している。一人は第二分教場の男子児童（初等部四年）で、四五年八月二日、友だちと川で水泳中に溺死した。もう一人は第三分教場の男子生徒（中等部三年）で、四五年三月二五日、「食料確保のため、借用農地で作業、足に小さな傷が出来て破傷風の菌に冒され」、入院させたが治療薬が無く、教員が東京の伝染病研究所まで注射薬を取りに行ったが病状の進行に間に合わず亡くなった。

(9) 戦災による家族の死亡

疎開中に空襲で家族を失っている児童・生徒が四人もいる。最初は第三分教場の中等部男子生徒で、四四年一一月二九日の空襲による（実家は神田区）。さらに四五年の三月一〇日未明の〈東京大空襲〉で第一分教場の男子児童一人、第二分教場の女子児童二人◆30（実家は深川区、神田区）。疎開しなかった「聾唖学校の子供」で母と共に空襲で死去した者（浅草区）もいる。

三　東京聾唖学校の校舎の焼失

四五年三月一〇日未明の〈東京大空襲〉においては、隣接する曙町、久堅町、表町などは被災したが指ヶ谷町は免れた。しかし五月二五日夜間の空襲では夜一一時頃、本校の西南の崖下の戸崎町の民家の多数に焼夷弾が大量に投下され、火災は強風に煽《あお》られて指ヶ谷町、白山御殿町方面へと広がり、本校の建物にも燃え移り、建築後五四年を経た木造校舎は全焼した。

学校の近くに居住し図書資料・教材用具の疎開運搬の準備をしていた川本校長が駆けつけたが、すでに校内に入るのは危険であり、宿直していた数人の職員が消火用具で類焼を防ごうと努めたが激しい火の粉の風はもはや如何ともし難かった。[◆31]

本校焼失の様子は、疎開先で四五年三月に中等部を卒業し、小石川区竹早町の実家に戻り家事の手伝いをしていた片野（旧姓・遠藤）のぶが目撃し、伊藤政雄の協力を得て記録に残している。[◆32]

母校焼失の報せは疎開先の教職員や児童・生徒に強い衝撃を与えた。四五年六月二六日、疎開先より教員と中等部生徒九人が校舎の焼け跡整理に出向いた。

敗戦、そして国府台への移転

四五年八月一五日、天皇による戦争終結の録音放送を第三分教場では教員と生徒がラジオを囲んで聞いた。教員たちがうなだれたり、涙を流す姿から生徒たちは敗戦を察知した。その事実を教職員や児童・生徒はどのように受けとめ、それはその後も一年余り続く疎開生活（精神面を含む）にどのような変化をもたらしたか。文集

『疎開生活の回想』には当日の生徒の日記、教員が保護者に郵送した「分教場便り」、本文集発行に際して書いた回想記などが収録されており、かなり具体的にわかるが割愛し、ここでは例えば、①食糧事情は配給制度の崩れもあり一層悪化したこと、②空襲による家族の被災の有無などの体験・境遇により違いがあること、③教員の中には戦時中の教育理念（天皇制教育・国家主義教育のイデオロギー）の残滓と戦後の新たな教育への模索の混乱状態がみられることを指摘するにとどめる。

東京では川本宇之介校長が焼け落ちた校舎に代わる学校の移転先を求めて文部省・関係機関との折衝に奔走（焼失した校舎の土地は法務省所有のため断念）。結局、都内には見つけられず、四六年一二月、千葉県市川市国府台の旧・東部第八五部隊の跡地の一部を移転先と決定。移転準備のため、教員と中等部生徒が畑づくりや整地などの作業に出かけた。

四七年一月、疎開先からの引揚げを開始、同年二月三日、国府台校舎（現在の市川市国府台二の二の一）の開校式挙行。

当時、寄宿舎で食事する生徒・教職員は約一〇〇人。教育施設の不備や教材・教具の不足による教室での授業の困難さもさることながら、日々の食糧の確保の労苦が大きかった。

四七年の後半になって、文部省から戦災復旧事業費の予算で国公立学校に木材・硝子・セメントなどの資材の割当配給がなされたが、文部省直営工事として実施されるのは四九（昭和二四）年一月になってからのことである。

これまで、学童集団疎開については、疎開した側の体験記録・関連書籍は少なくないが、それらの疎開を受け入れた側の地元住民の手記・証言や近隣の学校・保健所・医療機関の記録、市町村役場などの公文書とも照合しながら調査・研究した文献はあまりないのではないか。そこで二〇〇八年一一月一〇日、著者たちは元・児童生徒や地元の人約三〇人で「旧東京聾唖学校　なつかしい疎開先を訪ねる旅」を、各寺院、社会福祉法人埼玉聴覚障害者情報センター、杉戸町手話サークルなどの協力を得て、実施した。各寺院には疎開のときのことを覚えておられる地元の方々が数人ずつ集まって下さり、手話通訳者を介して、お互いの思い出を語り合い、交歓した。前日から饅頭づくりにとりくんで五〇個も持参してご馳走して下さった老夫婦や、かつて生徒たちが農作業奉仕で使った鎌と砥石を持ってきて見せて下さった農夫もおられた。

ある寺院を訪れたとき、そこに疎開していた聴覚障害の男性が本堂の入口の近くの畳を指さし、「私が毎晩寝ていた場所はここ。風が戸の隙間から入ってきて寒かった」と言われた。著者は一瞬にしてその当時に立ち返ることができ、当事者と共に歴史の現場で学び合う大切さを学んだ。

また、著者は「訪ねる旅」に備えて、県史、旧・百間村を含む近隣の市史・町史の図書館で、とくに空襲と防空体制、軍事援護、食糧増産と供出・配給制度、児童・生徒の勤労動員、皇民教育・軍事教練、学童集団疎開の受入れ状況などについて閲覧した。埼玉県に集団疎開した学校（多くは日本橋区・京橋区・神田区の国民学校）は約五三校、その受入れは四六市町村、収容施設の大部分は寺院。[33]『埼玉県史』と『宮代町史』が東京聾唖学校の疎開について極めて僅かながら記述[34]（受入れ寺院名の一部を記載）。食糧増産に関しては「米、麦、甘藷、馬鈴薯などについては村に割り当てられ、各個人にまで割り当てを行い数量の確保に努めた」が「戦争の拡大は農村からの出征兵士を増大し、農業労働者の不足」を生じ、「児童、生徒による出征兵士留守宅への奉仕作業がますます盛んに[35]」なったこと、さらに「戦局が破滅的段階」になると「国民学校高等科の生徒も工場などに動員[36]」（例えば粕壁国民学校高等科二年の男子五六人が工場で毎日午前八時から午後四時半まで激しい作業に従事）。また、空襲については、「埼玉県東部（百間村も該当――引用者注）は東京や地方軍需都市の空襲の経路となっていたので、途中で爆弾が落とされることがあった[37]（空襲の帰途機体を軽くするため残った焼夷弾を投下するなど――引用者注）」。

そして空襲警報のサイレンが鳴ると、「休日でもまず自宅を飛び出し、学校の『御真影』を守るため奉安殿へ走った」[38]という証言（粕壁国民学校の元・訓導の原ちか）もみられる。「集団疎開による諸物資は供出や配給で賄われ、粗末な食事や教師・寮母の不足、あるいは児童の生活習慣の違いなどによって、不自由な生活を余儀なくされた」[39]（寺で葬儀・法要があると外へ出され、雨天だと参列させられるなど——引用者注）。「一番困ったのは燃料の確保であったようで広い寺院の部屋では暖房が行き届かなかった。また便所や浴室が不足しており学童の健康管理上の問題にもなっていた。」[40]

以上は主として国民学校の学童集団疎開に関する記述であるが、これまでに報告してきた視覚障害学校・聴覚障害学校の学校集団疎開と重なり合う面も少なくない。戦後七十年余が経過し、当事者が少なくなりつつある今、疎開した側と疎開を受け入れた側の双方からの聴き取りや、疎開した学校の疎開中の例えば『教務日誌』などと疎開地の市町村の戦時中の行政文書の発掘・収集の作業にとりくむことは緊要の課題である。学童（学校）集団疎開の実態と全体像を明らかにするために不可欠であるばかりではなく、戦争被害の実相さらには戦争責任の所在の究明にも重要であるからである。

なお著者は旧・東京聾唖学校の教職員・生徒たちが疎開中にかなり交流した地元の小学校を訪問し、『学校沿革誌』などを閲覧したが、なぜか太平洋戦争期の戦時体制に関しては記述が全く欠落というより削除されており、東京聾唖学校の疎開を受け入れた側の対応を地域の学校の資（史）料から検証することは出来なかった。

第3節　知的障害児・肢体不自由児学校の集団疎開

本節では前半において、戦前における全国で唯一の知的障害児の公立（大阪市立）学校であった大阪市立思斉国民学校について、後半では同様に肢体不自由児の公立（都立）の学校であった東京都立光明国民学校について、それぞれの学校集団疎開について述べる。

1　大阪市立思斉国民学校の集団疎開

大阪市立思斉国民学校と東京都立光明国民学校の集団疎開の歴史をめぐっては、両校にかなり共通する面と、逆に大きく異なる面とがある。前者の面としては両校が知的障害児学校と肢体不自由児学校として障害の種別では違いながら、いずれも学習の主体である障害がある児童・生徒に対する子ども観・教育観、さらには学校教育としての理念・教育実践の性格・内容が、子ども一人ひとりを人間として尊重し、それぞれの障害・発達の状態や個性にそくして行おうと努めていること、および両校とも公立学校でありながら疎開に関する行政側の理解と援助がほとんどなく、実質的には学校側の責任と努力によって実施していることである。他方、後者の面としては、疎開先の地域の住民たちの態度が大阪市立思斉国民学校に対しては否定的・拒否的であるのに対し、東京都立光明国民学校に対しては受容的・協力的であり、このような差異を生じさせている要因の一つに、当時のそれぞれの地域の人たちの障害観（知的障害か肢体不自由かによる人間観の相違）などが作用しているように思われることである。

そこで、これらの面にも留意しながら、両校の集団疎開に関して、先行関連研究に学ぶと同時に、出来る限り太平洋戦争末期から戦後初期の期間について、そして両校の集団疎開に参加した教員や生徒たちからの聴き取りなどにも基づいて論及していきたい。

なお著者は、大阪の特殊教育（戦前から養護教育と呼ぶ）の歴史については長年にわたり関係者の方々からご教示をいただいてきた。拙稿もそのおかげで執筆できるので、まずその学恩を記しておきたい。

大学院生のとき障害者問題史研究をライフ・ワークとすることを志し、著者らが担任の杉田裕《ゆたか》（東京教育大学教育学部専任講師）と共に結成した「精神薄弱問題史研究会」の会員の田中和一郎（大阪市の養護学級担任）の案内で一九六〇年代後半に鈴木治太郎《はるたろう》◆41（一八七五～一九六六年）を大学の級友である津曲《つまがり》裕次と一緒に訪ね、大阪府師範学校教諭としての「教育治療室」の実践や「鈴木・ビネー法」の開発などの思い出を聴いた（鈴木は高齢で耳が遠かったので筆談で質問）。また八二年に結成された「大阪養護教育史研究会　鈴木文庫を伝える会」に入会し、その初代会長の土屋兵次《ひょうじ》（一九年創設の大阪市立児童相談所〔鈴木治太郎が所長事務取扱〕で研究部附設の知的障害児の学園の担任、大阪府特殊教育連盟理事長などを歴任。〝大阪知的障害教育の父〟と評すべき方である）から八〇年代前半に三回にわたって聴き取りをした。◆42 そのほか、大阪市立思斉養護学校の元校長であり、大阪養護教育史研究会の会長をしておられた津田清次からは「鈴木文庫」所蔵の大阪養護教育の資（史）料（複写版）を数多く受贈した。

そして、思斉国民学校の集団疎開に関与した教員の中では、当時の校長田村肇《はじめ》、訓導保木賢雄（当校に四一年四月から六七年三月まで勤務）に面談し、とくに保木からは幾度も聴き取りし、疎開当時に作成した諸資料を提供していただくと共に、著者によるアンケート調査に回答していただいた。それらのことを念頭において思斉学校について記す。

一　思斉学校の創設と教育の方針・活動

大阪市立思斉学校は、四〇年六月二九日に、大阪市天王寺区の真田山公園内に設置されていた大阪市立児童教育相談所（一九年七月創設の大阪市立児童相談所の後身）の一部を仮校舎として、「小学校に類する学校」すなわち「各種学校」として創立、同年九月二日に開校（初代校長田村肇）した。そして、国民学校令（四一年三月一日公布、四月一日施行）に基づき、四二年二月二八日に大阪市立思斉国民学校と改称。四三年三月に新校舎が市内旭区豊里町一七五八番地に竣工し、四月一日に移転した。

校名の「思斉」は『論語』の「里仁篇」の中の「子曰く賢を見ては斉しからんことを思い、不賢を見ては内に自ら省みるなり」（傍点は筆者による）という言葉から、当時の大阪市長坂間棟治が命名した。

思斉国民学校の集団疎開の時期を含め、同校の創設期から敗戦直後の期間の教育の理念と実際に関しては、保木賢雄著『人間教育を求めて――養護教育三十年』（タイムス社、一九七三年）が、極めて簡要かつ的確に記述している。また大阪市立思斉養護学校の校長であった海野晴男も、保木たちの記録などに基づいて、本校の学童疎開について論稿を発表している。[43]

そこで、これまでの関係者からの聴き取りや筆者によるアンケートへの回答、保木の著書、海野の論稿などに基づいて、同校の疎開時の教育活動や村人の同校に対する態度などをも含め、重点的に述べる。

保木は児童教育相談所に併設されていた本校創設期の教育方針とさまざまな教育活動の特徴、さらには同校が大阪市の養護教育の普及・展開に寄与したことがらについて次のように記している。

「昭和十六、七年は苦しい中にも楽しい思い出が多い。広い公園が生きた教材の場であった。時間割に制限されず生活学習が中心となって、子どもを思う存分伸ばすことができた。欲求不満を解消させるために、日課の半分は自然の中の青空教室で、体力づくりと生活学習をさせたのである。先ず身辺生活の躾《しつけ》と集団生活参加の訓練が始まった。心身の健康に留意し、一週間に一度は郊外に出て、実物教育、自然観察を実施した。大東亜戦争が始まり、皇道精神を貫く日本の教育界、近くの学校の校庭からエイヤーのかけ声勇ましく、木刀となぎなたの訓練が始まっている。一億一心すべてが皇国のためにと動員される中に、思斉学校は全く人間尊重の適性と能力に応じた教育が民主的に実行されていたのである。[44]」

そして、「創立当初の教育方針」と当時の同校の教育活動の実際、および大阪市の養護教育への影響に関して述べている。

教育方針としては次の六点を掲げている。

「(1)児童生徒の活動を尊重する。
(2)視聴覚教育を重んずる。
(3)教材を児童生徒の要求に応じて単純化する。
(4)個性に適応した指導を行なう。
(5)生活指導及び職業指導に重点をおく。
(6)精神、身体の発達及び健康管理に留意する。」

教育活動の実際については、保木自身のとりくみを含め、次のような具体例を挙げて説明している。

「学校給食が実施される。父母が当番で膳立をする。母親たちの真心こめた味が忘れられない。昼食は先生も子どももいちばんの楽しみであった。（略）手指の訓練としてテント張りの工作室を設けて職業の専科教員大宅訓導によって、基礎訓練木工作業を中心に作業学習したり、私と喜多（脩——引用者注）訓導が小学部の遊戯治療と生活学習を担当した。養護学級担任者錬成講習会を開催し、養護学級の担任養成に努め、三十四校三十六学級の増設をみた。鈴木ビネーテストの技術講習会が盛んで、全市小学校に一名の専門のテスターが養成されたのもこの時代である。[45]」

しかし、戦局が悪化していくなかで、「食糧事情、日常生活、学校生活のあらゆる面が、日を追って困難の度を増してきた」。そのような「苦難の教育の中で、思斉校は人間性をめざし着実な歩みをつづけ、昭和十八年三月一三日、待望の新しい独立校舎（旭区豊里町）へ移転した。

二　新しい独立校舎の設立と戦争による存続の危機

新校舎は大阪市の北方に位置し、淀川の堤防の近くにあり、「周囲は殆ど人家はなく、蛙がなき、ひばりがさえずる閑静の場所であった。」という。児童数は前年度の四四人から七五人と増え、訓導も七人から一二人となり、校医石田俊孝のほかに新しく三人の精神科医が協力する態勢が整った。児童は全大阪市、府下より通学してきた。

なお、「昭和一九年頃、戦争が拡大するにつれ、『あんな役にたたんアホを教育するより青年訓練所にしたら』と軍人会の圧力があった[46]」が田村肇校長が市当局や軍部に働きかけて存続させたという。著者によるアンケートへの保木賢雄からの回答には、「青年訓練所」は「青年軍事教練所」と記されている。

だが、日増しに空爆が激しくなり、同校の近くに高射砲陣地が構築され、さらに校舎の一部が兵舎として使用されるに至った。

戦争はいよいよ峻烈を極め、四五年三月の大阪大空襲で「児童の大半が焼けだされ通学困難になった」ために止むなく、思斉国民学校は四五年四月一五日、大阪府泉北郡南池田村大字国分峠へ集団疎開するに至る。

この疎開先も、大阪市が提示したのではなく、田村校長の意を受けて保木ほかの教員たちが「弁当片手に適切な場を求め続けて、ようやく決定をみたのが、天堀茂訓導の郷里に近い浄福寺境内の二棟であった。[47]」という。

三　一年半にわたる集団疎開の生活と教育

思斉国民学校が疎開した地域は山村であり、村が青年修養道場にするために設立した建物を買いとった。だが村の財政が乏しく、まだ窓ガラスも畳もなかった。保木ら二人の教員が一か月前から村に民宿し合宿生活に必要な準備にとりくんだ。トラックで畳・建具・机・腰掛などを村の小高い丘にある道場へ運んだ。大工に頼んで仮食堂をつくる。近くの川石を運んで風呂場を設ける。こうしてやっと住める環境を整えた。この疎開現地寮舎を「光明寮」と名づけた。

一般に全国の国民学校は四四年九月末には第一次学童集団疎開がほぼ終了したとされている。それまでに例えば、大阪府・滋賀県・奈良県・和歌山県・京都府の近畿地方では四万二〇二〇人（総数の六三・七％）の児童が学童疎開をしている。大阪市では四四年度中に市内二六二校のうち、市立盲学校（四四年一〇月以降）、市立聾唖学校（四四年六月以降）、府立聾口話学校（四四年九月以降）を含め、大半が疎開している。したがって、思斉国民学校が四五年四月になってから疎開を実施したのは他の障害児学校に比べても一年近く遅いといわなければならない。

赤塚康雄は編著『大阪の学童疎開』（一九九六年）の「第一部　大阪の学童疎開――解説編」の結びで、「貧しい子どもや差別を強いられた児童にとって、疎開準備そのものが困難をきわめ、国家の『大愛』（政府の広報誌である情報局発行の『週報』の一記事「学童集団疎開問答　上」の中の言葉――引用者注）から程遠いところにいたのである。」◆48と述べている。大阪市立思斉国民学校の疎開準備の過程に照らしても同感し得る指摘である。

赤塚の同書に収録されている大阪市教育局『学童集団疎開実施状況調』所収の「思斉国民学校疎開現地寮舎（大阪府）昭和二十年七月一日現在」の表からは同校が集団疎開して五か月後の児童・教職員の人数などが正確にわかるので、表8として転載する。

すなわち、児童数は初等科（一年生～六年生）一五人（男一一、女四）、高等科（一年～二年生）二一人（男一三、女八）で合計三六人、教職員数は教員が校長を含め四人（男）、寮母二人（内一人は「養訓」）、作業員二人（女）、寮嘱託二人（男）、寮医一人（男）で合計一一人（男七、女四）である。

では、「光明寮」での集団疎開はどのような方針によって行われていたのであろうか。疎開後間もなく作成されたと思われる「面会者心得／大阪府泉北郡南池田村大字国分　大阪市立思斉国民学校疎開学舎　光明寮」（謄写印刷、B4判一枚）は、当時の情勢を反映した内容・表現が窺えると同時に、光明国民学校の従来からの教育理念が集団疎開を通しても表明されている面もある。そこに注目して、全八項目から内容を重点的に抄記する。

「一．本校学童ノ集団疎開ハ一時的ノ疎開デナク将来職業ヘノ恒久的錬成ノ場トシテ職員一同ハ子供ノ健康――強健ナ身体――喜ンデ働ク――従順デ熱心ニ働ク――苦シサ、悲シサニ負ケナイ――意志ノ錬成――共同生活ノ出来ル様ニ育テタイト念願シテヰマス。

一．光明寮ノ子供ハ何事モ其ノ生活ガ軍隊式ニナッテヰマスノデ勝手ナ行動ハサケテ下サイ。

表８　思斉国民学校疎開現地寮舎（大阪府）

1945年7月1日現在

	寮名	同左在来名称	所在地	所有者又は管理者氏名	最寄駅及交通便（電話番号）
寮舎	光明寮	光明塾	大阪府泉北郡南池田村国分峠	大阪市長	阪和線府中駅下車２里、又は南海浜寺より仏並行きバス国分峠下車

			性別/学年	初一	初二	初三	初四	初五	初六	高一	高二	合計
児童	総数	36	男	1	0	1	1	0	8	2	11	24
			女	0	0	0	3	0	1	2	6	12
			計	1	0	1	4	0	9	4	17	36

職員	学校長	田村　肇		寮長	根来義夫		
	教員	男	3名 （寮母代用）0名	寮母	1名	業務嘱託	2名
		女	0名 （寮母代用）1名	作業員	1名	嘱託医	1名

寮名	児童数	教員	寮母	作業員	寮嘱託	寮医	現地校名	備考
（光明寮）	初一 男1 女0 初二 男0 女0 初三 男1 女0 初四 男1 女3 初五 男0 女0 初六 男8 女1 高一 男2 女2 高二 男11 女6 計 男24 女12	校長 田村肇 訓導 根来義夫 〃 保木賢雄 〃 天堀茂	養訓 田内三枝 伊藤菊枝	○中谷ヨシ 松野ウンメ	村会議員・労務委員 三浦英三 藤阪勇吉	横山病院長 （代表）		泉北地方事務所 三林警察署

出典　赤塚康雄編著『大阪の学童疎開』（クリエイティブ21、1996年）346頁より転載。

一．（略）大国難ノ此ノ際国ノ子供ヲ疎開サセタ事情ヲ恒ニ心掛ケ、面会ノ初メ終リニハ励マシテ元気ヲツケ食事、不平、我儘ヲ一掃サセ耐之ノ生活ニイソシム様ニシツケテ下サイ。

一．自分ノ子供ダケノ面会デナク、ミンナニ面会シテ下サイ。

一．（食物・菓子類は——引用者注）「後デ全員ニ平等ニ渡シタイ」ノデ「先生ニ渡シテ下サイ。」

一．面会日ニハ一晩子供ト共ニ寝テ戴クコトニシマシタ。（略）子供ハ毎日作業ニ勉強ニ一生懸命デ休暇モアリマセン。保護者方トシテモ（略）集団生活ノオ手伝ハ望マシク思ヒマス。（略）

一．先生、寮母、作業員ハ保護者ノ面会ノタメカヘッテ過労ニナラヌ様御留意下サイ。

一．面会者ハ特ニ村デ買出シヲヤメテ下サイ。」（以下の「バス時間表」は略す）

では、村人たちの光明寮やそこで暮す子どもたちへの態度はどうであったか。

保木賢雄は著書『人間教育を求めて』（一九七三年）で「村人は精薄児に対して冷淡で厄介視し、副食物や芋を、ヤミ値で高く売つけ、経営は困難の極に達した。[49]」と述べ、また著書『この道に生きる』（一九八三年）では、「障害児に対する村人の冷たい目、こころよく迎えてはくれなかった。『あんな気狂いがきたら家を焼かれ、物は盗まれる』と、有力者の発言を現実に耳にした。人を信頼し合い、理解、協力の心持ちはさらさらなく、非人間的な扱いをされて苦しい集団生活が始まった。日々の物資は窮乏し、食糧は底をついた。高いやみ値で買わされて、いつまでもつづくわけがない。[50]」さらに、著者のアンケートへの保木賢雄からの回答の「自由記入欄」には八点にわたって詳しく記されているが、その六点目では「村の理解、援助は全くなく厄介視された。」と記している。

このような逆境の中で光明寮での子どもと教職員の大家族集団の疎開生活は始まった。

その様子を保木は著書『人間教育を求めて』（一九七三年）で次のように記している。

「まず学習より食べる教育から始まった。毎日、二キロも離れた山間の荒地を開拓して、芋づくり、野菜づくりである。配給が少なく、じゃがいも・大豆が主食で、米は二回程であった。無から有を生み出す生産教育が根本で、労作しなければ餓死せねばならないのだ。一日働いて風呂に子どもとともに入る。人間まる裸の教育、ヒューマン・タッチの教育、こんなところに精薄教育の妙味があるように思われる。[51]」

そして、保木は光明寮での集団疎開生活についての回想を次のようにしめくくっている。

「昭和二十一年十一月、光明寮が閉鎖されるまで、食糧難を克服して、五十数名の子どもの生命を戦火より逃れて守り続けたのだ。引きあげる時、村人は誰一人として見送ってはくれなかった。厄介者が去ったと、心では思っていたに違いない。さびしい限りである。ただ近くの白髪のおばあさんが涙を流して、手ぬぐいを振ってくれたことがうれしく、二年間（実際には一年半——引用者注）の苦労を忘れさせてくれた。それが唯一の素朴な人情味であった。[52]」

四　光明寮での集団疎開生活の意義

太平洋戦争末期から敗戦後の翌年までの知的障害児学校の集団疎開で注目すべきこととして、それが単に戦火から知的障害がある子たちの生命を護るために、やむを得ず行われたということだけではなく、思斉学校の創設期からの、知的障害児学校は都会から離れた自然の中に郊外学舎を併設しそこでの生活と労働を中心とした教育活動と結びつけて学校教育を行う必要があるという理念・構想の具体化の試みという面が存在したことが挙げられる。[53]

敗戦後、学童集団疎開を実施していた学校の多くは疎開先から引き揚げた。思斉国民学校も四五年九月三〇日にひとまず集団疎開を止め、不発弾の投下を受けたが焼失しなかった本校に戻った。しかし、家を焼かれ、本校に通学しにくい児童のために、光明寮は分校として一年間あまり疎開学舎としての運営を継続した。その後も〝郊外学舎〟としての教育実践を試みようとしたが戦後のインフレ経済の中では小さな公立知的障害児学校の努力ではいかんともしがたく、第二代の校長・北野藤治郎は四六年一一月四日に「光明寮」を閉じ、入寮児たちは本校内で寮生活を続けることになった。

なお同校の校舎は、戦災を免れたものの、「光明寮」に入寮していた子どもたちの家庭には空爆で家を焼失した者も少なくなかった。その子ら十数名は校舎に起居し、「光明寮」での農業に従事した体験を生かして、敗戦後の数か年の最も食糧事情の行き詰まったときに通学してくる児童たちと共に校庭の大半を畑とし、教員も子どもたちも共に額に汗して土に親しみ、芋づくり、野菜づくり、数頭の山羊の飼育などに勤しんだ。

その後、四七年一〇月に、本校の北東約三〇〇メートルの地に「精神薄弱」児入所福祉施設「豊里学園」が開設され、同学園の児童を本校へ入学させることになった。これらの児童の殆どはいわゆる戦災孤児であった。

こうして、四七年四月、大阪市立思斉小学校と改称した当校は、新たな教育課題を受けとめて歩み始めた。集団疎開生活は苦難も多かったが、その中から知的障害教育の真髄をあらためて認識し、その後の教育、とくに生産教育・作業教育には重要な影響を与えたといえよう。

2　東京都立光明国民学校の集団疎開

光明学校の歴史については、その学童疎開の時期や関係者の人物を含め、都立肢体不自由光明養護学校の教諭でもあった松本昌介による先駆的な一連の優れた実証的研究がある。最新の労作としては『学寮通信』（家庭への通信紙）『仰光通信』（卒業生への通信紙）など光明国民学校児童生徒や卒業生に関わる第一次資（史）料などをも含めて共同で編集・解説した『編集復刻版　障害児　学童疎開資料集』全四巻などがある。◆[54]

著者は松本たちの研究に学びつつ、光明国民学校の戦中・戦後の教員であった佐藤彪《ひよう》也《や》や同校の集団疎開に加わった元・生徒の秋山孝に埼玉大学での授業で学生たちと共に疎開の体験をうかがったりした。また、光明学校の校長であった松本保平《やすひら》とはＮＨＫテレビの「教養特集　映像の証言――光明養護学校の記録」（一九七六年一一月一三日、一四日放送）で戦時中を含め光明学校の学校生活を当時の教員が記録した映像『光明の歩み』（16ミリフィルム、無声）を観ながら対談する番組に出演させていただいた。ＮＨＫに出向き、テレビの放送の打合せの際に、著者が松本保平校長に尋ねたことへの説明に関して、とくに強く印象に残っていることが二つある。

一つは、先の映像の中に男子生徒たちが松葉杖を鉄砲の代わりに肩にして行進している場面があるが、それは軍事教練として行ったことなのかと尋ねたところ、「そうではない。〝兵隊さんごっこ〟のようなものだ。戦時中、男の子たちの中には強い兵隊さんのようになりたいという気持ちもあったようだが。」と答えたことである。◆[55]

二つは、現地疎開の頃、校長室に〈いざというときのために青酸カリを入れたビンが置かれているというような噂というよりはデマに近いようなことが生徒たちの間に流されたことがある〉と卒業生から聞いたことがあるがと申し上げたところ、「断じてそのようなことはない。ただ、そのような疑心暗鬼を生じさせるような世間の眼の冷たさはあった。」と語られたことである。

著者は松本保平校長に深い信頼と敬愛の念を抱いていたのでその説明に納得し、放送の本番ではこれらの点について触れることはしなかった。

そこでこれらの方々の先行研究やご教示に基づき当校の集団疎開について述べる。

一　沿革と教育理念について

(1) 創設から〝現地疎開〟までの沿革

まず、光明学校が昭和初期に創設され、太平洋戦争末期にいわゆる〝現地疎開〟を実施するに至るまでの沿革の概略を年表で記す。

①三〇年、東京市教育局長藤井利誉は、米国の教育状況を視察した折に肢体不自由児教育の必要性を痛感し、市議会にそのための学校特設を諮ったが通らず。

②三一年、田代義徳（整形外科医、東京帝国大学名誉教授）が「不具児救済施設」の必要を力説し、市議会議員となって理事者にその急務であることを主張し、議員の岸辺福雄（東洋幼稚園長）も賛同。両者は各方面に働きかけ、学校建設の機運ようやく熟す。市教育局は市内（旧市一五区）学齢中の肢体不自由児を調査し、その人数は約一二〇〇人、三分の一が就学猶予または就学免除の不就学児童であることを知る。

③同年八月、市長永田秀次郎は肢体不自由児の将来の幸福に因んで「光明学校」と命名、教育局は再度予算を組み市議会に提案。

④三二年三月三一日、「光明学校」設置の予算案可決。四月一日、校舎は廃校となっていた元・新堀小学校（麻布区本村町二〇三番地。木造二階建、敷地約五七〇坪、延建坪約三一八坪）を、二階への階段にスロープを付けるなど一部修繕し使用することに決定。

⑤同四月六日、東京府は当校を小学校に類する「各種学校」として認可。校長に結城捨次郎、ほかに訓導二名、看護婦二名内定。

⑥同年四月下旬、市内に居住し、「学校生活に耐え得ること、教育可能なること」を条件に、第三学年までの児童三四名を入学対象に選ぶ。六月一日、開校。一一月一日、開校式挙行。一二月七日、創立以来、設備の充実や診療の実際に献身した福島正学校医の後任として整形外科医竹澤さだめ就任（四三年、結核で死去。享年三九）。

⑦三四年九月八日、後援会組織され、会長に武部欽一就任。

⑧三六年三月、市議会で校舎新築予算可決。

⑨三七年三月、市議会で学級増加と中等部設置に関する建議案可決。

⑩三九年一月、世田谷区松原町四丁目二七二番地に新校舎の建築始める。

⑪同年六月一三日、結城校長転任、後任の校長に喜田正春（文京区の林町小学校で元・促進学級担任）就任。九月一九日、平屋建の新校舎落成。一〇月二〇日、麻布区の旧校舎は分教場として使用認可される。一一月一五日、新校舎授業開始。学級数は本校舎五学級、分教場四学級。

⑫四一年四月一日、国民学校令施行規則第七四条二項に基く認定を受ける。高等科一学級新設、初等科一学級増加。

⑬四二年四月一日、国民学校に改組され、東京市光明国民学校と改称。学級数は本校舎八学級、分教場五学級。四月二八日、東京市直営から世田谷区長の管理となる。

⑭同年一一月一九日、喜田校長退職、松本保平（一九〇二年、石川県生まれ。二八年、東京市牛島尋常小学校訓導。三六年、光明学校首席訓導。四二年、同教頭）、校長に就任。

⑮四三年五月、学校農園完成し食糧増産に励む。六月、山羊小屋設置、運動場に歩行練習路を造成、児童たちは歩行補助車を押して行く。レントゲン機材を備え治療室充実。

⑯四四年八月一日、戦災の危険が増し、教育行政当局と折衝した結果、現校舎を集団疎開の場所とすることに

なり、本校舎の一部を改造し全児童（五九人）を収容、いわゆる〝現地疎開〟を実施。麻布分教場は使用停止。
⑰同年一〇月一日、学校医に、整形外科医でとくに脳性小児麻痺《まひ》の権威である伊藤京逸就任。
⑱同年一一月、教育行政当局の配慮で都内国民学校中、最も堅固な防空壕四か所が校庭に造成される。
⑲四五年二月二十日、渡り廊下、児童居室などの増修工事完了。

以上の経過からわかるように、光明学校は、医学・医療の分野から分化・発展しつつあった整形外科学の医学者や新進気鋭の医師の理解と協力、さらに東京市の教育行政当局の援助と財政的支えを得ながら、公立の肢体不自由学校としては日本で最初の、しかもいまだ唯一の肢体不自由学校として実にユニークな歩みを刻みつつあった。だが都立光明国民学校は、誕生して一二年後の四四年の八月、東京都による疎開地の指定もないままに、太平洋戦争の末期の、国の存亡がかかった段階に至ってから、社会的・教育的環境や教育諸条件が不備なままで、他の官公立障害児学校でも類を見ない〝現地疎開〟を余儀なくされたのである。

(2) 主として創設期の教育理念

光明学校の教育理念や子ども観、さらには医療と教育との関係を含む肢体不自由学校としての教育内容や施設・設備の独自性などについては、初代校長結城捨次郎に負うところが大きい。結城が編輯《へんしゅう》者となり東京市立光明学校が発行所となって、『東京市立光明学校概要（紀要）』を公刊した。各号に結城は広い視野と鋭敏な問題意識に基いて光明学校が目指すものと、現状・到達点、さらに課題・展望について寄稿した。紙幅の制約上、ここではそれらの内容について全体的に紹介し検討することはせず、結城の諸論稿の中で自ら太字に印字して強調した言葉などに焦点をあてて、その肢体不自由児教育論の核心をなす教育観・子ども観を提示することとする。

光明学校が日本で唯一の公立の肢体不自由児の学校として発足したのは、天皇制国家である日本が中国東北

（「満州」）への侵略戦争を開始した「満州事変」（三一年九月一八日）の翌年である。さらに、日本は三三年三月に国際連盟を脱退し、三七年七月から日中全面戦争を開始し、アジア・太平洋戦争へ突入していく。このような戦争拡大と軍国主義強化の中での光明学校の進展である。三九年まで初代校長としての重責を担い続けた結城捨次郎の論調も時代の風潮と無縁ではあり得ない。肢体不自由の子らに寄せる愛と肢体不自由児学校に関する信条は不変であったとしても、社会・国に対して肢体不自由児学校の存続の必要性を説得する論理は微妙に変わっていく。

そのことを読み取るために、あらかじめ光明学校創設の年に公刊した『東京市立光明学校概要』（三二年一一月一日発行）において明言していた肢体不自由児の学校設立の趣旨を確認しておく。

「我が光明学校設立の趣旨は、本市に於ける学齢中の不具児童にして、普通の学校に入学することが出来ないか、或は入学してゐることが不利益であるかの児童を収容して、之に適応する教養を施し、以て天禀の才能を完全に発達せしめ、従来閉されてゐた人生の幸福を享受すると共に、国家社会を裨益《ひえき》する所あらしめんとするのである。」

ここには、全体として肢体不自由児の発達と幸福のための学校であるということが基調となっているが、同時に国家社会に裨益することも提唱されている。すなわち、論理としては、〝子どものために〟と〝国家社会のために〟の両面が内在している。次に引用していく結城の一連のメッセージは前者の論理に貫かれているが、論稿を通しての具体的な主張や提言は、その後、時代を反映して後者の面が強くなっていくことにあらかじめ留意しておきたい。

ではまず、光明学校創立の年に発行した『東京市立光明学校概要』第一輯（昭和七年十一月一日）の巻頭に校長結城捨次郎が掲げた「校訓」を引用する。

「校訓
誠実なれ
朗らかなれ
忍耐強かれ
長所を伸ばせ
世の為に尽せ」

次いで、『概要』の「第四章　光明学校の施設」の冒頭に掲げられている「全職員の須臾《しゅゆ》も忘れない児童教養上の信条」を引用する。

一、子供も神の子。
二、子供第一。
三、叱るより褒めよ。
四、短所を言はず長所を伸ばせ。
五、児童疲労の考慮。◆56

これらの信条は『光明学校紀要』「第二輯（昭和八年一一月三〇日）の巻頭に「教養上の信条」と題目を付し、五番目の項目を「子供の疲労考慮」と言い換えただけで再掲している。

以上の「校訓」と「児童教養上の信条」は結城が光明学校に学ぶすべての子どもたちに託した希望であり、また当校に勤務するすべての教職員が教育実践で貫くべき基本方針として示したものであるが、それらは教育者・結城捨次郎の〝子ども観の結晶〟ともなっているといえよう。

さらに、『概要』第一輯では「本校に於ける教育施設は左の教育綱領の発展である。」と述べて次の六点を同じく太字で記している。

「一、即個性の教育
二、性能の発見と伸長
三、体験の教育
四、実用の教育
五、円満なる情操教育
六、自律労作教育[57]」

これらは、初代校長・結城捨次郎が光明学校のめざす教育活動全体の特質を示したものといえよう。

そして、これらの「校訓」「信条」を実際に生かすための「四大目標」として、大きく次の四つの分野あるいは営為を示している。

「即ち普通教育、職業教育、身体の治療、矯正及び養護のそれである。[58]」

この「四大目標」について結城は『光明学校紀要』第二輯（三三・昭和八年一二月一五日発行）の「第一章　畸形不具児童教養の要義と建築設備の大要」の「第二節　教養の要素」において次のように説いている。

「故に此種児童の教養に於ては（一）普通教育　（二）各児性能に適応する職業教育並に習熟　（三）身体欠陥に対する治療矯正　（四）特別精神教育　のこの四要素が何れに軽重なく具備せられなければならぬ。其一を欠如するも画竜点睛を忘るゝの類にして此種施設の趣旨を達成するものではない。[59]」

なお、結城は『光明学校紀要（第三輯）』（三五・昭和一〇年六月一日発行）で、「『不具者』の代りに、何かもっと適切な名称もがなと種々考究中、『肢体不自由者』がより適切だと高木博士の提言主張があって[60]」、以後これに従うと述べている。本号には、高木健次（東京大教授）「『肢体不自由児《クリュッペル》』養護の要諦を述べクリュッペル学校の使命に及ぶ」[61]が掲載されている。

以上の結城の肢体不自由児とその教育に関する提言には、とくに成城学園の教員時代に培った自由教育の思想が根底に流れているように思われる。[62]そのことは同じく同学園から光明学校の教員に転じた石原榮寿についてもいえる。石原は同号に「特殊教育論」を寄稿し、その中で「最近教育問題の中心をなすものは、個性尊重、個別教育、職業指導等の諸問題である。教育は個人の生命の伸展にあるのだから、個性尊重の強調は当然のことである。」[63]と主張している。著者は成城学園大学研究部の付属図書室に通い、同学園の戦前の機関誌『教育問題研究』を創刊号から通覧したが、結城は理科教育について寄稿しており、石原は特殊教育に関する論稿を幾度も寄せている。また同誌は特殊教育の特集も組んでいる（同誌第七九号、一九二六〔大正一五〕年一〇月は「異常児教育」特集で沢柳政太郎「異常児教育について」ほか掲載）。

『光明学校紀要』全七号（第一輯の『概要』、昭和七年から、『紀要』第七輯、昭和一六年まで）までを通読して、とくに感銘を受けたのは毎号、「児童調査」の章が量質ともに極めて充実していることである。医師・看護婦・教職員などの協力・共同と家庭の理解があってなし得たことであり、校長の結城をはじめとする人たちが唱える〝子どもの尊重〟、〝個性に基く教育〟が単に理念にとどまるものではなく科学的論拠をもって提唱され、教育と医療等の統一的実践による検証を通して提起されていることを知ったからである。

その意味で、志半ばにして逝った学校医の竹澤さだめが遺した次の言葉は重く厳しい。

「光明学校の治療成績は最近非常に良好となってきました。（略）是等《これら》は皆光明学校と東京女子医専病院とを利用して上記の治療方針を以て出来るだけ肢体不自由児医治教護事業の主旨を重じて治療を行ったものであります。（略）毎年卒業生を送る度毎《たびごと》に此の子供が折角此処迄《ここまで》快《よ》くなつて来たのに、これを学校の六年制度の故に止むなく治療を中止して社会に放り出して了《しま》ふ事は如何にも残念で、現在の肢体不自由児医治教護事業の不

徹底を痛感致します。[64]」（傍点は引用者による）

また、結城校長の退職年度に初等部を卒業した花田政国の三年生のときの作文「楽しい光明学校」が『光明学校紀要（第三輯）』（昭和一〇年六月一日発行）に掲載されている。花田はその作文を「雨が降つたり風が吹いても僕は学校を休まうと思ひません。唯一日病気で休みました。僕はどこへ行くよりも元気に楽しく学校へ来るのが何よりの楽しみです。[65]」と結んでいる。

それから四七年後、俳人花田春兆（政国）はエッセイ「特殊？　特色？」で光明学校に学んだ少年時代を回想し次のように述べている。

「初期の光明はマッサージ・太陽灯照射・日光浴・玩具治療などによる治療の時間、障害種別と障害度のグループ分けによる治療体操の時間など、普通校にはない時間があった。一部の人には、昼寝の時間というのが用意された期間もあった。（略）学習にしても、一年生には算数がなくて算数と今でいう社会をミックスしたような〝生活〟の時間があり、高学年には学習的なクラブ活動とも言える〝適性〟の時間があった。／これらも特色あるものだったが、決して特殊なものではなかった。（略）かなり濃い特色をもった教育の創造であった。だが繰返すのだが、決して特殊な教育であったとは思わないのである。[66]」

こうして、光明学校の主として創設期の歩みと関係者の発言・回想などをふりかえってみると、全国的にはすでに影を潜めていた大正自由教育の真髄が埋《うず》み火のように存在していたように感じられてならない。

拙稿の課題が太平洋戦争期の光明国民学校の集団疎開の実態の解明にあるにもかかわらず、あえて光明学校の創設期の教育についてやや詳論した理由は、戦争が激化し、空爆による被災の危険が増すなかで、光明学校が創造し発展させてきた教育の独自性を保持していくことが困難になっていったことを明らかにしておく必要があるからである。

実際、アジア・太平洋戦争の一五年近い戦争の後半になると、初代校長結城捨次郎の言説にも、先に指摘した〝国家・社会のため〟の論理の面が強くなり、「人的資源」論の立場から障害者に対する施策の振興を訴える傾向がみられるようになる。

結城は、例えば『光明学校紀要（第六輯）』（三九・昭和一四年三月一〇日）の巻頭言「創立満七年――人的資源の一方面」で次のように訴える。

「今次聖戦の目的は新東亜の建設、皇道の世界的普及であって、此の大目的達成のためには将来幾多の予測すべからざる困難と幾十年の長きに亘る忍苦とを覚悟しなければならぬ。（略）而して長期建設といひ国力培養といふも其の根本は人の問題である。（略）日本国民たるもの一人の無為徒食者があつてはならない、否《いな》国民の総てが献身的奉公を誓ふべき秋である。／然《しか》るに此の国家非常の秋、不具者群だけが人的総動員から除かれてゐはしないだらうか。（略）茲に於て私は非常時人的資源の一方案として、盲人、聾唖者並に肢体不自由者等不具者群の活用方を世に提言せんとするものである。彼等は生産的に決して無能力者ではない。（略）

一度思を此に致して彼等を活用するならば、少くとも、人力の稀薄になつた部面を補塡《ほてん》することが出来るのみならず、今まで徒食者として、厄介者として白眼視されてゐた彼等も、国家の非常時に奉公し得る光栄に感激し輝きの涙を以て全能力を捧げることであらう。」[67]

ここで「今次聖戦」とは三七（昭和一二）年七月の盧溝橋事件を契機に始まった、政府が「支那事変」と呼ぶ日中全面戦争の開始を指しており、全体の論調の背景には戦時における人的・物的資源の動員の基本法として三八（昭和一三）年に制定（四月一日公布、五月五日施行）された国家総動員法があることは明らかであろう。結城の主張が〝聖戦〟遂行のための建前に終わらず、「非常時人的資源」として肢体不自由者などを積極的に位置づけているところに問題がある。戦争遂行のための軍事力・労働力としてとらえるかぎり、障害の種別・程度によって為政者側からも差別され、排斥される者が生じるのは避けられないことを結城の論調は示している。このことは、光明国民学校を含め各地の障害児学校の集団疎開に関する教育行政当局の対応にも反映してくるものであるととらえなければならない。

二　東京でただ一つの〝現地疎開〟

第一節で述べたように、学童集団疎開の実施が国レベルで決定されたのは四四（昭和一九）年六月三〇日の閣議決定「学童疎開促進要綱」によってである。それに基いて東京都は都区部の一般の国民学校の集団疎開児童の輸送を同年九月中には完了している。

では、前述のように四二年四月二八日に東京市直営から世田谷区長の管理に移った東京市光明国民学校に対して、都および世田谷区は集団疎開に関してどのようにとりくんだか。

都立光明養護学校の五〇周年記念誌『光明50年』（一九八二年）の「沿革」（年表）には次のような記載がみられる。

「一九四四（昭和一九）・七・一　現在校舎を集団疎開の場所として許可される。麻布分教場は危険につき使用を停止し、児童は全部本校へ収容。これは文部省の特別許可を得た都内でただ一校の現地疎開となる。[68]（傍点は引用者による。以下同じ）」

先に紹介した画期的な労作『学童集団疎開史』（一九九八年）の著者・逸見勝亮は光明国民学校の集団疎開が四四年七月に世田谷の本校舎で開始するに至った経緯を東京都公文書など第一次史料に基いて実証的に究明している。[69] 以下、逸見の論稿と松本昌介ほか編集『編集復刻版　障害児　学童疎開資料集』（六花出版、二〇一七年）

（第一・二巻「光明学校Ⅰ・Ⅱ」）所収の資（史）料に基づき述べる。

逸見は四四年四月の時点では東京都が「光明国民学校児童のみを収容する戦時疎開学園を設置する意向を有していた」と指摘している。「㊙東京都国民学校戦時疎開学園設置予定表　教育局第一課学事係（昭和十九年四月二十二日）」欄外には、「（参考）聾唖学校（一七〇人）　聾学校（二〇〇人）　水上学校（二五〇人）　光明学校アリ（一〇〇）」とあるからである。

ところが、各区提出資料に基づく「戦時疎開学園調（一九・五・二五現在）」には、聾唖学校［神奈川県津久井郡］与瀬戦時疎開学園は五月二五日に収容児童二五〇人で開園予定とあるが、水上国民学校は空欄であり、光明国民学校は記載がない。同様の「戦時疎開学園教職傭員調」には聾唖学校教職員は合計四〇人とあるが、水上・光明両国民学校は空欄である。また、各区報告に基づく教育第一課学事係「疎開学園調（一九・五・二九現在）」には、光明国民学校の収容予定児童は九〇人と記載されているものの、「備考」欄には「未定」とある。

そして、四四年六月九日、東京都の教育局長は世田谷区長宛に「光明国民学校ハ其ノ収容児童及経営ノ特殊性ト同校麻布分教場ハ都心部ニ所在する関係上同分教場ニ於ケル授業ヲ当分停止シ全児童ヲ本校ニ収容スルト共ニ戦時疎開学園ニ準ジ全児童ヲ同校ニ於テ合宿ニ依リ国民学校教育並養護ヲ行フコトニ方針決定相成候」（傍線は筆者による。以下同じ）と通牒した。この通牒から一か月余後の「戦時疎開学園（一九・七・一四）」には、光明国民学校戦時疎開学園所在地は「世田谷区松原町」で本校の所在地にほかならず、収容人員は九〇人とある。なお、同年九月一日に教育局長が聾唖学校・聾学校長宛に、両校の戦時疎開学園を「今次集団疎開ノ施設トシテ其ノ儘継承」するよう通牒しており、「今次集団疎開施設」とは「帝都学童集団疎開実施細目」（七月一〇日防空総本部決定）に基く集団疎開学寮を意味するので、「戦時疎開学園ニ準」ずる光明国民学校（麻布分校の児童・教職員と合同した世田谷の本校）も集団疎開学寮とみなされたといえよう。

以上が公文書からたどった光明国民学校が〝現地疎開〟をするに至った経緯である。

では、光明国民学校の当事者たちはこのような行政側の措置をどのように受けとめていたのであろうか。

三六年に光明学校の首席訓導として招かれ、四二年に校長となり戦中・戦後の最も困難な時期にその重責を果たした松本保平は、四二年から四三年にかけて「光明の教育が、着々と整備されつつあるかに見えた」が、「光明学校の上昇曲線は、レントゲン設置（四三年六月――引用者注）を頂点として、急角度に下降する。夢にも考えなかった敵機が、沖縄を襲った。本土決戦が間近に迫る。」と記したうえで、「現地学童疎開」の見出しを付し、次のように述べている。

「こうして学童集団疎開が始まった。しかし光明の児童を引受けてくれる県があるだろうか。あったとしてもその輸送はどうする。世田谷区役所では、問題が大き過ぎて区の手には負えないことをあやまる。都の学務課に相談しても全くのお手上げ。一般学校の疎開事務に忙殺されて、光明までは手が廻りかねるという。役所の窮状も分らぬではないが、では光明はどうなるのだ。同じ学校でありながら、肢体不自由児学校は都の厄介者か、お荷物か。『太古では、生存のための闘争が激しかったので、足手まといの肢体不自由児や老人は、常に取り残されて、死ぬがままに委された』と記録にあるが、今は太古ではないはずだ。

熟慮の末、現校舎を集団疎開の場とすることが最善であると決断し、特別許可を得、校舎の一部を改造して、七月一日全児童を収容する。東京でたった一つの現地疎開。麻布分教場は使用を停止し、児童は本校へ合流。ここに歴史的な師弟同行の合宿生活が始まった。十一月、全児童を収容出来る最も堅牢な防空壕を四ヵ所　校庭に築造する。壕はベッド式の長椅子を両側に並べ、寝ることも可能。この予算二万五千円は、当時としては驚くべき額であった。国民服に国民帽、空襲に備えて職員は巻脚絆《まききやはん》のまま眠り、常に万全の用意を調えた。◆70」

〝現地疎開〟のために治療棟を寄宿舎に転用。入寮児童数は五九人、通学児童数は五二人、疎開関係職員は一四人であった。

こうして、異例の〝現地疎開〟を始めたが米軍による本土空爆は激しさを増すばかり。都心から約一〇キロメートルほど離れた世田谷校舎の周辺もグラマン戦闘機に襲われ機銃掃射を受けるようになる。こうして、子どもらの命が奪われるかもしれない深刻な危機的状況に直面していくなかで、校長松本は〝現地疎開〟の限界を見極め、地方に学校の集団疎開先を見つけ出すために単身で出かける。

その決断をさせたのは、一晩で約一〇万人の都民の生命が奪われた四五年三月一〇日の東京大空襲であった。その時の児童の状況と自らの心境を綴った松本の文章は、今なお読む者の胸に迫真の力をもって伝わってくる。次にその一部を抄記する。

「三月十日の大空襲の夜は、ことのほか寒かった。空襲警報発令で起こされた子供たちは、防空頭巾に水筒をかかえ、防空壕の中でしっかり保母さんたちに抱かれて、声もたてずにこの夜を過した。（略）／江東方面が爆撃されているらしい。北東の空一面が真紅に燃え拡がり、その火の下に地獄の叫びが、ここまで聞こえそう。（略）ここも安全の地ではない。これ以上留まるのは危険である。しかし疎開先は自分で見つけるしかないだろう。」◆71

校長松本保平の予見と決断は正しかった。長野県の上山田村への学校集団疎開が決行された一〇日後に空爆で光明国民学校は殆ど全焼したのである。もしも、〝現地疎開〟をそのまま続けていたら、言語を絶する惨状が生じたであろう。

なおこの〝現地疎開〟について逸見は、次のように評している。

「疎開先に農村地帯であった世田谷区を選ぶのは珍しいことではなかったが、都下郡部・他県への集団疎開を推し進めているときに、世田谷区への『現地疎開』はいかにも奇妙な措置であった。『文部省の特別許可を得た』(東京都立光明養護学校『光明50年』一九八二年、一五頁より——引用者注)ともいうが、事実上の放置であった。この『現地疎開』を学童集団疎開に含めることはできない。[72]」

著者は逸見のこの見解に共感し、賛同する。

では、当時、〝現地疎開〟であっても肢体不自由の子らの生命を守ろうと懸命の努力をしていた教職員を社会の人たちはどう見ていたのか。例えば、見学に来た国民学校の教員たちから、帰り際に、松本校長は次のような非難を浴びたという。「先生は五体満足なのにこの子供らの相手をして、毎日腹一ぱい食べて日光浴を楽しんでいる」「いま日本は非常時です。我々の同胞は厳寒の満州で寒さをこらえ、飢えに堪《た》えて戦っている。この勇士に対して申訳ないと思わないのか、良心に対して恥ずかしくないか」、「すぐにこの子供らを親元へ帰し、この立派な施設を、お国の役に立てたらどうか」と。

この時のことをふりかえって校長であった松本保平は次のように綴っている。

「腹はたったが、冷静になると、こうした人たちも案外多いのではなかろうかと反省した。そしてよくぞいってくれたと、改めて自分を顧みた。戦争という巨大な波は、人間の理性を、善意を、情感を、さらにあらゆる文化を圧《お》し流してしまう。この場に子供のいなかったのが、せめてもの救いだった。[73]」

三　長野県の上山田温泉での四年間の集団疎開

(1) 集団疎開が遅く、長かった障害児学校について

光明国民学校は、四五年五月一五日に長野県に集団疎開する。一般の国民学校に比べてはもちろん、障害児学校の集団疎開の中でも遅いほうである。しかし、最も遅かったわけではなく、第2章の表7(九六〜九七頁)で

示したように同年五月以降に疎開した障害児学校はそれ以外に一八校もある。

また、光明国民学校の集団疎開の期間が四か年間にも及んだことは、それが同じ地域の同じ施設（「旅館」）においてであったということでは最も長期間である。しかし、佐賀県立盲唖学校のように、さまざまな事情で集団疎開を第一次疎開から第三次疎開まで重ね、その都度、地域も施設も変更し（「寺院」「民家」「社寮」）、各疎開期間を合わせると六か年余にもわたっている事例や、愛知県立盲学校のように、集団疎開した施設（「中学校」）が空爆により全焼したため、他の地域と施設（「中学校」）に第二次疎開し、全疎開期間が四か年余に及んでいる事例もあることに注意しなければならない。そのほか、同じ地域の同じ施設（「高等女学校」「社寮」）での集団疎開の期間が三か年余の事例としては、「新潟県立長岡聾唖学校」や「富山県立盲唖学校」がある。

集団疎開の期間が長期になる原因としては、本校の建物が戦災に遭い、校舎・寄宿舎などがなかなか新築出来ないでいることが多い。また、疎開先が軍事関係の施設に転用させられ再疎開を行ったことによる場合もある。

そして、集団疎開の期間が長びけば長びくほど、児童生徒と両親とが面会などで会う機会が少ない状態が続くことになり、また障害児学校がそれぞれ児童生徒の障害や発達にそくした教育的・治療的役割を果たすことが出来ないことになり重大な問題であった。

(2) 探しあてた集団疎開先

〝現地疎開〟ではなく、地方へ集団疎開しようと決意した松本保平校長は、四五年三月二六日、国民帽に巻脚絆で、長野市に東京都長野出張所を訪ねた。しかし案の定、野島所長から「今頃来たって空いてる旅館なんて一軒もない」と言われる。だがちょうど何かの用事で来ていた更級地方事務所の塚田主事から「もしかしたら上山田温泉にあるかも知れない」と教えられ、早速その足で上山田村役場へ飛ぶ。初めは「疎開の話なら一切面会はしない」と若林正春村長に断られたが、粘ること三日。泊まっていた更級館の主人の取りなしで漸く面会がかない、村長であり、温泉組合長でもある若林の義侠心に訴えて、彼が経営している上山田ホテルの全館借上げに成功する。松本は「正に奇蹟」と回想しているが、それが起きたのは温泉副組合長の更級館の経営者が、夜も巻脚絆を着けている松本の必死に集団疎開先を探し求める姿に心を打たれ、仲介の労をとってくれたからであるという。[74]

次に、東京都長官・世田谷区長の各代理人、及び松本保平校長と上山田ホテルの経営者・若林正春とが四五年五月一五日に取り交わした「寮舎等借上契約書」（全九条からなる）および当時の関係書類から重点的に抄記する。

第一条で「使用スル目的」は「学童集団疎開寮舎兼教場トシテ使用スル」ことにあること、第二条で「学童並ニ附随職傭員ノ食事賄ハ上山田村長ヲ会長トスル学童児童集団疎開受入対策委員会ノ直営」とすること、第三条で「借上料」は「畳一帖ニ付キ月額五円ノ割」、「食事賄費」は、「児童及附随職傭員一人ニ付月額二十三円ノ割」、「入湯費」は「児童職傭員一人ニ付月額一円ノ割」とすること、第四条で「契約期間ハ（略）概ネ一ヶ年」とするが「必要ナル場合」は「期間ヲ伸縮スルコトヲ得」ること、第五条で「建物ノ内部又ハ造作ノ模様替」は「使用目的ノ範囲内」であれば若林の承諾を得て為しうること、第六条で借用側は「食事賄ニ関シ児童ノ健康衛生ノ見地ヨリ指揮監督」することなどを定めている。[75]

当時の関係書類（全て謄写印刷）の中の「学寮現況調」によれば、「寮舎名」は「光明国民学校上山田学寮」、「所在地」は「長野県更級郡上山田村上山田ホテル」、「児童数」は、「初等科」が四五名（一年七、二年八、三年八、四年九、五年七、六年六）、「高等科」が一二名（一年六、二年六）で合計五七名である。「病類別児童数」は多い順に四位まで挙げると、「痙攣《けいれん》性小児麻痺」が二九名（男二二、女七）、「弛緩《しかん》性小児麻痺」が一三名（男一〇、女三）、「カリエス」が五名（男五、女〇）、「結核性関節炎」が三名（男三、女〇）である。[76]

職員は教員・保母・看護婦など一九名と、子どもの付添（祖母や姉など）数名である。

これだけの人数で、さまざまな身体的障害を負う子どもたちの身辺の世話、治療やマッサージ、歩行練習、学業の指導など一日中殆ど休みなしの仕事をすることはかなり労苦が多かったことであろう。

若い二〇歳前の保母は子どもたちの部屋に寝起きし、夜中に排尿のために起こしたり、母を想って泣く子を抱きしめたりした。学校医は毎月一回は上山田に通い子どもたちの健康を見守った。

(3) 敗戦までの集団疎開の生活

佐藤彪也は一九九〇年代に、九〇歳前後の高齢であるにもかかわらず、埼玉大学教育学部の「障害児教育学概論」の授業に二度も光明学校の戦中・戦後についてゲスト講話をして下さった。佐藤は四四年四月一日に光明国民学校に赴任し、同校が上山田村に集団疎開した当初は本校に留守番役として残り、四五年五月二五日の校舎炎上の際は必死に消火活動に取り組んだという。

そのゲスト講話から上山田村での敗戦の前後の頃のことを抄記する。

「教室はホテルの二階でございまして、テーブルを並べてそこで勉強しまして、午後は必ず子どもを連れて千曲川の土手を散歩し、川原へいって石を拾ったり、セリを摘んだり、野草を摘んだりいたしました。

最初の日は、上山田温泉の人たちはみんな外へ出て、子どもを眺めておりました。見たこともない障害児がぞろぞろと町を歩いたものですから、町中びっくりいたしました。（略）それが一週間経ち十日経つ内に、町の人が慣れてきました。

ホテルの主人は若林正春さんといいますが、元町長をやった方でした。大変理解のある方で、何一つ文句をいったことはございませんでした。（略）従業員の方々も何一つ文句をいったこともございませんでした。中には、梯子段の途中で粗相をするようなことがございます。不自由なものですから、便所へ急ぐことが出来ないのでございます。（そうすると）、従業員の女の方がきて黙って掃除をしてくれていました。（略）私どもは感謝の気持ちでございました。

町の方も、だんだん慣れて『今日はどこへ行って来たの』というようになってきたのです。（略）二年目からは、婦人会青年団など団体が慰問に参りました。秋には、柿や栗を一杯包んで、子どもが寄り集まって来た所に、広げて『食べてください』と帰っていくので、有難くて涙が出そうでございました。[77]」

そして、四五年八月一五日、天皇の読み上げる「終戦の詔書」の録音のラジオ放送。

佐藤は句集『畳の蟻』（一九八七年）にその日のことを次のように詠み、感慨を書き添えている。

「八月十五日

夏 雲 の 白 さ に 男 二 人 泣 く

ホテルの三階のラジオは、雑音が入り、とぎれとぎれで玉音は聞きとれ難かったが終戦だけは知ることが出きた。廊下に出て立っていた松本保平校長先生と期せずして黙って肩を抱き合って、たがいに涙をぬぐった。[78]」

なお大門正克は、高等科二年生で集団疎開した金沢英児の日記（四五年五月一九日～八月一五日）をとりあげて、「金沢の日記を読んで印象的なのは、戦意高揚を伝える言葉がないこと」を指摘すると同時に、「金沢には少国民としての自覚も備わっていた。」ことを明らかにし、「光明学校については、少国民の統合の遠心力と求心力の両面を認識する必要があろう。」と提起している。[79]

(4)「学童集団合宿教育所」としての疎開生活

(i)戦争が終わっても疎開生活を存続

戦争が終わり、長野県に学童集団疎開をしていた各区の国民学校は四五年の秋頃までにほぼ引き揚げた。しかし、自宅が焼かれて帰る所がなく、あるいは親を亡くして孤児となった児童などはどうすべきか。文部省は四五年九月一五日に「戦災孤児等学童集団合宿教育所ニ関スル要綱」を発表した。

その主な対象は「現ニ実施シツツアル集団疎開学童ニシテ戦災孤児トナリタル者、引揚困難ナル者及身体虚弱其ノ他ノ事由ニ由リ本施設ニ於テ教育スルヲ適当ナリト認メラルル者」（傍点は引用者による）である。東京都はこれを受けて、四六年五月一六日に「東京都戦災孤児等学童集団合宿教育所児童生活費徴収規程」を定めた。これにより学童疎開は制度上終了し、東京では疎開学園を設けた八か所に学童集団合宿教育所がつくられた。

光明国民学校、都立聾唖学校、都立聾学校も学童集団合宿教育所として存続が認められ、疎開先でしばらく生活を続けることとなった。

四七年四月、学校教育法による義務教育六・三制の実施にともない、光明国民学校に中学校が新設され、都立光明小学校・中学校となる。四八年八月、都議会で寄宿舎新設の予算案が可決され、東京への復帰の見通しが立つ。四九年四月、新寮舎工事落成。同年五月二八日、上山田から東京へ復帰。同年六月一日、授業開始。五一年一一月、増築校舎落成。

そして、ようやく四年三か月もの学校集団疎開を終えて東京への汽車に乗ろうとしたとき、親交を重ねた村人たちが駅まで見送りに来たという。思斉学校が疎開先を去るときとは対照的なことである。

(ii)戦中から戦後への疎開学童の意識の転換

学童集団合宿教育所（以下、合宿教育所と略す）としての四年間は実質的に学童集団疎開の延長であるが、戦時期は三か月間と短く、それ以降は戦中と同じく食糧難などに悩みながらも、上山田ホテルをはじめとする地域の人たちの理解と援助を得、着実に戦後の新たな教育を展開している。

戦中から戦後への児童の意識の変化は、例えば合宿教育で行われた修了式での生徒たちの代表による「送辞」「答辞」の内容にも表れている。

例えば、四四年度の修了式において在校生代表の男子生徒は「送辞」で「皆様は特攻隊ですから勝つ心と知識をしっかり身につけて堂々と嵐の世の中へ乗り出し精一ぱい働いて下さい。」と述べる。それに応えて卒業生代表の男子生徒は「答辞」で「空に哨戒機の爆音高く、硫黄島既に敵の手に渡ったあわただしい今日」と飛び立つ決意を述べる。

ところが、敗戦の年の四五年度の卒業生代表の男子生徒は「答辞」で「激しい空襲の夜や此の上山田の集団生活」を経験したことをふりかえり、「八月十五日には一緒に泣」いたことも告白しながらも、「平和日本、文化日本建設の為」に巣立つ喜びを述べている。

上山田の合宿教育所での歩みは、単なる障害児学童疎開史ではなく、憲法・教育基本法制とその新しい教育理念に基づき、困難な状況・条件の中にありながら、創造的に展開された戦後民主主義教育の貴重な一つの実践の過程にほかならない。

そのことを例証する基本的第一次史料の一つが合宿教育所の生活を保護者に知らせるために四五年九月から四九年四月まで月刊で発行され続けた『学寮通信』である。それは上山田ホテル　東京都立光明中小学校集団学宿教育所発行で、藁半紙に孔版印刷。第24号・四七年九・十月合併号からは全員の編集を中学生たちが担当。全紙面の半分を光明学校の同窓会である仰光会の『仰光通信』に当て卒業生同士を結ぶ頁にしていたがその後『仰光通信』は分離して発行された。

すでに、『信濃路はるか——光明養護学校の学童疎開』（田研出版、一九九三年）の「二　疎開の記録」において、『学寮通信』などを用いて上山田での疎開生活のことが具体的に説明されてはいた。◆80 そして、このたび松本昌介ほか編『編集復刻版　障害児　学童疎開資料集　第1巻　光明学校Ⅰ』で、『学寮通信』『仰光通信』『学校通信』『クラスの友』（「未見」のため不収録の号もあり）の全号を通読することが出来、前述したような認識を抱くに至った。さらに、その論拠をここに述べることはすでに多くの字数を光明国民学校の集団疎開について費やしてきたので避け、あくまでも仮説としてここに提起した次第である。

さいごに、肢体不自由児学童疎開の史実を後世に永く伝えるために、二〇一七年五月二一日、上山田ホテル（現・千曲《ちくま》市上山田温泉）の前庭に光明学校学童疎開記念碑が元・生徒や教職員、有志などによって建立されたことを記しておきたい。

その石碑は二つあり、一つには疎開の経緯と感謝の念が次のように刻まれている。

「一九四五（昭和二十）年五月十五日、肢体不自由児六十余名が、東京の戦火を逃れて、ここ上山田ホテルに疎開した。／ホテルの方がた、上山田の人びと、学校職員などに守られて、一九四九（昭和二十四）年五月二十八日まで、無事過ごした。／感謝の気持ちを込めてこの碑を建てる。／二〇一七（平成二十九）年五月二十一日／光明学校学童疎開記念碑建立の会」

もう一つの石碑には、「信濃路はるか　肢体不自由児学童疎開の地」とあり、疎開引率の訓導の一人であった波田野忠雄による松葉杖をつく二人の児童の画と佐藤彪也による次の二つの句が刻まれている（いずれも『学寮通信』所収）。

「○東京へとどかぬ泣く声秋の暮れ

○すりきれしホテルの畳慰問柿」

注

◆1　青木哲夫「疎開」、吉田裕ほか編集『アジア・太平洋戦争辞典』吉川弘文館、二〇一五年、三六一頁、参照。

◆2　佐藤秀夫「総論　学童疎開」、全国疎開学童連絡協議会編『学童疎開の記録1――学童疎開の研究』大空社、一九九四年、三～二四頁。

◆3　逸見勝亮著『学童集団疎開史――子どもたちの戦闘配置』大月書店、一九九八年、全二九六頁。

◆4　◆2、二三頁より。

◆5　引用の初出は岡田信六「東京都学童集団疎開と保健対策」、『日本医事新報』第一一四五号、一九四四年九月十六日。

◆6　◆3、一六四～一六五頁より。

◆7　学童集団疎開の全般に関しては、全国疎開学童連絡協議会編『学童疎開の記録』全五巻、大空社、一九九四年。東京都公文書館編『資料・東京都の学童疎開』東京都情報連絡室都政情報センター管理事業課発行、一九九六年。赤塚康雄編著『大阪の学童疎開』クリエイティブ21、一九九六年。毎日新聞社編集・発行『別冊一億人の昭和史　学童疎開――国民学校から青空教室まで』一九七七年、参照。

◆8　宮崎県特殊教育百年記念誌編集委員会編『宮崎県特殊教育史』宮崎県特殊教育百年記念会発行、一九七九年、三八頁より。

◆9　大阪府立盲学校編集・発行『大阪府立盲学校四十年誌』一九五五年、一一五頁、参照。

◆10　久原萩子（旧職員）「ある九ろう研」、佐賀県立ろう学校『創立六十周年記念誌』一九八四年、六三頁より。

◆11　栃木県立聾学校『創立80周年　校舎改築落成記念誌』一九八八年、二九頁、参照。表7では栃木県立聾学校についての記載もれ。

◆12　大阪市立盲学校『創立80周年記念誌』一九八〇年、一九頁、参照。

◆13 筆者によるアンケートへの菊地正三（元・宮城県立盲唖学校教員）からの回答より。

◆14 井上亮一著『全聾活眼で生きる』自家版、二〇〇二年、二五五頁より。

◆15 鈴木秀治「戦争による疎開の頃」、秋田県立聾学校『記念誌　創立五十周年』一九六二年、三〇頁より。

◆16 『黒部は永久《とわ》に　東盲宇奈月分校体験者文集』宇奈月分校文集製作サークル発行、二〇〇二年二月（松本昌介・飯塚希世・竹下忠彦・中村尚子・細渕富夫編著『編集復刻版　障害児　学童疎開資料集』第4巻、六花出版、二〇一七年、二〇九〜二九〇頁）、官立東京盲学校昭和20年度師範部卒業生編集・発行『卒後55周年記念文集　きずな』一九九一〜二〇七頁、参照。

◆17 鈴木栄助著『ある盲学校教師の三十年』（岩波新書）岩波書店、一九七八年、一六〜一八頁、参照。

◆18 「第一分校教務日誌」（一九四四・九〜）。◆16の第3巻、二〇一〜二二四頁、参照。

◆19 飯塚希世「官立東京盲学校の疎開地における生活」、精神薄弱問題史研究会編集・発行『障害者問題史研究』（『精神薄弱問題史研究』改題）第35号、一九九二年一二月、四一〜四五頁、参照。飯塚希世「解説」（◆16『編集復刻版　障害児　学童疎開資料集』第3巻、⑴〜⑷）、参照。

◆20 本間一夫著『指と耳で読む——日本点字図書館と私』（岩波新書）岩波書店、一九八〇年、一七〇頁、参照。

◆21 東京教育大学附属聾学校編集・発行『東京教育大学附属聾学校の教育——その百年の歴史』一九七五年、参照。

◆22 伊藤政雄（東京教育大学附属聾学校教諭）「ろうあ教育の灯を絶やさぬために——東京聾唖学校」（『別冊　一億人の昭和史　学童疎開』毎日新聞社、一九七七年）、二四六〜二五〇頁、参照。

◆23 『東京教育大学附属ろう学校／旧東京聾唖学校予科・初等部・中等部　疎開生活の回想　昭和十九年九月十五日〜昭和二十一年十二月五日』一九七二年九月、自家版、全七八頁。東京大空襲・戦災資料センター蔵。

◆24 聴覚障害者教育福祉協会編集・発行『聾教育百年のあゆみ』一九七九年、一五六頁。

◆25 ◆21、一二五頁。

◆26 筆者による「障害児学校の戦争被害調査」の第二次アンケート（当時の教職員対象）に対する林次一（元・東京聾唖学校予科の教諭）からの「回答」（一九八七年八月二九日付）の「自由記述」欄より。

◆27　筆者による伊藤政雄からの聴き取り（二〇〇八年一〇月三一日、日比谷グリーンサロンにて）より。この「校庭の片隅の小さな教室」をめぐる伊藤の思い出は伊藤のホームページの「私の生い立ち」（http://homepage1.nifty.com/masao-deaf/bibiography.html）、参照。

◆28　◆26の林次一からの「回答」。

◆29　中等部の生徒として第三分教場で疎開生活を体験した井上亮一は自らの半生記を綴った著書『全聾活眼で生きる』（自家版、二〇〇二年）の「第三章　疎開時代を回想して」で、宝生院での教員と生徒との生活（買出しや配給米の運搬など）・野良作業・学習などの様子を活写している。とくに演劇の企画・脚本作り・演技指導などの面では、教職員の中では本校出身（中等部から研究科に進学）の唯一の聾者で、手話も用いて生徒たちと深く心をかよわせ合っていた「豊かな感性の持ち主」で「演劇の虫で千両役者」でもあった「深川勝三先生」の存在・役割が大きかったという。

◆30　その内の一人である加藤（旧姓・石川）八重子については、加藤の「母親の立場になって」◆22、二五〇頁、参照。また加藤が、敗戦後、疎開先で家族の死を知らされたときの悲痛な想いなどについては「終戦への回想」◆23『疎開生活の回想』三九〜四二頁、参照。なお、兄・石川賢一（先天性聾唖者）は空襲での体験と平和へのメッセージを「後の世に語りつごうと」と題して『季刊　ろうあ運動』（全日本ろうあ連盟、第二四号、一九八三年八月）二四〜二九頁、に寄稿。

◆31　伊藤政雄「東京聾唖学校の焼失」、『東京大空襲・戦災誌』編集委員会編『東京大空襲・戦災誌』第二巻、東京空襲を記録する会発行、一九七三年、八三四〜八三六頁、参照。

◆32　「片野のぶさんの回想談」◆23、二九〜三〇頁。文末に「文責・伊藤政雄」とある。及び、片野のぶ「爆撃音を聞いた！」◆31の『東京大空襲・戦災誌』第二巻、八三六頁、参照。

◆33　埼玉県編集・発行『新編埼玉県史　通史編6　近代2』一九八九年、一〇五二頁。

◆34　◆33、一〇六〇頁。宮代町教育委員会編集『宮代町史　通史編』二〇〇二年、五八五頁。

◆35　◆34、五八四〜五八五頁より。

◆36　春日部市教育委員会編集『春日部市史第六巻　通史編Ⅱ』第一法規出版、一九九五年、二九一頁。
◆37　杉戸町史編さん委員会編集『杉戸町史通史編』杉戸町、二〇〇五年、六四〇頁。
◆38　◆36、二八五頁。
◆39　◆36、二八五頁。
◆40　◆36、二九三頁。
◆41　藤島岳・大井清吉・清水寛・津曲裕次・松矢勝宏・北澤清司編『特別支援教育史・人物事典』日本図書センター、二〇一五年、一一〇～一一一頁、参照。
◆42　清水寛「特別対談　土屋兵次先生に聴く　その㈠、㈡、㈢、㈣」、大阪養護教育史研究会　鈴木文庫を伝える会編集・発行『大阪養護教育史　研究紀要』第六、七、八、九号、一九八七年一一月～一九九〇年一一月、所収、参照。
◆43　海野晴男「学童疎開と思斉国民学校『光明寮』の教育」、『大阪養護教育史　研究紀要』第10号、一九九一年一一月、参照。
◆44　保木賢雄著『人間教育を求めて――養護教育三十年の思い出』タイムス社、一九七三年、四一～四二頁より。
◆45　◆44、四三頁より。
◆46　大阪市特殊教育実施70周年記念誌編集委員会編『特殊教育70年史』大阪市教育委員会発行、一九七〇年、六五頁、および筆者のアンケートへの保木賢雄の回答より。
◆47　◆43、一〇一頁より。
◆48　赤塚康雄編著『大阪の学童疎開』クリエイティブ21、一九九六年、三二頁より。
◆49　◆44、四四頁より。
◆50　保木賢雄著『この道に生きる』タイムス社、一九八三年、二二頁より。
◆51　◆44、四四頁より。
◆52　◆50、二三頁より。

◆53　田村肇「精神薄弱児の特殊学校設置に就ての希望」（日本精神衛生協会機関誌『精神衛生』第四号、一九三九年、一五〜一七頁）の「三　郊外学園」（一六〜一七頁）、参照。

◆54　松本昌介が中心となって編集し刊行した主な文献および著書を次に記載する。光明学校の学童疎開を記録する会編『信濃路はるか――光明養護学校の学童疎開』田研出版、一九九三年。松本保平先生遺稿集刊行委員会編『肢体不自由児とともに――松本保平先生遺稿集』同前、一九九〇年。松本昌介著『竹澤さだめ――肢体不自由児療育事業に情熱を燃やした女医』同前、二〇〇五年。松本昌介「障害児の学童疎開」、日本リハビリテーション協会機関誌『リハビリテーション』一九九三年一二月号。松本昌介・飯塚希世・竹下忠彦・中村尚子・細渕富夫編『編集復刻版　障害児　学童疎開資料集』全4巻、六花出版、二〇一七年ほか。なお、清水寛「特別寄稿　松本昌介さんの肢体不自由教育の実践に学ぶ」、松本昌介著『実践記録集　肢体不自由教育覚え書き』自家版、二〇一四年、三四二〜三六〇頁、参照。

◆55　当時の教員であった佐藤彪也は自著『句集　畳の蟻』（佐藤彪也先生の喜寿を祝う会発行、一九八七年）で次のように述べている。
「〇松葉杖鉄砲にせり赤蜻蛉
光明学校の古い記録『光明の歩み』という映像フィルムの一場面に、松葉杖を肩に行進している笑うに笑えないシーンがある。（高松宮寄贈の撮影機で――引用者注）波田野忠雄先生が撮ったものであり、号令は私であった。『これは決して軍国主義ではない。あくまで機能訓練だ。』二人は眼を見合わせて自嘲した。」一〇五頁より。

◆56　編輯者　結城捨次郎『東京市立光明学校概要』第一輯、三二（昭和七）年一一月一日発行、一五頁より。第二輯以降は「紀要」と改称。

◆57　◆56、二〇頁より。

◆58　◆56、一五頁より。

◆59　◆56、第二輯、三三（昭和八）年一二月発行、三頁より。同趣旨の文は、結城捨次郎「創立満五年」（『光明学校紀要』第四輯、三七（昭和一二）年三月二五日発行）にも掲載されている。

◆60　◆56、第三輯、三五（昭和一〇）年六月一日発行、二頁より。

◆61　◆60、一〇～二〇頁、収録。高木健次については、村田茂著『高木憲次』大空社、一九九八年、参照。

◆62　大正自由教育と成城小学校との関係については、中野光著『大正自由教育の研究』（黎明書房、一九六八年）一二七～一三七頁、同『学校改革の史的原像――「大正自由教育」の系譜をたどって』（黎明書房、二〇〇八年）八八～九三頁、成城学園編集・発行『成城学園五十年』一九六七年、吉良侫著『大正自由教育とドルトン・プラン』（福村出版、一九八五年）の「第二部　第六章　成城学園」）九一～一一八頁、参照。

◆63　訓導　石原榮寿「特殊教育論」、◆60、第三輯、一五～二〇頁、参照。

◆64　竹澤さだめ（東京女子医専病院整形外科助教授、東京市立光明学校校医、医学博士）「整形外科と光明学校」（◆56、第六輯、四一・昭和一六年三月一〇日発行、七七～八〇頁収録）、八〇頁より。

◆65　三年　花田政国「楽しい光明学校」（◆56、第三輯、三五〔昭和一〇〕年六月一日発行、一三三～一三四頁、収録）、一三四頁より。

◆66　卒業生　花田政国「特殊？　特色？」、東京都立光明養護学校編集・発行『光明50年』一九八二年、六八頁より。花田春兆による光明学校についての回想は、①花田春兆『ウワちゃんとおはるさん――ひとすじに道を求めて』読売新聞社、一九六六年、②同『いくつになったら歩けるの』ミネルヴァ書房、一九七四年、③同『折れたクレヨン――私の身障歳時記』ぶどう社、一九七九年、④同『雲へのぼる坂道――車イスからみた昭和史』中央法規出版、二〇〇〇年、ほか参照。

◆67　東京市立光明学校長　結城捨次郎「創立満七年――人的資源の一方面」、◆56、第六輯、巻頭の全四頁、参照。

◆68　東京都立光明養護学校編集・発行『光明50年』一九八二年、一五頁より。

◆69　逸見勝亮「『障害児　学童疎開資料集』の刊行によせて」、松本昌介ほか編『編集復刻版　障害児　学童疎開資料集』第1巻、六花出版、二〇一七年、三～七頁、参照。

◆70　松本保平「太平洋戦争と光明学校」、障害者の太平洋戦争を記録する会・代表仁木悦子編『もうひとつの太平洋戦争』立風書房、一九八一年、二一二～二一四頁より。

◆71　◆70、二一四〜二一五頁より。
◆72　◆3、一五頁より。なお、「文部省の特別許可を得た」と◆68の一五頁では記されているが、逸見は、その「詳細は不明である」と指摘している。
◆73　◆70、二一四頁より。
◆74　松本保平校長による上山田ホテル全館借用に至る経緯や光明国民学校の児童・生徒たちの長野県への移動の経緯などについては◆70の二一五〜二一八頁、参照。
◆75　松本昌介ほか編『編集復刻版　障害児　学童疎開資料集』第2巻「光明学校Ⅱ」、二三二〜二三五頁、参照。
◆76　◆75、二三八〜二三九頁、参照。
◆77　佐藤彪也「戦時下に肢体不自由の子らを守って――光明養護学校の学童疎開」、清水寛編著『続・生きること学ぶこと――ゲスト講話集』創風社、二〇〇二年、二九七〜三一三頁収録。
◆78　佐藤彪也著『句集　畳の蟻』佐藤彪也先生の喜寿を祝う会発行、一九八七年、一〇七頁より。
◆79　大門正克「子どもたちの戦争、子どもたちの戦後」『岩波講座　アジア・太平洋戦争　6　日常生活の中の総力戦』岩波書店、二〇〇六年、一〇六〜一〇七頁、参照。
◆80　◆54の『信濃路はるか』一九九三年、七九〜一五九頁、参照。なお、光明学校の疎開についての読みやすく味わい深いノンフィクションの好著として、小出鞠《こでまり》るい著『あんずの木の下で――体の不自由な子どもたちの太平洋戦争』（原書房、二〇一五年）がある。

第3章　勤労奉仕・勤労動員

本章では、まず第1節で全国の各種の障害児学校における太平洋戦争期の勤労奉仕・勤労動員の統計的概要を示し、その史的背景として政府による国民の勤労奉仕・勤労動員に関する政策、とりわけ学徒勤労動員の沿革について述べる。

次いで、第2、3、4節では盲学校、聾唖《ろうあ》学校、盲聾唖学校における太平洋戦争下の勤労奉仕・勤労動員の実態と背景などについて述べる。とくに、第4節の後半では、盲学校・盲聾唖学校の盲の生徒・卒業生の軍属としての「海軍技療手」について言及する。

さらに、第5節では空爆により視力障害となった勤労動員女子学徒からの聴き取りを記す。

第1節　障害児学校の奉仕作業の統計的概要と勤労奉仕・勤労動員政策

1　障害児学校の奉仕作業の統計的概要

戦前の各種の障害児学校は、その時期や児童生徒の障害の種別や所属の部・科、さらに学年などによって違いが見られるけれども、ほとんどの障害児学校が何らかの勤労奉仕・勤労動員にとりくんでいる。

すなわち、太平洋戦争期に設置されていた全国の障害児学校のうち、筆者が調査・研究対象とした全一〇八校に関していえば、第1章に収録した表3（一四頁）で示したように、勤労奉仕・勤労動員を実施した障害児学校は七四校（六八・五％）、実施しなかった障害児学校は一二校（一一・一％）、実施したかどうか不明の障害児学校は二二校（二〇・四％）である。

実施した全七四校についての障害別の学校数の内訳は、盲学校が二五校（三三・八％）、聾唖学校が二一校（二八・四％）、盲聾唖学校が二八校（三七・八％）である。

実施しなかった全一二校についての障害別の学校（学園）数の内訳は、盲学校が二校、聾唖学校が四校、盲聾唖学校が一校、知的障害児学校が一校（大阪市立思斉国民学校）、肢体不自由児学校が一校（都立光明国民学校）、病弱児学校（学園）が三校（都立久留米学園、都立片浜養護学園、大阪市立助松郊外学園）である。

ただし、実施した障害児学校の記念誌（年史）の奉仕作業に関する記述は精粗さまざまである。また、著者が一九八七年から八八年にかけて行ったアンケート調査では「勤労奉仕活動」に関する質問項目（巻末に収録した「第2次大戦下の全国の障害児学校の戦争被害に関する調査（第二次）」の「勤労奉仕活動」に関する質問項目、参照）の内容は同一としたが、第一次と第二次のアンケートへの回答ではくい違いが見られる場合があり、記念誌（年史）などと照合して判断した。

勤労奉仕・勤労動員を実施した障害児学校に関しても、それらを開始した時期や本格的に実施した時期については違いが見られ、とくに行政側からの要請に基づき勤労動員に取り組んだ時期は太平洋戦争の後半以降であることが多い。

これらの障害児学校における勤労奉仕・勤労動員に対する取り組みの実態と特徴には政府による国民に対する勤労奉仕・勤労動員、とりわけ学徒勤労動員の一環としての学徒勤労動員に関する政策が影響を与えている。

そこで、次に、それらの政策の推移について重点的に述べることにする。

2　勤労奉仕・勤労動員の沿革

一　国民に対する勤労奉仕・勤労動員の政策の推移

私立の盲学校として開校した学校の中には、日露戦争（一九〇四〜〇五年）の際の失明傷痍《しょうい》軍人とその援護の必要性に対する社会的な関心の高まりが設立の要因の一つとなった場合もある。[1] そのため、すでに明治・大正期から学校の恒例行事として県内の衛戍《えいじゅ》病院（陸軍病院）への慰問として鍼灸《しんきゅう》・按摩《あんま》による治療奉仕を行っていた学校もある。また、第2節で紹介するように、「満州事変」（三一〔昭和六〕年、中国東北部「満州」への日本の侵略戦争）の頃から同様の治療奉仕を実践している盲学校・盲聾唖学校もある。

しかし、政府は国策として集団的勤労奉仕作業、さらには勤労動員を打ち出し、拡大・強化していく。それは、「北支事変」（三七〔昭和一二〕年日中全面戦争開始）から、政府が「大東亜戦争」（四一〔昭和一六〕年〜四五〔昭和二〇〕年）と呼んだアジア・太平洋戦争までの時期においてである。

福間敏矩の著書『増補　学徒動員・学徒出陣——制度と背景』（第一法規、一九九三年、全二一〇五頁）、同『集成　学徒勤労動員』（ジャパン総研、二〇〇二年、全六八二頁）は、学徒動員・学徒勤労動員に関する先駆的で実証的・総合的な優れた研究書である。そこで、とくに断らぬ限り、勤労奉仕・勤労動員に関する政策・制度については両書に依拠して記す。とりわけ、各種「通牒」に関しては後者の「資料編」に基づいている。

三七年七月七日「北支事変」が発生すると、同年七月三一日「今回ノ北支事変ニ関シ執ルヘキ措置」を通牒して、「派遣応召ノ軍人ノ遺家族ノ実情ニ応シ最寄《もより》在住ノ生徒児童及社会教育諸団体員ヲシテ其ノ生業家事通信等ニ関シ適当ニ労力奉仕ヲ為サシムルコト」と「労力奉仕」を求めている。以後、応召軍人に対する援護措置の一環として、遺族家族に対する労力の奉仕が続いていることを一連の通牒や閣議や次官会議などの決定の内容から読み取ることが出来る。すなわち、太平洋戦争が勃発した四一年の八月一四日の次官会議決定「銃後奉公強化運動実施大綱」では「各学校等ニ於テハ学生、生徒、児童ニ対シ積極的に軍人援護精神ヲ涵養振起セシムルト共ニ一面軍人遺族、家族ノ家庭ニ対シテ進ンデ勤労奉仕ヲ行ハシムル等実践的訓練ヲ通ジテ本趣旨ノ徹底ヲ図ルヤウ留意スルコト」（傍点は引用者による。以下同じ）と規定している。

日中戦争からアジア・太平洋戦争の時期における国民の集団的勤労奉仕・学徒勤労動員政策の制度の根幹となったのは戦時における人的・物的資源の統制運用に関する包括的な権限を政府に委ね、すべての国民の生活の全面的な統制を可能にした国家総動員法（三八年四月一日公布、五月五日施行）である。そして、その政策を精神的な面から促進する役割を果たしたのが、国民の戦意を昂揚《こうよう》し、戦争動員を増進するための官制国民運動である国民精神総動員運動である。すなわち、三七年八月、第一次近衛内閣は「国民精神総動員実施要綱」を決定し、それを「挙国一致・尽忠報国・堅忍持久」のスローガンのもとに展開した。同年九月、文部省が出した通牒「国民精神総動員運動実践事項」の運動目標の第三は「非常時経済政策への協力」であり、その実施細目では「国産品使用、輸入品使用制限」と並べて「奉仕作業の推進」などを掲げている。さらに三八年四月に発表された「国民精神総動員実践要綱」では、地域における運動の担い手組織として部落会・町内会・隣組などを示しその整備を定めている。こうして、軍人援護活動は次第に組織的となり、国民精神総動員となって国民全般を巻き込んだ運動へと展開され、国家総動員法という戦時統制遂行のための基本法のもとで、勤労奉仕も国家総動員の一環として拡大強化されていったのである。

二　学徒勤労動員政策の推移

次に、その経緯を障害児学校における勤労奉仕・勤労動員に対して、より直接な影響を及ぼした学徒動員・学徒勤労動員に関して見ていこう。なお学徒とは高等・中等教育機関における学生・生徒の略称である。

三八年から高等・中等教育機関で集団的勤労作業が実施される。それは精神教育的な趣旨のものであり、学徒勤労動員の前史として位置づけられる。

しかし、四一年二月の青少年学徒食糧飼料増産運動以後、勤労奉仕は本格的な勤労動員へと転換する。同年八月八日文部省訓令「学校報国団の体制確立方」によって高等・中等教育機関に学校報国団が組織され、これが同年一一月二二日勅令「国民勤労報国協力令」によって国民勤労報国隊とみなされた。

四三年六月二五日閣議決定「学徒戦時動員体制確立要綱」は「第一　方針」で次のように規定する。

「大東亜戦争ノ現段階ニ対処シ教育錬成内容ノ一環トシテ学徒ノ戦時動員体制ヲ確立シ学徒ヲシテ有事即応ノ態勢タラシムルト共ニ又之ガ勤労動員ヲ教化シテ学徒尽忠ノ至誠ヲ傾ケ其ノ総力ヲ戦力増強ニ結集セシメントス」

これによって、学校報国隊を国土防衛と勤労作業に動員できる体制を確立することが目指され、これ以後軍需動員が本格化する。

四三年一〇月一二日閣議決定「教育ニ関スル戦時非常措置方策」では「第二　措置」の中で「三　教育実践ノ一環トシテ学徒ノ戦時勤労動員ヲ高度ニ強化シ在学期間中一年ニ付概ネ三分ノ一相当期間ニ於テ之ヲ実施ス」と

規定。

四四年一月一八日閣議決定「緊急学徒勤労動員方策要綱」では「勤労即教育ノ本旨」に徹して継続して四か月間の動員を行うこととされたが、同年三月一七日閣議決定「決戦非常措置要綱ニ基ク学徒動員実施要綱」により、動員対象が中等学校一・二年生や国民学校高等科児童にまで拡大されるとともに、いわゆる通年動員が開始されることとなった。なお、「国民学校高等科児童ノ動員」については「土地ノ情況、心身ノ発達ヲ考慮シ適当ナル作業種目ヲ選ビ之ヲ実施ス」と記されている。

四四年四月には文部省に学徒動員本部が設置された。そして、かねて国家総動員審議会に諮問していた「学徒ノ勤労ニ関スル勅令案要綱」が、同年六月六日に答申され、同年八月二三日勅令「学徒勤労令」が制定されるに至った。これにより、学徒勤労動員の制度が確立した。「学徒勤労令」は全二五条からなり、第一条では「国家総動員法第五条ノ規定ニ基ク学徒（国民学校初等科及之ニ準ズベキモノノ児童並ニ青年学校ノ生徒ヲ除ク）ノ勤労協力及之ニ関連スル教職員ノ勤労協力（以下学徒勤労ト総称ス）ニ関スル命令」であることなど、第二条では「学徒勤労ハ教職員及学徒ヲ以テスル隊組織（以下学校報国隊ト称ス）ニ依ルモノトス」など、第三条では「学徒勤労ニ当リテハ勤労即教育タラシムル様力《つと》ムルモノトス」、第一三条では「隊長タル学校長又ハ教職員ハ当該学校報国隊ノ隊員ノ学徒勤労ニ関シ其ノ隊員ヲ指揮監督ス」と規定している。

四五年三月一八日閣議決定「決戦教育措置要綱」は、「第一　措置」で、「全学徒ヲ食糧増産、軍需生産、防空防衛、重要研究其ノ他ノ直接決戦ニ緊要ナル業務ニ総動員ス」と規定し、その「目的達成ノ為国民学校初等科ヲ除キ学校ニ於ケル授業」は「原則トシテ」一年間停止し、「学徒ノ動員ハ教職員及学徒ヲ打ツテ一丸トスル学徒隊ノ組織」をもってこれに当たることを定めた。学徒隊は四五年五月二二日勅令「戦時教育令」によって制度化された。同勅令は全六条からなり、第三条では「学校毎ニ教職員及学徒ヲ以テ学徒隊ヲ組織」するとともに「学徒隊ノ連合体」を組織することも規定している。この勅令は第五条で「戦時ニ際シ特ニ必要アルトキハ学徒ニシテ徴集、召集等ノ事由ニ因リ軍人（陸海軍ノ学生生徒ヲ含ム）ト為リ（略）」という文言が示すように、本土決戦を念頭に入れて作成されたといわれる。

四五年七月、文部省の総務局と体育局が廃止され、筆頭局として学徒動員局が設置された。

以上の勤労奉仕・勤労動員についてのおおまかな推移から、学徒勤労動員とは日中戦争以後、高等・中等教育機関の学生・生徒（学徒）を、基本的には召集された成人男性の労働力の補充のために勤労させたものであり、当初は勤労奉仕と呼称されていたが四一年頃から勤労動員となって計画性と強制力が高まり、しかも勤労の成果が期待されるようになっていったこと、そして動員の目的・内容としては食糧増産、軍需品生産、防空・国土防衛など多岐にわたることがわかる。そして、戦局の進展にともなって政府の動員に対する要求はますます激しくなり、動員の態勢も強化徹底され、ついに中等学校低学年生徒、国民学校高等科児童だけではなく、場合によっては国民学校初等科低学年児童まで駆り出すという状況にまで立ち至ったのである。

太平洋戦争期に設置されていた各種の障害児学校が、知的障害児や肢体不自由児の障害児学校は別として、それ以外の視覚障害児や聴覚障害児の障害児学校の場合は、戦争の末期になるほどその少なからずが勤労奉仕から勤労動員にとりくんでいった背景・要因には、以上のような健常児の通常の学校をめぐる問題状況があったことを念頭におく必要があろう。

なお、福間敏矩は前掲『集成　学徒勤労動員』において、動員を拒否したり、出動後引き上げた例があることについても究明している。◆2 また、同書の「第十二章　学徒勤労動員の出動状況」では、「昭和十六年十一月二十二日勅令第九九五号　国民勤労報国協力令閣議決定の際の添付資料」などについても紹介している。それらの資料により、例えば「昭和十五年度ニ於ケル学生生徒ノ参加状況（文部省調査）」について大学・専門学校・中等学校の参加校数、参加延人員、作業種目別学校数などを知ることが出来る。作業種目別には「応召家族奉仕」や「神社寺院公園掃除修理作業」も入っており、これらは後述するように、戦時下の盲学校・聾唖学校・盲聾唖学校においても勤労奉仕・勤労動員の作業種目として見ることが出来るものであることをあらかじめ記しておきたい。

なお毎日新聞（四四年三月二〇日付）は文部省で同年三月一九日に「盲聾唖学徒の動員要綱を決定地方長官宛通牒した。」と報じ、「これまで世間から特別扱ひにされてきたこれら学校も他の動員学徒と同じく戦列に馳せ参じその力を打ち込むことになったわけだ。」と記述したという。◆3

第2節　盲学校における勤労奉仕・勤労動員

1　盲人への偏見に抗して

戦争・軍国主義の時代に、盲学校までもが勤労奉仕さらには勤労動員に尽力したのはなぜだろうか。戦争遂行のためにあらゆる人的・物的資源を総動員する総力戦体制のもとでは、とくに都道府県立の盲学校の場合は軍事力・労働力として有用であることを少しでも社会的に示さなければ存続すること自体が不可能であったからであろう。そして、学校が運営方針の基本に皇民教育の徹底を掲げる以上、そこに在学する児童・生徒たちもまた忠良な皇民の一員となるために、本来は視力に障害があっても社会生活を営んでいけるよう習得に励んでいる鍼灸・按摩・マッサージの技能を、陸軍病院の傷病兵士や「産業戦士」と呼ばれる軍需工場の労働者などのために役立てようとしたのはいわば必然的なことであったといえよう。

先天性の弱視で子どものときに沖縄戦を体験した山田親幸は、「普段負い目を感じている障害者ほど、国の力になりたいと戦争に協力的になってしまう。でも、その戦争で障害者がまた生まれる。」と語っている。◆4

しかし、障害がある人たちを不具・廃疾者とみなし、社会にとって無用で邪魔な存在ととらえる障害者観はいまだ根強く国民大衆の中に生き続けており、盲人たちの多くはまずそうした偏見や蔑視に抗して、自分たちの存在価値を自ら世間に知らせていかねばならなかった。日中戦争からアジア・太平洋戦争の時期に、公立盲学校の中等部鍼按科の生徒たちが、例えば自分たちの進路を軍属の身分である陸海軍技療手となって軍隊とともに戦場に征くことを希求した気持ちにはそうした意識がはたらいていたのではなかろうか。

次に、太平洋戦争の末期に、実際に「海軍技療士（手）」となり、飛行士の疲労回復のための役目を担おうと志したけれども、すでに「飛行機がなくなって海軍病院へ配属」された体験を有する石川県立盲学校の卒業生が一九八〇年代に母校の元生徒や元教職員と座談会「戦争中の盲学校」において語り合った内容を一部抄記する。

「司会　盲人は肩身の狭い思いをしたのですねえ。具体的にはどういうことがあったんですか。

川島　まあ、はたちの徴兵検査があるわけやわねえ。そうすると、かからんわえね（合格しない——引用者注）。そうすると、なにか屑《くず》みたいなねえ。

宮　侮辱したような言葉かけられた？

川島　精神的にねえ。あの時分は学徒動員とか。国のため働いとるのに我々は何もできんでしょう。だから負担感じとるわけやねえ。

宮　バスに乗ったらね、めくらどもが一杯おるさけ戦争負けるがや、あんなもん、まとめて殺しゃいいてバスのお客さんがいうとったと聞きました。かたわとか、めくらとかいわれるがやね。（略）
泉田　ぼくの場合はね、戦争といえば、目の悪いもんはのけ者にされとるようで、軍隊の何か役に立ちたいと思って、浜谷君と東京へ海軍技療士《ママ》（正しくは手――引用者注）の試験を受けに行ったんです。浜谷君は正直に視力を言うたので駄目やったけど、ぼくはごまかして受かったがやね。東京大空襲に会うたんやけど。
司会　その海軍技療士《ママ》の制度というのは？
泉田　従軍マッサージ士《ママ》や。海軍飛行隊だけやけど、航空隊と潜水艦と両方あってね、目的は疲労回復みたいな。
川島　泉田君が、予科練みたいな服装でねえ。（略）
泉田　はじめは、飛行士が極度の疲労感を感じる、それの回復が目的やったけど、その飛行機がなくて、海軍病院へ配属になって。[◆5]」（傍線は引用者がとくに留意してほしい箇所に付す。以下同様――引用者注）

2　戦争のたびに増える奉仕や動員

太平洋戦争期に設置されていた府県立の盲学校の記念誌（年史）を通覧すると、中等部鍼按科の生徒たちが鍼按灸などの専門家の資格を有する教員に引率されて県内の衛戍病院に奉仕治療を始めるのは三一（昭和六）年の「満州事変」のあとからのようであり、次いでその取り組みがより多くの府県に広がるのが三七（昭和一二）年の「日支事変」（日中全面戦争開始）以降である。そして、太平洋戦期になると全国の公立盲学校の八割近くが勤労動員の一環として陸海軍病院や軍需工場さらには応召者家庭・戦死者遺族への奉仕治療を本格的に実施するに至る。

次に、このような盲学校における勤労奉仕・勤労動員としての鍼・按摩・灸・マッサージによる治療活動のおおまかな推移について、いくつかの盲学校を事例として見てみよう。

(1)「満州事変」後について

「満州事変」後の事例としては、例えば長野県立松本盲学校を挙げることができる。同校は一二(明治四五)年、私立松本盲人教育所として創立。一六(大正五)年、市立松本訓盲院として認可。二四(大正一三)年、県立代用市立松本盲学校となり、前年八月公布の「盲学校及び聾啞学校令」による指定校として認可され生徒は卒業と同時に鍼・灸・按摩・マッサージ師の資格を得ることとなった。二七(昭和二)年、独立校舎を新築、本校の教育は本格的な活動期に入った。すなわち、教育組織としては初等部・中等部・研究部・別科を設け、教育内容の充実を図るとともに、三一(昭和六)年八月には一週間にわたってマッサージ講習会を開催し、社会的に盲学校の意義を広めた。そして、「満州事変」の翌年の三二(昭和七)年一二月一九日、教職員・生徒は松本衛戍病院へ通い週一回の奉仕治療を開始したのである。さらに三三(昭和八)年には県立に移管され長野県盲学校となると、その翌年からは毎月一七日を謝恩日と定めて患者の無料施療を始めるとともに、近隣の村へマッサージ講習に出張するなど、盲教育の宣伝と発展に積極的な活動を展開した。この間、本校の教育は後藤静香《せいこう》らの希望社運動の影響を強く受けた。なお同校は日中全面戦争開始二年後の三九(昭和一四)年には在郷失明傷痍軍人に対する講習会を始めたほか、太平洋戦争最末期の四五(昭和二〇)年七月一七日に長野師管区より勤労動員に関する申請の認可を受け、松本陸軍病院本院・浅間分院への出動職員・生徒の分担を決定している。◆6

そのほか、岐阜県立岐阜盲学校も「満州事変後の一九三四（昭和九）年、北長森の陸軍病院に入院療養している傷兵を慰問して奉仕治療が始められた。」[7]

(2) 日中全面戦争開始後について

「支那事変」後の事例としては、例えば千葉県立盲学校を挙げることができる。同校は一九一〇（明治四三）年、私立千葉訓盲院として創立。二四（大正一三）年、私立千葉盲学校と改称。三三（昭和八）年、県立に移管され千葉県立盲学校となり、初等部（修業年限六年）・中等部（同四年、学科は鍼按科）・中等部予科（同一年）・別科（同二年）・研究科（同二年以内）を設置。以上の部・科の中で学科課程に「鍼術、灸術、按摩術及マッサージ」を位置づけているのは中等部鍼按科だけである。

そして、「全国盲唖学校会議聴取事項答申　昭和十三年十月十四日」によれば、千葉県立聾唖学校兼千葉県立盲学校長鈴木保司は、文部大臣に次のように「聴取事項答申」を進達している。すなわち「第一問、各学校ニ於ケル国民精神総動員運動及集団勤労作業ノ実施状況幷ニ今後ノ計画」の中で、「傷兵療養所ノ集団勤労作業ニ参加」、「戦傷将兵ニ対スル慰労ト治療」、「神社参拝ト武運長久戦捷祈願（毎月一日朝時間ヲ特設シテ千葉神社ニ詣ヅ）」などを答申として記載しているほか、「盲生の慰問ト治療」に関しては「昨年（三七〔昭和一二〕年――引用者注）十月以来陸軍病院ニ出張（職員生徒）按摩マッサージ等ヲナス外職員一名ハ毎週三回出張シテ看護兵、看護婦等ニ指導ヲナシツツアリ」と記している。[8]

また、静岡県立静岡盲学校を四二（昭和一七）年三月に卒業した石川栄俊は、同校の『創立60周年誌』（一九五八年）への寄稿「大東亜戦争初期」の中で自分たちの奉仕治療などを回想して次のように述べている。

「私共の職域奉仕としての陸軍病院の慰問治療は支那事変中より継続され、必勝祈願の神社参拝、健脚鍛錬の徒歩行進、あるいはマッサージ指導講習会や奉仕治療等々国民としてなすべきことを、不自由を克服して忠実に過ごして来たことは、私のみ知るところではないでしょう。[9]」

そのほか、『京都府盲聾教育百年史』（一九七八年）は、京都府立盲学校では「創立六十周年記念式の行われた昭和十三年になると、防空演習・勤労作業・出征兵士遺家族治療無料奉仕・神社祈願等々が学校行事の中に現われる。[10]」と記している。

なお、愛知県立盲学校では、「昭和十年代に入り、日華事変の勃発とともに、校内に戦時色の臭いがたちこめ、失明傷痍軍人の人たちが入って来た。[11]」という。

(3) 太平洋戦争期について

さいごは当時の政府が「大東亜戦争」と公称した太平洋戦争期について述べよう。

第1節で述べた国策としての勤労奉仕・勤労動員の一環として、とくに公立の最も多くの盲学校および盲聾唖学校の盲部の「中等部鍼按科」・「別科按摩科」・「研究科鍼按科」の教職員・生徒たちが、いわゆる〝報国治療〟に挺身し、その活動は敗戦に至るまで続けられている。

該当する盲学校は数多くあり、この時期を代表する事例については次項でやや詳しく述べることとし、ここでは栃木県立盲学校に在学していた男子生徒と、四二年に同校に赴任した女教師の回想記を紹介する。

植竹音吉は「意気盛んなる足盲創立時代」と題して同校の『創立65周年　校舎新築記念誌』（一九七三年）に寄稿した中で次のように述べている。

「戦争中は出征兵士のある留守家族、農家に勤労奉仕作業に中等部生全員と職員が出かけたこともありました。田植や稲刈り、いも掘り、あるいはあんま、はり、きゅうの無料奉仕治療を学校の作業室を借りて行なったり、又、村役場の婦人会と連絡をとり出張治療に鍼按科の先生が生徒を連れて行き、二日ないし三日連続で行ったものです。そうして食糧増産にお手伝いしたのです。[12]」

同じく、糸井ふみ（元・栃木県立盲学校教諭）は、同記念誌への寄稿「思い出の数々」の中で次のように述べている。

「中等部の生徒は何か出来る仕事はないかと職員がさがして歩いた。そうして上級生の男子は、清原の飛行場へ行き軍隊に協力する事になった。

また半盲生（弱視――引用者注）は工場へ行き、そして、全盲生と女子は、私達が『鉄砲みがき』と言っていた仕事を持ってきた。30センチ位の長さで太いはりがねのまわりに付着していた壁のようなものを落して、中の棒を布のやすりでピカピカにみがくのである。何に使われるのか分らなかったが、とにかく戦争に役立つのだと思って一生懸命汗をながしてみがいた。[13]」

戦争は多くの失明者を生み出すとともに、視覚障害者を戦時体制に動員していく。

戦時下の「点字毎日」新聞を通覧していくと「大東亜戦争」に協賛する記事が紙面を数多く占めるようになる。そして、戦局が悪化していくなかで、盲人の報国活動への挺身を促し、戦意高揚を図る内容がいっそう強調される。

敗戦の年の四五年に至ると、その一月四日付の「点字毎日」の「主張」は次のようになる。視覚障害者の戦争遂行への協力・加担を如実に示しているので全文を転載する。

「大東亜戦争第四年。苛烈なる新春である。ただの春ではないのだ。同胞の血に染った新年である。屠蘇を酌んで心ゆたかに祝ふ正月ではない。ただひたむきに神前に心を聖め静かに決勝を祈念すべき新春である。我々は過去において陸海軍への『航空機献納』に、直接『兵器増産』に、将又（はたまた）第一線の神鷲たちの疲労回復のため『航空あんま』に、産業戦士のための『産報あんま』に、戦病勇士の『慰問治療』に、又『音楽報国』に『食糧増産』に、盲人としてなし得る、ありとあらゆる方面に挺身して来た。

そして一般人以上に、『貯蓄』に、『献金』に、『国債消化』に、『疎開分散』に、『思想謀略戦』に、『神経戦』に、国家の要望するありとあらゆる方面に戦いぬいて来た。然《しか》し、これでもうよいのではない。醜敵米英を完全にたたきのめすまで戦いつづけねばならないのだ。『みたみわれ』としての盲人我々は我々盲人としてなし得る限りの力を国に捧げ如何なる困苦欠乏をも忍従し、『このおほみいくさに勝ちぬかん』の心に徹し瞬時も晏如（あんじょ）たることなく勇往邁進《まいしん》せねばならない。」

3　盲学校における勤労奉仕・勤労動員の実態

太平洋戦争期になると、第1節で述べた高等・中等学校の学徒や国民学校高等科の生徒たちに対する勤労奉仕・勤労動員が盲学校中等部の生徒たちにおいても本格的に実施されるようになった。戦局が悪化していくなかで府県の行政当局から動員を促す指令が盲学校・盲聾唖学校などに対して出されるようになったのである。次に、いくつかの公立盲学校について太平洋戦争下の勤労奉仕・勤労動員の動向と実態を見ていこう。

一　京都府立盲学校について◆14

四五年三月に入ると近畿圏の諸都市に対する空爆も激化し、京都府立盲学校は京都府立聾学校と共に三月一四日に休校措置をとるに至った。休校後一〇日目の三月二四日、病床にあった校長・小山荘太郎が永眠。島田俊平校長事務取扱い（第九代校長となる――引用者注）は休校中であるにもかかわらず、四月初めに通学可能な中等部の生徒たちに対して四月一〇日に登校を求めた。その理由について島田は、「今回当局より盲学校生徒も動員して戦力増強に寄与すべき様指令ありたるにつき早急に組織を完了致す必要有之候」と述べている。さらに島田は五月二九日付で保護者への通知を出し、その中で六月一日より中等部鍼按科生徒に関して、「動員して治療報国に邁進《まいしん》敢闘するよう府当局より正式に指令有之候に付××儀必ず登校する様」（××は姓ではなく名前）と記している。しかし、登校が少数であったためか、六月二日に再度の督促を行っている。結局、十数名の市内生徒が登校し、当番制を組み、外来治療奉仕を始めた。当時は医師が少なく、病弱者や老人が口伝えに聞いて参集し、治療室は絶えず満員で市民から歓迎されたという。◆[15] また、工場へも治療奉仕に出向いた。

当時、本校生徒は、学生服の胸に白地のリボン（紺色の校章入りの氏名票）をつけ、さらに一〇センチ角大の真紅の動員票を装着した。防空頭巾にも氏名、住所、血液型を記入した白布を縫いつけていた。

なお、当時、同校の教員であった鳥居篤治郎は、著書『すてびやく　捨日役』（京都ライトハウス発行、一九六七年）で、戦時下の動員のときの様子について次のように記している。

「一九四五（昭和二〇）年、五十一歳（鳥居の年齢――引用者注）

三月十四日、戦時非常措置令により、国民学校初等科を除き、学校授業一カ年停止となる。盲学校においても授業停止。職員生徒の希望者は郷里へ疎開。市内在住の有志のみを集めて、学徒動員に応ずる。午前中一時間授業、午後は産業戦士に対して治療報国の実践を行なう。（略）八月十五日、終戦。（略）十月より一部の授業を開始。なお、盲学校の授業停止中は、府立臨時女子医専に校舎および寄宿舎を開放する。」（同書、二七四頁より）

二　大阪府立盲学校について

大阪府立盲学校では太平洋戦争末期の四四年頃になると中等部鍼按科の生徒たちを中心に、「鍼按奉仕隊」や「農村慰問隊」が結成され組織的に活動したようである。[16]

第1節で述べたように、当時、高等・中等学校の学徒は男女を問わず工場へ動員され、兵器や軍需物資の生産に携わることが多かった。同校でも四四年の秋頃から、まず中等部の弱視の生徒たちが試験的に、続いて四五年一月からは本格的に中等部の男女生徒たちが女性教員を含めた四名の教員に引率されて工場へ動員され、工業専門学校や高等女学校の生徒たちと共に兵器の部品製作に携わっている。その時の状況を同校の『創立70周年記念誌』（一九八四年）から抄録する。

「総員約25名が牧野定治（故人）、三須淳、足利昿、真田千代の4先生に引率されて、阪和線百舌鳥駅西南20分余りの堺市耳原町大阪金属『神武ハト工場』へ通い、旋盤機械で爆弾の信管作りに従事しました。当時中等部4年の秋葉先生と福岡PTA会長さんはその思い出を『一緒だった堺工業や堺高女の生徒たちに負けないよう、皆で頑張りました。しかし6月頃には材料が不足してきて、班長さんから〈もっとゆっくり働け〉と変な注意を受けたりしました。日に何回も空襲警報が鳴り、そのたびに仁徳御陵の横の畑まで走って避難しました。終戦の玉音放送は工場で聞き、すぐに学校へ引上げ、それぞれの自宅へ帰省しました。』と語られています。」

そして、戦後の学校生活への復帰の過程については次のように記されている。

「工場動員が終り、疎開組がもどったといっても、学校生活がすぐに元にもどった訳ではありません。（略）廊下や教室は、半年余りの浜兵団の駐屯で、見る影もなく荒れ果て、校地内はくまなく防空壕で掘り返えされていました。縁故疎開で地方へ行ったままの生徒がもどらず、一五〇名そこそこと約半分に減ったままの状態が3、4年続きました。そのため空き教室が沢山でき、そこへ畳を敷いて応急住宅として職員中の戦災者や地方から赴任した教職員に提供されました。（略）戦中、戦後の相続く困難を耐え抜くうちに社会情勢はようやく安定し昭和26年、生徒数も二〇〇名を超え、以来増加の一途に向いました。」◆17

以前、著者は関西の視覚障害児学校や聴覚障害児学校などを訪れ、戦時下の教育の実態について元教職員・生徒などから聴き取りや諸資（史）料の調査・収集をした際、「治療奉仕隊」の幟《のぼり》（長さ約二メートル、幅約五〇センチ）を見いだし校長の了解を得て撮影した（写真3）。敗戦直後、アメリカ軍による戦時中の軍国主義的な教材・教具などの摘発の目を避けて体育館の天井の裏に隠したまま忘れ去られていたとのこと。撮影しながら著者は、かつて、中等部鍼按科の生徒たちがそれをひらめかせながら銃後の無医村に勇躍して出動していった姿を想い描いた。

写真3　盲学校の「治療奉仕隊」の幟

注　健兵健民　鍼・灸・按摩・マッサージ　治療奉仕隊　大阪府立盲学校報国団。
出典　幟は大阪府立視覚支援学校所蔵。2009年8月11日、著者撮影。

三　岐阜県立岐阜盲学校について

岐阜県立岐阜盲学校は一八九四年（明治二七）年、岐阜聖公会訓盲院

として創立。その後、社団法人岐阜訓盲協会が運営。キリスト教精神で教育してきたが四〇年、政府の命令で婦人宣教師の教師は帰国。同年、県立に移管、岐阜県盲学校となる。「大東亜戦争」下で、皇民教育・錬成教育が強化され、奉仕治療にも学校をあげて取り組む。

「昭和十六年十二月八日、米英に対する戦は宣せられ、それから四ヶ年毎月八日は大詔奉戴日として、国旗掲揚、詔書奉読ののち、職員生徒は校庭を馳走して体を練った。（略）盲人にできる戦力増強への勤労奉仕」を「校長が陣頭指揮をとり、治療部教師と生徒とで幾組かの奉仕団を組織して、県下のすみずみまで奉仕に出張した。」◆18 その奉仕治療の実際は四つの分野にわたっており、治療の場所・地名、患者の人数と疾患の種類、実施の回数などを具体的に知ることが出来る。

次にその内容を重点的に紹介する。

「一般人への奉仕治療」は、「生徒の実際治療に対する経験をつませることと、多人数治療に耐え得る体力を得させること」を目的に、本校の治療室で毎月一九日に職員・生徒全員で鍼・灸・按摩を行った。患者の人数は毎回一七〇名前後で、四五年の春期は「空襲はげしき中にも続行し同年七月戦災（七月九日夜、空爆により校舎・寄宿舎全焼――引用者注）を受けるまでつづけ」、「九月から松林寺で再開し、元のように十九日は多くの患者を迎えた。」という。受療者の疾患の種類の比率は「肩凝四五％、膊神経痛一〇％、肩胛痛一〇％、腰痛一〇％、坐骨神経痛八％、筋肉痛八％、其の他一四％」である。

「無医村の奉仕治療」は四二年八月に板取村へ校長ほか二名の教員と生徒一〇名が出張し、同村字松谷の寺院で百四十余名に行ったのを最初として四五年七月の戦災に遭うまでに四十余か村に及んだ。

「産業戦士への奉仕治療」は、四二年頃、東京を中心に「産報按摩」ということが叫ばれて、軍需工場の工員に按摩奉仕をすることが行われた。本校では四三年七月に産報按摩講習会を開催して、まず教員が受講会得して地方に伝達講習を行った。本校の「按摩奉仕団」は県内各地の軍需工場を一泊または二泊で巡回した。二〇年五月初旬に大垣市青柳の揖斐川電気工場の寮、同年六月九日に那加町の川崎寮に行ったときは、「敵機来襲下に死線を越えての奉仕であった。」という。

「傷病兵へのマッサージ奉仕」は、「満州事変」の頃に始めたが、「支那事変が太平洋戦争に拡大するに及び、傷病兵が急に増加した」ので、陸軍病院に「職員生徒五、六名で組織した奉仕班が、毎日交代で通院」し、院内に「マッサージ室」を設けて「終戦まで一日も欠かさず」行い、戦後、国立病院に改組されてからも五一年に取り止めになるまで続けた。この間の受療患者の人数はのべ一三万四六〇〇人に及び、その疾病の種類は「銃創、砲弾破片創、骨折、凍傷、ガス壊疽、カリエス、強直、神経障害、胸膜炎等が主要なるものであった。」とのことである。

また、戦争が長引くにつれて、「失明軍人の再起のために本校に入学させたのが十余名に及んだ」ほか、四一年三月には「日華親善」および遅れている中国の鍼按灸事業を援助するために二人の中国人男子留学生を受け入れている。[19]

四　福岡県立福岡盲学校について

福岡県立福岡盲学校は一九一〇（明治四三）年、私立福岡盲唖学校として創立。二四（大正一三）年、県立に移管され福岡県立盲唖学校となる。三一（昭和六）年、盲部・聾唖部分離し福岡市一見町二番地（現・中央区白金町）に県立福岡盲学校開校。同校でも、岐阜県盲学校と同じく四一年八月に「校友会」を「報国団」と改称している。[20]

開校当初から臨床実習の場として校内に治療所を設け受療者が多かった。日中戦争から太平洋戦争へと戦争が拡大していくと、福岡陸軍病院からの傷病兵も増え、四二、四三年頃からは七〇～八〇名という多忙な日が続いた。そこで、四三年夏期に教員が引率し中等部鍼按科三年生の生徒数名が大濠にある陸軍病院に実習を兼ね治療に通った。これが「福盲治療報国隊」の初めである。四四年春から中等部四年生の男子は報国隊二班を組み、傷病兵や「産業戦士」の治療にあたり、女子は校内の治療所で研究科生と共に臨床実習に励んだ（傍点は著者）。

当時、「福盲治療報国隊」の隊員であった田久保龍三（四四年度卒）は、「福盲治療報国隊について」と題して同校の『開校85周年記念誌』（一九九五年）に次のように記している。

「（動員先は――引用者注）福岡第一陸軍病院、福岡第二陸軍病院（一陸、二陸と略称している――引用者注）、明治礦業西戸崎炭坑、渡辺鉄工所、早良炭坑病院、志免海軍炭坑病院等であった。当時ろ組であった私は4月に西戸崎炭坑に泊りこみ、6月は一陸、8月以降の偶数月は二陸に通った。西戸崎炭坑では、労務員クラブの2部屋を治療室兼滞在の部屋として与えられた。ここでは多岐にわたる病いの人達が訪れ、多忙であった。しかしまた松林の多い風情の中で、近くの大浴場の楽しみや、先生共に7人の友との夜の語らいは、またとない憩いの時であった。（略）二陸には治療訓練、温熱、水治療法の器機やマッサージ室もあり、戦後各地の病院でみられたような器機が当時すでに備えられていた。（略）こうして当時の学徒はすべて動員されていた戦時下にあって」、〝福盲治療報国隊〟の腕章をつけ、「私達は三療（鍼・按・灸・マッサージ――引用者注）をもって国に報ずる事で最終学年を終った。」◆[21]

なお、田久保は本稿の冒頭に「盲学徒の学びの目的は、生きるに足る職業の修得であろう。」と書いている。そうであるだけに、その人間として「生きるに足る職業の修得」のための臨床治療の学習と実践が、国の存亡をかけた戦争の遂行と深く結びついている陸軍病院の負傷兵士たちや軍需工場で病む「産業戦士」たちを対象としての治療奉仕であったことに、戦時下の盲学徒が被侵略国の国民に対しては加害の立場におかれ、同時に一職業人としては本来の使命を果たし得ず、人間・市民としては戦争の時代の犠牲者であったと考えざるを得ない。少なくとも、単に戦時下に生きた視覚障害者の〝宿命〟とみなすことは許されない。

第3節　聾啞学校における勤労奉仕・勤労動員と聾者の徴用

1「血願書」を提出して軍需工場で奉仕

盲学校の生徒たちが陸軍病院や軍需工場などでの勤労奉仕に従事し、勤労動員に応じたように、太平洋戦争下の戦時非常時局においては聾啞学校の生徒の多くは自分たちを「片輪」や「穀《ごく》つぶし」のようにみなす世間の風潮に強く反発する気持ちを抱いており、われわれも皇国の一員として国のために力を尽くしたいし、尽せるのだという考えを持っていた。

そのような聾啞学校の生徒の心情をやや極端なかたちで示し、当時の地方新聞でも美談として報じられた一つの事例がある。

それは、当時、岐阜県立聾啞学校の中等部の男子生徒たちが軍需工場で「奉仕して働きたい」という「血願書」を校長に提出したところ、校長も感激し、短期間ではあったが願い通り軍需関係の会社で給金も返上して働いたことである。

このような集団行動を発案し、上級生たちに働きかけて実行に移したのは中斎己吉（同校の第一〇回生）であり、同校の『五十周年記念誌』（一九八〇年）への寄稿「悲しい小学部時代」の中でもそのときのことを綴っている。そこで、「血願書」についての箇所を全文引用する。

「五年生の時、寄宿舎生の先輩（中学部）の四人（藤井、大沢、岩田、石山）と私の五人で、小指の先を切り、血願書に名前を書いた。『私達は耳が不自由ですが身体を捧げて軍需工場で奉仕して働き抜きます』と書いた血願書を校長先生に渡した。校長先生は感激して誉めてくださった。それから冬休みに校長先生は一週間だけ川崎航空機会社へ連れて行ってくださった。私達は給金を返上して働いた。そのことが中部日本新聞に『ろうあ生五名血願書奉仕で働く』と載った。[22]」

中斎は三歳で失聴、一〇歳になってから岐阜聾唖学校へ入学。そして、中学部四年生のときから自発的に「毎週月曜日に、学校の近くの軍需工場へ爆弾の部分をつくる手伝いをしに行った[23]」のである。したがって、この「血願書」行動は血気にはやる中斎の一時的な思いつきで為されたものではない。

では県立聾唖学校中学部の高学年の生徒たちをしてこのような集団行動をとらせた要因や背景はなにか。生徒たちの申し出に対して校長が感激し彼らを軍事関係の会社へ連れていったことから、聾唖学校の教育が当時の他の中等学校などと同様に軍国主義的性格が濃くなり、皇民錬成を基本的な教育方針として掲げていたであろうことも要因の一つに挙げることができよう。また、背景としては、当時の聾唖者の教育・厚生事業関係の雑誌などの論説・記事にも表されている聾唖者を戦争に役立たせようとする言説や、第1節で述べた一般国民や高等・中等学校の学徒たちに対する勤労奉仕・学徒勤労動員政策が、盲学校と同様に聾唖学校の生徒たちにも強く影響を及ぼしていたのではなかろうか。

そこで次に、当時の聾唖者の教育・厚生事業関係の団体の機関誌の言説の動向について述べることにする。

2 『聾唖の光』誌にみる聾唖者の就労の実態

太平洋戦争開始の翌年の一九四二（昭和一七）年、全国聾唖学校長協会、日本聾唖教育会、財団法人聾教育振興会、社団法人日本聾唖協会の四団体が統合され、財団法人聾唖教育福祉協会（会長徳川義親、事務所は文部省構内）が発足した。そして、従来の雑誌『聾唖教育』、『聾口話教育』、『聾唖界』は廃刊となり、本会の機関誌『聾唖の光』に統一された。同誌は教育号と福祉号が交互に隔月刊で発行された。福祉号は聾唖者の就労・社会生活などに力点を置いて編集されている。そこで、『聾唖の光・福祉号』を通覧することを通して、太平洋戦争下で聾唖者が「産業戦士」として就労した動向をたどってみよう。雑誌の構成は号数を重ねる中で変化しているが、全体として巻頭言、論説、講座、文芸、産業、雑纂《ざつさん》などの欄から構成されている。「産業」欄には「聾唖産業戦士の職場めぐり」の連載があり、「雑纂」欄には各支部からの報告や聾唖学校・聾唖者に関する地方新聞による取材記事などもあり、戦時下の聾唖者の動向を知るうえで貴重である。

福祉号創刊号（四二年七月）の「発刊の辞」で協会の福祉部長の高橋潔は、「今や皇国は大東亜の盟主」として「未曽有の一大飛躍を遂げつゝあり」、「聾唖界の全体も復、其の気運に乗じつゝある」と述べ、「『聾唖の光、福祉号』はこの激しき息吹きの裡に誕生したもので、我邦唯一の聾唖者の雑誌で諸子の尤《もつと》もよき伴侶であり、尤もよき声であり、尤もよき味方であります。」（傍点は引用者による。以下同じ）と本誌を位置づけている。

第一巻第四号福祉号（四二年八月）の「皇民講座『はしがき』」で藤井東洋男（本部評議員福祉部文化主任）は

「一人の兵隊が戦地で戦ふためには、十幾人の銃後の労力が必要であることは計算されてゐる。たとへば百万の軍隊を動員したとすると、この軍需品充足のためにも、銃後で一千万以上の人達が働かねばならないことになる。大東亜戦争の雄大な規模を考へて見ると、たとえ聾唖者と雖《いえど》も、国民の一人として怠ってゐてはいけないことがわかるであらう。」と述べている。

同巻第六号福祉号（同年一〇月）は雑纂欄で広島県支部結成を伝え、支部長が聾唖者会員たちは、「特ニ軍需精密工業方面ニ於ケル活躍等ノ如キ其特性タル勤勉ト精密トヲ以テ天晴銃後ノ戦士トシテノ本分ヲ尽シ日夜汗ト脂《まみ》トニ塗レ乍《なが》ラ健闘」しており、今後「益々職域奉公ニ挺身」することを誓約している。

同巻第八号福祉号（同年一二月）では堀江修（三重）が論稿「勤労新体制と聾唖問題」で、大政翼賛会が国民勤労報国隊を組織化して「国民全部を働かしむる運動に乗り出した」ことを挙げ、「聾唖者の勤労はもはや単なる職業ではないし、職業であってはならない。このことは国民徴用制度や国民勤労報国隊の性格からいっても当然である。」と述べている。

同巻第一〇号福祉号（四三年二月）は雑纂欄で、徳島県立盲唖学校は職業人として生活させるために「職業錬成を時局下軍人援護」と結びつけ、すでに五年間にわたり陸軍病院で毎月一回「理髪慰問」を実施していると報告している。

以下、紙幅の制約上、号を追ってではなくまとめて記す。

第一巻第八号福祉号から第二巻第一一号福祉号（四四年二月）までは産業欄に「聾唖産業戦士職場めぐり」が連載され、編集部員が探訪記事を掲載している。いずれも模範的な会社・工場として推奨されており、当時の「聾唖産業戦士」観と職場のあり方が如実に伝わってくる。それらの会社・工場は「日本夜光塗料製造所」、「奈良県立校授産工場」、「大阪ダイヤモンド研磨会社」、「尼崎特殊機械製作所」、「新潟聾唖機械工養成所」、「黒田国光堂工場」などである。

なお、「尼崎特殊機械製作所」で働く聾唖者の一人は、「会社に対する感想談」として、「私は国家の牙城たる軍人になりたいが耳が聞へないために軍人になれない。誠に残念に思ふ。その代り、産業戦士として国家のために励精するつもりだ。◆[24]」と語っている。

さいごに、戦局が悪化し協会として機関誌の発行も以後困難となった第三巻第七号福祉号（四四年一〇月）について取り上げる。

「巻頭言」で高橋潔は、九月七日第八五回臨時議会開院式での勅語から「戦局日ニ危急ヲ加フ皇国カ其ノ総力ヲ挙ケテ勝ヲ決スルノ機方《まさ》ニ今日ニ在リ」を引用し、「大元帥陛下の大御稜威の下、唯、決勝一本に結集して、一億国民総武装、総蹶起《けつき》し、我々聾唖者は聾唖者ながらに、其職域に於て憤死の覚悟を以て、我神国を護持することの外にはもはや何物もない。」と説く。

瀧本友太郎は、論稿「重大時局下に臨んで聾唖産業戦士に一言」で、「常人の壮丁は、今日何れも皆々応召出征で戦場に決戦奮闘せられて居るのです。此の場合聾唖者は残念ながら戦場へは向かはれませんが、幸ひ銃後にありて産業戦士として各工場其他に又各自の任務に奮闘せられる事が出来るのは聾唖の身として実に有難き幸福の極であります。◆[25]」と述べている。

廣畑肇（兵庫支部）は、論稿「私は応徴士である（続）」（第三巻第五号福祉号、四四年八月の「応徴士として」の続編――引用者注）で、「戦局の切迫に伴ひ、最近では中等学生や、女学生も報国隊として来り、船を造る為に尊い汗を流してゐる。又造船隊と言つて刑務所に服役中の人々も沢山来て働いてゐる。私達応徴士が理由もなく、病気でもないのに無届で長期休むと、之を徴用破りと言つてすぐに刑務所に入れられて、造船隊として元の工場で働かねばならない。だから怠け休みは許されない。」「私は応徴した。（略）そして九月には第二国民兵としての点呼があり、只今予習中である。遠からす《ママ》召集令状が来るであらう。私も家内もお国の為、既に覚悟は充分定めてゐる。日本が勝つまでは、鬼畜米英を粉砕するまでは、私は非力乍らどこまでも頑張るつもりだ。／どうぞ会員諸君も、頑張つて呉れ。／来るべき『光栄の日』に私達会員が／『我々聾唖者もよく戦ひました。』と大きな声で人前で言へるやうに。◆26（七、一八）」

以上のおおまかな経過から、戦時下にあっては聾唖者が軍需関係の工場・会社に採用された背景には第1節で述べた総力戦体制の一環としての産業界の状況と、それに対応して聾唖者たちに「産業戦士」としての役割を果たすことを求めた聾唖教育福祉協会の存在が大きかったことが分かる。

3　尼崎精工の「聾唖産業戦士」たち

戦時中、兵庫県尼崎市には軍需工場が数多く設置されていた。尼崎精工株式会社（三八年に長洲字蒲田、現金楽寺町一丁目に創設。以下、尼崎精工と略す）もその一つであり、戦時期には高射砲の信管を主製品として製造した。しかも、二〇〇〇人前後の工員の中に一〇〇人を超える聾唖工員がいたという。

尼崎精工と「聾唖産業戦士」の歴史については、大矢暹《すすむ》（現在、特別養護老人ホーム淡路ふくろうの郷施設長）が、尼崎精工の工員であった聴覚障害がある人たちからの聴き取りや現地調査、多くの貴重な第一次史料を収集するなどして緻密《ちみつ》でユニークな研究を発表している。◆27

大矢が尼崎精工と聾唖工員との関係に関心を抱いた動機の一つは、年輩のろう者が尼崎の地名を手話では銃を斜め上に構える動作で示すことを知り、戦争のにおいのする銃とか鉄砲を撃つことが、なぜ尼崎という地名を意味するのか、そこに戦争と結びつく、ろう者のどのような歴史・真実が隠されているのかを知りたいと考えたことにある。

大矢は尼崎精工が戦時中、全国でも特異な存在であった理由として三点を指摘している。第一に「ろうあ工員の採用・動員人員の多さ」である。第二に「ろうあ工員の自治組織『工和倶楽部』の結成と会報『工和会報』の発行」であり、しかも「経営者側がそれを許可し奨励した事実」である。第三に「光栄や名誉の証としての『応徴士章』の付与」である。

応徴士章は四三年八月公布の「応徴士服務規律」徽章制度によるもので、採用の形態を国家総動員法の対象へと格付け、軍命としての縛りをかけたことを意味する。

四四年一〇月に開催された全国聾教育大会は次の決議をした。

「聾唖者ヲ成ルベク広ク軍務ニ服セシメラレルヤウ聾唖者ヲ官立ノ軍需工場ニ参加ノ途ヲ講ゼラレンコトヲ其ノ筋ニ建議スルノ件」

尼崎精工は民間の会社だが、国に先駆けてこの建議を具現した軍需工場を有し、「聾唖産業戦士」たらんとするろう者たちの「希望の光だった」と大矢は指摘している。

と同時に、大矢は『工和会報』の発行を経営者が「許可・奨励」し、駐在の軍人の検閲もパスしたことや会報への寄稿の内容を考察することを通して、「銃後の生産現場における戦意高揚に、不具者としてのろう者の踏張りとは別に、『不具者がこんなに頑張っているのに、貴様らもっと働かんか』と競争と対立をあおる、そういう不具者の生かし方を強く感じます。」と問題提起をしている。

尼崎精工の応徴士章を胸に付けた徴用工たちが政府の強制動員政策の枠内に置かれていたことを示す資料として、大矢が日本聾史学会の大会で発表した折の配布資料（複写版）の中から「出頭命令書」を抄録しておく。

「出頭命令書
貴下は尼崎精工株式会社ニ於ケル応徴士トシテ時局下最モ緊要作業ニ従事スベキ重大責務ヲ有シナガラ過半《ママ》ノ空襲以来未ダニ出勤セズ其ノ兵器生産ニ及ボス影響極メテ甚大ナルヲ以テ速ニ環境ヲ整理シ直チニ工場ニ復帰スベシ（略）
三、理由ナク出頭セザルトキハ相当ノ処分ヲ受クルニ付為念
昭和二十年七月十三日
大阪陸軍造兵廠神戸監督班長
陸軍大佐　山口金＊（一字不明）押印
山村尚一（仮名）殿」

4　栃木県立聾唖学校、京都府立聾唖学校

全国の聾唖学校における勤労奉仕・勤労動員の実態については、とくに栃木県立聾唖学校や京都府立聾唖学校の周年記念誌（年史）などがかなり詳しく記録している。しかし、紙幅の制約上ここではそれらの内容の一部を記すにとどめる。

すなわち、栃木県立聾唖学校では例えば四四年七月以降、校舎の一部が中島飛行機宇都宮工場となり、小学部六年生以上の男女生徒が、午前中は授業を受け、午後からは教職員と一緒に工場の技術員の指導のもとに飛行機の翼を組み立てるための打鋲作業に携わった。この作業は翌年の敗戦になるまで、「頻繁な空襲警報と空襲によ

る最悪の条件にも拘《かかわ》らず、児童生徒の必勝の意識は益々昂揚し、作業は休みなく続行され、生産高も急上昇した」[28]。しかし、この工場は終戦と同時に閉鎖された。

他方、京都府立聾唖学校については次のような記述がみられる。

「(昭和)二〇年三月一四日、戦争いよいよ激化し、予科と初等科の授業停止。中等部と研究科は第2教室を改装した学校工場(日新電気株式会社の分工場として)に学徒動員に決定。/二〇年三月二四日、戦時建物疎開(隣接地警察本部長官舎)のため寄宿舎と食堂の全部、教室の一部と職員室。(校舎の大半を取りこぼつ。市内唯一の建物被害校)(略)建物疎開残余の建物は大政翼賛会事務所その他となって、学校の拠る所は失なわれた。中等部以上の教員は第2教室の学校工場で指導にあたったが、授業停止になった予科、小学部の教員は府庁の事務手伝いなどに従事したり、故郷に疎開した。学校はまさに壊滅したのであった。」[29]

第4節　盲聾唖学校における勤労奉仕・勤労動員

これまでの盲学校、聾唖学校の節でも述べたように、盲学校・聾唖学校における勤労奉仕・勤労動員と軍隊・軍需産業との関係は濃厚である。多くの盲学校の初等部高学年・中等部の児童・生徒たちは、近隣の陸海軍病院や軍需工場などへ鍼・灸・按摩・マッサージに出向いており、聾唖学校の同じく児童・生徒たちは、軍需工場や校内に設けた学校工場などで兵器の部品製作や軍服などの縫製に従事する場合が少なくなかった。また、両学校に共通する奉仕的作業として、出征兵士留守宅・遺家族への農耕などの援助活動も挙げることができる。

このような勤労奉仕・勤労動員を実施する場所や作業の種類は盲聾唖学校における盲部と聾唖部の場合も同様である。

公立の盲聾唖学校のほとんどが遅くとも太平洋戦争期の後半には勤労奉仕・勤労動員にとりくんでいるが、ここでは代表的ないくつかの盲聾唖学校に絞って記念誌（年史）から紹介する。

1　盲聾唖学校における勤労奉仕・勤労動員の事例

一　宮城県立盲唖学校について

宮城県立盲唖学校では、日中全面戦争が開始された三七年頃から時局を認識し、盲部は中等部の生徒と教員、同窓生が陸軍病院を慰問して戦傷病者に対してマッサージなどの治療奉仕を行い、同じく聾唖部中等部の生徒たちは理髪の奉仕を、以後毎週四回、放課後に実施した。太平洋戦争が勃発した四一年から二十数か所の工場事業所や交通機関の事務所を訪れ、「産業戦士」に対して盲部中等部の生徒たちは按摩・マッサージの奉仕治療を行い、聾唖部中等部理髪科の生徒たちは理髪の奉仕作業にとりくんでいる。

さらに、四三年には盲部中等部の生徒たちが無医村慰問治療を実施し、金成地区では五日間に五〇名、川渡地区では二百数十名の村民が受療した。[30]

しかし、空爆が激しさを増してきたため四五年七月二一日から敗戦後の一〇月二四日まで、中等部は栗原郡宮野村（現在は栗原町）に疎開学寮を設置して移動。疎開先でも両部とも勤労奉仕を続けた。その体験について教員であった蜂谷忠雄（四一年〜六八年在職）は次のように回想している。

「疎開先では村の人達に盲部は、はり、きゅう、マッサージ、あんまなどを、ろう唖部は理髪や裁縫の奉仕作業などをしました。このような経験は、はじめてで、ことにお寺の本堂や庫裡にて寝食を共にしたと言うことは、今になってもなつかしい語り草となっています。[31]」

なお、著者が実施したアンケートに対して、当時、同じく当校の教員であった菊地正三は、その「自由記入」欄に次のように記している。

「疎開中は、中等部の理髪科は村の方々の理髪、木工科は下駄作り。盲部の鍼按科は按摩、マッサージ、鍼等の治療の奉仕をして非常に喜ばれた。戦後、学校に復帰後も、盲生は陸軍病院でマッサージ奉仕、同じく聾生は理髪の奉仕をした。」

このように宮城県立盲唖学校における勤労奉仕活動は集団疎開をした地域でも続行し、長年にわたり盲部と聾唖部とが協力しながら戦後まで持続的に続けている点が注目される。

二　群馬県立盲唖学校について

群馬県立盲唖学校は盲部の「治療部」が「満州事変」三年後の三四（昭和九）年から一般の人たちに治療代は「机上の箱に志を入れてもらう程度」で奉仕治療を始めた。「支那事変」の起きた三七年度の一学期に生徒たちから「治療部を日曜にも開いてその金を軍へ献金したい。」との申し出があり、学校は実行に移した。同年一〇月からは一般への出張治療、高崎の衛戍病院と前橋の日赤病院での傷病兵へのマッサージを始めたので、鍼按科の中等部の上級生は全く午後の授業は受けられない状態になった。同年の三学期になると卒業学年の生徒だけでは間に合わなくなり中等部三年生も加わったが、それでも治療部の各班とも患者の人数が四〇～五〇人にもなった。「国をあげての緊張の中に遺骨は帰る、出征兵士は次々に送られる、満州移民青年義勇団は出発する。この頃よく唄われた愛国行進曲〝見よ東海の〟と高らかに唄われた時でしたから生徒一同進んで治療に当った。」[32]という。

当時、盲部の教員であった田島始（四三年四月～四六年三月在職）は学徒動員について次のように回想している。「（昭和）二十年の四月には本校に対しても学徒動員令が発せられ、卒業学年の生徒が小川先生の引率で五月に入ってから栃木県の黒磯にある陸軍の飛行隊へ行き、航空マッサージをすることになった。／全校で壮行会を行なって激励し、前橋駅まで見送った。ある生徒などは家宝の日本刀まで持って元気に出発した。私は『動員学徒を送る歌』を作詞、作曲し初等部の児童に唱わせたがその一節は

銃こそ執らねど大君に　つくす誠の一すじは／撃ちてし止まんの意気高く　上毛健児の血はたぎる

というのであった。／黒磯につゞいて群馬県の堤ヶ岡村の飛行場へも行くことになり、その上学校の治療部も併行して実施されたので先生も生徒も大変苦労した。／しかし、生徒は盲人といえども普通の人と同じに国家の為につくしているのだと言う自覚とほこりを持っていたので、苦しさにも負けずに打ち勝つことができた。」[33]

盲部と同様に、中等部聾唖部の生徒たちも動員されて工場で働いた。

三　鳥取県立鳥取盲聾唖学校について

鳥取県立鳥取盲聾唖学校の教員であった大川良臣は、主として聾唖部の学徒動員について次のように述べている。

「大東亜戦争はますます激化し、学校も校舎の半分は兵舎となり、生徒も落着いて勉強することがむずかしくなった昭和一九年頃、本校高学年男子木工科生六名市内富安の軍需工場へ動員。仕事の内容は手榴弾の部品と飛行機用の木槌の製作で時間は午後一時一五分から五時まででした。昭和二〇年には更に深刻となり、国内は決戦体制下、本校高学年男女全員市内西町の軍需工場へ動員、仕事の内容は弾薬箱の製作。月月火水木金金の合言葉で日曜日も動員、時間は午前八時から午後五時までの作業。そのため生徒の疲れがひどく時々休む者がでる程の重労働でした。（略）動員された生徒（以下、男子一〇名、女子三名の氏名の記載があるが省く──引用者注）の一三名で、教職員としては私が附添いましたが、まことに言語に絶する体験で生徒たちが可愛想でした。終戦後私は、あのようなことはもう2度とやりたくない、いや絶対にやってはいけないと思ったものでしたが、今でもその気持ちは変わりません。◆34」

2 「海軍技療手」への志願と戦死

全国各地の盲学校および盲唖学校の記念誌（年史）を閲覧していくと、太平洋戦争期には盲の生徒や卒業生が「海軍技療手」もしくは「陸軍技療手」となることを志願し、その資格を得るための訓練を受けて軍属として軍隊に配属され、その中には戦場に赴いて戦死した者もいたという記録が見られる。◆35

これも盲学校・盲唖学校における軍事動員の一つと考えられるので、本項の前半では記念誌（年史）に記載されている内容を抄録し、後半では海軍技療手を志したり、実際に海軍技療手となった盲唖学校や盲学校の卒業生から著者が聴き取りしたことを記す。

一　記念誌（年史）にみる「海軍技療手」の記録

(1)秋田県立盲唖学校に在学した鈴木誠三は、海軍技療手に志願した当時のことを次のように回想している。

「玉砕、人間魚雷、滅私奉公の精神が至上のものとされ、若い者の憧れもそこにあったようです。昭和十八年晩秋、私も海軍技療手という名に憧れ、盲学生として学徒動員に志願し、全職員、生徒の歓呼に送られて上京しました。そして、やがて華と散るため、白衣を受けたのでしたが、食糧難から来た栄養失調のため、帰郷を余儀なきに至り、再び母校に復学しました。」[36]

(2)山形県立盲学校・聾唖学校には「技療手」として軍属に採用され戦死した卒業生がいる。

「戦時中は一億総蹶起で、戦争遂行に分相応力を尽くしたものであるが、身体的に戦線に参加できない盲生たちは常に劣等感をいだき自分らにできることならなんでもしようという意気に燃えていた。（略）その頃海軍では航空兵の疲労回復のために『技療手』と称してマッサージ家を軍属に採用した。昭和十四年度当校卒の多田不二男君（大寺町）は乏しい視力にもめげず、率先これに参加し、ブーゲンビル島で戦死した。これなどは当時の盲生の気持を代表したものであった。」[37]

(3)山形県立盲学校・聾唖学校の教諭であった須貝吉男は、県立盲学校の卒業生たちを「海軍技療師《ママ》訓練所」への入所受験に連れていったときのことについて、次のように記している。

「戦争が日増しに激しさを加えた昭和十八、十九、二十年ころの国を挙げて軍隊一色に塗りつぶされた頃、この学校にも盲人とはいえ国策に従わねばならないのは当然だった。（略）その頃、盲学校卒業生で視力のある者は、東京の海軍技療師《ママ》訓練所と言う所に入所して、一定の課程を修了すると海軍基地に配属され、航空兵のマッサージに従事する制度があった。私が紺野与次郎、瀬野仙太郎、原田育宏、橋本素康の四君を連れてその訓練所への入所受験に行った事がある。[38]」

(4)香川県立盲学校聾唖学校の盲学校中等部の「高学年の中には、軍の技療士《ママ》として動員された者[39]」もいる。

(5)福島県立平盲学校では「戦時中〝技療手〟として戦場に向かった同窓会員」として五人の氏名と現住所を『記念誌福島県立平盲学校並に同窓会のあゆみ』(一九九七年)に記載している。[40]

(6)奈良県立盲唖学校では「盲部」所属の者が「マッサージ技療手」を含め七人も「戦死」している。[41] 同部の卒業生橋村友安(四五〔昭和二〇〕年度中等部本科卒業)は、『奈良県立盲学校創立五十周年記念誌』への寄稿「在学時代の思い出」において、その中の二人の友人の戦死について〝変らぬ悲しみ〟として次のように書き遺している。

「岡田君は在学中マッサージ技療手として軍属に志願し特別訓練の後、戦地に赴く途中敵機の来襲を受け輸送船と運命を共にしたと聞いている。私は卒業後志願しても遅くないと学業中退の誤りを諭したが若い情熱の岡田君は信念をまげなかったのである。又宮川君とは僅か二年程の交りでしかなかったが友情は厚く何時も連立って登下校していたのだが彼は卒業後間もなく応召、はかなくも戦場の露と消えてしまった。出発の日互いに握手を交しニッコリ笑った宮川君の顔が今でも目に浮かぶ。共に戦争が生んだ悲しい思い出である。[42]」

奈良県立盲学校『小林卯三郎先生想い出の記　この道一すじに』(一九七〇年)には卒業生の動向なども年譜で記載されており、三六(昭和一一)年三月から四三(昭和一八)年三月までに五人の「戦死」者があったことがわかるのでその氏名、卒業年度を記す。

○芳倉四郎(昭和一〇年度)、○京極重男(同一二年度)、○森岡茂太郎(同一三年度)、○土田武義(同一五年度)、○宮川亀一(昭和一七年度)。[43]

これら五人の所属の部・科は、芳倉が「中等部別科」（按摩科などで短期）で、他は「中等部本科」である。

ここで、他校の場合も含め、著者が戦死者数だけではなくあえて実名や卒業年度を明らかにした意図・理由は、第一に奈良県立盲学校の公的な著作にそれらが明示されているからであり、第二に日中全面戦争から太平洋戦争へと戦争が拡大していくことにともない戦死者も累増していることがわかるからであるが、その事実を人数という数値で示すにとどめず、一人一人が固有な姓名を持つ独自な人格的存在であることを表したかったからである。第三に、先の橋村友安の寄稿からもいえるように、アジア・太平洋戦争下において一つの盲唖学校から七人もの戦死者が生じた過程・背景には、盲青年をして本来は他者の健康と自らの生計のために修得したはずの鍼按マッサージの技能を、生命にかかわる危険をおかしてでも戦争に役立たせたいと思い込ませる時代の風潮があったことについて、実在した者の氏名を明らかにすることを通して注意を促したいからである。盲学校・盲唖学校の生徒・卒業生の中には徴兵検査で兵役免除と認定されながら、そうであるがゆえにいっそう兵力たらんとして軍属の鍼按マッサージ師となり、所属する部隊と共に戦場におもむき戦傷病者・戦没者となった者もいた。著者は、彼らは戦争・軍国主義による被害者であると同時に、天皇制国家日本の帝国主義的侵略戦争の軍隊の一員であったという意味で、被侵略国・民族の民衆の立場からとらえれば加害者であり、しかもなお、全体として戦争・軍国主義の犠牲者の一人であったというべきであると考えている。

(7)鹿児島県立鹿児島盲唖学校には「弱視」の卒業生で「衛生兵という処遇で戦地に赴いた人」もいる。「戦時下の臨戦体制は、自治会を盲部自治団と改め、さらに学校報国団に改められた。当時の弱視の方の中には、鍼、灸、マッサージの免許を持った衛生兵という処遇で、戦地に赴いた人もいたという。」[44]

(8)著者によるアンケートに対して、元・愛知県立豊橋盲唖学校教員の内山武志は、回答の「自由記入」欄で次のように記している。

「戦時中弱視の卒業生数名が軍属技療師《ママ》として外地に派遣され三名が死亡した。」

(9)著者らは青森県立青森盲唖学校の卒業生である根川貞美（一二〔明治四五〕年、青森県生まれ）から、一九九一年九月二七日、弘前市において、戦時下の思い出を聴き取りした。その中の技療手を志していたことについての対話を記す。

「――昭和一七年に鍼灸院を開業したとのことですが、戦争中どのような思いでしたか？

根川　丁種で兵役免除でしたから、何か兵隊に行ける方法はないかと思って、随分頭を悩ましました。当時、飛行隊の技療師《ママ》というのがあったんですね。それに志願して行こうとしたんですけど、行けなくて終わってしまいました。当時、兵隊の関係がなければ家にいても恥ずかしいといった感じでした。

――その頃は、お国のためになにか役に立ちたいと思っていたということですね。◆45

根川　行かなければ恥ずかしくて道路を歩けないといった気持ちでいたもんですよ。」

二　竹内勝美の「海軍技療手」の体験

竹内勝美は、四四年三月に長崎県立盲学校を卒業し、海軍技療手となり、四五年八月初旬まで青森県の三沢の航空基地で傷病兵に対するマッサージ治療などに携わった。

著者は一九八八年二月六日に京都市のホテル本能寺において、当時、京都府立盲学校教諭であった竹内勝美から、海軍技療手の体験について聴き取りをした。◆46 その際、竹内が海軍技療手となった動機や理由などについても知るために、その生い立ちや当時の学校教育、社会的状況などについても伺った。

竹内は自ら志願して海軍技療手となったとのことである。そこで、竹内がそうなっていった過程や時代的背景を知るために、まず当時の長崎県立盲学校などでの生活や学習の様子を記す。

竹内は二八（昭和三）年、長崎市生まれ。幼児期から弱視であったが一般の小学校に入学。三年生の頃であったか、学校に「奉安殿」（天皇・皇后の公式肖像写真である御真影・教育勅語謄本などを保管）を築くために一銭募金をさせられた。「奉安殿」の左右に二宮尊徳と楠正成の銅像が建てられ、登下校のたびに最敬礼させられた。教育勅語を暗誦させられ、覚えの悪い子は出来るまで何日でもそれを強いられた。「支那事変」の頃から軍国色がますます濃くなり、学校で尊敬する人物についての投票が行われると、楠正成、東郷元帥、乃木大将などがいつも上位を占めた。

尋常科四年を終了後、長崎県立盲学校に入学。同校中等部二年生の四一（昭和一六）年に太平洋戦争が勃発。その頃の心境や窮乏化していく生活、教育の軍国主義化の状況を竹内の手記から引用する。

「私達は少年垂範隊というグループを作っていた。朝早く来て掃除をしたり、臨床室の戸棚に募金箱をひそませて、僅かな小遣いから何がしかの金を入れて、飛行機を作る金にと贈ったりした。戦時色一色に塗りつぶされ、教育された少年の純心《ママ》さがさせたのだ。」◆47

また次のようにも記している。

「この頃から友達が少年航空兵をめざして次々と志願して軍に入って行った。私達はそんな友人を日の丸と軍歌を歌って駅頭に見送った。その度に目が悪いと国のために役に立てないと肩身の狭い思いをした。戦争が激しくなるにつれ食糧、燃料などの物資不足は深刻になってきた。盲学校でも食糧増産という事で、肥桶を担いで2キロ程の道のりのある畠に麦やジャガイモの栽培に出掛けた。素人のことで収穫は殆どなかった事を覚えている。また、勤労奉仕にもよく出掛けた。当時、山を伐り開いて護国神社を造るという事でトロッコやモッコによる土運びをやらされた。」◆48

目が悪いと耳がよく利くだろうとのことで、米空軍の飛行機の音を早く聞きとる訓練も受けたが効果はなかったとのこと。

こうして卒業の時期を迎えたが就職先が見つからず困っているところに、海軍でマッサージ師を募集していることを聞き、「俺達でも国の役に立つ仕事が出来るんだと大喜びして、早速、志願の手続きをとった。」という。面接試験は和歌県庁で行われた。合格して軍属という身分になり、東京の水道橋駅の近くにあったキリスト教の教会の建物の板の床に約五〇人位が寝泊まりして「海軍技療手」としての訓練を受けた。

その体験を竹内は次のように回想している。

「最初の訓練は落下傘の訓練であった。玉川の用賀という所に読売（新聞社――引用者注）の落下傘塔というのがあり、そこで訓練を受けた。高い所からの飛び降り、ショックを和らげるための回転から始まって、素降下と言ってワイヤーで吊り上げ、秒速三米、四米という速度で落す。みんな眼が悪いから、地上への到着時間を的確に把握できず、足腰を痛めるものが続出した。最後に広がった落下傘を吊り下げて落下傘で落す訓練、私は何とか怪我もせず切り抜けた。何と言っても訓練所の食事はひどかった。お湯の中に米が泳いでいるようなお粥が、毎日三回出た。みんな腹をすかして、休みの日曜日には食べ物を探して歩いた。休日に一遍に食べるので、みんなすぐ腹を壊して下痢した。」[49]

このような三か月の訓練を終え、それぞれ任地に向かった。いわゆる外地（旧植民地・占領地など）に派遣されたが途中で輸送船が攻撃を受けて死亡したり、戦場で戦死した者もいる。[50]

竹内は内地勤務に決まり、初めに横須賀航空隊の医務課の病室に配属された。しかし、空爆が激しくなり、部隊の一部と共に青森県の三沢の航空基地に移動。ここで、腰痛や足を痛めた兵士などの治療にあたる。ここでの軍隊との生活の一端を竹内は次のように記している。

「軍隊で困るのは、何も悪いことはしていなくても殴られることだ。本隊から位の高い人がやって来ることにでもなれば、みんな殴られることを覚悟せねばならない。廊下に全員整列させられて、端の方から全員が殴られるのだ。[51]」

敗戦の年の七月半ば頃から、ここでも米軍の艦載機による空爆を受け始め、八月九日、一日中続いた大空襲によって、兵舎は全焼。五〇〇キロ爆弾が投下され、地上のあらゆる物が炎上し、大地が鳴動する中、視力の不自由な竹内は、少しでも安全な防空壕を求めて必死に逃げまどったが、そこにたどりつくまでは、「本当に生きた心地はしなかった」と語った。

敗戦の報に接した時は、「口惜しいようなホッとしたような複雑な気持ち」になったという。そして、敗戦から一〇日ほどして、兵士たちと一緒に復員列車に乗り込み、郷里の長崎へ向かった。汽車は超満員で全く身動きも出来ず、用便をたすのも困難であり、食べ物は乾パン位しかなかった。長崎にたどりつくのに五日間を要した。だが、父・母・妹は原爆死していた。死亡届けなどの手続きをとるために、焼け跡の三里の道を歩いて、毎日、長崎の街に通った。「朝早く起きて長崎の街に行く私にとって、途中まだ暗いうちにアメリカ軍の居る所を通ると懐中電灯でチカチカと照らされ、とても気持が悪かった。私達の頭の中には戦争中盛んに聞かされた鬼畜米英という言葉がこびりついていて、外人の傍を通るのはとても怖かった。[52]」という。

第5節　空爆により視力障害となった勤労動員女子学徒

戦争は大量の障害者をつくりだし、かつ障害者の自由と人権をまっさきに蹂躙《じゅうりん》する。しかし、実際に戦争のいかなる局面・過程においてどのような障害がどのようにつくりだされていくのか、そして障害者となった人たちのその後の人生にいかに深い傷を生みだしていくのかについての解明は、その重要性に比し、いまだにあまりにも立ち遅れている。

著者が出会った戦災により全盲となった一人の女性・橋本時代《ときよ》について知るところを簡明に記す。著者は一九八八年一二月二七日、京都市左京区岩倉の橋本の自宅で竹内勝美が同伴して下さり聴き取りした。

橋本は二九（昭和四）年、京都市生まれ。四五年二月一日、橋本たち京都市立洛北実務女学校の生徒四三名は、学徒勤労動員として、京都府北部の舞鶴海軍工廠に派遣された。配属されたのは第一造兵部水雷工場であり、寄宿舎は和田という場所にあった。毎朝五時半に起床し、救急袋と防空頭巾を下げ、雪道の峠を越えて工場に通った。途中、各所でいかめしい姿の憲兵が厳しい目つきで監視していた。工場での作業内容は、敵艦に体当たりする特別攻撃隊が使ういわゆる「人間魚雷」の部品製作であった。魚雷を前に、ハンマーを握り、ヤスリを使う慣れない作業は、数え年で一七歳頃の橋本たちにとってはつらいことであった。そのような時は、皆で当時合言葉にもなっていた「がんばりましょう、勝つまでは」を歌ったりして励ましあった。食料も不足しており、ある時は近所の農家で一本の胡瓜《きゅうり》を買ってきて友だち三人で分けてひもじさを凌ぎ、わが家が恋しくてたまらなかったという。

こうして、半年ほどが過ぎた七月二九日のよく晴れた朝のことである。日曜日であったが工場の作業は続行され、橋本たちも仕事に就いていた。午前八時二〇分頃、警戒警報が鳴り、またそのすぐあとに空襲警報が発令されると同時に、米軍機から五〇〇キロ爆弾一個が工廠内第一造兵部水雷工場附近の防空壕のそばに投下された。その爆発によって、壕の入口に向かって避難し始めた人たちは吹き飛ばされ、周囲の工場は破壊され、その中で作業していた人たちが死傷した。橋本たちの工場は爆弾の落下点から至近距離にあった。

この空爆による死亡者の中には勤労動員学徒一九名、引率指導教員（女性教師）一名がいる。洛北実務女学校からは七名の犠牲者を出しており、そのうちの二人は橋本と同じ工場で「肩を並べて仕事をしていた」[53]学友であった。

橋本は一命を取り止めたが両眼から視力を奪われた。被災時のことを橋本は次のように書き留めている。

「昭和二〇年七月二九日、突然、舞鶴の空に襲い来た敵機の空襲を受け、舞い落ちてきた爆弾と共に私は倒れました。不意をうたれた私は、何処でどう治療を受けたのかもおぼえず、昼であるか夜であるか、自分の目が見えなくなっていることも知らず、暗黒におちいっていたのです。気がついた時には身動き出来ない身となって、ベッドに横たわっていました。（略）病室は不衛生で、夜になると南京虫とノミと蚊に攻められました。昼は化膿している私の身体に、ハエがたかるのですが、時々顔や身体の上に水滴が落ちていました。（略）傷の手当ては、まださささっているガラスを取り出す治療で、傷口をピンセットでさぐるのですから、文字通り生地獄でした。（略）

敗戦と同時に不親切にガラリと変った人達に、日本が負けた事が未だ信じられない空気の中で、私は本当に日本が負けたのなら、占領軍が上陸してくる、その前に私達負傷者は殺されるかも知れないと思いました。[54]」

橋本が被災した日、海軍工廠内には工員、勤労動員学徒、女子挺身隊員など、一万名を超える人たちが、本土決戦に備えて軍艦、大砲、魚雷などの軍需生産の作業に従事していた。この時の被爆による死亡者八四名（八三名または八七名との記録もある）、負傷者二四〇名以上。翌三〇日も早朝から一一回の空爆があり、のべ二三〇機が数次に分かれて舞鶴軍港を中心に爆撃および機銃掃射を繰り返し、大きな被害を受けた。

橋本は八か月もの病院生活を送ったあと家族の許に帰れたが、失明の痛手は深く、「目が見えないことは目に見えない縄でしばられているのと同じだ」と嘆き悲しみ、幾度も自死を思いつめたとのこと。そのような絶望の渕から立ち上がり、自力で生きぬいていく力を身につけていく上で、四七年四月、京都府立盲学校に入学したことは大きな意味をもっていたように思える。そこで、その原因こそ異なれ、同じ障害を負いながら、人格的自律と社会的自立を求めて懸命に生きている仲間たちと出会うことが出来、また按摩・マッサージという専門的・職業的技術を身につけることが出来たからである。

橋本は「愛国心と戦争」と題して戦時下の自分の状況について、とくに当時受けた教育との関連において、厳しくとらえ直す文を綴っている。かけがえのない青春を、その視力とともに奪われた一人の国民の証言であり、貴いメッセージとして抄記する。

「『愛国心』とは何であろうか。『我らは天皇陛下の赤子なり』と教えられ、（略）多くの若者達は、愛国心に燃え、国の華と散り、自らの生命を捨てていました。（略）『愛国心』とは、自分を愛し、人を愛し、社会を、国を愛する、平和を守る心であると思います。『戦争』、それは多くの人々から、我が子を奪い、夫を奪い、家を焼き、自然を破壊し、人の心を暗くし、生活を貧しくするものです。『戦争』、それは私の両眼から光を奪い、見る自由、歩く自由を奪い、健康で女らしくと、両親の願いをこめて成長しました私の肉体をえぐり、醜い傷あとを残し、青春を奪い、人生を孤独に閉じこめたものです。」◆[55]

＊

以上、太平洋戦争下の障害児学校や障害を受けている人たちが、通常の学校や健常な人たちと同じように、あるいはそれ以上に、戦争による被害と人権侵害を受けると同時に、国の戦争政策・軍国主義に翼賛し、戦争に協力し加担していった面があることを見てきた。そして、その背景には、当時の皇民教育・軍国主義教育や勤労奉仕・勤労動員政策、さらには障害者を戦争の役に立てぬ者として白眼視したり排斥しようとする社会的風潮があった。そのような戦時体制にあっては、障害者の多くは国のため、戦争のために役に立ちたいという思いを抱かざるを得なかった。

当時、新聞など報道機関は、例えば戦場での失明に対しては、「肉眼を国に捧げた戦盲戦士」、軍需工場に勤労動員されている聾唖者などに対しては「産業戦士」と讃《たた》えたりした。このような障害者に対する社会的風潮や障害者自身の精神的状態を巧みにとらえ、政府が打ち出していった戦時下障害者政策の一つが、失明傷痍《しょうい》軍人に対する一定の優遇策であった。実際、日中戦争の長期化と太平洋戦争への拡大は、傷痍軍人対策の強化を政府に必要とした。その結果、三七年に臨時軍事援護部、三八年に傷兵保護院、三九年にはそれらを統合した軍事保護院が設置された。そして、失明軍人に対しては点字やマッサージなどの教授、職業紹介などを施し、軍人恩給を支給した。さらに、失明軍人など傷痍軍人を雇用した工場などには設備改善などのための補助金を出したり、免税措置を講じたりしたのである。

戦後の障害者に対する社会保障制度は戦中期の傷痍軍人援護の施策が一つの起点となっていることに注意しなければならない◆56。

注

◆1 例えば、長野県立松本盲学校の前身である松本盲人教育所が一二（明治四五）年六月一日に松本尋常高等小学校内に開所した経緯については、松本盲学校『創立六十周年記念誌』（一九七二年）に次のように記されている。すなわち「明治三〇年末から四〇年代にかけては日露戦争の後であり、傷痍軍人の問題が世人の話題となり、盲人教育に対する識者の関心もようやく高まりつつあった。このような気運の中に松本尋常高等小学校においてもその必要を認め盲人教育所を源池部内に付設し、訓導藤田惜三の献身的な努力によって、市内在住の徒弟を集めて、明治四五年六月一一日授業を開始した。（以後この日をもって本校の開校記念日とする。）」（一六頁より）。

なお、第二次大戦後の傷痍軍人などに対する援護行政の歴史については、植野真澄「『戦後70年』から見た日本の援護行政と戦争被害者問題の戦後史」（社会事業史学会編集委員会編集『社会事業史研究』第51号、二〇一七年三月、六一～六八頁）参照。

◆2 福間敏矩著『集成　学徒勤労動員』ジャパン総研、二〇〇二年、二八一～二八三頁、二八五～二八八頁、参照。

◆3 岸博実編著『歴史の手ざわり　新聞・雑誌が描いた盲唖院・盲学校　京都盲唖院～京都府盲学校（誕生から義務化まで）「資料室だより」（創刊号～50号）』（自家版、一九七九年）、一八三頁、参照。

◆4 朝日新聞二〇一八年一月二五日付夕刊、「おじい・おばあ、辺野古へ今も」の見出し記事、参照。

◆5 「座談会　戦時中の盲学校」、石川県立盲学校編集『創立80周年記念誌』創立80周年記念事業実行委員会発行、一九八八年、七八～八三頁、参照。座談会は一九八七年八月二日開催。司会の松井繁は現職員、出席者の川崎清は「昭和22年3月卒業」、宮和子は「昭和25年3月卒業」、泉田清は「昭和16年4月～19年11月在学」。

◆6 長野県立松本盲学校編集・発行『創立六十周年記念誌』一九七二年、一七～一九頁、参照。

◆7 岐阜県立岐阜盲学校編『岐阜盲学校百年史』岐阜県立岐阜盲学校創立百周年記念事業実行委員会発行、一九九四年、一三六頁より。

◆8　創立五十周年記念誌編集委員会編集『千葉県立千葉聾学校　創立五十年』千葉県立千葉聾学校創立五十周年記念事業推進委員会発行、一九八三年、一〇六～一〇七頁、参照。

◆9　石川栄俊「大東亜戦争初期」、静岡県立静岡盲学校編集・発行『静岡県立静岡盲学校六十年誌』一九五八年、三六頁より。

◆10　盲聾教育開学百周年記念事業実行委員会編集部編集『京都府盲聾教育百年史』盲聾教育開学百周年記念事業実行委員会発行、一九七八年、一四二頁より。また、京都府立盲学校編集『創立七十五周年記念誌』一九五七年、三二頁には「本校においても昭和十三年頃から勤労奉仕が行われ、次第に正規の授業が困難となり」と記されている。

◆11　愛知県立名古屋盲学校『創立60周年記念誌』一九六一年、五三頁より。

◆12　植竹音吉「意気盛んなる足盲創立時代」、栃木県立盲学校『創立65周年　校舎新築記念誌』一九七三年、一四一頁より。

◆13　糸井ふみ「思い出の数々」同前、一四二頁より。なお、同記念誌所収の「六十五年史表」には「〈昭和20年6月〉この頃軍需労働に参加。酸素溶接棒みがき製作の仕事をする。」と記されている。糸井は四二（昭和一七）年に足利の盲学校に赴任。

◆14　当校についての以下の記述は引用を含め、◆10の『京都府盲聾教育百年史』一四三～一四四頁に基づく。

◆15　当時、在学中の高島善夫点字印刷手の談によれば、「登校も交替制で中等部、研究科の鍼按科生は別科とともに治療奉仕を通じて技術の研さんに励んだ。一チーム七、八名程度だった。」という。なお「在校生総数は『昭和十七年度学校一覧』によれば百八十八名である。」とのこと。◆10の『京都府盲聾教育百年史』一四三頁の注11参照。

◆16　大阪府立盲学校編集・発行『翔　創立60周年を記念して』一九七四年、二一一頁、参照。

◆17　大阪府立盲学校創立70周年記念誌編集委員会編集『大阪府立盲学校70周年記念誌』大阪府立盲学校発行、一九八四年、二二一頁より。

◆18　岐阜県立岐阜盲学校『岐阜盲学校六十年誌』一九五四年、四〇頁より。

◆19　以上は◆18、四〇～四三頁、参照。
◆20　福岡県立福岡盲学校『開校五十年記念誌』一九六〇年、二三頁、参照。
◆21　田久保龍三（昭和一九年度卒）「福盲治療報国隊について」、福岡県立福岡盲学校編集・発行『開校85周年記念誌』一九九五年、三九～四一頁、参照。
◆22　中斎己吉（第一〇回生）「悲しい小学部時代」、岐阜県立岐阜聾学校『五十周年記念誌』一九八〇年、二一～二二頁より。
◆23　◆22、二一頁より。
◆24　財団法人聾唖教育福祉協会編集・発行『聾唖の光』第二巻第三号福祉号、四三（昭和一八）年七月、四〇頁より。
◆25　同前『同』第三巻第七号、四四（昭和一九）年一〇月、四頁より。
◆26　同前、四～八頁より。
◆27　講師・大矢暹「記念講演会　テーマ『手話・尼崎考』」、日本聾史学会編集・発行『日本聾史学会報告書　第7集　第11回兵庫大会』二〇〇九年、三〇～四三頁。大矢暹「ろうあ産業戦士――手話『尼崎』を読み解く」、尼崎市立地域研究史料館編集『尼崎市制一〇〇周年記念　新　尼崎市史　たどる調べる　尼崎の歴史』下巻、尼崎市発行、二〇一六年、二〇六～二〇九頁、参照。
◆28　栃木県立聾学校『七十年誌』一九七九年、五七～五八頁より。同『創立80周年　校舎改築落成記念誌』一九八八年、九一頁、参照。
◆29　京都府立聾学校編集・発行『創立九十年誌』一九六八年、一三八～一三九頁、より。および、◆10の『京都府盲聾教育百年史』一九七八年の二三三頁、参照。
◆30　『宮城県教育史』の「第六節　特殊教育の歩み」の中の「戦中から戦後にかけての盲聾教育」五二六～五二九頁、参照。
◆31　蜂谷忠雄「想い出」（宮城県立盲学校が創立六〇周年を記念して発行した文集『寄宿舎の思い出』一九七三年）、一〇頁より。なお佐藤実（当時教頭）の寄稿「苦は楽の種」において疎開先で聾唖部は「履物」製作、「大工」

仕事もしたと述べている。同文集、九頁、参照。

◆33 『群馬県教育史』第四巻、八七七頁より。

◆34 田島始（教諭）「あの頃の思い出」、記念誌編集委員会編集『あゆみ　群馬県盲教育60年誌』群馬県立盲学校発行、一九六七年、五八頁より。

◆35 大川良臣「思い出の中から」、鳥取県立鳥取ろう学校『鳥取ろう学校創立70周年記念誌』一九八〇年、二八二～二八三頁より。

◆36 「海軍技療手」「陸軍技療手」の沿革と背景に関しては、東京教育大学教育学部雑司ヶ谷分校「視覚障害教育百年のあゆみ」編集委員会編集『視覚障害教育百年のあゆみ』第一法規出版、一九七六年、一三四～一三六頁、参照。

◆37 鈴木誠三「私の学生時代」、秋田県立盲学校『七十年史』一九八二年、七四頁より。

◆38 山形県立盲学校『五十周年記念誌』一九六三年、一七～一八頁より。

◆39 教諭　須貝吉男「思い出の記」◆37、四五～四六頁より。

◆40 香川県立盲学校／香川県立ろう学校『創立五十周年記念誌』一九五八年、五六頁より。

◆41 福島県立平盲学校同窓会編集・発行『記念誌　福島県立平盲学校並に同窓会のあゆみ』一九九七年、一〇頁。

◆42 「技療手」の五人は「野口勇、宗像利一、久保木勝男、田中長兵衛、遠藤勇」である。

◆43 奈良県立盲学校創立六十周年記念事業実行委員会編集・発行『奈良県立盲学校創立六十周年記念誌』一九八〇年、一八頁、参照。

◆44 橋村友安「在学時代の思い出」、奈良県立盲学校『創立五十周年記念誌』一九七〇年、四〇～四一頁より。

◆45 奈良県立盲学校編集・発行『小林卯三郎先生想い出の記　この道一すじに』、一五～一八頁、参照。

◆46 鹿児島県立鹿児島盲学校編集『創立百周年記念誌』（鹿児島県立鹿児島盲学校創立百周年記念事業実行委員会発行、二〇〇三年）、五九頁より。

◆47 根川貞美（青森県立青森盲唖学校卒業）からの聴き取り。聴き手・清水寛（埼玉大学教育学部教員）、安藤房治（弘前大学教育学部教員）。弘前大学教育学部障害児教育学研究室編集・発行『弘前大学障害児教育年報』第4号、一九九二年三月、「根川貞美氏と青森盲学校・青森空襲」一七〜二〇頁、参照。

◆46 当時、竹内勝美（京都府立盲学校教諭）は日本盲人福祉研究会常任委員、京都府盲人協会副会長などの要職も務めていた。竹内からの海軍技療手の体験についての聴き取りの内容は清水寛「第2次世界大戦と障害者〔Ⅱ〕——太平洋戦争下の視覚障害者の生存と人権」（埼玉大学教育学部附属教育実践研究指導センター機関誌『埼玉大学教育実践研究指導センター紀要』第三号、一九八九年の「第一章　視覚障害者の『報国』活動——元・『海軍技療手』の証言」四二〜四四頁）に収録した。本書ではその拙稿に修正・加筆した。

◆47 竹内勝美（旧姓・宮口）「思い出すままに」、創立八十年記念事業実行委員会編集『長崎県立盲学校　創立八十年記念誌』長崎県立盲学校発行、一九七九年、七二頁より。

◆48 ◆46の清水寛「第2次世界大戦と障害者〔Ⅱ〕——太平洋戦争下の視覚障害者の生存と人権」の四二〜四三頁より。

◆49 竹内勝美「戦争と私」、坂東一義編『視覚障害者と戦争』自家版、一九八三年、二〇頁より。

◆50 清水寛「第2次世界大戦下の全国の障害児学校の戦争被害の実態（中間報告）」（『埼玉大学紀要教育学部（教育科学Ⅰ）』第38巻第1号、一九八九年三月、三三頁、参照。

◆51 ◆49、二〇頁より。

◆52 ◆49、二一〜二三頁より。

◆53 橋本時代「被爆の音の苦しみをのりこえて」、板東一義編『視覚障害者と戦争』自家版、一九八三年、二八頁より。

◆54 溝口宏編『語り継ぎたい戦争の悲惨さ——舞鶴空襲、昭和20年7月29日、30日　女子勤労動員学徒の手記』元洛北実務女学校生徒同窓会発行、一九八〇年、自家版、全五三頁、一九〜二〇頁より。

◆55 ◆54、二一〜二二頁より。

◆56 ◆1、植野真澄「『戦後70年』から見た日本の援護行政と戦争被害者問題の戦後史」、社会事業史学会編集委員会編集『社会事業史研究』第51号、二〇一七年三月、植野真澄「戦後日本の傷痍軍人問題——占領期の傷痍軍人援護をめぐって」、『民衆史研究』二〇〇六年五月、植野真澄「『傷痍軍人』をめぐる研究状況と現在」、日本の戦争責任資料センター編集・発行『季刊 戦争責任研究』第55号、二〇〇七年三月、参照。

第４章　学校運営と教育活動

本章では、太平洋戦争下の各種の障害児学校における学校の管理・運営、教育組織およびさまざまな教育活動などについてとりあげる。[1]

第1、2節では障害児学校の教育制度の基礎となった「盲学校及聾唖《ろうあ》学校令」（一九二三年）、「国民学校令」（一九四一年）の意義と問題点、障害児学校の運営や教育活動の基本となった学則・教育方針について述べる。

第3節では盲学校・盲聾唖学校の教職員・生徒の人数や定員・学級数、教職員の資格・給与などについて文部省調査・文部省年報などから明らかにするとともに、障害児学校の教職員の応召・戦死・戦病死などについて各学校の記念誌（年史）などから明らかになったことに基き述べる。

第4節では盲学校・聾唖学校の教育の内容・方法の概要、聾唖学校における手話・口話《こうわ》教育をめぐる動向などについて述べる。

第5節では学校行事、第6節では盲学校・聾唖学校でも行われていた軍事教練のそれぞれの実態について述べる。

第7節では障害児学校に欠かせない寄宿舎の存在とその劣悪な実態、とりわけ蚤《のみ》・虱《しらみ》禍とその苦しみについて述べる。

第8節では盲聾唖学校において障害の性質が異なる盲と聾唖の生徒とを〈混合教育〉する問題状況と、障害児学校における教師と生徒との人格的な共感関係とその意義について述べる。

さいごに、第9節では戦前に一回、戦後初期に二回来日し障害児学校を訪問したり、講演活動を行ったヘレン・ケラーが日本の障害児教育に与えた影響などについて述べる。

第1節 「盲学校及聾唖学校令」と「国民学校令」の意義と問題点

太平洋戦争期に各地に設置されていた盲学校・聾唖学校などの学則・教育方針は、基本的に「盲学校及聾唖学校令」（一九二三〈大正一二〉年八月二八日公布、二四年四月一日施行）」および「国民学校令」（一九四一〈昭和一六〉年三月一日公布、同年四月一日施行）に基づいていた。

そこで、まず両法令の意義と問題点について簡略に述べる。

1 「盲学校及聾唖学校令」と「公立私立盲学校及聾唖学校規程」について

一八七八（明治一一）年五月二四日、「盲唖モ亦《また》人ナリ。天、性命ヲ下ス」（古河太四郎）という天賦人権論的な人間の平等の理念に基づき、日本で最初の公立障害児教育学校「京都盲唖院」（府立校として創設され、翌年以降、「京都府盲唖院」「京都府立盲唖院」と呼称）が創設された。それから半世紀近くの歳月を経て、盲学校及聾唖学校令が制定された。以下、本学校令などに関しては、主として文部省著『特殊教育百年史』（一九七八年）などに基づいて述べる。

この学校令の最も重要な意義はこれによって、盲学校・聾唖学校が初めて小学校・中等学校と法令上同等に位置づけられ、その後の発展の基礎が築かれたことにある。

全一〇条からなり、とくに画期的な意義を有するのは次の諸点にある。

第一は、教育の目的について、「盲学校ハ盲人ニ、聾唖学校ハ聾唖者ニ普通教育ヲ施シ其ノ生活ニ須要ナル特殊ノ知識技能ヲ授クルヲ以テ目的トシ特ニ国民道徳ノ涵養ニ力《つと》ムヘキモノトス」（第一条。傍線は引用者による。以下同じ）と規定し、〈普通教育と職業教育〉を基本とする以後の盲・聾唖教育の基本路線を明確に示したことである。

第二は、盲学校と聾唖学校との分離を原則としたことである。

第三は、学校の設置義務について、「北海道及府県ニ於テハ盲学校及聾唖学校ヲ設置スヘシ」（第二条）として道府県への学校設置を明記するとともに、他の公立校（市町村立、第四条）・私立校（私人立、第五条）の設置も認めていること、官立校については別に規程を定める（第八条）としていることである。

第四は、初等教育（予科を含む）は無償とする（第一〇条）と規定していることである。

第五は、初等部と中等部の必置を原則としたこと（第七条）である。

次に問題点としては、当時の盲人や聾唖者に対する社会の見方や盲学校・聾唖学校をめぐる行財政上の制約などに照らすとやむを得ない面もあったとはいえ、次のようなことが挙げられる。

第一に、保護者の就学義務の規程を欠き、義務教育制度として不完全であること。

第二に、一校中に初等部・中等部を設けることを原則としたが、「土地の情況ニ依リ必要アル場合」は初等部または中等部のみの学校の存在も認めたことである（第七条）。

第三に、「特別ノ事情アルトキ」は「道府県立以外ノ公立又ハ私立ノ盲学校又ハ聾唖学校ヲ以テ」盲学校または聾唖学校に代用することを認めたことである（「附則」の第一項）。

第四に、盲学校または聾唖学校の「代用ヲ為スコト能《あた》ハサルトキ」は道府県に対する盲学校・聾唖学校の設置義務の「延期」を認めたことである（「附則」の第二項）。

第五に、「当分ノ内盲学校ノ学科ト聾唖学校ノ学科トヲ併置スル」ことを認めたことである（「附則」の第三項）。

この学校令と併せて、文部省令「公立私立盲学校及聾唖学校規程」（二三年八月二九日公布、翌年四月一日施行）が定められ、それに基づき文部省令「東京盲学校規程」「東京聾唖学校規程」が二四年五月一七日に改正された。

これらの諸規程によって、①修業年限は原則として初等部が六年間、中等部が四年間（盲）および五年間（聾唖）と定められた。②入学資格は、初等部が六歳以上一四歳以下の者、中等部が初等部修了者または同等以上の学力を有する者で一二歳以上二〇歳以下とされた。③中等部を構成する科として、盲学校では普通科・音楽科・鍼按《しんあん》科に区分し、聾唖学校では普通科・図画科・裁縫科・工芸科のほか、「土地ノ情況ニ拠リ必要ナル学科」を設けることができるとされた。

また、「公立私立盲学校及聾唖学校規程」の第五、六条では盲学校及聾唖学校の初等部・中等部の「学科目」について、第七条ではそれらの部の「毎週教授時間数」について、第八条では盲学校及聾唖学校の「予科、別科、研究科及選科生」について、第九条〜第一三条では教員（教諭、助教諭、訓導、保母）について規定している。

しかし次のように条件を緩和する面が存在した。すなわち、第一三条で教員の「資格」については、「特別ノ必要アル場合ニ於テハ」、第一〇条の「盲学校ノ教員タルコトヲ得」るための諸資格（「東京盲学校ノ師範部甲種ヲ卒業シタル者」など）、第一一条の「聾唖学校ノ教員タルコトヲ得」るための諸資格（「東京聾唖学校ノ師範部甲種ヲ卒業シタル者」など）を「有セサル者ヲ教員トシテ採用スルコトヲ得」と規定している。

また、第二〇条では「盲学校及聾唖学校ハ小学校其ノ他ノ学校ニ併設スルコトヲ得」、第二一条では「土地ノ情況ニ依リ分教場ヲ設クルコトヲ得」と規定しているのである。

他方、前述したように学校数、児童・生徒数が増加し、盲学校及聾唖学校令ならびに公立私立盲学校及聾唖学校規則の制定による制度的整備が進められたことに伴い、教員の資質向上を企図して、文部省令により二四年五月に「東京盲学校規程」と「東京聾唖学校規程」が改正された。

その改正において、教員養成制度の面から見て重要なのはこれまでの「師範科」を廃止し、新たに「師範部」を設けたことである。

すなわち、師範部は甲種と乙種とからなり、東京盲学校の甲種には「普通科、音楽科及鍼按科」、乙種には「普通科」が置かれ、他方、東京聾唖学校の甲種には「普通科、図画科、裁縫科及工芸科」、乙種には「普通科」が置かれた。両学校の師範部の入学資格などについてまとめて記すと、普通科（甲種と乙種）と技芸科（鍼按科・音楽科と図画科・裁縫科・工芸科）第二部の場合は小学校教員の免許状をもち、教育経験三年以上、もしくは同等以上の者で四〇歳以下とされ、修業年限は一年間。他方、技芸科第一部の場合は、盲学校か聾学校の卒業生または同等以上の者で一六歳以上二六歳以下とされ、三年間であった。

なお師範部生には師範科生であったときと同様に学資が支給された。卒業生の待遇は当初、普通科卒業者のうち、甲種が月八〇円、乙種が月七〇円、技芸科が七〇円であった。この額は当時の高等師範学校（四年制）卒業者の初任給が九〇円だったことからすると特別待遇であり、入学希望者が多かった。そして、この師範部卒業者たちは各地の盲学校・聾学校の教員たちのリーダーとしての役割を担った。

その他、盲学校・聾学校の教員の養成、とりわけ急激な進展をみた聾学校については一九二六年頃から名古屋・大阪・京都・東京の中心的な聾学校を会場とし、各校単独もしくは日本聾口話普及会（後に聾教育振興会）との共催で講習会によるとりくみが活発に行われた。

現職教員の資質を向上させる教員講習会も各地の盲学校、聾学校で開かれ、また、帝国盲教育会および日本聾唖教育会は毎年地区別に研究会を開催し、教員の研究活動を推進していった。

こうして、盲学校及聾唖学校令・公立私立盲学校及聾唖学校規程は、教育制度として多くの問題点や不十分さを内在させながらも、盲・聾唖教育の推進に重要な役割を果たした。すなわち、①盲学校や聾唖学校の道府県立への移管、②盲唖学校の盲学校と聾唖学校への分離、③盲学校や聾唖学校の新設、④就学児童・生徒数の増加、さらには⑤全体として盲聾唖教育を充実させる要因となったのである。

荒川勇たちによれば、盲学校及聾唖学校令が施行された二四（大正一三）年から四六（昭和二一）年までの期間における、先の盲学校や聾唖学校の〈移管〉、〈分離〉、〈新設〉に該当する学校の校数の変化は次の通りである。「私立校四〇校が府県立三九校（二校が合併して県立となった例がある）。／市立の学校で府県立校に移管されたのは六校であった。また、県立の盲唖学校が盲学校と聾唖学校とに分離されたのは、この期間中に六例あり、六つの盲唖学校が分離し、盲学校六校・聾唖学校六校、合計一二校に生まれ変わっている。新設された道府県立校は、盲学校が二校、聾唖学校が七校、合計九校である。私立校で市立校に移管され、さらに県立校になった盲学校が四校、盲唖学校が一校ある。また、私立学校は二一校新設されたが、これらも、そのほとんどが府県なり市に移管された。このほか経営難で廃校になった学校もあり、私立校はきわめて少数になっていった。」[2]

さらに荒川たちは『文部省年報』に基づき、二四（大正一三）年から四四（昭和一九）年までの盲学校・聾唖学校の学校数・生徒数について五年ごとの推移の表を作成した。それを表9として転載する。なお、本表に関して作成者たちは、「すべての学校が盲学校と聾唖学校に分離していたわけではなく、盲唖学校の数も多かったが（一九三四年でも、盲学校四五校、聾唖学校二九校にたいし盲唖学校は三二校）、表では盲学校と聾唖学校とにそれぞれ重複計算した。また、盲学校と聾唖学校が同一構内に存在し、名称だけ別々になっている例も多かった。」と断っている。

表9　盲学校、聾唖学校の学校・生徒数の推移

	年次	学校数				生徒数
		国立	公立	私立	計	
盲学校	1924	1	21	50	72	2,933
	1929	1	35	37	73	4,088
	1934	1	43	34	78	4,830
	1939	1	51	26	78	5,458
	1944	1	55	19	75	5,956
聾唖学校	1924	1	17	20	38	2,434
	1929	1	28	20	49	3,640
	1934	1	40	21	62	5,077
	1939	1	47	15	63	6,511
	1944	1	51	12	64	8,421

注　各年度『文部省年報』により作成。
出典　荒川勇・大井清吉・中野善達共著『日本障害児教育史』（福村出版、1976年）、76頁より転載。

また、表9では生徒数について五年ごとの年次の盲学校と聾唖学校の総数を掲げているだけだが、本文では盲学校と聾唖学校の児童・生徒の構成について、次のように初等部と中等部の在籍者の人数・比率にまで立ち入って比較し、考察を試みているのは注目すべきことである。

「盲学校と聾唖学校の児童・生徒の構成は対照的だと言える。盲学校では幼児教育があまり行なわれておらず（一九三四年に二二人が在籍、三六年の調査では五人にすぎなかった）、初等部児童も全体の三二％を占めるにすぎないのに、中等部の生徒数は過半数を越していた。

これに対し、聾唖学校では、口話法の普及・徹底化と共に幼児教育の重要さが認識され、一九三四年でも七三七人もの初等部予科（現今の幼稚部に相当）生がおり、三六年の調査では、九六九人の幼児（実際には過年児の方が多かった）が在籍していた。初等部予科と初等部在籍児を合わせると、全聾唖学校児の八三・七％に

上った。中等部の生徒は、研究科・別科を合算しても一六・三％にすぎない。これは、中等部未設置校が多いことと、中途退学者が多いことによる。[3]」（以上の数値を算出した出典としては脚注で文部省普通学務局『全国盲学校及聾啞学校ニ関スル調査』一九三五〔昭和一〇〕年を記載している――引用者注）。

2 「国民学校令」と「国民学校令施行規則」について

一九三七〔昭和一二〕年一二月、内閣に教育審議会が設置され四年六か月にわたって存続した。設置の背景としては、第一に「一九三〇年代中葉段階における学制改革問題の重大化、とりわけ教育制度、教育内容に関するさまざまの改革案が簇生していた事態」、第二に「一九三五年の天皇機関説事件に端を発する国体明徴運動とその結果としての教学刷新評議会答申（一九三六年十月二十九日）の存在」、第三に「第一次近衛内閣の登場と日中全面戦争の拡大を契機に、国家総動員体制確立に向けた動きが急ピッチで進行していくという政治的・軍事的情勢」があるという。[4]

教育審議会には「我ガ国教育ノ内容及制度ノ刷新振興ニ関シ実施スベキ方策」についての諮問がなされ、三八年一二月「国民学校・師範学校及幼稚園ニ関スル件」を答申したが、その中に「国民学校ニ関スル要綱」が含まれている。これに基づいて国民学校令が四一年三月一日に公布され、さらに国民学校令施行規則が同年三月一四日に定められ、ともに同年四月一日から実施されて、国民学校が発足した。

国民学校令の主要な内容としては、①義務年限を八年に延長すること（四四年度から実施する方針として出されたが実現せず）、②国民学校の課程を初等科六年・高等科二年としたこと、③就学義務の徹底を計ったこと、④

国民学校職員の組織待遇を改善したこと、⑤従来の教科が根本的に再編成（国民科・理数科・体錬科・芸能科および実業科）されて五教科となり、皇国民錬成を目ざして統合されたこと、⑥主知主義的教授を排し、心身一体として教育し、皇道精神に即した錬成育成を教育方法の原理としたこと、などを挙げることが出来よう。

前述した「国民学校ニ関スル要綱」には、「十四　精神又ハ身体ノ故障アル児童ニ付特別ノ教育施設並ニ之ガ助成方法ヲ講ズルヤウニ考慮シ、特ニ盲聾唖教育ハ国民学校ニ準ジ速ニ之ヲ義務教育トスルコト」とあり、盲聾唖教育の義務教育化を答申した。

そして、三八年一二月八日の教育審議会第一〇回総会において、田所美治特別委員長◆[5]は、「国民学校ニ関スル要綱、師範学校ニ関スル要綱及幼稚園ニ関スル要綱ニ」に関する「報告要領」の中で次のように説明した。

「第十四項ハ特殊教育施設ニ関スルモノデアリマス。精神又ハ身体ニ故障アル為国民学校ニ於ケル正当ノ義務教育ヲ受クルニ適セザル児童ノ教育ニ関シテハ、現在其《そ》ノ施設甚《はなは》ダ不備不振ノ憾《うら》ミガアルノデアリマス。殊《こと》ニ肢体不自由児ニ対スル教育ニ至ツテハ殆ド閑却サルル現状デアリマス。政府ニ於《おい》テハ将来是等ノ児童ニ対シ特別学級其ノ他ノ特殊教育施設ノ整備ニ関シ適当ナル方策ヲ樹《た》ツルト共ニ之ガ助成ノ方法ヲ講ジ、不幸ナル児童ヲシテ聖代ノ恩沢ニ浴セシムルニ遺憾《いかん》ナキヲ期セラレタイノデアリマス。／盲聾唖児ノ教育ニ関シテハ漸次普及シ今日既ニ相当ノ就学率ヲ見テヲルノデアリマス。之ニ対シテハ更ニ一歩ヲ進メ国民学校ニ準ジテ速《すみやか》ニ義務制ヲ施行シ、併セテ之ガ就学奨励施設ヲ期シ、一般児童ト斉《ひと》シク国民教育ニ均霑《きんてん》セシメテ他日国民トシテノ本分ヲ遂行スル上ニ遺憾ナカラシムルコトガ必要デアリマス。速ニ其ノ実現ニ対シ政府ノ努力ヲ要望スル次第デアリマス。◆[6]」

しかし、国民学校令は盲聾唖教育の義務制については規定しなかった。

ただし、「国民学校施行規定」の第五三条において、「身体虚弱、精神薄弱其ノ他心身ニ異常アル児童ニシテ特別養護ノ必要アリト認ムルモノノ為ニ学級又ハ学校ヲ編制スルコトヲ得」と規定した。すなわち、任意設置制である。そして、この学級または学校の編制については、文部省令第五五号「国民学校令施行規則第五十三条ノ規定ニ依ル学級又ハ学校ノ編制ニ関スル規程」が定められ、これらの学級または学校は「養護学級、養護学校」と称され、なるべく「身体虚弱、精神薄弱、弱視、難聴、吃音《きつおん》、肢体不自由等」の別に編制すること、一学級の児童数は三〇人以下とされ、「養護訓導」を置くことが定められた。

なお、国民学校令においても保護者の就学猶予・免除規定は、一九〇〇（明治三三）年の小学校令における規定を受け継いでいるが、猶予は市町村長の地方長官への報告事項となり、また貧窮を事由とする猶予・免除は廃止された。また、盲学校、聾唖学校の課程は国民学校の課程と同等以上と認め、これを修めるときは、学齢児童に対する保護者の就学義務履行は、その期間国民学校に就学するものとみなされた。同時に、「公立私立盲学校及聾唖学校規程一部改正」（四一年三月三一日、文部省令第二五号）によって、「盲学校初等部及聾唖学校初等部ノ教科及科目ニ付テハ国民学校初等科ノ教科及科目ニ関スル規定ヲ準用ス」（第五条）と定められた。

こうして、従来、さまざまな名称で呼ばれてきた特別な学級は、初めて法令上の準則を得、名称も法令において統一された。そして、全国の養護学級の数は四一年に一四一二学級、四四年には二四八六学級へと増加した。しかし、それらの養護学級の多くは「身体虚弱」児童を対象とし、在級している期間も長くはなく、「精神薄弱」児童を対象として長期にわたって特別な指導をする補助学級は少なくなっていった。その背景には戦時下の食糧事情の悪化にともなう児童の健康不良・体位低下や人的資源確保政策、行政側の「精神薄弱」児教育の軽視などがある。

養護学級の編制は、中学校規定および高等女学校規定によって、中学校、高等女学校にも及び、これによって四四年四月、東京都立九段中学校に肢体不自由児の養護学級が設置された。◆7

また養護学校の編制も可能となったことから、第2章で述べたように、これによって大阪市立思斉《しせい》学校は四二年二月に「精神薄弱」養護学校としての大阪市思斉国民学校に、また東京市立光明《こうめい》学校は同年四月に肢体不自由養護学校としての東京市光明国民学校となった。

しかし、太平洋戦争後半のとくに四三年半ば以降になると、「戦時教育非常対策が次々に打ち出され」、四五年に入ると、「教育はほとんど閉塞状態に陥った。」そして、全国の養護学級も、国民学校、中学校、高等女学校を合わせて、同年には五一七学級に減少している。[8]

第2節　学則と教育方針

学校の運営や教育活動の基本は学則・教育方針などに示されている。その一例として、栃木県立聾唖学校の場合について、栃木県立聾学校『七十年誌』（一九七九年）[9]に基づき検討する。

本校は一九〇九（明治四二）年、宇都宮盲唖学校（私立）として創立。三五（昭和一〇）年、県立に移管し栃木県立宇都宮盲唖学校となり、翌三六（昭和一一）年五月二二日に私立時代の学則を改め、新たに県令により次の学則が定められた。

「栃木県立宇都宮盲唖学校学則

第一章　総則

第一条　本校ハ盲人及聾啞者ニ普通教育ヲ施シ其ノ生活ニ須要ナル特殊ノ智識技能ヲ授ケ特ニ国民道徳ノ涵養ニ努ムルヲ以テ目的トス

第二条　本校ニ盲部及聾部ヲ置ク

第三条　盲部ニ初等部、中等部、研究科ヲ置ク

中等部ハ鍼按科、別科（按摩科）トス

聾部ニ予科、初等部、中等部ヲ置ク

中等部ヲ工芸科、裁縫科トス

第二章　修業年限及入学資格

第四条　修業年限ヲ定ムルコト左ノ如シ

盲部　初等部六年

中等部　鍼按科四年　別科二年

研究科　一年以上三年以内

聾部　予科一年

初等部六年

中等部五年

第五条　本校ニ入学シ得ル資格左ノ如シ

予科　　年令六才前後ノ者

初等部　年令六才以上ノ者

中等部　初等部ヲ卒リタル者又ハ之ニ準スヘキ者

研究科　中等部ヲ卒リタル者又ハ之ニ準スヘキ者
第六条　相当年齢ニ達シ相当ノ学力アリト認メタル者ハ第二学年以上ニ入学ヲ許シ又ハ一学年ノ課程ヲ修了セサルモ其学年ヲ進ムルコトアルヘシ
第三章　学年・学期及休業日（略）
第四章　学科目、学科課程及毎週教授時数
第一〇条　学科目、学科課程及毎週教授時数ハ第一号表乃至第七号表ニ依ル（略）
第一一条　始業及終業ノ時刻（略）
第五章　入学、退学及賞罰（略）
第六章　修了及卒業（略）
第七章　入学料、授業料
第二五条　入学料及授業料ハ之ヲ徴収セス
第八章　寄宿舎
第二六条　児童生徒ハ自己ノ家庭ヨリ通学シ得ル者ノ外寄宿舎ニ入舎セシム　但シ特別ノ事情アル者ハ外宿ヲ許ス事アルヘシ
第二七条　寄宿舎ニ関スル規程ハ学校長之ヲ定ム
補則
第二八条　本学則施行ノ為必要ナル細則ハ学校長別ニ之ヲ定ム」
この「学則」の第一条の「目的」に関する条文は、第1節で述べた「盲学校及聾唖学校令」の第一条の目的についての規定と基本的に同一である。これは当時の他の公立盲唖学校についてもいえることである。修業年限、入学資格に関しては、前述した「公立私立盲学校及聾唖学校規程」（以下、盲学校聾唖学校規程と略記する）とほぼ同様である。

しかし、盲部と聾部の科に関しては次のような点で重要な違いがある。

すなわち、盲学校聾唖学校規程は、「盲学校ノ中等部ヲ分チテ普通科、音楽科及鍼按科トシ聾唖学校ノ中等部ヲ分チテ普通科、図画科、裁縫科及工芸科トス／前項ノ外土地ノ情況ニ依リ必要ナル学科ヲ置クコトヲ得」（第四条。傍線は引用者による。以下同じ）と規定しているのにもかかわらず、本校の盲部の中等部は鍼按科、別科（按摩科）だけで普通科、音楽科がなく、聾部の中等部も工芸科、裁縫科のみで普通科、図画科がない。とくに、普通科が設けられていないのは当時、地方の県立盲唖学校においては、音楽科や図画科の専任の教員についてもさることながら、とりわけ普通科の教員を確保することがいかに困難であったかを物語っているといえよう。なお、第二五条で、「入学料及授業料ハ之ヲ徴収セス」としているのは重要である。当時、盲人、聾唖者の家庭は貧しい場合が多く、優れた能力・資質のある児童・生徒を県下全域から就学させ修学させるためにこの規程を設け、学校運営に要する経費は有力者・資産家に呼びかけ後援会を組織して賄おうとしたのではないかと推測する。

三九（昭和一四）年三月に栃木県立宇都宮盲唖学校は盲・聾唖分離の件が認可され、四月に校名は栃木県立盲学校、栃木県立聾唖学校と改称し、それぞれ新たな学則を定めた。

栃木県立聾唖学校の学則（昭和一四・五告示第二三四号）の改正された主な部分は総則で、盲部が全部削除されており、聾学校に関することのみとなっている。改正された総則の部を挙げると、次の通りである。

「第一条　本校ハ聾唖者ニ普通教育ヲ施シ其生活ニ須要ナル特殊ノ知識技能ヲ授ケ特ニ国民道徳ノ涵養ニ努ムルヲ以テ目的トス

第二条　本校ニ予科、初等部、中等部ヲ置ク

② 中等部ヲ工芸科、裁縫科トス

第三条　削除」

また、第四条で修業年限中、盲部関係が、第一〇条、第二四条中盲部研究科のそれぞれの項が削除されている。以上が学則の改正の大要である。なお、改正される前と同様に中等部に「普通科」の規定はない。

三九年九月、栃木県立聾唖学校は宇都宮市旭町から河内郡横川村江曽島《えそじま》一五二二番地に一四五〇坪の校地を買い受け、校舎二棟・寄宿舎一棟を新築移転。さらに四四年三月、河内郡城山村大字駒生《こまにゅう》字中丸六四八番地に三八一八坪の校地を買い受け、校舎二棟・寄宿舎一棟を新築移転。この江曽島から駒生への移転の理由は児童生徒の漸増に伴い、校地の拡張および諸施設の拡充の必要性もあったが、「移転の最大の原因は何といっても、旧中島飛行機株式会社宇都宮工場の用地になったためである。このため学校は急拠移転せざるを得なくなり」と『七十年誌』は記している。[10]

第3章の勤労奉仕・勤労動員で述べたように、栃木県立聾唖学校は四四年に入ると、他の障害児学校でも見られたことではあるが、軍需産業の会社からの要請を受け入れて、学校の一部を工場化したのである。しかも、移転してからも小学部六年以上と中等部の児童・生徒たちと職員は江曽島と駒生間の約六キロメートルの道程を往復とも徒歩で、工場となった元・校舎に通い、勤労動員による奉仕作業に従事したのである。

その経緯と児童生徒の意識について、やや長くなるが『七十年誌』より該当箇所を引用する。

「学校工場の経営

昭和十九年に入り、太平洋戦争は最も苛烈を極めた時期であった。国民の総力を結集した一環として、本校においても児童生徒が戦いに勝ち抜く意識の向上と、身体障害者であっても充分戦力に参加できるという趣旨に基き、学校の一部を工場化して、昭和十九年七月から中島飛行機宇都宮工場に勤労動員による奉仕作業を行ったのである。作業の内容は飛行機の翼の組立で、小学部六年以上の男女二十一名と職員が参加し、工場から派遣された技術員の指導により、打鋲作業が中心に行われていた。

この学校工場開始と同時に小学部六年以上の生徒は、午前中学習、午後作業と順調に作業が続けられた。昭和二十年度に入り、学校一覧表中『学校経営方針・本年度努力点』の中に『(イ)教育ニ関スル勅語ノ趣旨ヲ奉戴シ国民学校令並ニ中等学校令ノ本旨ニ基キ、皇国民ノ錬成ニ努メ、且ツ戦争ノ必勝ニ粉骨砕身スル』とあり、また次の項の(ロ)に『2、学校工場ニヨル直接戦力増強ヘノ奉公』とあるごとく、引続きこの線が強く打出され作業は続行された。参加者は前年と同様小学部六年以上の生徒二十二名と職員で、当時頻繁な空襲警報と空襲による最悪の条件にも拘らず、児童生徒の必勝の意識は益々昂揚し、作業は休みなく続行され、生産高も急上昇をしたが、同年八月十五日終戦と同時に、この学校工場を閉鎖したのである。」◆11

栃木県立聾唖学校における太平洋戦争末期の戦時非常時局下の「学校工場の経営」は、引用文の中に重引されている文からも明らかなように、当時のこの学校の教育方針と合致しており、むしろ学校を新築移転してでも軍需企業からの要求に積極的に応えていこうとしたものとみなすことができる。

そのことをより明確に示す論拠として、まず、戦前の当校の『学事年報』中、「昭和十二年度から十八年度までの教育の方針」として掲げられていた「教育ノ方針」と「教育綱領」の全文を次に引用する。

「本校教育ノ方針

教育ニ関スル勅語ノ御趣旨ヲ奉体シ盲学校及聾唖学校令ニ則リ盲人及聾唖者ニ普通教育ヲ施シテ其ノ生活ニ須要ナル特殊ノ知識技能ヲ修得練磨セシメ以テ独立自活ノ途ヲ与ヘンコトヲ期シ特ニ徳性ノ涵養ニ努メ気品ヲ高クシ進ンテ我カ日本民族ノ理想信念タル皇国精神ヲ体現セシメントス」。

「教育綱領

一、国体ノ本義ヲ明徴ニシ尊皇ノ民族意識ヲ養ヒ愛国精神ヲ発揚シ敬神崇祖ノ美風ヲ作興セントス
二、父母師長ノ教ヲ守リ知能ノ錬磨情操ノ涵養意志ノ鍛錬ニ努メ知行合一ノ国民性ヲ発揮セントス
三、正義ノ観念ヲ樹立シ敬愛ノ志操ヲ養成シ更ニ公民的教養ニ努メ至誠力行ノ良習ヲ馴致《じゅんち》セントス
四、体育衛生ヲ重ンシ健康ノ増進ニ努メ以テ心身ノ活動ヲ旺盛ニシ明朗闊達《かったつ》ノ資質ヲ培養セントス
五、職業的陶冶ハ練達ヲ期スルト共ニ勤労ノ精神ヲ啓培シ日新日進ノ工夫創造ノ力ヲ伸長セントス」。

さらに、以上の「本校教育ノ方針」および「教育綱領」に基づき、「昭和十四年度の学校一覧表」の中に、「教授上ノ要項」、「訓育上ノ要項」、「体育衛生上ノ要項」がそれぞれ五項目ずつ提示されている。

それらの「要項」の中から、当校がその育成をめざした人間像を如実に示す「訓育上ノ要項」を引用する。

「一、国体ノ本義ヲ明徴ニシ愛国精神ノ発揚ニ努メ敬神崇祖ノ美風ヲ作興シ情操ノ陶冶意志ノ鍛錬ニ努ムルコト
二、徳性ノ涵養ト実践ノ指導トニ力ヲ致シ気品ヲ高クシ儀礼訓練ニ努ムルコト
三、正義ノ観念ヲ樹立シ敬愛ノ志操ヲ養成シ更ニ公民教養ニ努メ至誠力行ノ良習ヲ馴致スルコト
四、常ニ明朗快活和親協力ヘノ生活ニ導キ規律節制ヲ重ンジ勤勉忍苦ノ修練ヲ積マシムルコト
五、公共道徳ノ実践指導ニ努メ犠牲的精神ノ発揮ト協同偕和ノ精神発露トニ努ムルコト」。

さいごに、以上のような学則・「教育ノ方針」などに基づいて実施されていた「おもな学科目の内容」に関して、創立七十周年記念誌編集委員会は次のように説明している。

例えば、「修身科」については、予科においては「日常近易ノ作法」、つまり身のまわりの行動や躾《しつけ》を中心に指導。初等部においては「道徳ノ要旨、作法」つまり教育勅語に基づき修身教科書による指導を徹底。中等部においては同様の指導を行い、第四学年になると「公民の心得」が加わって一般社会人として心得るべき諸事を指導。

国語科については、予科においては口話の基礎的段階として聴覚練習、呼吸発声、読唇及発音の指導。初等部

においては第一学年から第二学年にて「発音、日常須知ノ文字及簡易ナル普通文ノ読ミ方、綴リ方、話シ方、書キ方」が、第三学年から第六学年までに「日常須知ノ文字及簡易ナル普通文ノ読ミ方、話シ方、筆談、書キ方」が主な指導。当校では「手話学級」が昭和十八年度頃まで存続。中等部においては「講読・作文・筆談・習字」が配当時数の二割弱で、他は職業教育。当時使用していた教科書は改訂国語初歩巻一乃至巻六によるほか、財団法人聾教育振興会発行の国語初歩副読本や「昭和十三年度発行の国語練習読本巻一、昭和十八年度発行のコトバノホン巻一」などであった。

「体操科」については身心の鍛錬を中心にした方針で指導。高学年の男子には剣道、女子には薙刀《なぎなた》の指導が行われたが、「昭和十六年ごろに至り、この方針がなお一層強く打出され、小学部五年以上の生徒は毎朝駆足訓練（約二キロメートル位）やマラソンなどが行われていた。遠足なども相当遠距離までの徒歩訓練が行われ、併せて身心の鍛錬が強化され指導」がなされていた。

「工芸科・裁縫科」については、工芸科は男子の希望者を対象とし、「指導は主に家具類が中心で、本立・机・花台・下駄箱・渡り板、朝礼台等の製作が行われ基本的な指導」がなされた。「裁縫科」は男女の希望者を対象とし、「洋裁と和裁の指導」がされていた。これらの指導上、「一番困難を極めたのは経費の問題」であり、「非常に少なかったため、思うように材料の購入ができなかった」とのことである◆[12]。

以上の栃木県立聾唖学校の学則・教育方針と学校の運営・教育活動については、次のように概括することができよう。

第一に、一九三〇年代半ば頃の学則・教育方針は二四（大正一三）年制定の盲学校及聾唖学校令に基本的には基づいて定めていること。

第二に、学校の組織・運営などについては同年制定の公立私立盲学校及聾唖学校規程を準用しているが、中等部には普通科がなく職業教育が中心であること。

第三に、日中戦争が拡大していく三〇年代後半の「教育ノ方針」「教育綱領」「訓育上ノ要項」には全体として〈国体の明徴、愛国精神の発揚、勤労精神の啓培〉などが強調されていくこと。

第四に、太平洋戦争の戦局が悪化していくと総力戦体制の一環として軍需産業が校舎の一部を工場化することを認容し、学校を新築移転してからも、教育勅語・国民学校令・中等学校令の「本旨」に基づき「皇国民ノ錬成」の立場から小学部六年生以上の児童・生徒と職員が「学校工場ニヨル直接戦力への奉公」に空爆による被災の危険にさらされながら敗戦に至るまで献身的に尽したこと、である。

第3節　教員と生徒

1　盲学校・聾唖学校の教員について

一　文部省による調査から

文部省は太平洋戦争が開始される前年の四〇年の五月現在の全国の盲学校・盲唖学校・聾唖学校について調査を行った（以下、文部省「昭和十五年度全国盲学校聾唖学校調査」と記す）。その結果から、まず、表10に教員資格別と専任・兼任別の人数を示す。なお、本調査では盲唖学校の盲部は盲学校へ、同聾唖部は聾唖学校へ合算されている。

本表によると、これら三種類の障害児学校に勤務する教員の総数は一五六九人である。その障害別の学校の教員の人数の内訳は、盲学校が五二三人（三三・三%）、盲唖学校が五八四人（三七・二%）、聾唖学校が四六二人（二九・五%）である。教員資格別・専兼別の人数は、盲学校は有資格教員が三二七人（六二・五%）、無資格教員が一九六人（三七・五%）、専任が四一一人（七八・六%）、兼任が一一二人（二一・四%）。盲唖学校は有資格教員が三七九人（六四・九%）、無資格教員が二〇五人（三五・一%）、専任が五二九人（九〇・六%）、兼任が五五人（九・四%）。聾唖学校は有資格教員が三二三人（六九・九%）、無資格教育が一三九人（三〇・一%）、専任が四三三人（九三・七%）、兼任が二九人（六・三%）である。

表10　盲学校・盲唖学校・聾唖学校の教員の資格別・専兼別の人数
——一九四〇年五月現在

事項別			盲学校	盲唖学校	聾唖学校	合計
資格別	有資格教員	専任	292	369	314	975
		兼任	35	10	9	54
		計	327	379	323	1,029
	無資格教員	専任	119	160	119	398
		兼任	77	45	20	142
		計	196	205	139	540
専兼別	専任		411	529	433	1,373
	兼任		112	55	29	196
	合計		523	584	462	1,569

注　原表は横組で印刷。表題は著者による。
出典　文部省普通学務局『昭和十五年度全国盲学校／聾唖学校ニ関スル諸調査——昭和十七年四月一日発行』より。

これらの結果からわかることは、第一に障害別の学校の教員の人数が占める割合は盲唖学校が最も多く四割弱であり、盲学校と聾唖学校はほぼ三割前後であること、第二に教員資格を有する教員の人数が占める割合はいずれの学校も六割台であること、第三に専任と兼任の教員の人数が占める割合は、専任は盲唖学校と聾唖学校が九割台で兼任が一割弱であるのに対し、盲学校は専任が八割弱で兼任が約二割を占めていることである。[13]

では、四〇年の中頃に教員の構成においてこのような特徴を有していた盲学校・盲唖学校・聾唖学校に対して、各学校の記念誌（年史）や著者によるアンケート調査への回答などにおいては、太平洋戦争下の教員の問題についてどのようなことが記されているのであろうか。

二　記念誌とアンケートへの回答から

全体として、①教員の人数が不足し、とりわけ有資格教員が少ないこと、②給与が安く身分・待遇が劣悪であること、③学校の勤務と寄宿舎の舎監の仕事が重なり過重労働になりがちであること、④授業で使用する点字教科書や各種教材・教具の不備、⑤不就学児への就学勧奨の労苦、⑥盲・聾唖児への蔑視や盲・聾唖学校の教育への無理解を改善していくことの大変さなど、さまざまな問題が記されている。

例えば、いわゆる教師難については、神奈川県立盲学校の教員であった清水徳造が『神奈川県立平塚盲学校創立五周年記念誌』（一九六〇年）に次のように記している。

「職員《マ》の《マ》採用難

社会的地位は低く、待遇は悪く、先生まで特殊扱いをされている。前途有為の人材が来る筈《はず》がない。殊に普通科教員の採用に当たっては、三顧の礼をつくしてようやくにして形を整える始末だ。特殊教育の振れざる、推して知るべきだ。[14]」

同じような体験と思いを、福岡県立福岡盲学校に勤務していたあくたがわしずおは同校の『開校五十年記念誌』（一九六〇年）への寄稿の中で短歌によって次のように表現している。

「理療科もさることながら　普通科の　教師の希望者　一人だに無し
良教師いますと　聴かば　道の隈《くま》　地の果てまでも　行きて招かん」◆[15]

また、盲・聾児に対する健常児たちの蔑視や行政の職にある者の聾学校の存立を否定する態度については、栃木県立聾唖学校の教員であった発生川光一が同校の『創立80周年　校舎改築落成記念誌』（一九八八年）に次のように述べている。

「駒生の学校（四四年三月に河内郡横川村江曽島から同郡城山村駒生へ移転した学校――引用者注）に通う子供たちを、近くの小学校へ通う心ない子供たちが、〝おしんぼ〟〝おしんぼ〟といって石を投げた。私は何べんも何べんもどなりつけた。悲しかった。でも、当時は身障者に対して少しの愛情もない人たちが大勢いた。そればかりでない。県庁のあるえらい方が、『こんな時代だ。聾学校など廃止せよ。』とまでいわれた。私たちは、涙を飲んで続けてきた。」◆[16]

戦時非常時下において障害児学校の存立を否定する動きは盲学校に対してもみられた。例えば、大阪市立盲学校の卒業生である花岡隆平は同校の『創立80周年記念誌』（一九八〇年）において、「第二次大戦中は視覚障害者の教育は非生産的で無用であると考えられ、盲学校廃止の動きさえありました。」と述べている。◆[17]

また当時の社会には例えば警察官であっても盲唖学校の教員に対して臆見を抱いている者がいたようである。私立岡崎盲唖学校の教員であった田中岩城は、愛知県立岡崎盲学校『創立60周年記念誌』（一九六三年）で次のように語っている。

「私の最も印象に深く残っている事について二、三申して見ますならば。（略）世間に盲唖学校等と言うものが殆ど認められて居なかったと言う事ですね。校長宅へ戸口調査に来られた警察のお巡りさんが、さも驚いたと言う調子で、なに校長は眼が見える？　耳が聞こえる？　と言った調子でした。盲唖学校の校長とか先生とか言った様なものはどうせめくらかつんぼとか言った者で、学校などもそうした人の集りで、愚図々々して居て何かと暗い感じのするところの様に思われていたですね。」◆18

教職員不足の問題は多くの学校が直面していたようである。著者が実施した第1次、第2次アンケートの教職員に関する質問項目で「人手は足りていましたか」と尋ねたところ、「イ　十分だった、ロ　まあまあ足りた、ハ　不十分だった、ニ　全く足りなかった」のうち、最も多い回答は「ハ　不十分だった」と「ニ　全く足りなかった」であった。

教職員の不足の原因の一つとして「応召」すなわち軍隊への入営がある。

表11　障害児学校の教職員の応召・戦死・戦傷病の人数

（人）

番号	学校の名称	応召	戦死	戦傷病	番号	学校の名称	応召	戦死	戦傷病
1	岩手県立盲唖学校	2	1		24	大阪府立盲学校	有り		
2	宮城県立盲唖学校	2			25	大阪府立聾口話学校	有り		
3	秋田県立盲唖学校	2	2		26	大阪市立聾唖学校	3	1	
4	山形県立盲学校聾唖学校	3	3		27	神奈川県立盲唖学校	6	1	
5	茨城県聾唖学校	2			28	横浜市立聾話学校	2		
6	栃木県立盲学校	有り			29	私立馬渕聾唖学校	2	1	
7	栃木県立聾唖学校	有り			30	新潟県立新潟盲学校	有り		

8	群馬県立盲唖学校	4	1		31	新潟県立長岡聾唖学校	3		
9	千葉県立盲学校	1			32	兵庫県立聾唖学校	4	2	
10	千葉県立聾唖学校	3	1		33	奈良県立盲唖学校	3		
11	官立東京聾唖学校	有り			34	島根県立盲唖学校	2		
12	都立聾唖学校	2			35	岡山県盲唖学校	2	1	
13	都立聾学校	3			36	広島県立聾学校	4	1	
14	富山県立盲唖学校	4		1	37	徳島県立盲聾唖学校	4	1	
15	石川県立聾唖学校	2			38	香川県立盲学校聾唖学校	1		
16	福井県立盲学校	1			39	愛媛県立盲唖学校	6	1	
17	福井県立聾唖学校	2	1		40	高知県立盲唖学校	1		
18	岐阜県立聾唖学校	4	1		41	福岡県立福岡盲学校	4	1	1
19	静岡県立静岡聾唖学校	1			42	福岡県立柳河盲学校	5	1	1
20	愛知県立盲学校	2			43	佐賀県立盲唖学校	5	1	1
21	愛知県立豊橋盲唖学校	1	1		44	熊本県立盲唖学校	5	3	1
22	滋賀県立聾話学校	2	1		45	大分県立盲唖学校	1		
23	京都府立聾唖学校	5	1		46	鹿児島県立鹿児島盲唖学校	1		

合計　全46校、応召者112人以上、戦死者28人、戦傷病者5人。

注①　千葉県立盲学校は「学校衛生婦」1人が従軍看護婦として応召したほか男性教職員の応召あり。
②　千葉県立聾唖学校の応召教職員3人のうち1人は従軍看護婦として応召。
③　石川県立聾唖学校の応召者2人のうち1人は事務職員。
④　群馬県立盲唖学校の戦死者1人は校医。

出典　都道府県の障害児学校の記念誌（年史）、および、著者による「第2次大戦下の全国の障害児学校の戦争被害に関する調査」の「第2次アンケート」（1987年実施）への回答より作成。

表12　盲学校・盲唖学校・聾唖学校の職種別給与の人数と月額平均（一九四〇年五月現在）

職種＼学校別	盲学校 人数	盲学校 月額平均	盲唖学校 人数	盲唖学校 月額平均	聾唖学校 人数	聾唖学校 月額平均
校長	28 (5)	円 1,606.52	25 (1)	円 1,484.17	22 (2)	円 1,594.55
教諭	162	81.31	184	69.04	137	93.28
助教諭	10	54.10	8	47.25	1	40.00
訓導	37	56.37	106	52.37	128	68.23
保姆	4	27.00	3	38.66	1	25.00
講師・嘱託教師ほか	111	33.56	158	32.22	78	43.36
舎監	—	5.29	—	5.41	—	7.24
合計	352 (5)		484 (1)		367 (2)	

注　校長の給与は年額平均である。人数中のカッコ内は無給教員数を示す。表題は著者による。
出典　文部省普通学務局『昭和十五年度全国盲学校／聾唖学校ニ関スル諸調査――昭和十七年四月一日発行』六頁より。

著者が研究対象とした全一〇八校について、記念誌（年史）およびアンケート調査から教職員の応召・戦死・戦傷病の人数を該当校ごとに示したのが表11である。該当校は全四六校（四二・六％）であり、応召者は一一二人、戦死者は二八人、戦傷病者は五人である。しかし、応召者については「有り」と回答しているがその人数が記載されていない該当校も六校あり、また記載洩《も》れもあると推定されるので、実際の人数はもっと多いと考えられる。

教員の給与について、文部省による『昭和十五年度　全国盲学校／盲唖学校調査』（一九四二年）より、盲学校・盲唖学校・聾唖学校の職種別給与の月額平均を表12として掲げる。

本表から、四〇年五月現在の職種別給与の月額平均は校長は別格として、第一に、三種類の学校とも「教諭」

が最も高く約七〇円から九〇円余であり、次いで「訓導」が約五〇円余から六〇円余であること。第二に、三種類の学校とも講師・嘱託教師ほかの人数はかなり多いが給与は約三〇円から約四〇円であること。第三に、三種類の学校とも「保姆」の人員は極めて少なく、その給与も二五円から三〇円余と少額であることなどがわかる。

では戦時下の障害児学校の教員の給与と生活はどのような実態であったのだろうか。

例えば、岡山県立岡山盲唖学校へ四四年四月に教諭兼訓導として就任し、学校の近くに下宿して通勤した阿佐博は岡山県立盲学校『創立百周年記念誌』（二〇〇八年）に「敗戦前後の岡山盲学校」と題して次のように回想記を寄せている。

「下宿料は3食付で一ヵ月50円。私の初任給は本俸が55円、それに訓導手当てと地域手当が5円ずつついて、合計65円だったから、私の俸給から下宿料を差し引くと手持ちは15円しか残らなかった。だからといって、私の待遇が特に悪かったというのではなく、教員の初任給としては平均的なものだったのである。下宿代のことだが、戦争末期のことで、あの食糧難の時代に、朝夕の食事の他に昼の弁当まで作ってくれたのだから、50円はやむをえない値段だったのだろう。物資が不足し、インフレが始まっていたにもかかわらず、給与体系がそれについていっていなかったのである。下宿の親父が気の毒だと思ったのか、『先生は治療の腕があるのだから』と言ってよく患者を紹介してくれた。そんな収入もあったので、なんとかやっていけたのだと思う。」◆[19]

また、千葉県立千葉聾学校『創立五十年』（一九八三年）は四二年三月五日に千葉県立聾唖学校長／兼千葉県立盲学校長・鈴木保司が千葉県知事藤原孝夫に提出した「臨時手当支給ニ関スル件」の全文を掲載している。その要旨は、創立一〇周年を経たが当校の教員給与は県下公立中学校より平均で数十円の差があり、国民学校よりも少ないこと、他府県出身の教職員が多く住居やその他にかかる費用もあり「生活上ノ急迫ヲ告グルモノサヘアル」ことなどを切々と訴え、「十七年度ヨリ臨時手当支給ノ方途ヲ講」ずることを「全国聾唖学校臨時手当支給状況（昭和十六年十二月官立聾唖学校調査）」を添えて申請している。[20]

さらに私立の学校の場合は財源が乏しく、職員の給与は上がらず、教材さえ自費で賄わねばならないこともあった。

例えば、私立岡崎盲唖学校の教員であった田中岩城は愛知県立岡崎盲学校『創立六十周年記念誌』（一九六三年）で次のように語っている。

「在職時代最も苦しく又最も嬉しかった事を申し上げて見ますならば、あの太平洋戦争は愈々《いよいよ》熾烈《しれつ》と相成り、物価はどんどん上がる、俸給はさっぱり上がらず、上げ様にも私立学校にはその財源は無し、生徒及舎生の食糧は配給制度となり、学習に必要な点字紙なども配給制度となり自由に買う事も出来なく、たまたま配給があってもそれを買いおくお金が学校には無く、止むなくポケットの底をはたいてそれを買っといて生徒に支給する、てな事もありました。[21]」

私立函館盲唖院の場合も、「職員の採用、退職即ち職員の出入が非常に多いこと（略）、それぞれいろいろ理由がありますが、大体職員の俸給が非常に低かったので、自然俸給の高い恩給のつく公立学校の方へ転任するのでした。（略）実際に生活するだけが一杯の俸給でしたから、将来を心配して他の方面へ転じた人も多数」いたという。[22]

戦時下の教員問題には男性の教員とは異なる問題が女性の教員に生じた場合があることも見過してはならない。それは女性教員が妊娠し出産する際に、勤務先の学校や教育行政当局から特別な配慮がほとんどなされなかったことである。このことは一般の国民学校に勤務する女性教員についても同様であったであろうが、教育諸条件などの整備が遅れていた障害児学校の女性教員の場合はいっそうそうであったといえるのではなかろうか。

一例を挙げると、私立の盲唖学校に勤務していたある女性教員は、在職中二人の子どもを出産したがいずれの場合も出産の当日まで出勤していたという。

すなわち、私立延岡盲唖学校に二九年四月から四二年三月まで勤務していた青木美智子は宮崎県立延岡聾学校『創立50周年記念誌』（一九七八年）への寄稿「思い出」のなかで次のように述べている。

「私は在職中（十三年間）に二人の子供を産みましたが、現在の様に産前の休暇などなく二人の子供とも出産の日まで学校に行ったのを覚えて居ります。[23]」

また、勤務先の聾唖学校で男性教員が次々と応召したため、実際の教育活動はほとんど女性教員だけで行わなければならなくなった例もある。

例えば、栃木県立聾唖学校に四三年以降戦後に至るまで勤務した松村恭子は、栃木県立聾学校『七十年誌』に「記念誌によせて」と題して寄稿し、戦争末期の学校と女性教員の状況について次のように回想している。

「昭和十九から二十年にかけては、米軍の本土空襲が本格化され、校庭内には父兄、生徒、職員の手で防空壕が構築されました。（略）子供たちは毎日防空頭巾を肩に男子職員と生徒は戦闘帽、脚絆（ゲートル）を巻き女子はもんぺをはいての通勤通学でした。登校途中に空襲警報が発令されることもありました。（略）また、サイパン島の玉砕に当たっては村松校長先生は頭を丸めて生徒たちと共に武運を祈ったことが印象に残っています。そのうち男子職員は召集を受け軍隊へ。校長、教頭を除いては女子職員のみで銃後を守ることになりました。（略）体育では精神の錬磨、体力の増強ということで剣道、薙刀、競歩などが主な内容で私はよく薙刀の指導をしたことを思い出します。[24]」（傍点、傍線は引用者による。以下同じ）

そのほか、山口県立下関盲唖学校の歩みについての元教職員・生徒たちの座談会で、集団疎開のときのことについて元教員（男性）は次のように発言している。

「赤松　女の先生も大変だったそうですね。授業はほとんどしなくて、御飯たきとか、しらみのついたシャツとか布団の洗濯ばっかりしていたそうですからね。[25]」

2 盲学校・聾唖学校の生徒について

一 文部省による調査から

文部省による調査によれば、四〇年五月現在の盲学校・聾唖学校の生徒定員・生徒数・学級数は表13に示す通りである。

本表から判明することは、第一に生徒定員と生徒数については、両校とも生徒定員よりも生徒数がかなり少ないこと（盲学校では四〇〇〇人余、聾唖学校では約二七〇〇人も少ない）、第二に両校の生徒定員・生徒数を部科別に比較すると、中等部・別科・研究科では盲学校のほうが聾唖学校よりも多く、初等部予科・初等部では聾唖学校のほうが盲学校よりもはるかに多いこと、第三に学級数については、両校の生徒数には差異があるにもかかわらず（聾唖学校のほうが盲学校よりも約一五〇〇人多い）、ほぼ同数であることである。

なお、第二点の盲学校で中等部・別科・研究科の生徒定員・生徒数が多い理由と背景は例えば将来、鍼按マッサージ師になるにはそのための学術的理論と専門的技能を修得するために少なくとも中等部以上の、もしくは特別の科に在籍する必要があったからであろう。他方、聾唖学校で予科・初等部の生徒定員・生徒数が多いのは、聴覚に障害がある場合には出来る限り早期からの聴能訓練や独自な言語教育が不可欠であったからではなかろうか。

次に、文部省による四〇年五月現在の調査から「半途退学者数及び其ノ事由」を見てみると、盲学校における初等部予科から選科生までの半途退学者数の総数は五〇九人である。その事由別内訳は、㋑「家事ノ都合ニ依ル者」一九二人（三七・七%）、

表13　盲学校・聾唖学校の生徒定員・生徒数・学級数（一九四〇年五月現在）

	盲学校			聾唖学校		
	学級数	生徒数	生徒定員	学級数	生徒数	生徒定員
初等部予科	1	4	22	103	1,028	1,163
初等部	234	1,916	3,789	419	4,653	5,312
中等部予科	6	59	105	—	—	—
中等部	291	2,675	3,956	110	1,284	3,061
別科	74（4）	574	1,149	1	25	87
研究科	23（1）	246	568	3	16	110
選科生	—	7	—	—	23	—
合計	629（5）	5,481人	9,589人	636	7,029人	9,733人

注　①原表は横書き。②原表の「昭和十四年度入学志願者」と「同前入学者」は省略。③学級数の括弧内の数値は「当該科数中他部科ノ学級ト併置セルモノ」を示す。④表題は筆者による。
出典　文部省普通学務局『昭和十五年度　全国盲学校／聾唖学校ニ関スル諸調査（昭和十五年五月十日現在）』一九四二年四月一日発行。

㋺「懲戒等ノ処分ニ依ル者」五人（一・〇%）、㋩「疾病ニ依ル者」六七人（一三・二%）、㋥「死亡シタル者」六二人（一二・二%）、㋭「転学シタル者」七五人（一四・七%）、㋬「其ノ他」一〇八人（二一・二%）となる。

他方、聾唖学校の場合は半途退学者数の総数が四七四人。内訳は㋑が二八六人（六〇・三%）、㋺が五人（一・一%）、㋩が三二人（六・八%）、㋥が五九人（一二・五%）、㋭が二五人（五・三%）、㋬が六七人（一四・一%）である。

なお、盲学校と聾唖学校の半途退学者は総数が約五〇〇人とほぼ同数だが、部科別に比較すると、盲学校は中等部が二四三人（四七・八％）で最も多く、聾唖学校は初等部が二二三人（四七・一％）で最も多い。

さらに、同じく文部省の四〇年五月現在の調査から「卒業後ノ状況ニ関スル調」について見てみると、第一に四〇年度の卒業者の総数は盲学校が一三五四人、聾唖学校が六三五人と前者のほうが多いこと、第二に部科別に比較すると盲学校は中等部が最多で七一九人（五三・一％）、聾唖学校は初等部が最多で五二二人（八二・二％）であること、第三に事項別に多い順にそれぞれ第三位まで挙げると、盲学校は「職業ニ就キタル者」が八二一人（六〇・六％）、「中等部若《もし》クハ研究科ニ進ミタル者」が四四四人（三二・八％）、「職業ニ就カザル者」が三二人（二・四％）であるのに対して、聾唖学校は「中等部若クハ研究科ニ進ミタル者」が三八〇（五九・八％）、「職業ニ就キタル者」が一二九人（二〇・三％）、「職業ニ就カザル者」が七〇人（一一・〇％）であることがわかる。

二　記念誌（年史）から

(1) 就学勧奨

文部省による四〇年五月現在の調査から、生徒定員よりも生徒数が少なかったこと、および就学しても中途退学する場合が多かったことを指摘したが、各校の記念誌（年史）においても学齢に達しながら不就学のままである者に対して教員たちが家庭に出向いて就学勧奨に努めていることや、就学児の出身地に設置された後援会からの補助金の受け取りに出張したりしていることなどが記されている。

とくに、就学勧奨に関しては多くの記念誌にその取り組みの苦労が記録されている。

例えば、福井県立聾唖学校については、『福井県立聾学校五十年』（一九六四年）が次のように記している。

「この頃（『大東亜戦争』が始まった頃――引用者注）から、『生徒募集』のために教員が手わけをして県下各地へ出張するようになった。しかし、一．おおむね貧困な家庭が多いこと、二．就学のため親元を遠くはなすことへの不安（当時は寮母制度なし）、三．寄宿舎に入ればやはり相当額の寄宿経費が必要であったなどの理由で、なかなか児童生徒が集まらなかった。昭和十一年の文部省の調査では全国の聾児の就学率は四六・七パーセントとなっているが福井県の場合はもっと低く三〇パーセントの程度であり、四．それが戦争のはげしさとともに一段と低くなったものと思われる。[26]」

また、太平洋戦争下の滋賀県立盲学校に事務職員として勤務していた袴田花は滋賀県立盲学校『開けゆく盲教育』（一九五三年）への寄稿「雑草と共に」のなかで就学勧奨の体験を次のように回想している。

「生徒募集は昔も今もなかなか苦労なことですが、其頃の或る冬の朝暗い中から伊香郡の県境に近い村へ勧誘に出かけた時のことですが、買い難い切符を漸《ようや》く手に入れて木《き》の本《もと》まで行きそこから歩いて三里、やっと目的の家を探しあてた処、家の人は修理中の屋根の上から、うちの子は盲ではないから用はない等とけんもほろろの挨拶に、泣き出したいような気持で路傍の石に腰かけて一休みした後、夜遅くへとへとになって帰って来たようなこともありました。[27]」

千葉県立盲学校における四〇（昭和一五）年頃までの生徒勧誘の方法と経過について、千葉県立千葉盲学校『六十年の歩み』（一九七二年）が行政当局などとの関係を含め極めて具体的に記載し、貴重な内容なのでやや長くなるが引用する。

「（就学問題は――引用者注）年度末、県報に入学勧誘について載せるのみで、他は、盲学校職員の手に委ねられた。県衛生課より、失明者調査を借用し、統計をとり（昭和一一年一二月六日付の『学校日誌』より――引用者注）鍼灸按摩マッサージ師会の組織を通してその発見に努めた。又、小学校に依頼し、情報提供を呼びかけた事もあった。当時の情勢から、盲児のいる家庭では世間体を考えてかくしている事も多かったが、これらについて小学生が知っている事が多かった事によるものである。

これらにより入学対象者を知ると、校務のかたわら家庭訪問を行った。時には在校生を伴って、生徒の口から、直接盲学校の現況を話させるという事も試みられた。当時の交通事情を考える時、その労苦は極めて大きいものがあった。また、飯盒、米持参で対象家庭、卒業生の家庭、木賃宿に泊り、就学への勧誘を続けたこともあった。

やっと、対象家庭を探しあてても、対象児童を部屋に置いて、保護者が裏から抜け出し、話し合いを拒否したこともあった。やむなく対象児と話し合ったところ、是非入学したいという事で保護者が納得した事もあったという。同じ家庭を十数回訪問し、やっと入学にこぎつけたという例は決して稀ではなかった。

このような努力を続け、昭和十五年以降、初等部については、全国有数の生徒数を擁するようになった。」[28]

なお、こうして漸次、初等部への入学者数は増えていったが、就学中途で退学する者も多く、とくに中等部については営業取締規則により徒弟で修業することが出来たので、必ずしも学校に入学せずとも自活の途が開けていたことや、盲人に対する社会の理解や盲教育の認識の薄さなども低就学率の背景としてあったようである。しかし、根本的には前述したように、盲学校及聾啞学校令によって設置義務は規定されたが、保護者に対する就学義務は成立していなかったという制度上の不備が大きな原因とみるべきであろう。

(2) 中途退学と学資補助

次に、中途退学者問題と学資補助の実態について簡略に述べよう。

各学校の記念誌には中途退学者問題が深刻であり、中途退学を少しでも防ぐために、地域の名士や有力者などが呼びかけ人になって学校の後援会が組織され、在学の児童・生徒たちへの学資の補助などを行っていることが記されている。

例えば、栃木県立聾学校『創立50周年記念誌』（一九五九年）によると、四一年度から四五年度までの予科・初等部と中等部の在学児童・生徒数は六四人から八一人へと漸増しているものの、退学者数が四二年度から四五年度まで各年度五人から一〇人へと増加している。そして、中途退学の原因として次の八点を挙げている。すなわち、①「戦争のために通学が困難であった」、②「応召家庭が多く人手不足であった」、③「食糧事情が悪かった」、④「入学の年齢差が大きかった」、⑤「学力の低下があった」、⑥「『あきらめ』をもつ父兄が多かった」、⑦「寄宿舎の費用が高かった（当時で賄費が最低で十二円であった）」、⑧「寄宿舎の設備が最悪の条件であった」である[29]。

こうした事態のなかで、各校は後援会による学資補助が少しでも増えることに尽力している。学校によっては、児童・生徒の出身地が就学者の人数に応じて補助金を支給し、教職員が受給のために出張する場合もあった。例えば、私立延岡盲唖学校の女性教員であった青木美智子は、宮崎県立延岡聾学校『創立50周年記念誌』（一九七八年）への寄稿「思い出」で次のように記している。

「その当時他の町村から盲唖学校に来て居る（生徒はその――引用者注）町村から年間生徒一人に付いて二十五円補助金を貰う事になって居りました。しかもその補助金は学校の方から先生が休暇を利用して貰いに行く事になって居りました。／私も北郷村字納間と南郷村神内の役場に貰いに行った事があります。無論その当時は馬車で行かねばなりませんので神内では旅館に一泊しその土地から聾唖者のS・Bという生徒が来てましたので、その生徒のうちにちょっと立寄りました処」、父親から間もなく休暇が終わるのでその生徒を連れ帰るよう依頼され、「S・Bを連れて又馬車にゆられながら寄宿舎に帰った事を覚えております[30]。」

では、政府はこれらの学校の就学児たちに対してどの程度の補助金を支給していたのだろうか。文部省による前掲の昭和一五年五月現在の調査によれば次の通りである。

盲学校については、㋑「全国学資被補助者総数」は一七三四人、㋺「補助総年額」は六万一三〇六円、㋩「一人当補助平均月額」は一〇円二二銭（内訳は①「寄宿舎費」三円九八銭、②「学用品費」一円五一銭、③「被服費」二円三〇銭、④「其ノ他」二円四三銭）である。他方、聾唖学校については、㋑が一七六五人、㋺が六万八九三円九銭、㋩が七円八四銭（内訳は①が三円四八銭、②が九九銭、③が一円二三銭、④が二円一四銭）である。[◆31] つまり、盲学校と聾唖学校とは、被補助者総数、補助総年額、一人当補助平均月額はほぼ同じである。前述したように、当時の盲学校の生徒総数は五四八一人であるから学資被補助者はその三割強、聾唖学校の生徒総数は七〇二九人であるから学資被補助者は二割強にすぎない。また、一人当補助平均月額も盲学校は一〇円余、聾唖学校は八円弱と少額であり、貧困な就学児にとってどの程度役に立ったかは疑問である。

第4節　教育の内容と方法

1　盲学校・聾唖学校の教育について

戦前における盲学校および聾唖学校の教育課程の基本は、前述した一二三（大正一二）年制定の「公立私立盲学校及聾唖学校規程」（文部省令）に基づいている。すなわち、その第七条が規定しているように、「盲学校及聾唖学校ノ毎週教授時数ハ初等部ニ在リテハ尋常小学校ニ、中等部に在リテハ学科ノ種類ニ応シ中学校、高等女学校又ハ実業学校ニ準シ之ヲ定ムヘシ」ということであった。そして、両学校の「学科目」は第五条で盲学校について、第六条で聾唖学校について規定した。両学校の学科目は基本的に共通していたが、盲学校の初等部における「唱歌」は聾唖学校の初等部では「図画」に置き換えられた。

このように盲学校および聾唖学校の教育は全体として、通常のいわゆる普通学校に〈準ずる〉ものとされたが、両学校とも視覚もしくは聴覚に障害があるため、教材の基本となる教科書は普通学校のをそのまま用いることはほとんどの学科目において出来ず、独自の教科書の編集と発行が必要であった。そこで文部省は盲学校用としては『国語読本』全一二巻を二九（昭和四）年から三四（昭和九）年までに、また修身教科書六巻を三三（昭和八）年から四〇（昭和一五）年にかけ編集し発行した。聾唖学校用には『国語初歩』六巻を口話方式の立場から編集し、三二年までに日本聾口話普及会から発行した。さらに三五年から三七年にかけ『改訂国語初歩』、三八（昭和一三）年から三九（昭和一四）年にかけ『国語練習読本』四巻、四三（昭和一八）年には『コトバノホン』を作成した。

また大阪毎日新聞社は二二（大正一一）年に「点字毎日新聞」を創刊し、各種の点字教科書を発行したほか、後述するように盲学生の体育大会や雄弁大会なども開催した。[32] かねてから切望されていた中等部鍼按科用教科書については、官立東京盲学校が二六（大正一五）年から二九（昭和四）年までかかって、解剖学、生理学、病理学総論、治療各論、鍼術、灸術、按摩術、マッサージ術の点字教科書計一六巻を編集し、これらは四七年まで使用された。市販の教科書としては『簡明鍼按学』（三二年刊行）をはじめ、三四（昭和九）年から四一（昭和一六）年にかけて各種の鍼按科教科書が点字版で出版され、戦後に至るまで全国の盲学校で広く用いられた。

盲学校における職業指導については、三六年七月の第九回帝国教育総会（高知）で文部省の諮問「盲学校ニ於ケル全盲生徒ノ職業指導上特ニ留意スベキ事項如何」に対して、既設の鍼按、音楽両科の改善充実とともに、全盲である者にも可能な他のさまざまな職業種目について答申した。こうして、三〇年代後半以降、盲人の新しい職業分野への進出が時代の急務となりつつあったが日中全面戦争の開始によってそうした気運も中絶し、盲人の職業分野の開拓は軍事保護院を中心に学校教育とは別個の立場から行われるようになっていった。[33]

聴覚に障害があると言葉の習得に最も影響を受ける。したがって、聾唖学校における教育の方法上の大きな課題は言語指導のあり方にあった。そして、昭和初期の手話・口話論争を経て、三五年頃には聾唖学校は全体として口話法体制が確立したといわれる。[34] その背景には日本聾唖教育会、財団法人聾教育振興会による口話法を普及し徹底化する取り組みとそれを支持する文部省の方針があった。

清野茂は、手話・口話論争とは、「手話法がよいか口話法がよいかの論争ではなく、手話も認めるという立場と手話はいっさい排除する立場との争いと見るべきである。[35]」と指摘し、前者の立場の学校および人物として、大阪市立聾唖学校（校長・高橋潔[36]）、私立函館盲唖院（院長・佐藤在寛[37]、教員・鈴木忠光）、浜松盲唖学校の主張や教育実践、その史的意義について評論している。

また各地の聾唖学校・盲唖学校では職業科の充実と就職する職種の多様化を推進したが、太平洋戦争末期になると第3章で述べたように聾唖者の多くは軍需工場の〝産業戦士〟として動員を強制されるに至った。

なお、戦後、とくに一九九〇年代後半になって、聴覚に障害がある人たちや聴覚障害者の教育・福祉等の関係者・団体の要求と運動によって、手話言語の創造と普及、手話を使いやすい社会環境づくりが進められた。九五年に発せられた「ろう文化宣言」には「ろう者とは、日本手話という、日本語とは異なる言語を話す、言語的少数者」とある。その理念から第一言語として日本手話を、第二言語として日本語の読み書きを学ぶバイリンガル教育を実践するフリースクールも九〇年代末に発足した。二〇一七年現在、全国で一三の県、一〇八の自治体が手話言語条例を制定するに至っている。[38]

2　盲唖学校の教科課程表と聾学校の「教育体系表」の紹介

太平洋戦争期の障害児学校の教育内容の全体的構成を見るために、盲唖学校の一例として鹿児島県立鹿児島盲唖学校の「教科課程表」を掲げ（表14。二五六〜二五八頁）、次いで学校運営の形態を見るために聾学校の一例として都立聾学校の「昭和十六年度本校教育体系」（図2。二五九頁）を転載する。

表14 鹿児島県立鹿児島盲啞学校の教科課程表◆39

(1) 盲部教科課程表

① 盲部初等部

学年	教科	国民科				理数科		体錬科		芸能科				
	科目	修身	国語	国史	地理	算数	理科	武道	体操	音楽	触書	工作	裁縫	教授時数
一年	時数	一二				七			五		三			二七
	内容	国民道徳	読方、綴方 話方、書方			算数一般	自然観察		遊、体、衛	唱歌鑑賞 基礎練習	形象看取 表現鑑賞	工作		
二年	時数	一二				七			五		三			二七
	内容	同上	同上			同上	同上		同上	同上	同上	同上		
三年	時数	三	八			六	二		五	二	二			二八
	内容	同上	読、綴、話			同上	同上		体、競、遊 教、衛	同上	同上	同上		
四年	時数	三	八			六	二		五	二	二			二八
	内容	同上	同上			同上	理科一般			同上	同上	同上 手芸(女)		
五年	時数	二	七	二	二	六	二		四	二		男二 女二	女二	三一
	内容	同上	同上	国史大要	地理大要	同上	同上		同上	同上	同上	同上	裁縫初歩	
六年	時数	二	七	二	二	六	二		四	二		男二	女二	三一
	内容	同上	同上	同上	同上	同上	同上		同上	同上	同上	同上	同上	

表14つづき②盲部中等部

教科	一年	二年	三年	四年
修身公民	二	二	三	三
国語	五	五	五	四
歴史	二	二	二	二
地理	二	二	一	一
生理		六		
衛生				一
病理			五	六
鍼治	四	三	三	一
灸治			二	
按摩		五	五	
マッサージ				
物療			一	一
唱歌	一	一	一	一
家事		三		
裁縫		三		
体操	三	三	二	三
農業	一	一	一	一
実習				一二
武道	二	二	二	二
数学	一	二	二	
物理	二			
化学		二		
解剖	六			
毎週時数	三一	四二	三五	三八

表14つづき③盲部別科

教科	一年	二年
修身公民	二	
国語	四	
点字	三	
数学	二	
解剖	五	
按摩	一二	
傍聴	三	
唱歌	一	
裁縫	二	
体操	三	
武道	二	
計	三九	

表14つづき(2)　聾唖部教科課程表

①　初等部

学年		国民科				理数科		体練科		芸能科							教授時数
科目		修身	国語	国史	地理	算数	理科	武道	体操	律唱	習字	触書	工作	裁縫	農業	実習	
一年	時数	一四						五				四			二		二五
	内容	国民道徳	国語初歩			算数一般	自然観察		遊、体、衛	基礎演習		形象看取表現鑑賞	工作				
二年	時数	一五						六				四			二		二七
	内容	〃	〃			〃	〃		〃	〃		〃	〃				
三年	時数	一二				五		六			一	四			二		三〇
	内容	〃	〃			〃	〃		遊、競、体、衛	〃	仮名楷書	〃	〃				
四年	時数	一二		一		五	一	五		一	一	四	女二	二	二		三四
	内容	〃	国語一般	郷土観察		〃	〃		〃教	〃	〃	〃	〃	初歩			
五年	時数	二	一〇	四		五	二	五		一	一	四	女二	二	二	七	四五
	内容	〃	〃	国史大要	地理大要	〃	理科一般	基礎練習	〃	〃	〃	〃	〃	〃	〃		
六年	時数	二	一〇	四		五	二	五		一	一	四	女二	二	二	七	四五
	内容	〃	〃	〃	〃	〃	〃	〃	〃	〃	〃行書	〃	〃	〃			

注　郷土的事情ノ為一年ヨリ農業二時間ヲ加ヘ五年ヨリ実習七時間ヲ加ヘタリ

②　中等部

教科	科目	時数	内容
職業科	工芸	一九	家具ノ製作、理論ト実際
	和服裁縫	一九	和服ノ裁方、縫方、ミシン製作
	洋服裁縫	一九	洋服ノ製図、縫方、理論
	整容	一九	理髪実習、理容学科
	農業	一九	普通農業並ニ園芸
学科	修身公民	二	国民道徳、礼法
	国語	五	講読、作文
	常識	一	国史、地理、理科、社会、情報一般
	数学	四	算数一般
	体操	三	体、教、遊、競、衛
	武道	二	剣道
	習字	一	仮名楷書、行書、鑑賞
	図画	一	写生、用器書
	家事	二	住居、衣服
作業	農業	二	普通農業
計		二三	

注　一、二、三、四、五年共同ジ。
「時数」の合計は「学科」と「作業」を合わせた数値とした――引用者注

図2　東京都立聾学校の「昭和十六年度　本校教育体系[◆40]」

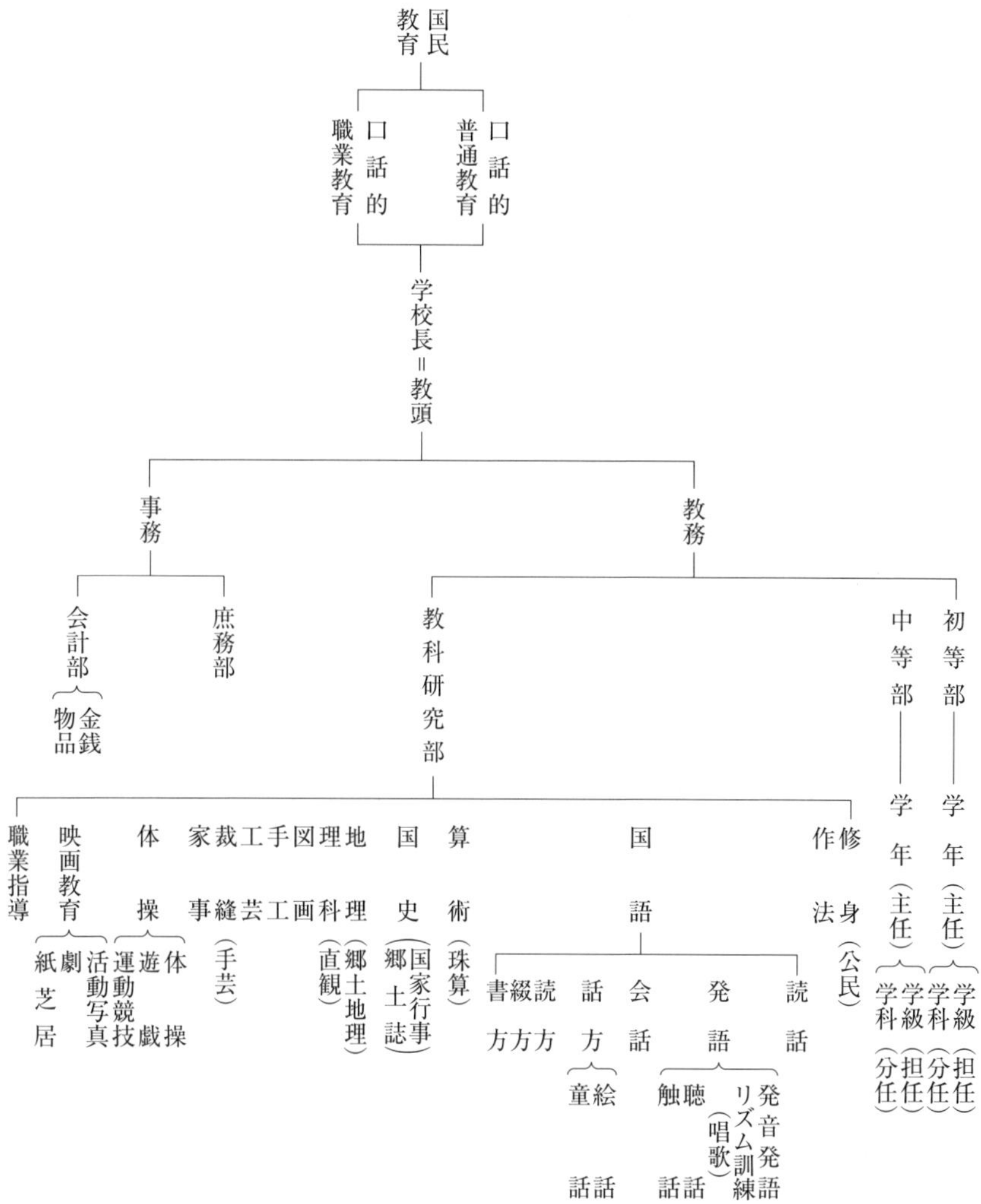

出典　初出は都立聾学校『昭和十六年学校要覧』。東京都立大塚ろう学校編集・発行『東京都立大塚ろう学校創立五十周年記念誌　おおつか』1977年、66頁より転載。

第5節　学校行事

学校行事は一般に、①儀式、②学芸的・研究的・文化的行事、③保健体育的行事、④遠足・見学・旅行、⑤その他などに分けられる。

文部省がそれらのなかで教育制度として積極的に創出したのは学校儀式である。それは学校固有の儀式（入学式、卒業式、始・終業式など）と国家などによって広く行われるものに学校が参加する儀式（神武天皇即位の日とされた紀元節、天皇誕生日の天長節、一月一日、明治天皇誕生日の明治節の四大節など）に大別される。前者では学校の集団的・共同体的性格を維持・強化することが意図され、後者では天皇への忠誠心や国家などへの帰属意識をもたせることが主たる目的となる。後者の制度上の起点は、一八九一（明治二四）年公布の「小学校祝日大祭儀式規程」に求められる。

前述したように国民学校令は「皇国ノ道ニ則リテ初等普通教育ヲ施シ国民ノ基礎的錬成ヲ為ス」ことを目的として定め、同令施行規則第一条では「儀式学校行事等ヲ重ンシ之ヲ教科ト併セ一体トシテ教育ノ実ヲ挙クルニ力ムヘシ」と規定した。

盲学校・聾唖学校などは法令が定める国家的な学校儀式を順守するとともに、児童・生徒の視覚・聴覚障害にそくして教育効果をいっそう高めるためにさまざまな学校行事を創意工夫をこらして積極的にとり入れた。以下、それらのことを学校の記念誌（年史）、学校史、県教育史などから見ていく。

1　戦時期の学校行事の推移

まず、太平洋戦争半ば頃に学校行事がどのように行われていたかを知るために、福井県立聾唖学校について『福井県立聾学校五十年史』（一九六四年）から見てみよう。

「決戦体制下の聾唖教育」の見出しで、「大東亜戦争はますます過熱を加え、昭和十八年五月にはアッツ島守備隊の玉砕をはじめとして戦争は必ずしも好転せず、ようやく教育も決戦体制一色に塗りつぶされた感があった」として、四三年四月から九月までの「主な事項の推移」を記載している。その中から前述した学校行事に関する事項を抄録していく。なお、先に述べた②学芸的・研究的・文化的行事、③保健体育的活動に関連する行事には傍線を施すことにする。

「四月八日、始業式・入学式／一五日、同窓会（出席者一五名）／一六日、藤島神社参拝／二四日、靖国神社臨時大祭・護国神社参拝／二七日、小学芸会／二九日、天長節拝賀式。

五月五日、春の遠足（徒歩）／一〇日、黒川学級研究授業／一二日、護国神社参拝／一五日、同窓会総会／二二日、青少年学徒ニ賜リタル勅語記念日、藤島神社参拝／二六日、小学芸会／二七日、海軍記念日、第四回校内相撲大会。

六月二日、乾布まさつ開始／五日、故山本五十六元帥の国葬につき遥拝式／二六日、小学芸会／二八日、初三以上は大衆館にて映画観覧。

七月一三日、小学芸会／一七日、大野郡飯降山登山／一九～二〇日、三国海岸にて海水浴／二二～二四日、集団的勤労奉仕作業実施／二七日、一学期終業式。

八月一～二日、東京における聾唖福祉協会第二回研究発表会に牧野平左衛門教諭出席／三日、除草作業／八日、除草作業、護国神社参拝／一三日、除草作業／二一日、二学期始業式、除草作業／二三～二六日、草刈奉仕作業に出動（酒生村、東郷村、六条村、麻生津村）／二八日、校舎内外清掃／三一日、聾唖教育福祉協会福井支部の発会式に大阪市立聾唖学校教諭藤井東洋男来校。

九月三日～一〇日、草刈奉仕作業に出動（灯明寺なわて、麻生津村）／一四日、福井県知事加藤初夫　本校を視察／一七日、中田教員の研究授業／二二日、福井師範学校生徒・河和田村婦人会参観に来校／二五日、福井市護国神社・藤島神社参拝／二八日、小学芸会／二九日、県護国神社例祭につき参拝」[41]

このように、戦局の悪化を反映して、神社への戦勝祈願の行事が頻繁に実施されるとともに、小学芸会、相撲大会、遠足、登山、海水浴など学芸的・体育的行事なども行われていることがわかる。定期的に行われている「小学芸会」は、聾の生徒たちの言語活動にとって教育的意義を有していたであろう。しかし、その演目などについては不明である。そこで、参考までに栃木県立聾唖学校が遠足、運動会と同じく年間行事として行っていた学芸会からその演目を見てみよう。栃木県立聾学校『創立50周年記念誌』（一九五九年）によれば、「コブトリ、白兎、浦島太郎、一寸法師、牛若丸」などの日本童話が多く、戦争を主題にした劇や話し合いなども含まれている。このほか「遊戯、書方、また『私達の学校』といったような学習の様子を伝えるもの」もあったが、「昭和一九年以後は戦争のため」に、遠足・運動会・学芸会はいずれも中止されたという。[42]

2　文化的・体育的行事について

各地の盲学校・盲聾唖学校の記念誌（年史）には、生徒会によるさまざまな部活動が、行事を、校内だけでなく地域の中等学校などと共催したり、全国的な大会に参加したりして展開されたことが数多く記録されている。例えば、長崎県立盲学校『創立八十年記念誌』（一九七九年）には戦時下に中等部生であった松尾信一が生徒会による「体育部」、「相撲部」、「競技部」、「弁論部」、「文化部」（作品の募集・文集作成）の活動を報告している。その中で「弁論部」については次のように回想している。

「生徒会には弁論部という部があり、年に一度、秋には弁論大会がありました。生徒たちはそれぞれ一つの題のもとに自己の信念を発表し熱弁をふるったものであります。その頃は西日本弁論大会、全九州弁論大会、いずれも中等学校（今の高校）等があって、わが校からもその大会に参加して厳重な審査の中で上位入賞した優れた弁士もあり、母校の名を広く知られたこともあります。◆[43]」

また、北海道函館盲学校・同聾学校『創立百周年記念誌　暁光』（一九九五年）は日中全面戦争の開始から太平洋戦争勃発までの時期の北海道における盲生徒の弁論大会や聾唖生徒の卓球大会について次のように記録している。

「日支事変が始まった当座は、あまり影響もありませんでしたので、毎年行なわれていた盲唖教育北海道部会・北海道学生雄弁大会は、七月一六日札幌盲唖学校で開かれ、翌年よりは更に北海道盲唖学生卓球大会も併せて開くことが協議され、昭和一三年六月一二日函館盲唖院に於て、第12回盲唖教育北海道部会・第6回北海道盲学生雄弁大会・第1回北海道聾唖学生卓球大会が開かれたのです。その後小樽・旭川・札幌と一廻りして、第1回函館で始まった盲学生雄弁大会は第9回で、同じく第1回函館で始まった聾唖学生卓球大会は第4回で、太平洋戦争が始まったため中止になり、北海道部会のみは、一七年六月二〇日第16回が函館盲唖院で開かれたのが最後となったのでありました。[44]」

なお、県立の盲学校と聾唖学校とが合同で相撲大会や学芸会を開催している例があることは注目される。それは福井県立盲学校と同聾唖学校との場合で、四〇（昭和一五）年五月二七日の「海軍記念日に際し、盲・聾合同の相撲大会を開き、（略）優勝旗の争奪戦を展開」し、四一（昭和一六）年一一月二二日には「福井市の公会堂において、当校創立以来始めての大学芸会を聾唖学校と共同で開催し、鯖江陸軍病院の白衣の勇士を始め、約一千人の観衆をして感動せしめた」という。[45]

そのほか、運動会での遊戯に生徒たちのオーケストラが伴奏した例もある。それは大阪市立盲学校のことで、太平洋戦争期に同校の初等部に在学していた森岡章（元大阪市立盲学校教諭）は同校の『世紀を超えて――創立百周年記念誌』（二〇〇〇年）への寄稿「楽しかった運動会」で次のように回想している。

「私が盲学校に入学したのは一九四一（昭和16）年、小学校が国民学校と改められて戦時色が強くなり、校門が近くになると歩調をとって歩かなければならない時代だった。／当時の本校はあらゆる面で全国的に名を上げていたが、特に音楽教育（洋楽）では右に出る盲学校はなく、本校のオーケストラが東京で有料の演奏会を行ない好評であったと聞く（昭和2年頃）。この優秀なオーケストラの伴奏で『山田のかかし』の遊戯をした。周囲が校舎に囲まれていたので音が逃げること無く心地よいハーモニーを身体で感じながら14人の仲間と踊った。60年近く時は流れたが、今も懐しく思い出される。[46]」

戦時期の各種の弁論大会での弁士の演題の多くは戦意の高揚をはかるものが多かった。例えば、「吾も又陛下の赤子の一人として」、「我も又銃後の一人として」などである。◆[47] その中で、私立浜松盲学校の中等部の生徒であった友田徳一が四〇年一一月の静岡県西部中等学校弁論大会で演じ第一位となった演題と内容は異色である。『浜盲の思い出——母校創立六十周年記念文集』（一九八一年）に、友田は「弁論大会」と題して寄稿し、弁論大会に臨んだときの思いとその弁論が評価されたことによって得た信念を次のように綴っている。

「母の愛をテーマにした『愛に生きる心』という演題で目の不自由な私が常に自己を卑下しそして嘆き悲しさのあまり卑屈になり崩れかけようとする私を不憫《ふびん》に思う母は、目の不自由なこと位に負けては将来立派な人間にはなりませんと、ある時はしかり、ある時は励まし、そして目に涙さえ宿して私をいたわり励ましてくれる母の姿に今までの自分を深く恥じると共に、今はひがみも卑屈もうちすてて明るく希望に燃えて勉学に励んでおりますと精一杯に語りました。」

そして、その弁論が高く評価された「感激の日を契機として私はたとえ目は不自由であっても正眼者《ママ》には負けないという強い信念が心の奥深くきざまれました。」と述べている。◆[48]

3 学校行事の皇民教育と鍛錬主義の強化

太平洋戦争の後半、障害児学校の教育活動は学校行事を含め、軍国主義的性格を強め、皇民教育の徹底がなされていった。しかし、米軍の本土空爆による被災が全国に広がり、敗色が日増しに濃くなるにつれ、学校として存立していくことさえ困難な状況に陥っていった。当時の盲学校・聾唖学校の記念誌（年史）から、その状況をいくつかの面からとらえていきたい。

一　皇民教育の徹底

滋賀県立盲学校では点字で教育勅語の速書き競争を行っている。滋賀県立盲学校『創立90周年記念誌』（一九九八年）はそのことを次のように記録している。

「点字を発明した人の記念行事とかで、点字の速書きがありました。（略）『ヨーイドン』で教育勅語『チンオモウニ、ワガコーソコーソー　クニヲハジ《ママ》メルコト』に始まって、最後の『御名御璽《ぎょめいぎょじ》』で終わった。」[49]

石川県立聾唖学校・同盲学校は両校の日課として、始業前の朝礼で晴天のときは運動場で「『明治天皇御製日誦誌』（「さざれ石の巌とならむ末までも五十鈴川の水はにごらむ」など――引用者注）を奉誦し、聾唖学校でも口話によって奉誦」したという。[50]

茨城県立盲学校は、「鍼術の神様と迄言われた杉山検校が朝夕心経百巻を唱え鍼術一途に精進し遂にその奥義を極め得た」ことにちなんで、「朝夕般若心経（全二六四余文字）を全生徒に唱和」させ、「杉山検校の命日である一八日には全校生徒が講堂の床に正座して心経百巻の勤行をした。」[51]

鳥取県立鳥取盲聾唖学校では、「口話教育は皇話教育の合い言葉と化していった。」という。[52]

二　体育的行事における鍛練主義の強化

体練、遠足、臨海合宿、夜間行事などにおいて、鍛練主義が強化されたことが記念誌（年史）の多くに記録されている。それらの中からいくつかを例示する。

(1) 秋田県立盲唖学校について

秋田県立盲学校『秋田県立盲学校七十周年記念誌』(一九八二年)では「昭和十年代も後半になるに従って、戦時体制の厳しい身心の鍛練が課されるようになってきました。」と述べている。そして、同校中学部鍼按科を四六年三月に卒業した斎藤忠は同誌への寄稿「非常時生徒の記」で次のように回想している。

「非常訓練、防空演習など盛んに行われ、シンガポール陥落の祝賀の日に、雪中訓練と称して、雪の中を素足で走らされたこともあり、これが勉強かと、よくよく勉強嫌いになったものでした。(略)物資はいよいよ入手困難になって、私達の学習に欠くことの出来ない音を発する教具も毀《こわ》れ放題、各部屋のスピーカー、はてはラジオ拡声器の本体が目茶苦茶、教材の不足、参考書の皆無等、もっぱら防空演習、食糧増産の草とり・畠作り、さては神宮参拝、薪運びと学習よりは作業が重視され、私達は読書に対する意欲を失い、すきっ腹をかかえ、寒さにふるえて、教室の学習らしい学習は殆んどないといった状態だったようです。」◆53

(2) 和歌山県立盲唖学校について

和歌山県立盲学校『創立五十周年記念誌』(一九六八年)は、「戦時中の教育」の見出しで次のように記録している。

「昭和十六年に尋常小学校が国民学校と改められてから、盲学校の教育もそれに準じて大きく変えられていった。/遠足は、日前宮、亀山神社などへ行動し、中等部男生徒の夜間行動、水軒浜での海浜訓練など、心身の鍛練の教育がなされた。/太平洋戦争が始まってからは、毎月八日の忠霊塔や護国神社参拝、出征兵士の見送り、英霊を迎えるなどの行事が数多くあった。/昭和十九年には、中等学校で学徒動員があり、工場などに出て働いた。本校では、そのかわりに無医村に出かけ治療奉仕した。又、空襲に備えて、校地内に防空壕がいくつか作られ、防空訓練も盛んに行われた。／戦争のため物資が不足し、実習用の鍬の使用が制限され、点字用紙も新聞紙を貼り合せて使用するなど、不自由をがまんしながら学習を続けた。／一方、食糧難の為、運動場を耕し、さつまいもなどを作り、二十年に入ってからは、配給の味噌汁の給食が行われた。／空襲が激しくなるに従って、疎開や休学する児童がふえ、二十年六月末には、やむなく初等部を閉鎖した。／中等部の生徒も、米軍機の空襲によって、殆んど授業をすることが出来ないまゝに七月九日の夜を迎えた（和歌山市大空襲で校舎全焼し休校――引用者注）」◆54

(3) 私立岡崎盲啞学校について

『愛知県立岡崎盲学校創立一〇〇周年誌』（二〇〇三年）に鬼頭宏枝（昭和一八年卒業）は、「昭和初期の学校、寄宿舎の様子」と題して次のように述べている。

「昭和一七年、中等部四年のとき、戦勝祈願ということで、熱田神宮まで歩きました。先生が先頭に立ち、一二～一三人ぐらい全盲と弱視がペアで、ゆっくり東海道を歩きました。朝五時頃出発し、着いたのがだいたい1時～2時頃でした。帰りは電車で帰って来ました。くたくたに疲れて、その日は早く休みましたが、その頃は、みんな元気がよかったです。」◆55

(4) 福岡県立福岡盲学校について

『福岡県立福岡盲学校　開校五十年記念誌』（一九六〇年）に橋本（旧姓小林）翠（昭和一七年卒）が、「戦時下の盲学校」と題して次のように記している。

「私共の在校時代は大東亜戦争たけなわの頃で盲学生としての学窓生活も銃後の一人として唯々勝抜く為にのみすべてを捧げていたものですから、四年間の想い出もすべて戦時色にぬりつぶされている（略）。昭和十五年を迎えました。紀元二千六百年です。国民精神総動員の足音はますます高鳴り、一億一心の叫ばれた頃です。（略）健国体操、青年体操と校庭一杯にみなぎる元気な号令（略）／雁の巣の飛行場まで夜間の強行軍をしたのも其の頃だったと思います。深夜に鳴り響く進軍ラッパの音は、何とも言えぬ思い出を残して居ります。又、奉仕作業に夕方までかり出されたり、盲人としての不自由をかこついとまもなく、銃後のお役に立つように訓育されました。◆56」

(5) 富山県立盲啞学校について

富山県教育史編さん委員会『富山県教育史』下巻（一九七二年）は「夜行軍」「臨海教育」について次のように記している。

「このころ（一九三〇年代後半――引用者注）、学校行事として夜行軍と臨海教育が行われるようになった。夜行軍は七月下旬、中等部生徒全員が参加し、午後一〇時学校を出発して大岩不動まで徒歩で行った。大岩には明け方に到着し帰路は電車を利用した。臨海教育も岩瀬浜まで徒歩で往復し、しかもそれを二日ないし三日続けて体力の練成をした。◆57」

(6) 高知県立盲啞学校について

同校の中等部を四三年三月に卒業した舛市久代は、『高知県立盲学校同窓会　創立60周年記念文集』（一九八九年）に「懐かしき学生時代をしのびて」と題して寄稿し、防空・消火訓練と併せて〝竹槍訓練〟の体験を記している。

「大東亜戦争になってからというものは、だんだん日本は敗北状態となり（略）そのうちに爆撃はしょっちゅうされるという始末。そうなってくると、もう私たちも授業どころでなく、来る日も来る日も防空頭巾をかぶり、もんぺをはいて避難訓練。あるいは爆撃され爆弾が落とされた場合のそれを消す訓練、または、敵と戦う方法として竹槍を敵の中に突っこむ訓練、しかし子どもの戦争ごっこじゃあるまいし、ずっと昔の戦さじゃあるまいし、考えてみると吹き出しそうなことばかり。／爆弾破裂の場合にしても、バケツで送水して消す訓練をしたりとか、でもその時は必死だったんですものね。」[58]

三　苛酷な行軍による生徒の死亡

このように戦局が日増しに悪化していく中での軍国主義教育・皇民教育体制の一環としての心身鍛練のための過酷な夜行軍によって健康を損ね、命を落とした生徒もいる。

新潟県立新潟盲学校に一九四二年春、教員として赴任した伊藤武男は『新潟県立新潟盲学校創立七十周年記念誌』（一九七七年）に「T子のこと」と題して寄稿し、太平洋戦争末期の学校の状況と夜行軍に参加した女子生徒の一人が病気となり、帰省して療養したが死去したことを記している。

「当時（四二〔昭和一七〕年春――引用者注）、関屋の校舎は百四十三人の生徒と寮生をふくめて三十名の職員という世帯。（略）新潟は食料難こそ深刻だったが、空襲もなく平穏な学園生活が続いていた。

しかし、それから二年後、様相は一変。港には機雷が落され、町にも機銃掃射が浴びせられた。食事は麦と芋、授業も二、三時間に減り、学校菜園の手入れや公有地の整地などの作業が繰り返されるようになった。

『戦陣訓』（四一年一月八日付で陸軍大臣東条英機が軍紀の粛正、軍人のモラル、戦場での心得と督戦のために全陸軍に示達した訓示――引用者注）、『勅語』（四一年一二月八日に公布された対英米戦争宣戦についての詔書のことか――筆者注）が戦争遂行のむちとなり、きびしいスパルタ教育が盲学校にも強要された。

　行事の中で忘れられないのは、高学年生徒による白根往復の四十キロの夜行軍。全盲生が多いのでクラス毎に一本の綱につかまる。出発は夜七時。軽い病気などの欠席は許されない。当日は全員参加。車のほとんどない旧国道八号線を睡魔と戦いながら一晩中歩き通す。握った綱を引かず、ゆるめず歩調をあわせて歩くので、気疲れも加わって疲労は倍加。ともかく朝六時、全員がへとへとになって校門にたどりつく。

　私が付き添ったクラスでは、T子が学校まで一キロのところで立往生。体はあつい。足は棒のようにかたい。列をはなれ、彼女を背負って歩き出したが、百メートル程でこちらもへばってしまう。しばらく休んで背負う。歩いては又休む。こうしたT子と私の二人組が汗びっしょりで校門へ辿りついたのは、すでに七時を廻っていた。

　T子は数日前からかぜ気味で、気分が勝《すぐ》れなかったとか。その後、彼女は肋膜を患い、帰省して療養につとめた。しかし、一年後には十五歳の若さでその生涯を終えた。私も、終戦後間もなく赴任前にわずらった結核を再発。十年余りの療養生活を送り、今も古いきずあとに悩まされている。◆59」

第6節　軍事教練

太平洋戦争期に設置されていた各地の盲学校、聾唖学校、盲聾唖学校の記念誌（年史）には「軍事教練」に関する記録や写真が少なからずある。また著者のアンケートには「軍事教練」の実施の有無についての質問項目もあり、「行った」としてその内容を記している回答も少なからず見られる。

ここで「軍事教練」とは学校教練のことを指し、もともとは一九二五（大正一四）年四月公布の陸軍現役将校配属令に基づく、中等学校以上の男子学生・生徒に対する軍事教練のことである。重点は軍事技術よりも心身の鍛練や徳育などに置かれた。日中戦争の拡大は教練の必要性を高めた。三九（昭和一四）年三月には大学での教練を必修化し、四一（昭和一六）年一一月には学校教練教授要目を改正して「軍事的基礎訓練」としての性格を強めた。そして、太平洋戦争の末期になると、盲聾唖学校などの中には中等部で部分的ながら採り入れるところが出てきたのである。

次に、その該当校に関して障害種別ごとに記録を紹介する。

写真4　銃を手に軍事教練

注　大阪府立聾口話学校の三八式歩兵銃を構えた中等部男子生徒たち。1944年頃。立っているのは左が生徒代表、右が教員。戦闘帽、国民服、ゲートルの姿。
出典　大阪府立生野聾学校『創立50周年を記念して』1976年。

1　聾学校の場合

(1) 大阪府立聾口話学校について

写真4は、大阪府立聾口話学校における四四年頃の三八式歩兵銃を構えた男子生徒たちである。

当校に、四二（昭和一七）年四月から四七（昭和二二）年三月まで在学した白石堯美《たかみ》（二七〔昭和二〕年、兵庫県生まれ。大阪市立聾唖学校初等部を卒業し大阪府立聾口話学校中等部に進学。卒業後、大阪市立ろう学校に三九年間勤務）は、府立聾口話学校の生徒のとき、教員の指示で五年間にわたり日記を綴り、その一部を『軍国のろう少年』（二〇〇四年）として刊行した。その著書から中等部四年生のときの学徒動員と軍事教練について記した箇所を引用する。

「昭和二〇年四月四日（水）

今日は昭和二〇年度の初出勤式を行った。『我が学徒のお陰でたくさんの飛行機を作れたので、川西航空本社から感謝状が来た。一層の奮励を願いたい』と社長より励ましの言葉をいただいた。ああ、我々ろう者が世間に認められたのだ。そして、大義に生きて二〇歳という生命を捨てて、必死必中の尽忠報国を遂げている夥《おびただ》しい特攻隊の心を心として、銃取らぬ代わりに生命を飛行機に打ち込むよう、一層奮励努力をしていかなければならないのだ。ああ、生まれて必死の世にあうことはよきかな。欣喜《きんき》が大きい。」

「昭和二〇年四月一三日（金）

工場から帰って夕食後、裏の広場で当地へ来てから初めて軍事教練をやった。寝転びたいほど青々と一面に、ところどころに桃色のほうれん草の花が覗いているこの広場で、僕は三、四人の下級生を相手に教練の基本を教えてやった。四年間学校で学んだ幸福を忘れないで、しっかりと教えなければならないのだ。[60]」

(2) 都立聾学校について

同校の元生徒たちは「座談会　六〇年をふりかえって」の中で、「教練、兵隊の教練があった。」「兵隊と同じように訓練ばかりしていて、勉強はできなかった。」とか「学校の体育なんていうのは、ボール競技でなくて剣道ばかり。女でもなぎなたをしました。」などと語っている。[61]同じく同校の卒業生である柴田博は、「戦中の疎開学園生活」と題する聴き書きの中で「8月15日の朝も軍事教練がありました。空腹や栄養失調でボンヤリしている生徒を、元軍人の先生が棒でなぐっていました。[62]」と語っている。

(3) 福岡県の盲学校・聾学校について

福岡県立福岡盲学校、同福岡聾学校、同柳河盲学校の三校でも、「障害を乗り越え戦争遂行のために体力増強や軍事教練まがいの訓練がなされるようになり、学校報国団が組織され、障害の身で勤労奉仕に、或は治療奉仕にと、職員・生徒一体となって働いた。」といわれる。[63]

2　盲聾唖学校の場合

(1)「富山県立盲唖学校」について

同校の生徒であった竹川秀夫は、「聾唖学校の思い出と私の戦争体験」と題する回想記の中で次のように述べている。

「昭和十九年の夏、学徒動員令が発令され尾西食品ＫＫに動員させられました。十三才の中学部のころです。授業時間は短かく、防火訓練をしたり軍事教練をしたりの毎日でした。軍事教練は元軍曹の上田先生と日下先生が担当され『めん！』『どう！』『こて！』と掛声も勇ましく、木刀や竹刀に熱中し、上半身はだかの生徒も、汗だくで手足がヘトヘトになったものでした。[64]」

(2) 奈良県立盲唖学校について

奈良県立盲学校『創立六十周年記念誌』（一九八〇年）には次のように記されている。

「昭和一六年一二月八日未明（略）太平洋戦争は日本全土を戦乱の渦に巻き込み、その災いは学校教育の上にまで及び、本校教育も、そのらち外に出ることはできなかった。／極寒をついての剣道の練習、耐寒耐暑の朝の駆《か》け足、戦闘服にゲートルを巻いての軍事教練（略）児童・生徒の生活も非常時に対処して変らざるを得なかった。[65]」

なお、障害児教育百年奈良県記念会編集・発行『障害児教育百年奈良県記念誌』（一九七九年）の一一頁には、同校の「軍事教練」の写真が掲載されている。

(3) 宮城県立盲唖学校の元教員からの回答

宮城県立盲唖学校の元・教員の菊地正三は、著者によるアンケートの中の「軍事教練」に関する質問に対して、「中等部聾唖部の男子に対して、日支事変に応召、昭和十六年八月召集解除の私が校長の命令で行った。」と回答している。

(4) 群馬県立盲唖学校について

同校の盲部の教諭であった高野佐太郎が「保健体育の活動」と題する論稿において、国民学校令により「体操科」が「体練科」と変更されたことと関連づけて次のように述べている。

「陸上競技でスパイクが使われたのは昭和十二、三年頃で、その後マラソン足袋にと変っていく。その後太平洋戦争の影響で昭和十六年の学制の全面的改正にともない、学校体育教材の上にも著る《ママ》しい変化があらわれる。従来の『体操科』が『体練科』となると盲学校体育も体練の時間には、木銃や徒手体操、手留《ママ》弾投げなど軍事教練的なものが多くなり体力章検定に参加した生徒もいた。」◆66

(5) 岡山県盲唖学校について

同校の中等部鍼按科を四四年三月に卒業した和田克己は「思い出深し盲唖学校」と題して『創立百周年記念誌』（二〇〇八年）に寄稿し、自らの体験を次のように回顧している。

「日毎に戦線は拡大緒戦の勢いは衰え、国民総決起『欲しがりません勝つまでは』の態勢の中、生徒が岡山市周辺の寺に上級生の指揮の下に鍼按マッサージの勤労奉仕。（略）授業はそっちのけで、登校校門のところで竹槍で、敵国撲滅と叫んで藁人形を突く。冬、裸で耐寒訓練。そして木を削って作った木銃で軍事教練。まわしをつけ土俵を作り相撲柔道と必死でした。[67]」

(6) 山口県立下関盲啞学校について

山口県立盲学校『創立八十年史』（一九八五年）は「4　山盲教育と太平洋戦争（昭和17年～22年）」の項で次のように記している。

「太平洋戦争に突入してからは、当然のことながら戦時色一色の山盲教育へと変容していった。生徒の学校生活はすべて軍隊式に改められ、体育の時間には軍事教練までが取り入れられた。授業時間の多くは勤労作業や奉仕活動に向けられ、正規の授業はしだいに少なくなっていった。昭和18年（一九四三年）4月には、非常時体制に対応すべく教育課程が大幅に改訂され、教科とは別に『作業』『奉仕』『修練』の時間が正規に設けられた（主として中等部及び別科）。（略）修練の時間には、下関高等小学校（現日新中）から相撲のベテラン教師を招いて男子には相撲が、また女子には座禅や修養講話・校内清掃などがあてられた。さらに詩吟を正課として定め、全員に毎週一時間の指導が行われた。[68]」

(7) 愛媛県立盲啞学校について

愛媛県立松山聾学校『創立五十年誌』は、「(5)戦争と本校教育」の項で太平洋戦争下の「錬成教育」などの実態とその背景に関して次のように記している。

「太平洋戦争の始まった十五、六年代になると、狂熱的な形で、戦の波が押し寄せてきている。世はあげて、全体主義、国家主義の時代で、本校のみ独自の道を歩むことは許されなかった。国家あっての国民であると断定し、国家の統制はますますか《（苛）》酷さを加えていった。職員も生徒も、ゲートルを巻き、モンペを着用して、行進ラッパに歩調を合わせた。一日に何回となく、出征兵士を見送り、帰還兵士の出迎えに狂走《ママ》した。興亜奉公日と定められた月の十八日（三九年九月から毎月一日に、四二年一月から毎月八日の大詔奉戴日に実施――引用者注）は、暁の床をけって護国神社に参拝した。戦勝を祈願したのである。朝礼の時には必ず宮城を遥拝し、式日には勅語が読みあげられ、授業のはじめには、必ず神棚を拝した。

　また当時の錬成教育は、まことにすごみがあった。寒中でもパンツ一枚で校庭に飛び出し、ふらふらになるまで駆け回った。今で言う健康管理など、どこ吹く風とうそぶいていた。

　しかし、この時代までは、学習指導が放任されてしまうことはなかった。（略）昭和十九年、本校盲ろう生にも学徒動員の命は下ったのである。」◆69

３　盲学校の場合

「兵庫県立盲学校」について兵庫県立盲学校『80周年記念誌』（一九八五年）は「（４）戦争のさ中で」の項で次のように記している。

「特に昭和17年はあらゆる意味で活気に溢れた年だったといえよう。（略）また17年度に入ると6月、点字毎日新聞主催で開かれた全国盲学校弁論大会で優勝し、本校創設以来初の優勝旗をもたらしている。更に秋に行われた同じ陸上競技大会でも相撲で全国制覇を果たすなど、生気に満ちた一ページをとどめたのである。
しかし暗雲は小さく点となって表われてきた。（略）また、盲学校に教練とよぶものが行われたのもこの頃である。木銃をもち『おりしけ』（軍事用語で「折敷《おりしき》」のことか。左膝を立て右足を左足の下に曲げる構え――引用者注）『かしら右』などの号令は勇ましかったがおよそ野ばん的だったにちがいない。◆70」

第七節　寄宿舎

1　盲学校・聾唖学校の寄宿舎生と通学生の人数

文部省による四〇年五月現在の全国の盲学校・聾唖学校に関する調査によれば、寄宿舎に入舎している生徒と通学している生徒の部科別の人数は表15の通りである。

本表からわかるのは、第一に、両校とも舎生が通学生より少ないこと、すなわち盲学校では生徒数約五五〇〇人の内、舎生は四割強であるのに対し、通学生は六割弱であり、聾唖学校は生徒数約七〇〇〇人のうち、舎生は三割強である。第二に、両校の生徒数と舎生数について比較すると、盲学校の生徒数は中等部（予科を含む。以下同じ）が二七〇〇人弱で初等部の二〇〇〇人弱より多いが、舎生は中等部が四割弱であるのに対し初等部は六割弱で初等部のほうが多く、他方、聾唖学校の生徒数は初等部が五六〇〇人余で中等部の一二〇〇余人より遥か

表15　盲学校・聾啞学校の寄宿舎生数・通学生数（1940年5月現在）

		生徒数	寄宿舎生数		通学生数				
			生徒数	生徒数に対する百分比	自宅	親戚宅	其の他	計	生徒数に対する百分比
盲学校	合計	5,481	2,235	40.8%	2,166	185	895	3,246	59.2
	初等部予科	4	4	100.0%	——	——	——	——	——
	初等部	1,916	1,092	57.0%	713	28	83	824	43.0%
	中等部予科	59	2	3.4%	17	1	39	57	96.6%
	中等部	2,675	935	35.0%	1,149	123	468	1,740	65.1%
	別科	574	179	31.2%	199	24	172	395	68.8%
	研究科	246	23	9.4%	87	9	127	223	90.7%
	選科生	7	——	——	1	——	6	7	100%
聾啞学校	合計	7,029	2,381	33.9%	4,398	129	121	4,648	66.1%
	初等部予科	1,028	353	34.3%	635	14	26	675	65.7%
	初等部	4,653	1,705	36.6%	2,794	93	61	2,948	63.4%
	中等部予科	——	——	——	——	——	——	——	——
	中等部	1,284	316	24.6%	915	21	32	968	75.4%
	別科	25	3	12.0%	21	——	1	22	88.0%
	研究科	16	2	12.5%	12	1	1	14	87.5%
	選科生	23	2	8.7%	21	——	——	21	91.3%

注　①原表は盲学校・聾啞学校の横組作成、②「生徒数に対する百分比」の数値は小数点以下1桁までに繰上げた。③表題は著者による。
出典　文部省普通学務局『昭和十五年度　全国盲学校／聾啞学校ニ関スル諸調査——昭和十五年五月十日現在』1942年4月1日発行、5頁。

に多く、舎生数も初等部が四割弱であるのに対し中等部は二割強で盲学校と同じく初等部のほうが多いことである。第三に、両校の通学生数について部科別に比較すると、盲学校は初等部は八〇〇人余であるのに対し中等部は一八〇〇人余弱で中等部のほうが多く、他方、聾唖学校は初等部が三六〇〇人余であるのに対し中等部は一〇〇〇人弱で初等部のほうが遥かに多いことである。第四に、通学生の居住の場は両学校とも自宅が最多であり、盲学校では約七割、聾唖学校では九割を占める。

以上のことから、戦前においては盲学校・盲聾学校・聾唖学校が各県に各一校ないし数校しか設置されていなかったので、そこに就学し得る者は通学できる距離に居た場合か、遠距離で交通不便な地域に住んでいた者で就学できた者の場合は、寄宿舎の入舎に必要な経費を支払うことができる者に限られていたといえるのではなかろうか。

2　寄宿舎の必要性と意義

一　家族的な生活のなかで

太平洋戦争下の県立の盲聾唖学校の寄宿舎生のうち、少なくとも盲部の舎生たちの生活の一般的状況は、山口県立盲学校『創立八十年史』（一九八五年）が「寄宿舎生活」の項で述べている内容とほぼ同様であったのではなかろうか。

「当時盲部の舎生は約四〇名、常直舎監と雑用係のおばさんが一人いるだけで、初等部の舎生の世話はほとんど上級生に頼らざるを得なかった。それだけに舎生達は室長を中心に家族同様の親しさで、勉強はもちろん食事や風呂の面倒から、時には大小便の世話まで、互いに協力し助け合う毎日であった。開戦からしばらくの間は不自由ながらまずまずの生活であったが、戦争が長引くにつれて日常生活はしだいに苦しくなり、粗末なおかずに盛り切り御飯、そしてついには雑炊と、空腹を抱えての毎日であった。入浴回数も少なくなり、木炭不足の寒い部屋で点字も読めない夜も少なくなかった。次第に多くなる空襲におびえながら、防空壕の中で一夜を明かしたことも何度かあった。◆[71]」

寄宿舎をはじめ学校全体が障害を同じく生徒たちにとって、さらには生徒と教員にとって家庭的な親愛によって結ばれていたことは他の盲唖学校に在学していた女子生徒たちの回想からもうかがわれる。

例えば、戦時下に私立岡崎盲唖学校の生徒であった山本キクエと鬼頭宏枝は愛知県立岡崎盲学校『八十周年記念誌』（一九八三年）に「同窓生寄稿　岡盲80周年をふりえって――在学中の想い出を語る」の中で次のように回想している。◆[72]

「山本キクエ　盲唖学校も軌道にのり先生もそろい運営されている頃在学していました。社会は障害者とか、福祉という言葉も無く、戦争へと向い全体が動きはじめていました。校内のあたたかい雰囲気を保とうと仲間たちとも頑張りました。聾唖者も先生も生活を共にし、食事も風呂もすべて一緒に行動しました。幼い子供達や全盲生を上級生や仲間が助け、時に全盲同志《ママ》手を取りあって歩いたものでした。（原文点字）」

「鬼頭宏枝　私達のクラスは戦前の在学年数としてはもっとも長い10年でした。（略）その頃の先生方は、盲教育に情熱をそそいでおられる方が多く手作りの愛知県地図で夜遅くまで残って教えて下さった事など、今も心から感謝しています。その先生方は皆戦死されたり聾の方に替られて、非常に力を落しました。とにかく生徒と先生、あるいは生徒同志《ママ》が助け合い頑張ったことが心に残っています。小学部の一年生が寄宿舎に入ってくれば、その子の面倒を親代りに見ました。泣く子を背負って散歩したり、遊び相手になったり風呂に入れたり。そう言えば、その頃寄宿舎に風呂が無く近くの銭湯まで子供や全盲生の手を引いて行きました。（原文点字）」

二　文化的・芸能的活動や遊びの楽しみ

校内や寄宿舎では自主的な音楽の演奏、点字新聞の作成・回覧、演芸会の催しなど、生徒・舎生たちはそれぞれの趣味・才能を生かし集団での文化的・芸能的活動を楽しんでいる。

例えば、三重県立盲啞学校での活動については加藤清六（昭和二〇年卒業）は次のように回想している。

「非常時日本の合言葉と共に戦時色一色におおわれ（略）運動場や花壇は野菜や芋畑にかわり、（略）校舎の片隅には防空壕が掘られ、昔の面影が消えて行くさまは何ともいえないさみしさがこみ上げてなりませんでした。／かかる時こそ寮生の士気を鼓舞しなければならない」と先輩たちが「寮生の歌」を作詞・作曲し、「『夕べにひびく伊勢の海、あしたに仰ぐ鈴鹿山、我等の寮にあるものは、あゝ心身の錬磨せん』と」合唱し、「三重盲アンサンブルなるものも組織」した。◆73 また、寄宿舎では点字の文集『まなびの友』や『点字明朗新聞』を発刊したり、「演芸会を催して、しばしの娯楽を楽しみ」にしたという。◆74

寄宿舎での遊びについては、例えば岡山県盲啞学校でのことについて、岡山県立岡山盲学校『創立百周年記念誌』（二〇〇八年）に、「寄宿舎のこと」という見出しで元・女子生徒が次のように回想している。

「盲学校へ来ると、夏休みや冬休みだけ帰省し、学校のある週末は、ずっと寄宿舎で過ごしていた。（略）放課後に、『まりつき』や『なわとび』などをよくして遊んだ。冬の土曜日の夕食後、百人一首や将棋をするのが特に、楽しみだった。百人一首の歌は、番号をつけて順番におぼえていき、当時は、ほとんど覚えた。百人一首は、女子ばかりで札を分けて持ち、読んでもらった歌と合う札を持っていれば手放していき、早くなった人の勝ちというルールで遊んだ。◆75」

3 寄宿舎の食糧・燃料不足

一 厳しい配給制度のなかで

太平洋戦争の末期から敗戦後の数年間は深刻な食糧不足により、国民の大多数が飢餓状態に陥った。配給制度による食糧品だけでは生きていくことは出来ず、人々は〈買出し〉などにより公定価格の何倍もの〈闇値《やみね》〉で食べものを手に入れ、懸命に生命をつないだ。

太平洋戦争下の食糧不足の原因と背景については、少なくとも次の諸点を挙げることができよう。

①軍需用食糧の優先的な生産・供給、②軍事工業への転換の結果生じた肥料や農具など生産資材の不足、③食糧生産の担い手の徴兵・徴用など軍事動員による農業生産力の低下と作付面積の縮小、④軍需工場・輸送道路などの設立・建設による耕地の潰廃、⑤英米諸国による日本の海外資産凍結と海外からの食糧輸送の途絶、⑥米軍による本土空爆の激化による人的・物的被害の拡大、などである。

政府は戦争遂行のためにすべて軍事優先とし、国民は「欲しがりません　勝つまでは」の標語のもと、厳しい耐乏生活を強いられた。

四一年四月、従来の米屋による自由営業は廃止され、主食である米の通帳割当配給制が実施された。これが主食にたいする最初の統制であり、以後、通帳なしには米一粒も購入できなくなった。その割当量は大人一人一日二合三勺（重さに換算して三三〇グラム）と定められた。配給米は当初七分づきであったが四三年には五分づきとなり、ついには二分づきの〈黒い精米〉となった。さらに同年六月、馬鈴薯が米一八〇グラムと差引きで一キロ配給された。同じ月に乾パンが米と差引きで配給されたが、このような代替食糧の増加は配給量のカロリー価値を大幅に低下させた。

そして、ついに四五年七月三日の閣議で主食の一割減配が決定され、「食糧消費節減ニ関スル件」（農商省通牒・四五年七月四日）によってこれまでの配給基準二合三勺は二合一勺（同前二九七グラム）に削減された。そのうえ、配給の遅配・欠配が続き、国民の食料難は極限状況に達した。しかも四二年二月に制定された食糧管理法は食糧に関する戦時統制立法として強力な役割を演じた。すなわち、同法は違反者には五年以下の懲役もしくは高額の罰金という厳しい罰則規程を有しており、さらに翌年一〇月には同法改正によって米麦の〈闇買い〉にも罰則が科され、警察はこれによって取り締まりを強化した。

では、このような配給制度のもとで、盲学校・聾唖学校などの寄宿舎の舎生や通学生の生活はどのような状態に陥っていったのであろうか。

例えば、当時、岡山県立盲唖学校に教員として勤務し舎監でもあった秋山福喜は、岡山県立岡山聾学校『回顧五十年』（一九五八年）への寄稿「終戦前後の寄宿」で次のように述べている。

「昭和十七年五月から一回九銭の食費が十二銭に値上げになり、米穀配給制度になって間もない為もあって、食事の量や食費の問題には相当敏感になっていた時代であった。食料品や衣料品が続いて統制品となり、不足・不服の連続で舎生も舎監も全くつかれ切っていた。『闇』ということが流行しはじめたのがこの頃で、うっかりしていると商人はすぐ横流しというやつをする。（略）漬物用食塩一俵を融通してもらう為め、日曜日の朝早く児島市の方へ自転車を走らせて、統制違反でびくびくしながら夕方帰舎したこともあった。薪《まき》の配給は一ヶ月二回で、やっと煮炊きに足る程度で風呂木にまでは及ばなかった。そこで毎週土曜日には配給所（今の市役所の近く或は岡山の貨物駅）まで自由販売の甲板を買いに行った。一米位の板切れを束にしたもので、帰ってくると早速鋸で引き切らなければいけなかった。車を引くだけでも過労で盲生と聾生が交代でやっていた（略）」。◆76

二　「減食」を決議した生徒たち

盲唖学校などでの食糧難がいかに深刻であったか。それは神奈川県立盲唖学校の教員であった清水徳造が「思い出一束」と題して神奈川県立平塚盲学校『創立五十周年記念誌』（一九六〇年）に「終戦前後の食生活の窮乏は、餓死寸前、言語に絶したものであった。多くの舎生をどうして生かすか、今日の満ち足りた者には想像も出来ない。」と寄稿しているほどである。

そのような窮状に陥りながら、自ら「減食」を決議して教員に申し入れた舎生たちがいる。そのことを千葉県立千葉盲学校『六十年の歩み』（一九七二年）は次のように記録している。

「この頃（四四年五月ごろ――引用者注）、寄宿舎生の一部（特に女生徒）に、時節柄、朝食をとらず、又は減食し、国家危窮に対応しようとする決議がなされ、職員に申し入れを行った。あん摩、はり、灸に携わる業者に対して、労務者加配の配給があった時期でもあり、これらの申し入れに対して、職員の中でも賛否こもごもであった。」◆77

なお、当時の同校の『舎監日誌』によれば、舎監である教員による示唆があって、生徒たちが減食の決議を行うに至ったようである。すなわち、「（四四年）九月二十二日水曜日天候晴／時局重大、決戦ノ時ニ邁進シ盲学生トシテ卒業ヲ待タデ国ニ尽スノ道ハ衣食節減スルヨリ他ニ道ナキコトヲ昨夜舎生一同ニ話シ反省奮起ヲ求メ置キシ処今夕室長等来校自発的ニ幾分ノ減食ヲ申出タリ」／「九月廿五日土曜日天候晴（前略）本日ヨリ生徒一日ノ飯米ヲ二合九勺ニ改ム」と記されている（『千葉県立盲学校舎監日誌』より。千葉県教育委員会編集・発行『千葉県教育史』第四巻、一九三八年、九一九頁より重引）。生徒たちの側に、皇国の存亡の危機に直面した中で、視力に障害があっても、否、そうであるが故にいっそう忠良な臣民であろうとする意識があったことの表れであったともいえよう。

三　食糧・燃料難のため寄宿舎閉鎖し休校

茨城県立盲学校の生徒であった長岡襄は同校『60周年記念誌』（一九六八年）への寄稿「記念誌に寄せて」で、「戦争が愈々苛烈を極めてくると、食糧その他の物資が日に日に欠乏した。遂に学校を閉鎖し官庁疎開の用に充当」されたと述べている。[78] 鳥取県立鳥取聾唖学校の場合も『鳥取県立鳥取聾学校史』によると「食糧の遅配、欠配のため学校休業もしばしばあった。[79]」と記している。

燃料不足も深刻で、滋賀県立盲学校の事務職員であった袴田花は、「雑草と共に」と題して滋賀県立盲学校『開けゆく盲教育』（一九五三年）に寄稿し、「木造炭を三里もある山奥へリヤカー引いて取りに行ったり」したという。[80] 秋田県立盲唖学校の中等部鍼按科の生徒であった井口雅晴は、秋田県立盲学校『七十年史』（一九八二年）への寄稿「激動の山坂越えて」で、「飯を焚《ママ》く薪が無く、盲唖生十数名丈夫そうな者を集め、雄物川を舟で遙か山奥へ十日程泊まり込みで薪の積み出しもやった。」と回顧している。[81]

そして、空爆が激化するにともない父母の中にはわが子を寄宿舎に入れたまま死別するよりはと、自宅に引き取る者もあった。福岡県立聾唖学校の教員であった中畑雪登は県立福岡聾学校『創立五十周年記念誌』（一九六〇年）への寄稿「戦時下の寄宿舎生活について」において、「戦局は益々不利になり連日連夜の空襲に学業は全くまひし形のみ防空壕で学校生活が続いた。不具の子を残して死ぬよりか死ねば共々と学業を放棄して幼い入舎生を引いてかえる父兄の姿は縮図日本の姿をして哀愁をさそった。[82]」と述べている。

滋賀県立盲学校の鍼按科に勤務していた大町弥三郎（一九三七〔昭和一二〕～一九五〇〔昭和二五〕年在職）は、「在職当時を追想して」と題して同校『創立70周年記念　記念誌』（一九七八年）に川柳で当時を回顧している。その中の「寄宿舎生活」から三首を収録する。

○どんぶりの　飯が日に日に　芋となり

○炭や柴　車で山へ　買いに行き

（大八車を引いて、大滝へ買いに行った。）

○えびす講から　寄宿舎へ　火鉢でる

（一一月一五、一六日頃[83]）

4　虱・蚤禍の苦しみ

寄宿舎の舎生たちの苦難は食糧不足・燃料不足にとどまらず、虱・蚤をはじめとし、「南京虫」、蚊などの寄生虫・害虫にたかられるつらさや身心の被害もまた深刻であり、盲学校・聾唖学校などのほとんどの記念誌（年史）などがその体験を記載している。

例えば、山形県立山形盲学校・聾唖学校の教員であった大滝繁松による山形県立山形聾学校『創立五十周年／新校舎落成記念誌』（一九七九年）への寄稿「元廏《ママ》時代」には次のような記述がみられる。

「戦争、たけなわな昭和十八・九年は、物資も不足勝で保健衛生面にも手が届かなくなり、シラミの発生ものすごく、毛糸のセーターについたものの仕末には、ほとほと困り、ストーブの上で熱処理し、プップツ飛び散る残がいを、心《ママ》よく眺めた記憶も夢の様である。[84]」

また戦争末期に滋賀県立盲学校の中等部の生徒であった市田孝は同校の『創立90周年記念誌』（一九九八年）への寄稿「記念誌によせて」で次のように述べている。

「校舎全体が湿地帯であるだけに、夏は蚊とノミにずいぶん悩まされたものである。その蚊たるや、マラリアを誘発する種類のもので、私も初等部高学年のころから2、3年間夏冬2回感染し、その苦痛はとても筆舌に尽しがたいものであったことを今もはっきり記憶している。[85]」

さらに、奈良県立盲唖学校の同じく戦時下の生徒であった西田和恵は奈良県立盲学校『創立70周年記念誌』（一九九〇年）への寄稿「私の学生時代」で次のように述べている。

「寄宿舎には、大変蚤が多く、蚤に刺された後皮膚病とまちがえて病院に連れて行ってもらったこともありました。眠れない夜など、ふとんをなでるだけで、幾匹もの蚤を取りました。その蚤からのがれるために、畳を全部上げて、長いすを並べて、ろう部の木工で作った食卓の板を乗せて簡易ベッドを作ってもらった事もありました。[86]」

新潟県立新潟盲学校の卒業生たちは同校の『創立七十周年記念誌』（一九七七年）の「座談会　七十年の歩み

から」の中で戦時期の蚤、「南京虫」の被害について次のように語りあっている。

「金子　困ったことに、ノミがいて、一晩で一人が百匹以上は普通でした。砂地だったためです。夜眠れませんでした。先生方が夏休みに畳をはいで、薬を撒いて下さったら一匹もいなくなりました。

富山　ノミの後は南京虫ですが、ものすごくて蚊帳の上からポトンと落ちるし、布団と畳の間に入るとブツブツとつぶれるんです。一種独特の油くさい臭がして、中庭に相撲場があったんですが、近くに南京虫を退治する燻蒸室がありました。そこに畳を入れてピクリンガス消毒をやったのですが、それが猛毒で、一応ガスが飛んでしまうまで入らないでいたのですが、吐いたり頭痛を起したり大変でした。[87]」

長野県立長野盲唖学校では戦時中、生徒の回虫駆除のために、「小使室での大釜で稲藁を長時間煮出して、その汁を飲ませた」という。[88]

このような虱・蚤禍などは集団疎開した学校でも同様であったようである。ここでは、山口県立下関盲唖学校の一例を挙げる。すなわち、山口県立盲学校『創立七十年誌』（一九七五年）所収の「座談会〝高尾ヶ丘回顧〟」では卒業生たちが次のように語りあっている。

「赤松　『しらみ』と『のみ』には悩まされました。だから夜になってお寺の本堂に寝るんですが、布団を敷いて横になるとむずむずして気持ちが悪いんです。だからといって外に出ると、蚊だらけでしょう。ぼくはほんとにつらかったです。なにしろ家を離れたのがはじめてで、しかもこんなむごい目にあったでしょう。（略）

徳永　やはりわたくしの友だちも言ってましたが、しらみとのみと蚊と食物に随分苦しめられたそうです。[89]」

第8節　盲聾唖学校の〈混合教育〉の問題状況と教師と生徒との人間的共感関係

本章における太平洋戦争下の障害児学校の学校・寄宿舎などの運営と教育活動のまとめに代えて、「盲聾唖学校」での盲児と聾唖児とのいわば混合教育に対して教師や生徒はどのような意識を抱いていたか、および盲聾唖学校を含め障害児学校の教師と生徒との間にはどのような心の交流や絆《きずな》があったかについてそれぞれその一端を記すことにする。

1　盲聾唖学校における盲児と聾唖児の〈混合教育〉の問題状況

文部省による一九四〇（昭和一五）年五月現在の「全国盲学校／聾唖学校ニ関スル諸調査」（一九四二年）によれば、第1章の表1（一三頁）で示したように、「盲唖学校」は全一一九校中三三校（二七・八%、公立二四校、私立九校）存在する。それらの学校の成立過程を各校の記念誌（年史）などから見ていくと、盲児と聾唖児とを同一校に就学させせた最も大きな理由は経済的な事情であったようである。

第1節で述べたように、わが国における盲・聾教育は京都府立盲唖院（一八七八〔明治一一〕年、京都盲唖院として発足）と東京盲唖学校（一八八〇〔明治一三〕年、楽善会訓盲院として発足）をさきがけとして発展してきた。

制度・行政上でも、一八九〇（明治二三年）年、改正小学校令において盲唖学校の設置・廃止に関する規定を設け、翌年の文部省令で盲唖学校の教員の資格、教則などを定めた。

しかし、盲と聾という全く性質を異にする障害がある者を同時に同一校で教育するのは双方にとって不利不便で妨げが多く、それぞれの特質に即した教育をすべきであるから、両者を分離し別々の学校で、特殊教育としての共通性を尊重しつつ独自な学校教育を行う必要があるとの考え方や取り組みがなされるようになった。

ことに大正期に入ってからは第一次大戦後のいわゆる新教育思潮も背景となって、政府として盲・聾唖教育に対して学校令を制定し、その教育事業を援助するために補助金を支出するようにしようという態勢も整ってきた。

こうして、すでに述べたように一九二三（大正一二）年に「盲学校及聾唖学校令」（勅令）とこれに基づく「公立私立盲学校及聾唖学校規程」が制定された。

これらの措置によって初めて、教育制度上、盲聾唖学校は盲学校と聾唖学校に分離されることとなり、それぞれの学校の学則などにおいても目的が書き分けられ、かつ道府県には盲学校と聾唖学校の設置義務とそれらの学校運営に必要な経費を負担すべきこと、公立学校では初等部およびその予科の入学料・授業料などは徴集しないことなど、極めて画期的な施策が明確にされた。しかし、これらの法令・規程の実施に際しては、先に指摘したような例外や代用を許容する限界が内在した。

それでも、この法令の公布とその運用を契機として、私立学校として発足する場合が多かった盲・聾唖学校が道府県に移管されていく傾向が強まった。

しかし、それから一七年を経た一九四〇（昭和一五）年に至っても、前述したように公立・私立を併せて全一一九校のうち三三校の「盲唖学校」が存続していたのである。

では、盲児と聾唖児が同一校で学ぶことに対してはどのような問題が生じ、教職員や生徒はどのような気持ちを抱いていたのであろうか。

例えば、兵庫県立盲学校には四五年六月二五日の神戸大空襲で焼け出された兵庫県立聾学校の教職員・生徒が移転してきて約九か月間を過ごした。

その時のことについて、当時、盲学校の教員であった紺野六郎は兵庫県立神戸聾学校『35周年記念誌』（一九六六年）への寄稿「回想一片」で次のように述べている。

「9ヵ月という月日は決して長いものではありません。しかしそれは校舎をお貸し出来た私達の方にこそ言えることであって、校舎を失われた聾学校側の方々はどんなにか長く感じられたことか、また学習の面を考えてみても、大きな障害を持っているという点のみが共通で、その他はあらゆる面で全く異質な盲聾の生徒が、一つ校舎に学ぶそのことには数多くの不便があったに相違ありません。（略）一方は視覚に訴え、一方は聴覚を通して行なわれる相互の教育は根本的に大きな隔差があり、何事につきましても随分苦しい生活であった事と思います。しかし、双方の職員生徒、共によく乏しさを分ちあい、不自由を理解しあっていささかのトラブルもなく過ごし得た事は、あの苦しい戦後の生活を乗り切ろうという強い精神があったからこそと思われます。」[90]

しかし、当時、県立盲学校に移転していた神戸市立盲学校の生徒の一員であった竹沢秀夫は、兵庫県立盲学校『90周年記念誌』（一九九五年）所収の「座談会　90年を語る」の中で、空爆で校舎を焼失し同校に一時期、移転してきた県立聾学校の生徒たちのことについて次のように語っている。

「竹沢　聾学校については、体育館兼講堂を間仕切りにして、同時始業で午前中一緒にしてました。印象的な事は合図の太鼓です。私らははっきり言って耳障りでね。『やかましいなぁ』と教室の中でどなった生徒もおりました。殆ど意志の疎通ができませんので交流はなかったですね。」[91]

同一校に盲児と聾唖児とが在学した場合の、生徒と教職員との関係については、今後、盲聾唖学校を対象にしてより具体的に究明していかなければならない。

2　盲学校・聾唖学校における教師と生徒との人間的共感関係

太平洋戦争下の障害児学校における教師と生徒とが、それぞれどのような気持ちを抱いていたかを記念誌（年史）から探ってみよう。

一　教師の生徒に寄せる想い

まず、教師の立場から障害がある生徒たちに対してどのような気持ちを抱いていたかを物語る文章を引用する。

(1)福岡県立福岡聾学校に四四（昭和一九）年四月に教師として着任した岸重良は、福岡県立聾学校『創立五十周年記念誌』（一九六〇年）への寄稿「私の思い出」の中で、同校に赴任して聾の生徒たちから最初に受けた新鮮な印象を次のように回想している。

「生徒の表情が実にほがらかで顔面一ぱいに善意をあらわす目のかがやき、笑顔で人に接するすがたには神々しささえ感じました。」◆[92]

このように、初対面の、聴覚に障害があり、話し言葉で意思疎通することが困難である生徒たちの表情を感じとれる教師であったところに、その後、聾教育に長く打ち込むこととなる岸重良の人間性《ヒューマニティ》があったことを心にとどめたい。

⑵徳島県立盲啞学校の教員であった佐山節（なお、佐山の肩書きは「ろうあ相談員」となっている）は、徳島県立聾学校『義務制25周年記念誌』（一九七四年）への寄稿「戦時中の思い出」において戦時下の生徒たちの気持ちや人間関係に次のように想いをはせている。

「今静かに思いを、その時代の生徒達の気持ちのうえにおいてみて、その頃の生徒は、戦争という極限されたなかだけでなく、信頼感とか親和感というものを持ち、協調性、順応性とかの人間関係がつくられつつ教育を受けていたと思います。」[93]

戦時下では佐山も前述した皇民錬成の教育体制の枠外で教育に携わることは許されなかった教員の一人であったであろう。しかし、ふりかえってみると、聾である生徒たちの内面には「戦争という極限された」状況にあっても失われることのない人間としての本質的な豊かさがあり、それによって結ばれた心の絆があったのだと気づかされているところに、戦後も聾教育の教師として生き、今は「ろうあ相談員」として活動している佐山のろう者たちに寄せる想いの深さと、ろう者たちと共に生きようとする生き方が伝わってくる。

⑵山口県立盲学校『創立八十年史』（一九八五年）は後述する「山盲教育小史」の第四の時期である「4　山盲教育と太平洋戦争（昭和17年～22年）」の「⑵終戦前後の盲学校」で「空襲の激化と疎開」の見出しを付し、次のように述懐している。

「昭和19年から20年にかけて戦況はますます悪化し、空襲も激しさを増していった。（略）このままでは生徒の安全と授業の確保は到底おぼつかないと判断した校長は、県とも十分相談した結果、中等部と別科の通学生を学校に残し、他の全員を厚狭郡二俣瀬村の明専寺に疎開させた。昭和20年5月のことである。初等部は寺の本堂で普通授業をし、中等部と別科は治療奉仕と農耕作業に従事した。5人の先生は全員泊り込みで、夜は生徒達とゲームをしたり歌を歌ったり時には講談や怪談を聞かせるなどして、少しでも家庭的で楽しい毎日が過ごせるよう心がけた。二人の女先生は大変だった。乏しい中での食事の世話から買い出しまで、一手に引き受けなければならなかった。女生徒も当番を決めて先生に協力した。不自由な授業、激しい労働、粗末な食事、しかし、疎開地での生活には家庭的な温かさがあった。心は豊かであった。あるいはこの時こそ本当の教育が行われたのではなかろうか。ビタミン不足でペラグラ（pellagra 露出部の皮膚に紅斑を生じ、かつ神経および消化器障害を併発する疾患。ビタミンB複合体などの欠乏が原因とされる——引用者注）に悩まされたり、しらみ退治に大騒ぎしたのも、関係者にとっては懐しい思い出である。[94]」

(3)三重県立盲唖学校に教員として勤務した中野喜代一（四〇〔昭和一五〕年～六八〔昭和四三〕年在職）は論稿「戦時中の盲教育断片」で、文末に「軍事訓練に夢中になったり、召集志願したり、軍人会の仕事で学校のつとめが充分にできなかったりしていた私自身を反省しております。」と記し、「当時の思い出三首」と見出しを付け短歌でその頃の心境を表現している。

○日の本のいくさのラジオに手をたたき
　足踏みならす目しひの子ら
○ただ一つ部屋に置きたる小火鉢に
　手を温めては点字読みつぐ
○まさぐりて点字の答辞読みゆくを
　見るに耐へなくうつむきて聞く

中野は舎監も兼務し、五日に一度は舎監室に宿直した。その当時の聾部の教員としての生活と教育実践については論稿「耳しひの子らと共に」においても短歌を添えて回想している。その中から、「寄宿舎の舎監」、「口話法」の見出しの文章の中の短歌二首ずつを引用する。

「　寄宿舎の舎監

○一つ家に目しひ耳しひ住まひして
　こころ通はぬこと多かりし
○点字読み手話を覚えし舎監われ
　宿直の夜を子らと親しむ

　口話法

○耳しひの子らと歩みし遠き道
　子らも泣きたり我も泣きたり
○瞬かずひたと見つめゐし耳しひの
　子らのまなこの美しかりし◆[95]

中野の二つの論稿からは、太平洋戦争下の盲啞学校の教員として国の戦争遂行政策に積極的に翼賛したときでも盲や聾の生徒と共に生きようとする姿勢は揺らぐことはなく、障害のゆえに点字や口話の習得に苦しみながらも屈することなく取り組み続ける姿に深く共感し、耳の聴こえぬ子らが教えようとして話す教師としての自分を「ひたと見つめゐし」瞳は美しかったと回想して止まぬ中野の真情に心を打たれる。

二　生徒たちが教師から受けた感化

では、主として太平洋戦争下の障害児学校に学んだ生徒たちが当時の教師たちや学校生活をどのようにとらえていたのかについて、とくに人格的感化を受けたり、その後の人生の生き方に影響を与えられたと回想している盲人や聾者について見てみよう。

(1) 愛知県立豊橋盲唖学校について

病気のために中途失明し、四三年六月、一六歳で同校に入学した近藤忠義は、愛知県立豊橋盲学校『世々に残さむ　豊橋盲学校80年の〝生涯〟』（一九八一年）に「鍵田時代の豊盲」と題して寄稿している。彼は同じ障害がある仲間たちが学んでいる盲学校に入学したものの、思いもかけず視力がますます支障をきたし、失意の底に陥っていた。その時、当時、校長であった熊谷先生から次のような言葉をもらったという。すなわち、

「君の眼は視力は無いが、心の眼は清眼だ。心正しく勉学に励み、不自由な人の力になり、学校の生活を明るくやって下さい。」と。

それで奮起し、点字での読み書きをはじめ、視力障害者として生きるために必要かつ大切なことを初歩から全て学ぼうと自分より遥かに歳下の子どもたちがいる初等部の「予科」（小学部一年生から六年生、年長者四人の一二人からなる混成学級であった――引用者注）に自ら希望して所属したとのこと。[96]

なお、四二年四月に同校の中等部の盲部鍼灸按摩マッサージ科に入学した原田周次は、前掲書への寄稿「鍵田町時代の思い出」の中で、熊谷校長について、「先生は母校を愛され、母校のため、また生徒一人一人にも心を砕かれ、一生を盲教育に尽くされた偉大な教育者であったと思います。」と評している。[97]

(2) 秋田県立盲唖学校について

同校の卒業生で、四六年四月から秋田県立盲学校の教諭となった加賀谷久治は秋田県立盲学校『創立八十周年

記念誌』（一九九二年）への寄稿「私の歩んで来た道」で、「私は、秋田盲唖学校の在学中は、東洋医学の基礎、鍼灸マッサージの学理と技術は勿論、そして最も大切な人として生きる道を教えられた気がします。[98]」と述べている。

(3) 大阪市立盲学校について

同校の中等部鍼按科に四二年から四六年まで在学し、五六年から八六年まで同校中学部の教諭であった西岡恒《つね》也《や》は、大阪市立盲学校『世紀を超えて　創立百周年記念誌』（二〇〇〇年）への寄稿「21世紀の盲学校」を次の言葉で結んでいる。すなわち、

「あの暗い太平洋戦争のさなか母校の運動場の片隅で『君の進む道は軍隊なんかじゃない。盲人の文化運動なんだよ。』とやさしく諭された恩師の声は、今も私の耳底に残っている。[99]」と。

西岡は二八年大阪府生まれ。出生時からの弱視者で小学校は通常の小学校に通学。四一年、太平洋戦争勃発の年の春、私立中学校の受験での合格を、配属将校に「教練の授業ができない」と拒まれショックを受け、やむを得ず盲学校の中等部に進学。学徒動員では年齢が自分と殆ど変わらない失明軍人と共同の作業に従事。軍人に憧れを抱く青年であったようである。

その西岡にとって、盲学校の恩師の言葉がいかに彼の人格形成とその後の生き方さらには社会的・文化的活動に深い意味を持ったかを、著者は西岡の半生記三部作[100]をあらためて通読し、つよく実感した。

西岡は著者らが一九六七年八月に結成した全国障害者問題研究会（略称・全障研）にも入会し、そのバイタリティ溢《あふ》れる行動力と人間としての豊かな情味に触れて感銘を受けてきた。

第9節　ヘレン・ケラーの来日と障害児学校訪問・講演活動

ヘレン・ケラー（Helen Adams Keller　一八八〇〜一九六八年。以下、ヘレンと呼ぶ）は戦中・戦後に三度来日し、障害児学校の訪問や講演を通して、障害がある子どもたちや教職員、父母など数多くの人たちを励まし、障害者に対する社会の理解を深め、障害者教育・福祉の制度の発展にも重要な影響を与えた。

一回目は一九三七（昭和一二）年四月一五日に来日（ヘレン、五六歳）、三か月にわたり、「日本全国はもとより、朝鮮・満州まで足をのばし、全行程一万四千キロメートルにおよび、講演回数九十七回、十九万七千人の人々にうったえ続け[101]」たという。

二回目は四八（昭和二三）年八月二九日、連合国軍最高司令官D・マッカーサーの賓客として来日（ヘレン、六八歳）、二か月間滞在し「二五回の講演で一三万人の聴衆に語りかけた[102]」とのこと。

三回目は五五（昭和三〇）年五月二七日、世界各国を回った帰途に来日（ヘレン、七五歳）、前年に亡くなった岩橋武夫（一八九八〜一九五四年。享年五六）の霊前に花輪を捧げ、東京・大阪・京都で講演。

ヘレンがこれほどまでに日本のとくに盲人や聾者に心を寄せ、その教育・福祉事業に一貫して尽力するに至った契機は、渡米中の岩橋武夫（大学生のときに失明、フレンド〔クエーカー〕派のキリスト教信徒、以下武夫と記す）から三四年に「ぜひ日本に来て、日本の悩める盲人たちを激励し、また盲人に対する社会の関心を高めてほしい」と懇請され、折しもケラー家で病気療養中であった恩師アン・サリバン（Sullivan, Anne Mansfield Macy

一八六六～一九三六年）に相談したところ、「はるばる日本から盲人の啓発のために助けてほしいとの依頼だから喜んで行ってあげてください。あなたをここまで教育したのも、そのような求めに応じて、全世界の盲人と手を握り、皆がしあわせになれるようにとの願いのためでした。わたしが健康なら三人で行って、武夫さんを助けてあげられたのに」と励まされたことにある。その二年後、サリバン先生は死去（享年七〇）。その時、ヘレンは堅く心に誓った。「先生は、自分のような者のために、その一生を捧げきって死んで行かれた。それこそ完全な奉仕の生涯である。残されたわたしこそ、その連続でなければならない」[103]と。そして、サリバンと永別した翌年の三七年、ヘレンは日本へ行くことを決断したのである。

武夫の子息（ヘレンの一回目の来日の際、その膝に抱かれた記憶があるという）であり、武夫が創設した日本ライトハウスの理事長の要職も受け継いだ岩橋英行は、著書『青い鳥のうた――ヘレン・ケラーと日本』（一九八〇年）で、ヘレンの三回にわたる来日の特徴と意義を次のようにとらえている。

「第一回目は『奇跡の聖女』、第二回目は『幸福の青い鳥』、第三回目は『古き良き友』として、日本に降り立った。彼女の残した足跡は、またわが国の身体障害者福祉の前進の歴史でもあり、まさに人々が探し求める『青い鳥』そのものであった。」[104]

三回の来日ともポーリ・トムソンが秘書兼通訳者として同行。一回目と二回目の日本側の通訳には武夫が当たった。

ヘレンは最初の来日の際、北は北海道から南は熊本県までの公立・私立の障害児学校三八校（盲学校一一、聾唖学校一〇、盲唖学校一七）を訪れ、児童・生徒、卒業生、教職員などと親密に交わり語りかけるとともに、数多くの都市で一般市民に向けて講演した。

ヘレンの訪問を受けた学校の記念誌（年史）には来校の様子が、写真入りで、深い感謝と敬愛の念をこめて記録されており、講演は新聞が大きく伝えている。

ここではいくつかの学校の記念誌から、ヘレンが障害を負う子どもたちに贈ったメッセージの核心となる言葉をとりあげてみよう。

○「たとえ眼が見えなくても、口が不自由でも、心の光が灯っておりさえすれば、いかなる困難も克服することが出来ます。
心眼の輝きは、肉眼の開きに優するとも劣らないことを信ずる。[105]」（三七年六月一六日、秋田県立盲唖学校）。

○「真理を悟り、障害を克服して、明るく強く、使命に向かって努力して下さい。そこに真の生きがいと幸せを体得することができます。[106]」（同年六月九日、石川県立聾唖学校）。

○「皆さんは日本の盲学生だけではなく、世界のそれとしても活躍される日の早く来るよう努力してください。そして世界中の多くの同じ運命の者と協力することができるように一層勉強して下さい。[107]」（同年六月八日、岐阜県立聾唖学校）

ヘレンはこうした数多くの格調高いメッセージを、自分が七歳でサリバン先生と出会い真実の愛と教育を受けるようになるまでは、物に名があることも知らず心は闇の中に閉ざされていたことをありのままに語りながら、伝えていった。つねに、笑顔を絶やさず、歓迎の花束を贈る目の見えない子や耳の聞こえない子どもに、「アリガトウ、アリガトウ」と発語して抱き締めながら……。

このようなヘレンに接した一人の聴覚に障害がある少女の感想を記そう。

官立東京聾唖学校を訪問して語ったあとのこと。同校を卒業し同窓会誌『殿坂の友』の編集に当たっていた尾形知恵子は、「ヘレン・ケラー特輯《とくしゅう》号」（三七年七月発行）の「編輯の後に」で次のように書いた。

「私は終始非常な感動をもって見つめて居たが、悲しい哉その可細い幽かな音声は聴えても又通訳される方のバスは聴えても聾者である私には言葉が分からない。」

と率直に記し、そのうえでなおヘレンに直接出会え、感じとったその人格の豊かさを次のように言い表している。

「然しケラー女史に面接しその表現される感情の温かさその姿の崇高さの中に、一脈私達にも相通ずる所のものがある様に感知された。女史もやはり耳の聴えぬ人であったとこれは私の僭越《せんえつ》な思考であったなら諒《ゆる》されたいと思ふ。私の最も感動した点は、人の三倍苦を通って来られたにもかゝわらず、豊かな温い人間味のあるあの柔らかさと、その博い学識と美しい信仰心とにある。」◆108

自分と同じ障害を負う、否それ以上の障害と困難に直面しているヘレンの内面の苦悩をわがこととして受けとめ、いかなるハンディキャップや社会的制約にも屈せず、それとたたかう努力を積み重ねていくことによって自己の能力の獲得・拡充とより豊かな人格の形成をなしとげてきた人間ヘレンの真髄を的確に感知し表現しているといえまいか。

ヘレンは全国の主要都市での一般の市民や障害者教育・福祉関係者などに対する講演会では、つねに「ランプの灯を、少し高く掲げて下さい！　恵まれぬ方々の行くてを照らすために！」と訴えた。

そして、一回目の来日では、補章で述べるように日本「外地」であった朝鮮・「満州」などにまで足を運んだ。◆109

注

◆1　①文部省編『特殊教育百年史』東洋館出版社、一九七八年、全七六六頁。②荒川勇・大井清吉・中野善達共著『日本障害児教育史』福村出版、一九七六年、全二〇三頁。③中村満紀男・荒川智編著『障害児教育の歴史』明石書店、二〇〇三年、全二八八頁。④山田明著『通史　日本の障害者——明治・大正・昭和』明石書店、二〇一三年、全二四三頁。⑤中村満紀男編著『日本障害児教育史〔戦前編〕』明石書店、二〇一八年、全一三四二頁、

◆2　参照。
◆3　◆1、文献②、七四〜七五頁より。
◆4　◆1、文献②、七六〜七七頁より。
◆5　清水康幸・前田一男・水野真知子・米田俊彦編著「資料　教育審議会（総説）」、『野間教育研究所紀要』第34集』野間教育研究所、一九九一年、一四〜一六頁、参照。
◆6　田所美治の「現職」は「貴族院（勅）、高等女学校長」、「普通学務局長、文部次官」。◆4、三二頁、参照。
◆7　◆4、二〇九頁より。
◆8　全国肢体不自由養護学校長会編『肢体不自由教育の発展　改訂増補版』日本肢体不自由児協会、一九八一年、二五頁、参照。九段高等学校新聞班「九段新聞」第七号、一九四九年五月三〇日、参照。高島進（九段高校三回卒、日本福祉大学教授）から筆者への一九八八年二月二〇日付の書簡には「戦時中、軍事教練が必修化するなかでは、肢体不自由児の中等教育の門は閉ざされた。このようなときに九段中学に障害児学級ができたことは私たち障害児にとってまさに希望を与えた」と記されている。戦後は「都立九段高等学校併中学校・養護学級」と呼ばれ、「四回の入学生を迎え、やがて消滅した。」とのこと。『'88菊友会名簿』に「特集　回顧〝養護学級〟その誕生と終焉」が収録されている。
◆9　◆1、文献①、五四頁、参照。
◆10　創立七十周年記念誌編集委員会編集『七十年誌』栃木県立聾学校発行、一九七九年、全二一一頁。
◆11　◆9、五七頁、参照。
◆12　◆9、五七〜五八頁より。
◆13　◆9、六五〜六六頁、参照。
文部省普通学務局『昭和十五年度　全国盲学校／聾唖学校ニ関スル調査　昭和十五年五月十日現在』四二（昭和一七）年四月一日発行、七頁、参照。なお、本調査の「凡例」において、「盲唖学校盲部ハ盲学校ノ欄へ、盲唖学校聾部ハ聾唖学校ノ欄へ合算記入ス」と記されている。

◆14 清水徳造（県立初代校長）「思い出一束」、神奈川県立平塚盲学校編集・発行『創立五十周年記念誌』一九六〇年、一二～一三頁より。清水徳造は当校に「昭和八年から二十四年まで」在職。
◆15 あくたがわ　しずお「おもいでぐさ」、福岡県立福岡盲学校編集・発行『開校五十年記念誌』一九六〇年、三〇頁より。
◆16 発生川光一「移り変り」（栃木県立聾学校『創立80周年　校舎改築落成記念誌』一九八八年、九一頁より。
◆17 花岡隆平（同窓会相談役）「母校創立八十周年を迎えて」、大阪市立盲学校『創立80周年記念誌』一九八〇年、巻頭言より。
◆18 田中岩城（元・校長、現・同校点訳後援会理事長）「思い出の記」、愛知県立岡崎盲学校編集・発行『創立六十周年記念誌』一九六三年、一九頁より。
◆19 阿佐博（元・教諭、日本点字委員会会長などを歴任）「敗戦前後の岡山盲学校」、岡山県立岡山盲学校創立百周年記念事業実行委員会編集『岡山県立岡山盲学校創立百周年記念誌』岡山盲学校発行、二〇〇八年、八五頁より。
◆20 創立五十周年記念誌編集委員会編集『創立五十年』千葉県立千葉聾学校創立五十周年記念事業推進委員会発行、一九八三年、一三二頁、参照。
◆21 ◆18、一九頁より。
◆22 北海道函館盲・聾学校創立百周年記念事業協賛会事業部編集・発行『暁光　創立百周年記念誌』一九九五年、二三～二四頁、参照。
◆23 青木美智子（旧職員）「思い出」、宮崎県立延岡聾学校『創立50周年記念誌』一九七八年、二六頁より。
◆24 松村恭子「記念誌によせて」、栃木県立聾学校『七十年誌』一九七九年、一七五頁より。
◆25 「座談会〝高尾ヶ丘回顧〟」、山口県立盲学校『創立七十年誌』一九七五年、四五頁より。
◆26 福井県立聾学校『福井県立聾学校五十年史』一九六四年、一〇三頁より。
◆27 袴田花「雑草と共に」、滋賀県立盲学校『開けゆく盲教育』一九五三年、一〇頁より。
◆28 千葉県立千葉盲学校編集・発行『六十年の歩み』一九七二年、一一〇～一一一頁より。

◆29　創立五十周年記念誌編集委員会編集『創立50周年記念誌』栃木県立聾学校発行、一九五九年、四八頁、参照。
◆30　◆23、二五頁より。
◆31　◆13、六頁、参照。
◆32　「全国盲学生体育大会」（二五〔大正一四〕年、第一回開催）、「全国盲学生雄弁大会」（二七〔昭和二〕年、第一回開催）、「全国盲学校野球大会」（五一〔昭和二六〕年、第一回開催）、「全国盲学校音楽コンクール」（五〇〔昭和二五〕年、第一回開催）。鈴木力二編著『図説　盲教育史事典』日本図書センター、一九八五年、六九頁、参照。
◆33　◆1、文献①、一一九頁、参照。
◆34　◆1、文献②、八三頁、参照。
◆35　清野茂著『手話・口話論争の時代と手話を擁護した人々――大阪市立聾唖学校・佐藤在寛・鈴木忠光』市立名寄短期大学清野研究室発行、二〇〇二年、一四頁より。初出は清野茂「昭和初期手話――口話論争に関する研究」、『市立名寄短期大学紀要』第29号、一九九七年。
◆36　高橋潔に関しては、川渕依子編著『手話讃美――手話を守りぬいた高橋潔の信念』発売元・サンライズ出版、二〇〇〇年、参照。
なお、清水は大阪府立中央聴覚支援学校（前身は大阪市立聾唖学校）を訪問・調査した際に高橋潔（大阪市立聾唖学校長）がラジオ放送のために執筆した次の手稿三点を閲読した。①「聾唖者の生きる道」（二百字詰用紙八一枚、三七〔昭和一二〕年七月二九日、金沢放送局放送）、②「聾唖者を明るき世界へ」（同九七枚、同年一一月二九日、大阪中央放送局放送）、③「聾唖教育について」（同七三枚、四九〔昭和二四〕年九月一九日、放送局名不詳）。
◆37　清野茂著『佐藤在寛』、シリーズ福祉に生きる19　大空社、一九九八年、参照。
◆38　「ろう文化宣言」の立場からの著書としては、現代思想編集部編『ろう文化』青土社、二〇〇〇年、斉藤道雄著『手話を生きる』みすず書房、二〇一六年、森壮也・佐々木倫子著『手話を言語と言うのなら』ひつじ書房、参照。

◆39　鹿児島県立盲唖学校編輯兼発行者『創立四十周年記念誌』一九四三（昭和一八）年二月、三八〜四二頁より。

◆40　東京都立大塚ろう学校編集・発行『東京都立大塚ろう学校創立五十周年記念誌』一九七七年、六六頁より。

◆41　福井県立聾唖学校編集・発行『福井県立聾唖学校五十年史』一九六四年、一一一〜一一三頁より。

◆42　創立五十周年記念誌編集委員会編集『創立50周年記念誌』栃木県立聾学校発行、一九五九年、五二〜五三頁、参照。

◆43　松尾信一「母校創立八十周年記念を迎えて」、創立八十年記念事業実行委員会編集『長崎県立盲学校　創立八十年記念誌』長崎県立盲学校発行、一九七九年、七〇頁より。

◆44　◆22、二五頁より。

◆45　福井県立盲学校編集・発行『福井県立盲学校五十年誌』一九六三年、二一頁、参照。

◆46　森岡章（元・大阪市立盲学校教諭）「楽しかった運動会」、大阪市立盲学校百周年誌委員会編集『世紀を超えて――創立百周年記念誌　一九〇〇（明治33）年〜二〇〇〇（平成12）年』大阪市立盲学校発行、二〇〇〇年、二六頁より。

◆47　藤井儀春「学校行事の思い出」、滋賀県立盲学校『創立90周年記念誌』一九九八年、二九〜三〇頁、参照。

◆48　友田徳一（昭和二〇年卒業）「弁論大会」、静岡県立浜松盲学校『浜盲の思い出――母校創立六十周年記念文集』一九八一年、一六〜一七頁、参照。

◆49　渡辺徳松「点字の思い出」、滋賀県立盲学校『創立90周年記念誌』一九九八年、二四頁より。

◆50　石川県立ろう学校『七十周年誌』一九七八年、四〇〜四一頁、参照。

◆51　加藤斐（昭和一八年度卒業）「しんの通った盲人教育を」、茨城県立盲学校『60周年記念号』一九六八年、四八頁、参照。

◆52　鳥取県立鳥取聾学校『鳥取県立鳥取聾学校史』一九七一年、三三頁、参照。

◆53　斎藤忠「非常時生徒の記」、秋田県立盲学校『秋田県立盲学校創立七十周年記念誌』一九八二年、七五頁より。

◆54　和歌山県立盲学校『創立五十周年記念誌』一九六八年、三一頁より。
◆55　鬼頭宏枝（昭和一八年卒）「昭和初期の学校、寄宿舎の様子」、『愛知県立岡崎盲学校創立100周年記念誌』二〇〇三年、二九頁より。
◆56　橋本（旧姓小林）翠（昭和一七年卒）「戦時下の盲学校」、『福岡県立福岡盲学校　開校五十年記念誌』一九六〇年、六三～六四頁より。
◆57　富山県教育史編さん委員会編『富山県教育史』下巻、一九七二年、八一〇頁より。
◆58　舛市久代（昭和一八年、中等部卒）「懐かしき学生時代をしのびて」、『高知県立盲学校同窓会　創立60周年記念文集』高知県立盲学校同窓会発行、一九八九年、一六～一七頁より。
◆59　伊藤武男（昭和一七年赴任）「T子のこと」、記念誌編集委員会編集『新潟県立新潟盲学校　創立七十周年記念誌』新潟県立新潟盲学校七十周年記念実行委員会発行、一九七七年、二六頁より。
◆60　白石堯美著『軍国のろう少年』星湖舎、二〇〇四年、一七四～一七五頁より。
◆61　「座談会　60年をふりかえって」（昭和六一年五月二五日(日)、東京都立大塚ろう学校同窓会編集・発行『柏葉母校創立60周年記念誌』一九八七年、四六頁、参照。
◆62　語る：柴山博、通訳・記録：小川加代子「戦中の疎開学園生活」◆61、『柏葉』、五九頁より。
◆63　「戦時中の盲・聾教育」福岡県教育委員会編集・発行『福岡県教育史』一九五七年、五一五頁、参照。
◆64　竹川秀夫「聾唖学校の思い出と私の戦争体験」、富山県立富山ろう学校編集・発行『五十年のあゆみ』一九八一年）、三〇～三一頁より。
◆65　奈良県立盲学校編集・発行『創立六十周年記念誌』一九八〇年、一七～一八頁より。
◆66　高野佐太郎「保健体育の活動」、記念誌編集委員会編集『あゆみ　群馬県盲教育60年誌』群馬県立盲学校発行、一九六七年、一九頁より。
◆67　和田克己「思い出深し盲唖学校」、『岡山県立盲学校創立百周年記念誌』岡山盲学校発行、二〇〇八年、九四頁より。

◆68　山口県立盲学校創立80年史編纂委員会編集『創立八十年史』山口県立盲学校発行、一九八五年、一一四頁より。
◆69　愛媛県立松山聾学校『創立五十年誌』一九五七年、五三～五四頁より。
◆70　創立80周年記念事業推進委員会編集『兵庫県立盲学校80周年記念誌』兵庫県立盲学校発行、一九八五年、二三頁より。
◆71　◆68、一一四～一一五頁より。
◆72　愛知県立岡崎盲学校創立80周年記念誌実行委員会編集委員編集『八十周年記念誌』愛知県立岡崎盲学校、一九八三年、五五～五六頁より。
◆73　加藤清六「母校の思い出」、三重県立盲学校65周年記念誌編集委員会編集『三重県盲教育の歩み——盲教育創始75周年記念／盲学校創立65周年記念』三重県立盲学校発行、一九八四年、六八～六九頁、参照。
◆74　加藤清六寄稿、三重県立盲学校『創立五十周年　校舎落成記念誌』一九七一年、所収（『三重県教育史』第八章「昭和前期の教育」第八節「障害児教育の展開」八一三頁より重引）。
◆75　岡山県立岡山盲学校創立百周年記念事業実行委員会編集『岡山県立岡山盲学校創立百周年記念誌』岡山県立盲学校発行、二〇〇八年、八三頁より。
◆76　秋山福喜「終戦前後の寄宿舎」、岡山県立岡山聾学校『回顧五十年』一九五八年、四〇～四一頁より。
◆77　千葉県立千葉盲学校編集・発行『六十年の歩み』一九七二年、九六頁より。
◆78　長岡襄「記念誌に寄せて」、茨城県立盲学校『創立60周年記念誌』一九六八年、二八頁、参照。
◆79　◆52、三三頁より。
◆80　◆27、九頁、参照。
◆81　井口雅晴「激動の山坂越えて」、秋田県立盲学校『秋田県立盲学校創立七十周年記念誌』一九八二年、七五～七六頁、参照。
◆82　中畑雪登「戦時下の寄宿舎生活について」、県立福岡聾学校『創立五十周年記念誌』一九六〇年、六一～六二頁より。

◆83　大町弥三郎（昭和一二年～二五年在職）「在職当時を追想して」、滋賀県立盲学校『創立70周年記念　記念誌』一九七八年、三三頁より。

◆84　大滝繁松（旧職員）「元廏《ママ》時代」、山形県立山形聾学校『創立五十周年／新校舎落成記念誌』一九七九年、三六頁より。

◆85　市田孝（昭和一九年卒）「記念誌によせて」、滋賀県立盲学校『創立90周年記念誌』一九九八年、二三頁より。

◆86　西口和恵（昭和二六年専攻科卒）「私の学生時代」、奈良県立奈良盲学校編集『奈良県立盲学校創立70周年記念誌』創立70周年記念事業実行委員会発行、一九九〇年、八七頁より。

◆87　「座談会　七十年の歩みから」（出席者：卒業生、用務員、炊事員ほか。とき：昭和五二年六月、ところ：学校会議室）、◆59、三〇頁より。

◆88　長野県立長野ろう学校創立百周年記念誌編集委員会編集『長野県長野ろう学校創立百周年記念誌』長野県長野ろう学校創立百周年記念事業実行委員会発行、二〇〇三年、一〇三頁、参照。

◆89　◆25、四五頁より。

◆90　紺野六郎「回想一片」、兵庫県立神戸聾学校編集・発行『35周年記念誌』一九六六年、一四～一五頁より。

◆91　「座談会　90年を語る」一九九四年七月二一日㈭、於・兵庫県立盲学校校長室。旧職員　石田邦夫（昭和二二～五六年）、柏木達夫（昭和三八年～平成五年）、杉原慶宗（昭和二三～平成三年）、竹沢秀夫（昭和二六～平成一年）、森口繁子（昭和五七～六二年）ほか。創立90周年記念事業委員会編集『兵庫県立盲学校創立90周年記念誌』兵庫県立盲学校発行、一九九五年、一四～一五頁より。

◆92　岸重良（元校長）「私の思い出」、福岡県立福岡聾学校『創立五十周年記念誌』一九六〇年、五七頁より。

◆93　佐山節（ろうあ相談員）「戦時中の思い出」、徳島県立聾学校『義務制25周年記念誌』一九七四年、二一頁より。

◆94　山口県立盲学校編集・発行『創立八十年史』一九八五年、一一五頁より。

◆95　中野喜代一「耳しひの子らと共に」、三重県立聾学校六十年の歩み記念誌編集委員会編集『六十年の歩み　三重県立聾学校』三重県立聾学校発行、一九七九年、一五～一八頁、参照。

◆96　近藤忠義「鍵田時代の豊盲」、愛知県立豊橋盲学校『世々に残さむ　豊橋盲学校80年の〝生涯〟』一九八一年、一〇〇～一〇一頁、参照。
◆97　原田周次「鍵田町時代の思い出」、◆96、九七～一〇〇頁、参照。
◆98　加賀谷久治（昭和一七年卒業）「私の歩んできた道」、創立八十周年記念誌委員会編集『秋田県立盲学校　創立80周年記念誌』創立八十周年記念事業推進委員会発行、一九九二年、一八〇頁、参照。
◆99　西岡恒也（元中学部教諭）「21世紀の盲学校」、大阪市立盲学校百周年記念誌委員会編集『世紀を超えて　創立百周年記念誌　一九〇〇〔明治33〕年～二〇〇〇〔平成12〕年』二〇〇〇年、九九～一〇〇頁、参照。
◆100　西岡恒也著『全開　わが人生――弱視の記　第1巻　少年・青春時代編』クリエイツかもがわ、二〇〇一年、同『同前　第2巻　勤評・安保・障害者運動編』同、二〇〇一年、同『道きりひらく　わが人生　弱視から盲へ』同、二〇〇九年、参照。
◆101　ヘレン・ケラー著、岩橋武夫訳『わたしの生涯』（角川文庫）角川書店、一九六六年、「解説」の四六二頁より。
◆102　鳥居篤次郎著『すてびやく　捨日役』京都ライトハウス発行、一九六七年、三二一～三三三頁より。
◆103　◆101、岩橋英行による「解説」四五九～四六四頁、参照。
◆104　岩橋英行著『青い鳥のうた――ヘレン・ケラーと日本』日本放送出版協会、一九八〇年、四頁より。
◆105　秋田県立盲学校編集・発行『創立七十周年記念誌』一九八二年、六四頁より。
◆106　石川県立ろう学校編集・発行『創立七十周年記念誌』一九七八年、三九頁、参照。
◆107　岐阜県立岐阜聾学校編集・発行『創立50周年記念誌』一九八〇年、一二五頁より。
◆108　東京聾唖学校同窓会編集・発行『殿坂の友』第四一号「ヘレン・ケラー特輯号」、一九三七年七月、「編輯の後に」四九頁より。
◆109　ヘレンの一回目の来日の際の日本「内地」「外地」の訪問先の名称、月・日、各地の講演の聴衆概数などについては◆104、七四～七五頁の「ヘレン・ケラー巡回講演日程表（『日本ライトハウス四十年史』より作成）」、参照。

第5章　敗戦後の窮乏と復興へのとりくみ

本章の目的は太平洋戦争の末期には、その存続自体が危機にさらされた全国の障害児学校が、敗戦後の窮乏の中からどのようにして復興し、戦後の障害児教育の発展と結びついていったかを明らかにすることにある。

そのために、まず第1節の前半ではさまざまな戦争被害のうちの深刻な人的被害を中心にして述べ、後半では占領下における教育改革の一環としての障害児学校への援助と新たな位置づけについて述べる。

次いで第2節では戦後も続く食糧難の実態、第3節では敗戦直後の各地の障害児学校が直面していたさまざまな困難と新たな課題について述べる。

そして、第4節において、憲法・教育基本法制のもとでの障害児学校の復興と新たな障害児教育の発展への展望について述べる。

第1節　敗戦と占領下の改革のなかで

一九四五（昭和二〇）年八月一四日、日本政府は、米・英・中三国による対日共同宣言（ポツダム宣言。内容は①軍国主義勢力の一掃、②植民地・占領地の放棄、③陸海軍の武装解除、④戦争犯罪人の処罰、⑤日本社会の民主化などへの要求）の受諾を決定し、中立国を通じて連合国へ申し込んだ。翌八月一五日、天皇の戦争終結の詔書を放送。同年九月二日、米艦ミズーリ号上にて全権・重光葵・梅津美治郎が降伏文書に調印した。

かくして、日本は連合国に無条件降伏し、戦争は終わった。

1　戦争による被害と癒えぬ傷痕

ジョン・ダワーは著書『増補版　敗北を抱きしめて――第二次大戦後の日本人』(上)(二〇〇四年)において、「そもそも、戦争の惨禍を正確に計量することは不可能である。」と断ったうえで、「数字でみる敗戦」の見出しを設けてアジア・太平洋戦争による人的被害、物質的被害、さらには社会的・経済的被害などについて統計的な数字も用いながら広い視野から多角的に概括している。[1]

そして、五〇年四月、滋賀県民約一二万人が一刺しずつ刺繡《ししゅう》して完成させたマッカーサー元帥の肖像を添えて最高司令官マッカーサーに出した「感謝と懇願」の手紙を紹介し、次のように述べている。

「戦争が終わって四年半が経過していたが、多くの人々がまだ悲痛や不安と格闘し、破壊された人生がもとに戻るかもしれないという希望を捨てないでいた。」[2]

ここでは人的戦争被害に限定して簡略に述べることにする。

日中戦争(三一年九月から四五年八月までの間に戦われた中国に対する侵略戦争)から敗戦までの日本人の戦没者数は、軍人・軍属が約二三〇万人(うち、朝鮮人・台湾人が約五万人)、いわゆる外地の一般邦人が約三〇万人、空爆などによる国内の戦災死没者が約五〇万人、合計で約三一〇万人であり、戦場となったアジア地域の民衆の犠牲者数は一九〇〇万人以上ともいわれている。[3]

特に注意すべき点は、このアジア・太平洋戦争期の戦死者数の八割が、日本による〈絶望的抗戦期〉(四四年八月〜敗戦）に生じていること、及び日中戦争以降の戦死者のうち、約六割が餓死者ともみなされていることである。ここにアジア・太平洋戦争による兵員（軍人・軍属）の人的被害の重大な特質と背景が集約的に示されているからである。

しかし、戦争が終わって七十余年が経つ今もなお、戦争被害によって苦しみ、人権侵害・人生被害を被る人たちはなくならない。

とくに、近年において精神科医・精神医学者らが沖縄戦体験者のトラウマ（trauma 心的外傷）や広島・長崎での原子爆弾投下による被爆（曝《ばく》）者の〈心の被害〉について明らかにしつつある事実は極めて重大である。[4] 戦傷精神障害兵員（軍人・軍属）を含め、膨大な戦争による被害者、障害者がつくられ、深刻な人生被害を負ってきた。[5]

2　占領下の改革と障害児学校

一　連合国軍総司令部による改革の概況

連合国は日本全土には直接軍政をしかず、アメリカ合衆国のマッカーサー（Douglas MacArthur　一八八〇〜一九六四年）を最高司令官（SCAP）とする連合国軍最高司令官総司令部（General Headquarters of the Supreme Commander for the Allied Powers　GHQ／SCAP）の指令・勧告に基づいて日本政府が政治を行う間接統治の方法をとった。初期の占領政策の目標は、まず日本を非軍事化・民主化してアメリカ合衆国の脅威となることを防ぐことにあり、占領政策に批判的な言論は厳しく取り締まられた。

GHQ・SCAPの主導による占領下の改革の基本的な方針と改革の主な指標を次に重点的に記す。

まず、四五年一〇月に、「日本民主化に関する五大改革指示」が出された。その内容は、①選挙権賦与による婦人解放、②労働組合結成の促進、③教育の自由主義化、④圧制的諸制度廃止、⑤経済機構の民主化である。

この占領政策の基本方針に基づき大きく四つの面から改革がなされた。

第一に、軍国主義の排除としては、①軍隊の解体（陸海軍解体・軍事工業停止指令、四五年九月）、②戦犯逮捕→極東国際軍事裁判（四六年五月～四八年一一月）、③治安維持法・特高警察の廃止→政治犯釈放（四五年一〇月）、④天皇制批判の自由、国家と神道の分離、天皇の人間宣言（四六年一月）、⑤公職追放令（四六年一月）などである。

第二に、経済の民主化としては、①農地改革（寄生地主制の解体）、②財閥解体、③労働組合の育成（労働三法の制定＝労働組合法による団結・団体交渉・争議権保障、四五年一二月。労働関係調整法による労働争議の調停・仲裁、四六年九月。労働基準法による労働条件の規定、四七年四月）である。

第三に、教育の民主化としては、①軍国主義教育の停止（修身・国史・地理の授業停止）、②教育基本法制定（民主主義教育の理念明示、四七年三月）、③学校教育法制定（新学制発足、六・三・三・四制、男女共学、義務教育九年制、四七年三月）、④教育委員会法制定（教育委員公選制により教育の地方分権化をはかる、四七年七月。新教育委員会法により任命制へ転換、五六年六月）などである。

第四に、政治の民主化としては、①日本国憲法の制定（国民主権、平和主義、基本的人権の尊重の三原則、四六年一一月三日公布、四七年五月三日施行）、②選挙法改正（婦人参政権を認める、四五年一二月）、③民法改正（家督・戸主《こしゅ》権の廃止・男女同権）、④地方自治法制定（首長公選制・リコール制、四七年一月）、⑤警察法制定（公安委員会制度による警察権の独立、自治体警察の創設による地方分権化、四七年一二月。五四年改正）。⑥裁判の民主化（最高裁判所裁判官国民審査。刑事訴訟法の改正、四八年七月）などである。

では、これらの占領下における諸改革は、GHQおよびその下位組織である各軍政部などを通して、実際にはどのように推進されたのであろうか。

著者は二〇〇九年八月一〇日、大阪市立盲学校を訪問し、アジア・太平洋戦争と障害者問題史に関する研究の一環として、敗戦後のGHQなどによる大阪府・市に対する指令・勧告などと特殊教育諸学校との史的関係を究明するために、同校が保管している簿冊『昭和二十年九月起〜昭和二十四年十一月二十九日／連合軍司令府市通《つう》牒綴《ちょうつづり》／大阪市立盲学校』（以下、『通牒綴』と記す）を校長の了解を得て閲覧した。

そこで、前述した占領下の諸改革が大阪市の特殊教育諸学校（特別支援教育諸学校）の一つである大阪市立盲学校にどのような関わりを有しているか、次にその一端を記す。

通牒綴には四五年一〇月一五日付から四九年一一月二九日付までの通牒全一七四件が年月日順に綴じられており、内容は全て教育政策に関する事柄である。一件は一頁から十数頁まで幅がある。

まず、具体的な通牒ないし指令の書類の形式について説明しておく。

GHQ、SCAP、民間情報教育部、進駐軍軍政部などから日本政府、文部次官を経由して大阪府内政部長、大阪府教育民生部長、大阪市教育部長などへ通牒・指令が伝達される。大阪府の内政部長ないし教育民生部長、大阪市教育部長などは、通牒・指令の内容に即応して通知すべき府・市内の関係機関の責任者を選び、通牒・通知を送り、期限を切って報告を要求する。関係機関の責任者としては、幼稚園長、国民学校長、公私立中学校長、公私立青年学校長、各種学校長、官公私立高等専門学校長、師範学校長、大学総（学）長から地方長官、市長などに至るまで広範囲である。その中には他の責任者と併せて「各公立聾盲《ママ》唖学校長」（「備考」では「盲聾唖学校」の用語を使用――引用者注）を宛先として記載している文書もある（例えば、四七年四月二八日／大阪府教員適格審査委員会委員長　中田守雄／「教職員適格者名簿提出について」）。

通牒・指令の性格・内容の推移をごく大まかにとらえると、四五年九月から四六年半ば頃までは、戦前の軍国主義・国家主義的な教育関係法令や教育内容・方法などの廃止・削除を命じ、その徹底を促している面が強く、四六年半ば頃から四九年一月までは、教育制度・行財政を民主化し、新教育を推進していこうとする面がより多く見られるようになる。

前者の時期については、例えば「昭和二十一年一月九日／大阪府内政部部長／各市長、各地方事務所長、公私立学校長、私立青年学校長、各種学校長殿／『国家神道、神社神道ニ対スル政府ノ保証支援保全及監督 並《ならびに》弘布ノ禁止ニ関スル件』」を挙げることができる。

すなわち、「連合国最高司令部ノ指令」に基づき、各市長や各地方事務所長は「管下学校」へ「周知徹底」すべきこととして一一項目を指示しているが、その第一項では「学校（私立の神道学校ヲ除ク以下同ジ）内ニ於《お》ケル神道ノ教義ノ弘布ハ其《そ》ノ方法、様式ノ如何《いかん》ヲ問ハズ禁止スルコト」としている。

しかし、第二項の中で「伊勢ノ神宮、明治神宮等ニ対スル遥拝ハ之ヲ取止ムベキコト」としながら、「（注意宮城遥拝ハ差支《さしつかえ》ナシ）」としている。戦中期において「宮城遥拝」が戦争遂行のための皇民教育において重視されていたことに照らして違和感を覚えるが、アメリカを中心とする連合国最高司令部の占領政策における「天皇」の位置づけ（利用）が反映していると見なすことができよう。

なお、「昭和二十年十二月八日／大阪府内政部部長／各地方事務所長、市長殿／『終戦ニ伴フ体錬科教授要項（目）取扱ニ関スル件』」は、「中等学校」における「体錬科武道（剣道・柔道・薙刀《なぎなた》・弓道）ノ授業ハ之ヲ中止スルコト」などを「通牒」している。本書の第４章第３節でも述べたように、戦時中、盲聾唖学校においても中等部の女子生徒に薙刀の指導などをしていたのであるから、この「通牒」によって中止させられたのであろう。興味深いのは、この通牒の第一二項で、「食糧増産戦災復旧等ノ作業ヲ通ジ体育的効果ヲ収ムルヤウ体育ト勤労トヲ緊密ニ連繋シテ指導スルコト」としていることである。

当時、全国の国民学校・中等学校などの多くが、食糧不足のため授業を休止してでも田畑で働き食糧の増産に励み、また空爆に被災して損壊した校舎などの建物の修繕にとりくみつつあったという状況が背景にあっての指示であろう。各地の盲学校・盲聾唖学校の寄宿舎の舎生や通学生たちの飢餓も甚《はなは》だしく、戦中に引き続き教職員・生徒が校庭や山林を耕して芋・野菜などの生産に必死であったことは第3章第7節ほかでも述べた。それにしても、敗戦後、「体錬科教授」に代わる「体育」の授業の中身に「食糧増産」も入るとは予測もし得なかったことではあるまいか。

次に、後半の時期について述べる。この期間の通牒・指令の特徴の一つとして、戦前の軍国主義・国家主義教育の中核となっていた修身・国史・地理の教科を廃止し、アメリカ軍の初期民主化政策の一環としての戦後の民主主義教育にふさわしく「社会科」を新設したり、また学校運営における教職員の「討議」(discussion)の重要性を提示していることなどが挙げられる。例えば、昭和二二年七月二九日に大阪軍政部民間情報教育部が講師となって「社会科教授に関する講習会」が開催され、大阪市立盲学校(以下、大阪市盲と略す)からも校長を含め三人の教員が受講している。また、「昭和二十一年十月三日/大阪府教育民生部長/各地方事務所長、各市長、公私立中等学校長、私立青年学校長、各種学校長殿/『学校に於ける討議法(discussion method)による民主主義研究に関する件』」が挙げられる。すなわち、「学校教職員が自発的に民主主義及び教育の民主化について研究する必要」があり、そのためには「各学校毎に計画的、組織的に教職員にて discussion group を作り互に討論しあって研究することが望ましい。(略)此の場合必ずしも校長や教頭が指導権をとる必要はない。」と述べている。なお、この件に関して「近く講習会を開き、大阪軍政部からパーカー氏が出席して指導される予定である」と記載していることが注目される。

なお、大阪市立盲学校からは、同年一〇月一五日付で「学校教育の民主化に就いて等」の議題で毎月三回委員会をもち「研究討議」していく計画であると記した報告書が提出されている。

二 「通牒」「指令」と大阪市立盲学校

大阪府内政部長・教育部長、大阪市教育部長などによる通牒・指令は基本的に全て大阪市盲にも発送され、同校も指定の期日までに報告書を提出したと考えられる。

通牒綴には大阪市盲の校長が提出した報告書の控えの一部が綴じられており、また受理した通牒・指令の文書の余白に報告した内容の覚え書きが記されている場合もある。それらの件数は全部で二五件ある。その中から重点的に年月日順に紹介する。期日は西暦の算用数字に変更し、各件の題目の「ニ関スル件」は「の件」と略した。報告は当時の校長である。

(1) 武器等の有無について

「校園在庫中ノ武器、食料等ノ調査」の件（45・12・1、大阪市役所教育局長）に対して「該当事項ナシ」と記載。

(2) 忠霊室等の有無について

「忠霊室等ノ報告」の件（46・9・9、大阪市教育部）に対して「該当事項ナシ」と記載。

(3) 生徒・学級数・教師数、校舎戦災、農耕中の土地の有無について

「学校、生徒、教師等ノ調査」の件（46・9・13、大阪府教育民生部長）に対して、八月一日現在の生徒数は九〇人（男五九、女三一）、教師数は二八人（専任二〇、兼任八）、明年四月に必要とされる教師の概数は一〇人（専任六人、兼任四人）、学級数は一五、教室数は普通教室一〇、特別教室一〇、校舎戦災の程度は「全校舎ノ25％以下罹災」、罹災復興の程度は「罹災部分ノ50％以下復興」、農耕地は「現ニ農耕中ノ土地」が一五〇坪、教師の住宅については「支障アリト感ズルモノ」四人、「支障ナシト感ズルモノ」一〇人と報告。

(4) 復員教員について

「復員教員の取扱並に調査報告」の件（46・8・12、大阪府教育民生部長）に対して、「村〇忠〇、46・6・22宇品上陸／46・7・15応徴解除、46・7・18出勤」と報告。兵役に就いた教員に適格審査を行うための調査と思われる。

(5) 奉安殿の除去について

「旧奉安殿除去」の件（46・8・28、大阪市役所教育部長）に対して、「本校奉安殿ハ校舎内ニテ金庫内ニ奉納シアリタルヲ以テ前達ニ依リ急速ニ外側工事ヲ撤去ナシ御紋章ヲ除去シ金庫ヲシテ重要書類庫ニ使用シツツアリマス」と報告している。

(6) 軍歴を有する教員について

「軍歴を有する学校職員調査」の件（46・9・28、大阪府民生部長）に対して、「六週間現役兵」であった校長

（17・7・15入営、17・8・25除隊、46・3・30現在校へ採用）、「一年志願兵」であった教員（21・12・1入営、22・11・30除隊、38・3・31現在校へ採用）について報告。軍歴の有無を調査したのも復員教員と同様の理由からであろう。

(7) 図書室について

「学校に於ける生徒読書室」の件（46・10・16、大阪府教育民生部長）に対して、四六年度総予算に占める一般図書と児童・生徒用図書の費用の割合と出所、校内図書室と寄宿舎図書室について説明し、「将来の計画」として「盲児達に適したる児童文庫」を設け、「中等部生」に「卒業後の成業参考に資」する「図書購入拡充」を計りたいと報告。

(8) 学校新聞について

「学校新聞の編輯刊行」の件（46・10・19、大阪府教育民生部長）に対して、今後、月刊位で学校新聞を発行し、「児童・生徒作品、各科各学年の学術発表、学校ニュース、父兄、後援会等の連絡事項等を掲載紙上により本校と校外との連絡を一層密に」したいと報告。

(9) 学校の現況について

CI&E（総司令部民間情報教育局）の指示により本府で取り纏めて提出するので「学校表の調査差出のこと」（46・12・26、大阪府教育部長）という指令に対して、大阪市盲は四六年一一月末現在、教員一三人（男一〇、女三）、生徒九〇人（男六一、女二九）、学校の部・科は「初等部、予科、鍼按科、別科、音楽科、研究科」と報告。

⑽ **没収出版物の所蔵について**

「出版物没収」の件（47・3・30、大阪府教育部長）に対して、該当出版物（一四回にわたって四〇〇点余に及ぶ大東亜戦争を肯定し戦意高揚を計るなどの内容の書籍の目録を提示）には「本校に無し」と報告。

⑾ **校舎などの修繕について**

「昭和二十二年度公私立教育施設営繕用資材需要調査について」（47・3・19、文部大臣官房臨時教育施設部長）に対して、物置、教室、寄宿舎、廊下、便所、押入などの修繕に必要な資材（セメント、木材など）の数量を報告。その中に「畳一〇〇枚」と記されているのは寄宿舎や和室の治療室などの需要であろうか。

⑿ **個人を尊重し、個性を生かす教育について**

「特殊児童の取あつかい方の講習会について」（47・12・11、教育部長）の通牒が公私立各中等学校長、各地方事務所長、各市長、各私立小学校長、各私立青年学校長、各師範学校長宛に送られている（傍線は引用者による、以下同じ）。「各校男教師2名、女教師1名の出席が望ましい」こと、講師には「大阪軍政部民間情報教育部長ジョンソン氏」のほか大阪府・市の視学・主事が当たると付記されている。

講習会の「目的」は「教育は如何に個人個人に効果をあげえられるかについて討究せしめる」ことにあり、「研究内容」は「1　日本の新教育の基調は個人の尊重にありこれは一体どんな意味であるか。2　四拾名から六拾名の教室において個人の教育の実質は如何にしてあげえられるか。」である。

なお、「ここにいう特殊児童の取扱いとは個性を生かすについての教育的取扱いである」と断っている。「特殊児童の」と銘打ったことは適切か問題がある。戦前から「特殊児童」「特異児童」という言葉は「精神薄弱」児などを指す言葉として用いられていたからである。ただし、子どもに本来、特殊な子や特異な子は有り得ず、知的機能などに障害があるために特別な教育的なニーズを有する子どもであり、「精神薄弱」という呼称も非科学的で差別的な用語である。この提言では「特殊児童の」を〈知的に障害がある児童の〉教育問題としては取り上げていない。しかし、学校の生徒数があまりにも多過ぎる現状を批判的にとらえ、個人を尊重し、個性を生かす教育を提唱していることは注目される。ここには戦中期の軍国主義・国家主義の立場からの画一的な教育を改善していこうとする戦後初期のアメリカ新教育の思潮が窺《うかが》われる。また、この子ども観・教育観には、〝特殊な児童〟の〝特殊な教育〟ではなく、障害などがある児童の教育的ニーズに即した特別な教育的配慮と手だてが必要とされる「特殊教育」へと発展していく可能性も内在していると評価できよう。

なおこの講習会の指令に対して、大阪市盲は「男教師二名、女教師一名」が出席すると各教師の氏名を記して報告している。

三　記念誌（年史）などにみる「進駐軍」の関与

(1) 点字教科書の軍国主義的内容の削除

鳥取県立鳥取盲学校『創立百周年記念誌』（二〇一一年）は、「終戦前後の学校の様子（昭和20年頃）」の項で次のように記している。

「終戦後、アメリカ軍の指示で、点字教科書の戦争、宗教関係の箇所を〝切り取る〟ことにしたが、切り取った後に何も残らず、新しく発行される教科書を待たねばなりませんでした。」[6]

(2) 校舎の新築・修繕などの援助

①愛知県立名古屋盲学校『創立八十周年記念誌』(一九八一年)は同校保管の『連合軍より発せられた諸命令の報告書』綴に基づき、同校が津島中学校に疎開中、「進駐軍」が四七年一二月から四八年一二月までに四回にわたって視察したときの経過を第一次史料に基づき詳細に記載している。

一回目の四七年一二月二三日、視察官の愛知軍政部民間教育情報部長ネルソンは、生徒たちに次のように「訓話」したという。

「あなた方のやうなハンディキャップを持つ人々にも教育の自由が開かれ能力にあふ職業をえらぶ権利が与へられました。したがって先生方の熱心な指導と親切な訓練にしたがって十分その能力を延ばし民主的な日本のよき市民となって下さい。(略)色々困難なこと、不自由な事がありましたら申し出て下さい。私は私の出来るだけのお手伝をすることをお約束致します。」[7](傍線は引用者。以下同じ)

同校は、第2章第1節で述べたように、本校舎・寄宿舎が空爆で全焼し、疎開していた一宮中学校も戦災で焼失したため津島中学校に再疎開していたのである。そこで校舎新築の必要があり、名古屋陸軍兵器補給廠の焼跡を希望したがそこは「連合軍の直接占領地」であり「日本政府の統治の及ばないところである」ことがわかった。そこで、校長が愛知軍政部に出向いて要請したところ、四八年一二月二三日に愛知軍政部教育情報課長デイビスが事情を聞きに来校し、その一か月ほど後に「連合軍司令部から兵器補給廠跡数万坪が正式に返還されたとの通知」があり、「各種の事情により現存の約五千坪」が同校の校地となり、新築移転したとのことである。[8]

②佐賀県立盲学校『佐賀県立盲学校教育史』(一九七九年)は、「GHQ教育担当官の来校」の項で、四八年頃

の「進駐軍」の教育担当官の視察と指示によって、荒廃し劣悪な学校の施設・設備が改善され、さらに盲学校モデルスクールの新築につながっていった経過を次のように記している。

「(四八年頃) 佐賀軍政部教育担当官バーツ氏、GHQ教育担当官ジャドソン氏等が相ついで来校、施設、設備を中心に具さに視察された。天井もない、すすだらけの、そして雨の日はほんとうに傘をささねばならない寄宿舎や、真黒によごれのしみこんだ古い家庭用風呂桶の置かれた一坪もない半露天の浴室等、非衛生的な、施設、設備が彼等の目にとまった事は、いうまでもない。早速、教育委員長が呼び出され、『盲学校に行って、あの食堂で食事をし、あの風呂で入浴し、あの寄宿舎に泊って来い』といわれ、日限をきって、施設、設備の更新を指示された(同窓生の中川純英氏及び盲学校香月教諭の回想談)。

この進駐軍の鶴の一声によって、浴室は改装され、タイル張りの近代的なものと替り給水施設も改善され、従来のようなバケツリレーによる多布施川の水汲み作業は、見られなくなった。これを契機に、ジャドソン氏等の中央における尽力もあって、文部省モデルスクールとして、新校舎建設が軌道に乗るのである。」[9]

③秋田県教育委員会『秋田県の特殊教育』(一九七九年)は「昭和二十年代の特殊教育」の節で、四六年三月に秋田県立盲唖学校の校長として赴任した小泉岩夫の手記から敗戦直後の同校の校舎の荒廃し劣悪な状況と「米軍教育情報部の援助による校舎などの修理」について次のように述べている。

「国破れてただ山河あるのみ。食うに食なく、住むに家なく、着るに衣なく、人はただ虚脱のままというさんたんたる姿の昭和二十一年の春である。(略) 二十坪あるかなしかの小さな教員室は、盲部・聾部の職員が左右に居流れて尚余裕があるという状況、児童・生徒数も双方合わせて百人たらず。そして、その校舎たるや疲弊荒廃、実に悲惨の一語に尽きる次第、言語に絶すると申しても過言でなかった。

さいわい、米軍教育情報部の近藤顧問が縁故者であり、モロニー部長の所謂モロニー旋風の余波などで格別の便宜を与えられ、校内一部の塗装や屋根・たたみの修理なども進んだ。[10]」

四　「ララ物資」の供給

四六年八月、ララ（LALA アジア救済団体）救済物資の受領と配分に関してGHQより日本政府に覚書（九月、厚相回答）。同年一一月にララ救済物資第一船横浜入港。以後、障害児学校を含め全国の学校などにララ物資が供給された。[11]

例えば、栃木県立盲学校『創立65周年校舎新築記念誌』（一九七三年）への糸井ふみ（元同校教諭）の寄稿「思い出の数々」には敗戦後の窮乏の中でララ物資を受給したときの様子が次のように記されている。

「敗戦の混乱の中で、2学期が始まった。（略）食糧事情はひき続きひどかったが、それでも近くに畑を貸り《ママ》てさつまいもを作ったり、じゃがいもを買ったりして補給していた。それにアメリカからララ物資というのが配給になった。食糧では、マカロニ、カンズメ《ママ》、ときにはチョコレートなどがあって皆大喜びであった。衣料も着古したオーバーやワンピース、はきふるした靴などがあり、サイズが大きいので配給する時、体や足にあわせるのが用意《ママ》ではなかった。けれども何もかも不足していた時なので、着られたりはけたりすれば大喜びであった。[12]」

第2節　戦後も続く食糧難

生き残った国民もまた生存の危機に直面した。すなわち、〝衣・食・住〟のうち、とりわけ生きることに直結する飢えとのたたかいは、戦争によって生命を奪われる危険がひとまず終わってもますます激しさを増していった。

敗戦後の食糧難は戦争末期の状況に新たな要因が加わり、さらに深刻な状況に陥った。それらの新たな諸要因としては、少なくとも次の七点を指摘できよう。

①食糧補給地（旧植民地朝鮮、台湾、傀儡《かいらい》国家「満州」など）の完全な喪失、②復員や引き揚げ者などによる人口の急増（敗戦前の四五年五月から敗戦後の同年一二月までの半年間に男女約四〇〇万人帰国）、③戦争・戦災による家庭の崩壊と労働能力の疲弊、④四六年の凶作（原因は主に天候不順、肥料不足、稲作作付面積の減少など）、⑤農民からの食糧供出の不振（原因としては末端供出割当の不公平への不満、戦中の政府および食糧関係機関の施策への批判、米価安に対応しての〝横流し〟の増加、軍用米や軍需保有米の乱雑な処分などが考えられる）、⑥戦争・戦災による鉄道網の破壊や列車不足と食糧輸送の支障（四六年は甘藷は豊作であったが生産地から消費地へ送れずに腐らせてしまう地域もあった）、⑦激しいインフレーションの発生と国民生活への直撃、などである。

政府は食糧危機を打開するために四六年二月に「食糧緊急措置令」を公布し、農家などに対して、警察権による強制供出を実施するとともに、連合国軍総司令官総司令部（ＧＨＱ）や米国政府にも援助を求めた。米国からは四六年から五年間に一七億ドル分の食糧などが貸与された。

戦後の国民の食生活史の沿革をたどると、第一段階は四五年から五〇年までで、この期間は「飢餓段階」とも呼ばれ、とりわけ四六年を最底辺に四五年から四七年の三年間が最大の食糧難の時期であり、国民全体が栄養失調に陥る危機に晒《さら》されていたといわれる。すなわち、四六年の国民一人一日当たりの栄養供給量のうち総熱量は一四四八キロカロリー、総蛋白質《たんぱくしつ》は三五・八グラムであり、三一〜三五年の五か年平均の総熱量二〇五八キロカロリー、総蛋白質五三・一グラムと比較して、それぞれ六一〇キロカロリー、一七・三グラムも少ないのである。[13]

米穀配給の基準割当量は四六年一一月一日に成人一人当たり二合五勺（重さにして三七五グラム）に引き上げられた。しかし、それだけでは基礎代謝（生命を維持するのに必要な最小のエネルギー代謝。日本人の成人男子で一日一四〇〇キロカロリー、成人女子では一二〇〇キロカロリーぐらい）にも足りなかった。

また戦後の公定価格といわゆる〝闇価格〟の差の拡大も年々激しくなっていった。例えば、東洋経済新報社「戦前・戦後の物価総覧附録」（『東洋経済新報』臨時増刊・昭和二九年版、五四年三月発行）によると、米一升の価格は四六年＝公定二円七三銭、闇値八二円、四七年＝公定一三円九六銭、闇値一九一円八〇銭、四八年＝公定三七円二四銭、闇値二八〇円であり、さとう（赤ざらめ）一貫の価格は四六年＝公定八円九四銭、闇値九一六円、四七年＝公定七六円二五銭、闇値二七九七円五銭、四八年＝公定一二八円七五銭、闇値六五五〇円である。一般に庶民は、こうした驚く高い闇値で食糧を入手せざるを得ず、命をつなぐことも困難をきわめた。

さらに、配給も、四六年四月末になると主食の遅配が一般化し始め、五月下旬からは欠配も起こり出した。東京では四六年六月、都内の遅配は平均一八・九日に及んだ。[14] 四七年七月、主食の遅配が全国で平均二〇日（東京二五・八日、北海道九〇日）となった。[15]

そして、大蔵省は四六年一一月、国民の生活費について、生計費のうち七〇％を飲食費が占めていることなどを発表した。

このような国民の食生活状況のなかで、四七年一一月四日付の朝日新聞は衝撃的な記事を掲載した。それは東京地方裁判所で食糧の闇売買に関する食糧管理法違反事件を担当していた山口良忠判事（三四歳）が、食糧の闇購入をしなければ生活していくことが不可能であることを知りつつも、司法を遵守すべき判事としての立場から、これを行わないことを決意し、配給のないときは塩汁を飲むなどして過ごし、遂に栄養失調で死亡したことを報じた内容である。この事件については、「食糧の配給不足に対する抗議の死であったといえよう。」とも評されている[◆16]。

このような食糧難にたまりかねた人々は、四六年五月一九日〈食糧メーデー〉に立ち上がり、宮城前広場に約二五万人が集まった。

食糧事情が好転し始めるのは四八年一〇月頃からである。四八年一一月からは主食の配給基準量が二合七勺（四〇五グラム）となり、五〇年になると米の闇値が公定価格を下回り、卵一個が一二〜一三円から一〇円になるなど、米、食糧品は値下がりするまでになった。食糧事情の緩和の最も大きな要因は米、麦、芋類など食糧を中心とした農業生産の急速な回復および発展があり、それを可能にしたのはＧＨＱの主導による「農地改革」（戦前の不在地主制の解体と農地解放など）にあった。

第3節　敗戦直後の障害児学校の状況

では、敗戦後の国民全体の生活の窮乏化のなかで、各地の障害児学校はどのような状況に陥っていたのであろうか。戦争に負けたことを知ったときの教職員や生徒の心境、校舎・寄宿舎の状況、食糧事情、授業再開をめぐる教育条件・環境の実態、教育の再生をめざす努力などについて見ていこう。

1　敗戦と教職員の意識

例えば、四五年七月六日の千葉市大空襲の際、校舎の被爆は免れたが六人の教諭それぞれの自宅が全焼した千葉県立聾啞学校の鈴木保司校長は敗戦を知ったときの気持ちと、米軍の進駐に備え学校として最初に対処したことについて、次のように回顧している。

「昭和二十年八月十五日、国をあげての悲願は空しく敗れて終戦の日は来た。私たちの夢はこの日をもって全く敗れ去ってしまった。そして、米軍の進駐を迎えたのだが、湧き起ったのは進駐軍に対する不安であり、危惧《きぐ》であった。私たちは在郷の将校にその対策を聞いたりして危惧はいっそう深まるばかりであった。

学校では御真影や勅語謄本の処理（私の学校にはなかった）をはじめ、神棚など神国化の施設や書物、軍国調のものはいっさい焼却し、また地中深く埋めてしまった。聾学校では備品の二十組あまりの剣道具を焼却埋没してしまった。[17]」

また、福岡県立福岡盲学校の教員であったあくたがわしずおは、『福岡県立福岡盲学校　開校五十年記念誌』（一九六〇年）への寄稿「おもいでぐさ」で、「終戦を迎えて」と題して三首の短歌を詠んでいる。

○大君《おおぎみ》のみ声に　頬を濡《ぬ》らしけり　拭へども涙　乾く間も無し
○外《と》つ国《くに》の軍人《いくさびと》らに　怯《おび》へつ、　落ちつかぬ日を　送りし頃よ
○一億の国民《くにたみ》　四つの島ぬちに　ひしめき合はむ　その姿はも[18]

日本の敗戦をどのような気持ちで受けとめたかは、空爆による被災の有無、集団疎開の体験、戦時中の学校教育の内容などによっても異なってくるであろう。生徒の場合も、それらの要因に加えて、年齢・学年などによっても違いが生じてくるであろう。

例えば、長野県立長野盲唖学校の聾唖部の三年生のときに敗戦となった中村光男は、長野県長野ろう学校『創立百周年記念誌』（二〇〇三年）への寄稿「長野への空襲の体験」で、戦時中に先輩の生徒や教員と一緒に校庭に掘った防空壕用の穴を埋めることになったとき、次のような気持ちを抱いたことを綴っている。

「『せっかく掘った穴、今度は埋めるのか。もったいない』という奇妙な気持ちになったことだけはよく覚えている。戦争が終わったことの価値までは分からなかったのである。穴が埋めたてられても、校庭は遊び場には戻せなかった。[19]」

2　校舎・寄宿舎の荒廃

敗戦後、障害児学校の多くは間もなく授業を再開しているが、校舎や寄宿舎は殆ど老朽化したり、破損したりしていた。とりわけ、集団疎開したあと軍隊や軍需工場などが使用したり、空爆による被災を受けた場合などにおいては、校舎・寄宿舎の荒廃が激しかった。そのため、他の建物を借用して仮校舎とし、しかも教室を宿舎に兼用することもあった。

例えば、宮崎県立盲学校は、四五年六月に県内の西諸県郡野尻村に疎開し、四六年二月に宮崎市内にある本校に復帰することを決めたが、実際に開校できたのは同年五月半ばであり、開校の準備に三か月近くを要している。その間の経緯について、宮崎県立盲学校『50周年記念誌』（一九六〇年）は次のように説明している。

「昭和二十一年、敗戦後の生活物資の窮乏は変りなく続いたが、ひとまず学校を疎開地から宮崎市に帰すことになった。疎開中、末広町の盲学校は、宮崎商業学校に貸していたが、敗戦後の混乱のため、窓ガラスは殆ど盗まれ、天井や壁ははがされて板をとられてしまい、みるかげもなく荒れてしまっていた。引あげてきた学校長以下、職員は全力をあげて校舎の復旧に努力した。一時、軍隊の宿舎に貸与したりしたので、寄宿舎も畳ははげ、居住に耐えるものではなかった。」

そのため、校長は住宅営団へ畳配給の申請書を提出したりしている。

「畳配給申請書

本校寄宿舎腐朽甚シク（軍隊貸与等ノ理由ニヨリ）使用不能ノ為、学校経営ニ支障多ク且ツ学校衛生上、最

モ急ヲ要シマスノデ、特別ヲ以テ左記ノ通リ配給方オ願申シアゲマス。（略）

昭和二十一年五月九日

宮崎県立盲学校長

住宅営団　御中」

こうした学校の復興へのさまざまな取り組みを通して、疎開に際して四六名から二一名に減少した生徒も日を追って学校・寄宿舎に復帰し、四七年四月末現在の生徒数は五八名（初等部一二、中等部三八、別科八）、学級数は八学級、教職員数は九名と、疎開前より増加し、「学校は正常な運営をとり戻した。」という。[20]

高知県立盲唖学校は四五年七月三～四日の高知市大空襲で校舎・寄宿舎は全焼、「御真影奉安殿」のみが残存。敗戦までは高岡郡黒岩村国民学校に集団疎開。四五年八月三一日に疎開地から高知市新本町にあるマリヤ園を仮校舎として借用し、民家を仮寄宿舎として借用して通学生および市附近の舎生を出校させて授業を再開した。

同校に四五年一二月から教員として勤務した高木政弘は、高知県立盲学校『創立四十周年記念誌』（一九六九年）への寄稿「思い出」で、マリヤ園とそのあとに仮校舎とした元・海軍将校兵舎について次のように記している。

「（一二月初めに――引用者注）マリヤ園に出勤しました。盲部生が一室、ろう部生が一室、職員室（教員・事務・校長共有で）が一室でした。三室だけ借りて学校の体裁だけはありましたが、盲部の治療等は寄宿舎の畳の上でやっていました。」

「終戦の虚脱状態は仲々とれずに市民がぼつぼつ焼跡を整理して家が建ち始めたもので資材難でした。マリヤ園からは早く出て行ってくれと言われるし、県の方へ申し出てもらって課長に話して資材として池の海軍兵舎をもらい受けて移築することに決」まったが、兵舎はただ広いだけで区切りの資材がかなり入用なので、

「海軍将校兵舎が小さく区切ってあるので」交換してもらい、「基礎はそのままにして瓦片、ガラス片の取り除き作業は生徒に頼み、八部屋位に区切って一番西側の炊事場を広くとって食堂をとり、ろう下に一間とって他は舎室昼間は教室に七間位とって、一番東の間に職員室と玄関として、北側に突き出して治療室と木工室を作ってひとまず急場をしのぐことにして授業を二年ばかり続けたかと思う。[21]」

次に、寄宿舎に入舎した年少の生徒が見聞した戦後初期の盲学校の校舎・寄宿舎と舎生たちの実態について記す。

榎並稔（大阪市立盲学校昭和三六年度専攻科理療科Ⅰ部卒業）は、大阪市立盲学校『世紀を超えて　創立百周年記念誌』（二〇〇〇年）への寄稿「お腹が空いたな、戦争はもう嫌だ――子供の頃の寮生活の思い出」で次のように綴っている。

「昭和23年、小学部一年生に入学と同時に家庭の事情で寄宿に入舎、大人ばかりの部屋に入れられた。違った形で、校舎や寄宿舎は大変荒れていた。戦火と空爆により、錆びつきむき出しに壊された鉄骨校舎。焼けこげた残骸が積まれた運動場は子どもの遊び場ではなかった。また寄宿舎では、運動場一面にさつまいもが植えられており、寮生の貴重な食料源であり、戸や窓の隙間は壊れたところから雨風がびょうびょうと吹き荒れ、天井ではたくさんのねずみが激しく争い、走り、鳴き叫ぶ声と、物をかじる音で眠れない夜もあった。

特に、住む人の心がすさみ荒れていた。四六時中イライラしたり、急にどなりつける大人たち。壁に向かい黙って座っている人。訳もなくひどく殴られたものだ。今思うと無理からぬことだ。強制的に戦争に引き出され、大勢の人を殺戮し、挙げ句の果てに失明、栄養不足で見えなくなった人など。大事な家族を失ってやるせない思い。勉強をやり直さなければならない憂鬱な日々。ごん太《ママ》坊主がそんな中をチョロチョロ走ればイラつくであろう。[22]」

私立の障害児学校の場合は敗戦後の復興がいっそう困難であった。

例えば、私立函館盲唖院については、北海道函館盲学校・同聾学校『暁光　創立百周年記念誌』（一九九五年）において次のように記されている。

「終戦後の経済界未曽有の大混乱によって、私設の学校の維持経営は非常に困難となった上に、院長長く病床にあるというのでは、此の際市に移管するより他に方法がないということになりました。（略）当時の函館市の財政も戦後で、非常に苦しい時でありましたが（関係者の懇請により市長は――引用者注）引受けられ市会の同意を得、昭和二二年四月一日から函館市立盲唖学校となったのであります。[23]」

また、庁立代用の私立小樽盲唖学校については北海道小樽聾学校『創立百周年記念誌』（二〇〇六年）において太平洋戦争末期から四八年一〇月道立移管までの状況が次のように記されている。

「（一九〇六〔明治三九〕年、小林運平によって創立した小樽盲唖学校は――引用者注）私立学校時代は、経営資金の調達、施設・設備の充実・整備等に幾多苦難の道を辿り、太平洋戦争の末期には学校閉鎖寸前にまで追いつめられたのであります。[24]」

そして、「終戦直後」の校舎の状況と生徒の学習の様子について「過去の資料」から引用している。
○「校舎・寮舎は荒れるに任せ、冬は暖房もなく生徒もよく耐えたものである。」（岡田信一氏『小樽盲学校閉校記念誌』より）
○「校舎は荒廃するままに放任され、土台は揺らぎ、柱は傾き、床は落ち、屋根は剝《は》げ、各所から雨が漏り、窓は破れ、わずかな振動にも耐えかねる状態。冬、教室にはストーブはあっても石炭箱は空、隙間から吹き込む雪を混《マ》じ《マ》えた寒風に身を打ち振《マ》る《マ》わせながら、かじかんだ手に息を吹き掛け、それでも猶、勉強を続けようとする点筆を握る子供達の熱意には幾度か涙をすら催させられたのである。」（宮下政雄氏『六十周年記念誌』よ

り）

○「奥沢の学校はずいぶんと古くなって屋根もくさり、土台もぐらぐらしてあぶなくなり、又、雨降りや大雪の時には大変困っていた。我々同窓生もこれを見かねて除雪をやったり、破損箇所をなおしたして奉仕した。（略）」（早川清一氏『六十周年記念誌』より）

○「……義務教育となったのがようやく戦後の二十三年のこと。〝当時は机とイスと生徒はあったが、教える教員がいないというひどい状態だった。〟と谷川教頭は語る。」（北海道新聞、昭和三十三年三月一日）◆25

以上で述べたような盲学校・聾学校の窮状はその後も各地に残存していた。

例えば、鹿児島県立鹿児島盲唖学校が四九年四月に盲聾分離したときに盲学校寄宿舎に保母として勤務した有川静子は、鹿児島県立鹿児島聾学校『創立八十周年記念誌』（一九八三年）への寄稿「思い出すままに」で次のように回想している。

「当時、校舎の東側を盲部、西側を聾部が使用していた。東側には盲の生徒の歩行安全のための斜め階段があり、階段の下は暗い倉庫になっていた。校舎の裏は高い土手で、北側に大きな杉の木があり、いつもじめじめして陰気な場所だった。（略）

その頃は、盲聾とも殆どの生徒が寄宿生で、戦後まだ衣食住共に不自由な時代であった。（略）学校にはミシンも無かったので、私たちが家から持ち込んで、洋服を縫って着せていた。（略）校舎は昼は教室、夜は宿舎となり、朝畳をあげ、午後授業がすむと畳を敷いて宿舎になった。二回の畳運びは大へんだった。／私は昭和二十五年、寄宿舎が三光園移管になる時、聾部にかわった。盲部に勤務した頃、はじめ一ヶ月ぐらいは、ご飯が喉を通らないような有様だった。小さい子供や、当時、戦争で失明した方など数名おられたが、痛ましくて正視するのがつらかった。」◆26

同じく、同校の「盲部」（鹿児島県立鹿児島聾学校）に四九年四月に入学した三森達郎は、同誌への寄稿「常に研究と努力を」で、生徒の立場から保母の有川と同様のことを綴っている。

「入学したのは昭和二十四年、その頃は校舎も粗末で、教室で勉強したり、寝たりしていました。朝早く起床して、タタミを壁のところに片付けて、板の間のふき掃除、机を並べる。夕方は机を廊下に出し、またタタミを敷くことのくり返しでした。冬の霜の朝、伊敷の田園から吹いてくる風が、暖房のない教室に吹き込む冷たさは、今でもよく覚えています。それに、着る物、食べる物も不自由で腹ぺこの毎日。時々、尋ねてくる父母や友だちの家からのおみやげを、分け合って食べたあの頃のことは、友達の顔と共に忘れることができません。」◆27

そのほか、佐賀県立盲啞学校は四五年終戦直前の夏休み中、佐賀市の空襲で水ヶ江の校舎が全焼し、新学期からの授業は高木町の願正寺と上芦町の民家を借りて行い、四六年には大和町春日道場に移り食糧不足の中で、買い出しなども行いながら授業を続けた。そして、四七年に多布施町にある旧日東航機青年寮跡で、盲・聾分離し、同じ敷地内ではあるが県立盲学校と県立聾学校が発足した。

その県立聾学校に五一年に寮母として着任した辻八重は佐賀県立ろう学校『創立五十周年記念誌』（一九七四年）への寄稿「苦しかった寄宿舎生活」で五一、五二、五三年頃の寄宿舎と寮母の労働について次のように回顧している。

「（寮母となった）その当時はまだ盲学校と隣合せで、炊事場はふし穴やすき間だらけの板でしきりがしてありました。お互い今日は何のごちそうやらと、のぞき見していました。各部屋は何だかうす暗く、へり無しの柔道畳であちこちが破け、よくハトロン紙でつくろっていました。壁は土で穴だらけ。新聞紙を丸めて糊でかためそれを詰込んで上から紙を貼っていましたが、子供達の動作がはげしいので何日も持たずいくら掃除してもわら屑と土ほこりだらけでした。暫くして盲学校は移転し、ろう学校も校舎・寄宿舎が増改築されました。しかし食堂の雨もりはひどく、あちこちにばけつや、たらいをおいて雨もりの無い所を見付けて配膳していました。

水道は引けなくて手押井戸のポンプを上げたり下げたりでタンクに水をため、それを炊事場や風呂場に送っていました。建物が古いので、どぶねずみやゴキブリがよく炊事場に現れていたようです。あれやこれやで九月頃になると毎年のように赤痢や猩紅熱《しょうこうねつ》の患者が数名出ていました。

その頃、寄宿舎生は一一〇名～一二〇名位で、寮母は一〇名～一三名、舎監が一名～二名だったように記憶しております。寮母は一学期交代で炊事と補導に分かれ、どちらも三泊一休でした。新入児を受持った係りでは、子供達が落着くまで四泊も五泊もしておりました。子供達が入院して父兄の見えるまで一日や二日は付添ったこともありました。（略）

子供達の冬の下着といったら今頃見付けようと無い裏毛で厚手の木綿のシャツと股引で、これを何十枚と固型石けんをぬり付けては洗濯でごしごし洗っていました。洗い終ったら暫らくは腰がたてない程でした。夜は足袋の底や親指のあたる所を一針ずつさしてつくろっていました。夏になるとノミがひどく朝起ると敷布や肌着がノミのふんだらけでした。◆28」

3　物資の不足と食糧難

第1節で述べた敗戦後の国民全体の生活の窮乏の中で、障害児学校もあらゆる物資の不足に直面し、とりわけ食糧難に喘いだ。

物資の不足のため盲学校では、点字を打つ用紙や鍼按《しんあん》の授業に不可欠な鍼《はり》の入手さえ困難となり、聾唖学校では裁縫や洋服の仕立てなどの職業指導に必要な布地や木工実習の資材が足りなかった。そのうえ、米穀や衣料などに対する「通帳」制や「切符」制の施行により、生活物資の入手は制約を受けた。

食糧難のため盲学校・聾唖学校の中には戦時中に開墾した耕地で引き続き芋類の栽培を続ける学校もあった。また食糧の遅配や欠配のため寄宿舎は食糧不足で運営できなくなり、学校を休業せざるを得ないこともしばしばあった。

次に、それらの実態をいくつかの盲学校、聾唖学校の記念誌（年史）などから見てみよう。

まず、物資の不足の一つとして盲学校における点字用紙や点筆に関して、福岡県立福岡盲学校の場合を記す。同校の教員であった藤井トミヱは、『福岡県立福岡盲学校開校五十年記念誌』（一九六〇年）への寄稿「盲児と共に二十年」で次のように述べている。


「点字紙がなくて学習に事欠く有様なので、市内の紙製品を回収する或る会社の倉庫を見せてもらい、随分昔の行銀《ママ》台帳の用紙を相当たくさん見出した時の嬉しかったこと、同じくコロタイプの会社の倉庫を訪れ、固いコロタイプの廃紙を買い受け、これを上級生が点字紙大に裁断してみんなに分けた時の、みんなのうれしそうな顔、今もはっきり思い出されて忘れる事が出来ません。／当時の生徒は、らっきょの様な形に木をけずり、それに釘を打ちこんで適当に先を尖らせた手作りの点筆をよく使ったものです。」◆29

また大阪府立聾口話学校の教員であった神山恒は大阪府立生野聾学校『創立50周年記念誌』（一九七六年）への寄稿「終戦前後の教育」で四五年九月から一〇月にかけて和泉府中の疎開地から「軍需工場に当てられたので廃屋同然」となった本校に復帰したが、「食糧事情、交通事情の悪化」のため授業は「午前10時から11時半まで」しか出来ず、しかも「学用品の不足は紙一枚鉛筆一本も自由に求められない状態」であり、「黒板は有ってもチョークが不足し、止むなく校庭に出、地面に棒切れで文字を書いて進めるという日も多かった。」と述べている。[30]

次に、食糧難についていくつかの学校の記念誌（年史）から述べる。

佐賀県立佐賀盲唖学校の教員であった中島テツは佐賀県立ろう学校『創立六十周年記念誌』（一九八四年）への寄稿「米穀通帳と衣料切符」で終戦後の衣・食の統制の実態について、次のように述べている。

「生活の基本になる食の統制が始まり、配給制度が実施されるようになった。いわゆる食管制度が行政に位置づけられるようになった。通帳には人数と米の配給量が示されていた。次の配給まで食いつなぐために買出しや、いわゆるかつぎ屋が横行し始めたのである。配給の米を次の配給まで持ち続けるために、いろんな物を入れて食いつないできた。大根めし、いも飯、里芋めし等色々まぜて、量をかせいだ。（略）食べるものも満足ではなく何時も空腹の連日でした。白い飯を食べたいばかりに田舎へ行って物々交換して、白い米を求めることができた。いわゆる町の人達はタケノコ生活が始まった。

次に着る物も制約を受け、衣料切符が配布され一人三十点位までの、切符が配布されるようになった。配給されたものは、色気のない黒白の物ばかり[31]」であった。

また、鳥取県立鳥取盲聾唖学校の教員であり舎監でもあった大川良臣は、鳥取県立鳥取ろう学校『創立70周年記念誌』（一九八〇年）への寄稿「思い出の中から」で、「終戦直後の寄宿舎」の「物資欠乏食糧難時代の昭和20年9月から23年3月までの様子について」、次のように記している。

「この頃の舎監は食糧のことが大きな悩みでした。昭和22年2月には浜村の農家へ行き、積雪70㎝のたんぼの中に入り雪をかきあげて野菜を掘りだした記憶がありますが、あの頃はよく買出しに出たものです。時にはヤミ米と疑われて鉄道公安官につかまえられたりでさんざんの目に合《ママ》いながら、鳥取駅から寄宿舎まで大きなリュックサックを背負って歩くのが度々でした。[32]」

同じく、『鳥取県立鳥取聾学校史』（一九七一年）は当時の食糧難について、「食糧の遅配、欠配のため学校休業もしばしばあった。また父兄が食糧を持参したり」することもあったと記録している。[33]

さいごに、生徒の立場からの証言をいくつか抄録する。

例えば黒田研裕（大阪市立盲学校中等部鍼按科・四五年度卒業）は、大阪市立盲学校『創立80周年』（一九八〇年）への寄稿「耐乏生活の寄宿舎の思い出」において、四五年九月に疎開先から校舎が半焼した学校に戻ったが、「舎監長奥村喜兵先生は食糧不足解決のため心血を注ぎ、日夜苦心惨憺《さんたん》、献身的に奔走された。（略）通学生、寄宿生とも寒気と欠乏、そしてインフレに耐え、彼岸の栄光に向って進んで行ったのである。[34]」と述べている。

また、湯沢信子（秋田県立盲唖学校中等部鍼按科・四七年度卒業）は、秋田県立盲学校『七十周年記念誌』（一九八二年）への寄稿「大東亜戦争の頃」で、戦争末期は「授業停止」となり「親許へ帰って」いたが、「終戦をむかえ再び開校となった時は、前にも増しての食糧難、寄宿舎などは家から食糧を運んでかくれて煮たき」をしたという。[35]

そのほか、中野喜久象（秋田県立盲唖学校中等部鍼按科・五〇年度卒業）は秋田県立盲学校『創立80周年記念誌』（一九九二年）への寄稿「追憶」において、「終戦直後の日本であるから食糧難で惨めな食生活であった。寄宿舎でのメリケン粉によるパンの中にはネズミの糞が入っていた。サツマ芋の時は二切れ位が一食分である。成長盛りの私には本当に満腹も知らず空腹で辛い想い出が残っている。土曜日に家に帰り、米と味噌を寄宿舎に持ちこみ」、舎監長に隠れて「木炭コンロを使い兵隊の利用した飯ゴウで飯をたき空腹を癒《いや》した。」こと、そして「ノミとシラミが体を見舞い、いつも体中が痒《かゆ》かった。」と回顧している。[36]

物資不足・食糧難とともに〝虱《しらみ》・蚤《のみ》禍〟も、戦時中からひき続き存在し、戦後、DDT（有機塩素系の殺虫剤、現在日本では環境汚染防止のため使用禁止）の人体への散布が広く行われるようになり消失した。

敗戦後の障害児学校をめぐる一般的な状況は、例えば『愛媛県特殊教育百年誌』（二〇〇七年）や大阪市立盲学校『創立百周年記念誌』（二〇〇〇年）による次のような指摘が基本的にあてはまるといえるのではなかろうか。

すなわち、前者は愛媛県立盲啞学校を対象として次のように感慨を表明している。

「終戦後の授業は9月1日に再開したものの食料、物資の不足、人心の荒廃による生徒指導の問題等、この後、数年間の荒廃は詳述するに忍びないものがある。[37]」

また後者は四五年六月一五日の大阪大空襲で被災した大阪市立盲学校が多くの困難に直面しながら、焼失を免れ一部の校舎で授業を再開するに至る経過を次のように述べている。

「ほとんど廃虚《ママ》と化した大阪市内で散りぢりになった子どもたちを再び学校に集めて授業を開始することは大変な困難を伴った。食糧難、住宅難、交通難が重なり、生きていくのが精一杯という状況だった。それでも敗戦から2ヵ月後の10月から一部焼け残った桃谷校舎での授業が開始された。[38]」

第4節　障害児学校の復興をめざして

1　授業の継続と再開

第1章第1節の「表3　太平洋戦争下の全国の障害児学校の統計的概括」（一四頁）の「5　戦時中の授業（一〇八校中）」で記載したように、太平洋戦争下でも授業を「継続」した障害児学校は五〇校（四六・三％）あり、「一時中止」は一六校（一四・八％）、全期間にわたって「中止」は三六校（三三・三％）である。本章の第2節までで述べたように、戦時下の国民全体の生活が窮乏化していた中で、著者が調査・研究対象とした障害児学校全一〇八校の半数近くが休校せず、授業を継続したことは注目すべきことである。調査・研究の対象とした障害児学校のほとんどが視覚障害あるいは聴覚障害の生徒たちの学校である。それらの学校が実際の授業の時間は限定され、その内容も不十分であったとしても、夏期休業など所定の休業期間以外は授業を継続したということは、例えば盲学校における鍼按などの授業や聾唖学校における裁縫などの授業が、それぞれ生徒たちが身につけて将来、社会で生きていくために不可欠な課題であると教職員はもちろん、生徒の側も強く認識していたからであろう。そのことは、空爆による被災の危険を避け集団疎開した学校においても、食糧難に対処して農耕作業などに取り組みながら、短い時間であっても授業を継続することに努めた学校が少なくないことからも推察し得ることである。

また、表3の「6　戦後の授業開始時期（一〇八校中）」に記載しているように、敗戦の年に八八校（八一・五％）、翌年の四六年に一〇校（九・三％）、すなわち合計すると九八校（九〇・八％）が授業を再開していることからも、盲学校・盲聾唖学校・聾学校の大多数が、いかに盲生徒や聾唖生徒たちの授業の必要性と意義を重視していたかを理解することが出来る。

戦時中から授業を継続した学校の一つに、東京都立聾学校（四九年六月二〇日に都立大塚聾学校と改称）がある。同校は四四年八月二一日から四五年一二月三日まで東京都足立区花畑町六〇四番地にある都民生局所管の避病院である足立病院を疎開学園として集団疎開。四五年四月一三日、東京大空襲で豊島区巣鴨七丁目一八五〇番地の校舎は全焼。

著者のアンケートに対して、同校の元教員の小久保タカが回答の「自由記入」欄に記載した内容の一部を引用する。

「戦時中のことで特に印象に残っていることは都立聾学校の先生方が、聾教育に身命を投げ出して戦い抜き、一名の犠牲者も出さず、完全に児童、生徒の生命を守り通すことが出来たことです。」

そこで著者は同校の戦中から戦後初期のことについて、より具体的に知りたいと考え、一九八七年八月一三日に大塚ろう学校において、当時の三人の教員たちから聴き取りをした。

その中で著者が「アンケート」への回答を読みあげ、「終戦となり我々の教育活動を展開する絶好のチャンスが来たということで昭和二一年度から積極的に取り組み始めたのでしょうか」と質問したところ、鈴木（女性教師）が次のように答えたことが強く印象に残っている。

「え、、もう本当にそうです。二一年度の秋には学芸会も開きましたから。その際、古谷（史映――引用者

注）先生は『耳の聞こえない子どもでも話せますということを広く知らせなければいけない。』と言って、近所の人たちをお招きしましたね。古谷先生は子どもたちが手まねをして歩いていると『手まねをするのは恥しいよ』といつも注意しておられました。口話主義の立場でしたから。ろう児の教育に対する情熱のかたまりのような先生でした。夜八時から九時頃まで職員会議をしましたが中身はろう教育をどうするかという研究会なんです。」[39]

2　障害者教育運動の発展と新しい障害児教育制度の発足

一　平和と民主主義の運動のなかから――盲・聾教育義務制の実現

敗戦後、焦土のなかから、日本の教師たちは悲惨な戦争の体験にもとづき、さらには軍国主義・国家主義教育に自らも加担したことへの反省と戦争責任への自覚をも深めながら、平和と民主主義の運動の一翼としての教職員組合運動へと立ち上がっていった。戦後の障害者教育の復興も、その大きな流れのなかにあった。しかも、他の教育の分野に先駆けてそれはなされていった。

すなわち、聾唖学校界では前述した都立聾学校の古谷史映など在京の聾唖学校の教員たちが集まってろう教育の再建、新生を一九四五年一〇月頃から十数回の会合をもって話しあった。その結果、四六年二月二三、二四日、全国の聾唖学校の教職員の代表約九〇人が東京で大会を開催し、「全国聾唖学校職員連盟」を結成した。この連盟は労働組合法による法人である。この種の教員団体として先駆的であり、戦前の関連諸団体とは性格を異にした画期的な組織であった。連盟は規約第三条で「本連盟ハ全国聾唖学校職員ノ経済的社会的地位ノ向上ヲ図リ、聾唖教育ノ民主主義的態勢ノ確立ヲ期スルヲ目的トス」と定め、第四条で一五項目にわたって後のろう教育の振興にかかわる重要事項を挙げた。その中で、第一に聾唖学校職員の経済的社会的地位の向上に資する事業を、第二に聾唖教育の義務制実施に関する事業を掲げた。

そして、連盟は以上の事業の柱を中心に大会後、ただちに運動に入った。

すなわち、四六年二月二八日、連盟の代表委員たちは文部大臣安倍能成に聾唖教育の義務制実施、聾唖学校職員の待遇改善など五か条の要求書を提出し、これと共にアメリカ第一次教育使節団（GHQの要請で四六年三月に来日したアメリカからの使節団であり、日本の教育事情全般を視察研究し、教育再建の基本方針と諸方策とを勧告した報告書を総司令部に提出）に対して、日本のろう教育について説明し要望するために日本側の委員にろう教育関係者を加えることを懇請し、当時東京聾唖学校長の川本宇之介を推薦した。また総司令部民間情報教育局（CI&E）に対しても、ろう教育の将来、とくに義務制の実施について理解と助力を要請した。その結果、アメリカ教育使節団報告書には障害児教育について次の文言が挿入されるに至った。

「身体的及び精神的に障害のある児童に対しては、各年齢層に応じて注意を払うことが必要である。盲・ろう児ならびにその他の重い障害を有する児童で、通常の学校ではその者のもつ諸要求が適正妥当に満足されない者については、彼等のために分離された学級、または学校が、用意されなければならない。その就学は、普通の強制就学法によって規定されなければならない。

（Attendance should be governed by the regular compulsory attendance law）」◆40

この数行の勧告の文章に提示されていることがらが日本の戦後の新たな障害児教育の制度・行政の基本的な方向と内容を指し示すことになった。なお当初、使節団の報告書案には心身障害者の教育に関して何の言及もなかったものを、使節団の一員と川本宇之介との面談が実現し、それが契機となって報告書の正文に位置づけられるに至ったと伝えられている。◆41

戦後の民主化のうねりは、盲・聾学校の教職員だけでなく、生徒たちにも強い影響を与えた。例えば、四五年一二月、福岡県立柳河盲学校に端を発した盲生徒たちの学園民主化運動は、鳥取・浜松・山形・東京の各盲学校に波及した。四七年九月、総司令部公衆保健福祉部が鍼灸《しんきゅう》に関する無理解もあって鍼灸業禁止の意向を表明したときには、鍼灸存続期成同盟の運動の中核には全国盲学校鍼按科教員連盟（後の「理教連」）が座り、文部・厚生両省を窓口にGHQなどへの陳情・請願を繰り返し、さらに盲教育関係者・盲人業者・盲人福祉団体・教職員組合・盲学生団体など関係者が一丸となって存続運動に立ち上がり、それが功を奏してGHQもついに禁止の意向を撤回し、代わりに同年一二月に「あん摩、はり、きゅう、柔道整復等営業法」案が国会で可決され四八年一一月から施行されるに至った。

また盲学校の教員たちも四七年三月、「全国盲学校教員組合」を発足させた。そして、全国聾唖学校職員連盟と全国盲学校教員組合は四七年六月の日本教職員組合の結成大会において「日教組特殊学校部」として組織的に合体した。同大会の決議には盲聾教育義務制実施の一項目が加えられた。

この義務制促進の運動は、日教組特殊学校部が推進力となって急速に盛り上がっていった。四七年一〇月には特殊学校部が中心となって、保護者・生徒の参加のもとに東京で盲聾学校父兄全国大会を開催、全国的な署名運動、国会、文部・大蔵両省など関係当局に連日のように陳情・請願運動を展開した。

その結果、盲・聾学校教育の義務化は、四八年二月の閣議決定で、四月から小学部第一学年から逐年で実施され、五六年度に中学部第三学年まで完了した。一般の小・中学校よりも一年遅れての義務教育制の開始であり、しかも九年間を要した盲・聾学校教育の義務化であったが、それさえ前述したような関係者のねばりづよい一致した運動なしには実現できなかった貴重な成果といえる。

当時、政府は六・三制義務教育の実施予算六八億円を、わずか八億円に切り下げてしまった。そのために新制中学校の建設費用の算出が困難な現実に直面して三人の校長が自死するという深刻な事態さえ生じた。

このような厳しい状況の中で、日本の教育史上はじめて、盲・聾学校教育に限ってではあるが、障害児の義務教育制（都道府県立盲学校・聾学校の設置義務と保護者の学齢障害児の就学保障義務）が確立したのである。実に、一九〇六（明治三九）年一〇月二三日、東京・京都・大阪の三盲唖学校長が、府県立の盲・聾唖学校の設置準則について文部大臣に建議（盲唖教育の義務制と盲唖教育の分離）から四二年近くの歳月を経ての教育制度としての結実である。

しかし、学校教育法において盲学校・聾学校と同じく義務教育制の対象として確定していた養護学校（「精神薄弱、身体不自由その他心身に故障のある者を就学させる必要」な学校）の義務教育制が実施されるのは同法の制定後三一年を経た一九七九年四月からである。それは同法の「附則／第九十三条」で「盲学校、聾学校、養護学校における就学義務並びに（略）これらの学校の設置義務に関する部分の施行期日」は政令で定めると規定し、あらかじめ養護学校などの義務教育制実施の延期を容認していたことによる。

そのため、憲法・教育基本法の「教育機会の均等」の理念・原則を知的障害児を含め全ての障害児に実現していくための広範な人々による運動が長年にわたって推し進められていった。

二　ヘレン・ケラーの再来日とその意義

敗戦後まもない頃、ヘレン・ケラー（以下、ヘレンと記す）は岩橋武夫（以下、武夫と記す）の身を案じ、マッカーサー元帥をつうじて、焼土と化した大阪の片すみに生き残った武夫に長文の手紙を送ってきた。その手紙には次のような一節が綴られていたという。

「海上における苦闘や難破にかかわらず、海の底をはう海底電線はけっして相互の連絡を切断し得ないように、わたしたちの友情のきずなは少しも変わりません。ふたたび仏陀の微笑をもって、お互いに文通できる日が来たことを感謝します。」[◆42]

こうして、太平洋戦争・第二次世界大戦によって途絶えていたヘレンと武夫の親交は復活し、ヘレンは敗戦後の窮乏と社会生活の混乱が続いている四八年八月末、連合国軍最高司令官D・マッカーサーの賓客として再来日した。

第4章第9節で紹介した『青い鳥のうた――ヘレン・ケラーと日本』（一九八〇年）の著者・岩橋英行は、「前回来朝の際の講演が、自らの障害克服を述べて、身障者を勇気づけたのに対し、今回のそれは、諸制度の確立、一般国民の理解、身障者の自立の必要性が前面に押し出されている。」[◆43]と指摘している。

著者はその指摘に賛同するとともに、ヘレンの再来日をめぐってとくに注目すべきこととして、少なくとも次の五点を挙げることができると考えている。

第一に、講演に際して盲・ろう者の社会的地位を向上させる必要性やその教育・福祉の事業・制度を発展させる意義が「新生日本」・「世界の平和」と結びつけて語られていることである。それはおそらく、日本が軍国主義・国家主義から平和主義・国民主権・基本的人権の尊重を原則とする新しい憲法を有する国になったことを意識してのことであろう。

第二に、政府・文部省はヘレンの来日を前にして、前回の来日でヘレンからも強い要請を受けていた盲聾学校義務教育制実施を四八年度から逐行進行ではあるが開始したことである。

第三に、ヘレンの受け入れ態勢を整えていくことを契機に全国の盲人団体の統一が図られ、四八年八月に「日本盲人会連合」（日盲連）が結成され、さらに帰国後は「日本ヘレン・ケラー協会」が発足し、それは後に東では「東京ヘレン・ケラー協会」、西では「日本ライトハウス財団」となり、視覚障害者の職業教育や福祉施設運営に着手するに至ったことである。

第四に、再来日が盲人福祉法制制定運動など障害者の権利保障運動をいっそう強める機運となり、四九年一二月に「身体障害者福祉法」が制定されたことである。

第五に、ヘレンの再来日を記念して「日本教職員組合」（日教組）などが「青い鳥のバッジ」を全国の小・中・高等学校の児童・生徒と教職員・一般市民に買ってもらう運動をおこし、その純益金で「財団法人青鳥会」が創設され、以後毎年度、盲・ろう教育の研究者に研究奨励費、功労者に「ヘレン・ケラー賞」を贈る事業を行うようになったこと、などである。

それから七年後の五五年六月、三回目の来日で、高齢となったヘレンは、盟友・武夫への追悼の念をこめ、渾身の力をふりしぼって、東京ヘレン・ケラー協会主催の同協会講堂で開かれた講演において、広く日本国民に最後のメッセージを贈る。

「私どもが自分の不幸を克服するこの積極的な考え、すなわち、岩をもうち砕く生ある泉を自分のものとなし得るときに、すべての困難は克服され幸福な人生が得られるのだと思います。お互いに努力しましょう。◆[44]」

と。

三重の障害を負うヘレンの体験と生き方が凝集した言葉である。そこにこめられたメッセージは、広く関東周辺から結集した多くの障害者と教育・福祉関係者、一般市民の一人ひとりの胸に深く刻まれ、今もなお私たちの心を打ち、すべての障害者の幸福追求権の実現をめざすとりくみを励ましてやまないメッセージである。

三　手をつなぎ立ち上がる親たち――「精神薄弱者が人として尊ばれるために」

戦後、知的障害などの学齢児のための養護学校の創設についてはどうであったか。

前述のように、戦前に数百学級あったとみられる「精神薄弱」児童・生徒のための特別学級は担任が応召したり、空爆を避けて学校全体が集団疎開する際に特別学級の入級児たちはその対象から除外されて学級も廃止されたり、病虚弱児の養護学級に比重が置かれるようになったりして、戦争末期には「精神薄弱」児のための特別学級はほとんど閉鎖されてしまった。戦後、学校教育法制定以前に再開された学級はごくわずかであった。しかも、再開された教室も「焼けトタンでまわりを囲っただけで、なにもなく、ちえおくれの子どもを教育するには、その条件はおそまつなもの」だった、と当時、「特殊学級」担任の教師の一人は語っている[◆45]。戦前、全国で唯一の「精神薄弱」児のための公立の学校として四〇年に創設された大阪市立思斉国民学校の戦時中から戦後初期の状況については第2章第3節で述べたとおりである。

このような状況の中で、知的障害がある子どもたちの教育の分野では、まず、この子らを受け入れる学級・学校の増設が緊急の課題とならざるを得なかった。しかし、後述するように養護学校の義務教育制の実施が延期されている状況では、その課題を実現していく担い手は、なによりも関係教職員と父母の人たち以外ではあり得なかった。

まず教師たちの研究と運動の母胎として、四七年に「精神薄弱教育研究会」(「全国特殊教育研究連盟」の前身)が発足した。また「精神薄弱」福祉の分野では四九年五月に、戦前の「日本精神薄弱児愛護協会」が「日本精神薄弱者愛護協会」として再建された。そして、「精神薄弱」児をもつ親たちの全国的組織が、五二年七月に「全国精神薄弱児育成会」（通称「手をつなぐ親の会」）として発足した（五九年には社会福祉法人「精神薄弱者育成会」となる）。

本会の結成のきっかけは、特殊学級にわが子を託していた三人の母親たちの活動からであることはよく知られている。しかし、当初は「精神薄弱」児をもつ親の組織である、と名乗ることさえためらわざるを得なかった。そのために、結成準備時代は「児童問題研究会」という漠然とした名称であった。

当時、「精神薄弱」児・者に対する偏見・蔑視は、他の障害がある人たちに対する以上に根づよかった。実際、当時、東京の中野区では、「精神薄弱」児のための特殊学級の設置をめぐって、「伝染するから自校に置くのは反対とのＰＴＡの猛烈な運動」が起こされたり、また他の区でも「特殊学級と普通学級との間に鉄条網」が張られる、といった事件が生じていた。

当時の「精神薄弱」児の親たちの苦悩を思い知ることができよう。しかも、この会に集いつつあった親の多くは、どちらかというと知的障害のそれほど重くない子どもの親たちであった。後に、重症心身障害児と呼ばれるようになる、重度の知的・身体的障害が重複している子どもたちを抱える父母たちは、全体として、いまだ孤独な、暗い道をたどっていたのである。しかし、そうした障害の重い子の親をはじめとして、「精神薄弱」児をもつ親は、誰しもが一度は、〝この子を殺して自分も……〟といった思いつめた体験をもっていた。

それだけに、〝手をつなぐ親の会〟結成の知らせは、同じ思いに悩み、涙の谷間を必死に生き続けてきた全国の親たちの間に、「衝撃的な共感」をもって迎えられたという。

〝もの言えぬ子らの口となり手となろう！〟、〝無告の子らの権利の代弁者に、親がならないで誰がなり得ようう！〟

そう決意した親たちは、戦後七年を経た五二年の結成集会の場において、敢然として「精神薄弱」というこのあまりにも酷い非人間的で非科学的な呼び名を自らの会の名称に冠した。〝この子らは、けっして精神が薄くも弱くもない！〟という思いを各自の胸底に抱いて。そして、「〝慰めあい〟の会から、〝どうしたらいいか〟の具体策推進の会へ」と、急速に成長していったのである。

このようにして、知的障害がある子どもの親たちは立ち上がった。結成集会では、「精神薄弱児の教育の機会均等と厚生保護のために、その法制強化」などについて「陳情書」を決議している。その「文教関係」の項目をみると、「特殊学級の設置」のほかに、早くも「養護学校並びに特殊学級の設置義務及び就学義務の強化とその政令実施」（傍点は引用者による。以下同じ）を要求していることが注目される。

そして、五三年七月、東京で開催された第二回全国大会では、次のような内容の決議を採択し、ただちに政府・関係機関に要請行動を行っている。

「われわれは精神薄弱者が人として尊ばれ、治療・教育・養護・およびその生活が強力に守られるために、国はすみやかに法的に施策を強化実施し、世論を結集し、その福祉の確立に力を尽されんことを望む。

右、決議する。」

この決議の根底には、明らかに日本国憲法の第一三条「すべて国民は、個人として尊重される。生命、自由及び幸福追求に対する国民の権利については、公共の福祉に反しない限り、立法その他の国政の上で、最大の尊重を必要とする。」という〝個人の尊重〟、〝国民の幸福追求権〟の理念・原則があることは明らかである。そして、決議の文の行間にはなによりも全ての知的障害者が同じ人間として何人とも置き換えることの出来ぬ人格を有する存在であり、したがってその個人としての尊厳を認めなければならないという人間観と、その個人としての尊厳を社会生活で保障する施策を総合的に保障する責務が国にはあるという基本的人権の思想がこめられているといえよう。その意味で、戦後の五〇年代前半の時期に知的障害がある子どもの親たちによるこの決議の史的価値はきわめて高く、今日の障害者権利保障運動にとっても有益である。

このような親の会の運動なども一つの要因となって、五三年一一月には次官会議決定による「精神薄弱児対策基本要綱」が作られた。これによって、それまで各省がばらばらに行ってきた「精神薄弱児対策」を総合的に統一していくための出発点が築かれたのである。本要綱は文部省、厚生省による実態調査や教育推進対策の年次計画（養護学校、特殊学級の計画的設置）について決定しているほか、「諸対策に関する諸法制を検討するとともに、将来、これらを包括して規定する精神薄弱に対する総合的立法を考慮する」必要のあることを提起している。六〇年に制定された「精神薄弱者福祉法」、さらには七〇年に制定された「心身障害者対策基本法」はその具体化といえよう。

他方、育成会と共に、主として知的障害がある子どもたちのための小・中学校の特殊学級の担任などによって組織されていた全国特殊教育研究連盟（全特連）も、当初から養護学校義務制実施に必要な政令の公布を要求として掲げてはいたが、実際には特殊学級の増設に力点を置いて運動を推進した。その結果、四八年度には二三九学級（小学校二二二、中学校一七）五〇年度には六五一学級（小学校六〇二、中学校四九）、五五年度には一一七二学級（小学校九三〇、中学校二四二）と次第に増加していった。一方、養護学校は四九年に一校（私立一）、五〇年に三校（私立一、公立二）、五三年から五五年まででは五校（私立四、公立一）という状況であった。なお、「精神薄弱」児入所福祉施設は五一年現在で、全国三六か所（公立一二、私立二四）であった。◆46

四　ハンディキャップに応じた教育を受ける権利――戦後教育の理念と障害児の学習権

四六年八月、教育刷新委員会が「戦後におけるわが国の教育刷新の根本政策の樹立」を使命として発足した。

内閣総理大臣の諮問機関であり、「教育基本法」は本委員会によって建議、制定された。この委員会に全国聾唖学校職員連盟は代表として川本宇之介を送った。川本は総会のほか社会教育など五つの特別委員会に出席して積極的に発言し重要な提言をした。

例えば、憲法の人権尊重の原理を高く評価し、それを障害児教育に生かすことは、義務教育全体が充実することにつながると主張している。また、憲法の第二六条の「能力に応じて」の規定を、障害児教育の立場から「ハンディキャップに応じた教育」の保障という意味に積極的にとらえ直し、障害児のいわゆる就学免除を制限する制度を設けることや、交通費、寄宿舎経費なども無償とすることを要求している。

その結果、例えば総会では川本の提案をほぼ採り入れ、「学齢児童は心身に異常があっても、特別の方法により、その能力に応じて有効な教育が受けられる状態にある時は就学義務（保護者が負っているわが子の就学保障義務――引用者注）を猶予又は免除されないこと」という建議を行ったのである。

また、「教育基本法」の法文検討を付託された「第一特別委員会」では、その「教育基本法要綱案」の審議段階において、「教育の機会均等」条項の規程の中に「能力」だけでなく「適性」を加えることを決めたが、それは特に総会での川本による障害児の教育機会の制度的保障の「力説」を考慮してのことであった。なお「適性」という言葉は、国会に提出される法案の段階で憲法第二六条の「能力」という用語にその意味を含めるものとするとして除かれてしまう。しかし、それは障害児の教育機会が制限されてよいというような理由によってではなかったことに留意する必要がある。

このように、戦後の日本の教育改革の最も重要な基盤となった教育基本法の法理念の形成に、障害児の教育と人権に関する論議が一定の影響を与えたという事実は極めて重要である。

いうまでもなく、戦後の民主的教育体制の確立および教育改革の実現にとって最も基本的な意義を有するのは、

「日本国憲法」の制定（四六年一一月三日公布、四七年五月三日施行）であり、この憲法の精神にもとづき、教育に関する基本的な理念および諸原則を明らかにしたのが「教育基本法」（全一一条。四七年三月三一日公布・施行）である。そして、新教育制度の骨格をなし教育改革を具体化したのが教育基本法と同時に制定された「学校教育法」（四七年三月二九日公布、同年四月一日施行）であり、その「第六章　特殊教育」（第七一条～第七六条、附則／第九三条）において盲・聾・養護学校、特殊学級など戦後の障害者教育全般にわたって規定した。

日本国憲法第二六条・教育基本法第三条の「教育の機会均等」原則の理念は、「能力に応じて」（教育基本法では「応ずる」）と「ひとしく」という法文に凝集して示されている。

そこで著者は、日本国憲法および教育基本法の「教育の機会均等」条項の法案の各段階の審議過程を、「能力に応じて」と「ひとしく」のそれぞれの概念と両者の関係に焦点を当てて分析・考察し、「ひとしく」とは新憲法の国民主権の原理に基づき「教育を受ける権利」を無差別平等に保障することを意味し、「能力に応じて」とはその権利の平等性を実質的に実現していくための補充規定としての位置をもつものと解釈すべきであることを提唱した。[47]さらに、六〇年代後半以降の〈発達保障論に基づく権利としての障害者義務教育〉の立場から立論し、「能力に応じて」と「ひとしく」との関係は、〝発達に必要かつ適切な〟教育への権利（Right to Education）を主権者である全ての国民に〝実質的に平等に〟保障していく規程であることを主張してきている。[48]

なお、学校教育法における「第六章　特殊教育」規程の成立には、少なくとも次の六つの要因を挙げることができよう。すなわち、①国内の教育要求運動（とくに戦前からの盲聾教育義務制運動や特殊児童の保護・教育の法律制定運動）、②アメリカ占領軍の初期民主化政策（第一次米国対日教育使節団報告書など）、③戦前の「盲学校及聾唖学校令」、「国民学校令」などの継承・発展、④戦前の民間教育研究団体「教育科学研究会」などによる障害児教育に関する研究運動に基づく障害児教育改革の要求（教育刷新委員会の城戸幡太郎委員による障害児の就学免除に対する批判と提言）、⑤欧米の特殊教育制度の摂取・導入（教育刷新委員会における川本宇之介委員による戦前からの独・米・英などの障害児の義務教育の紹介）、⑥ＣＩ＆Ｅ関係者によるアメリカの特殊教育の思潮と制度の影響などの諸要因が作用しあっていたといえよう。◆49

結びに代えて――記念誌（年史）に見る義務教育制実施の位置づけ

以上、戦後初期における盲・聾児教育運動および知的障害児教育に関する保護者や教員の運動の展開と、戦後教育制度改革による「教育機会の均等」原理の成立とその特質について略述してきた。その結果、障害者教育における戦前から戦後への史的時期区分は憲法・教育基本法制が成立し、学校教育法が定めた特殊教育諸学校の義務教育制のうち、一般の小・中学校の義務教育制に一年遅れて逐年進行で盲学校・聾学校の義務教育制が実施され始めた一九四八年度を分岐点とすることが妥当であると考える。

そこで、太平洋戦争期に設置されていた特殊教育諸学校のうち、盲学校および聾学校が四八年度から義務教育制を実施し始めたことを、どのように位置づけているかについていくつかの学校の記念誌（年史）から見て本章の記述を閉じることにしよう。

(1) 香川県立盲学校聾唖学校について

香川県立盲学校聾唖学校に四五年四月に教員として着任した但馬綾子の、香川県立盲学校・同ろう学校『創立五十周年記念誌』（一九五八年）への寄稿「創立五十周年を迎えて」を紹介する。

空爆が激しくなり学校として集団疎開の準備中に終戦となり、人里離れた疎開予定地を「今後の教育の場としなければならぬとの決意を新たにした時、終戦となってしまったので（略）今まで張りつめていた緊張が、穴のあいたゴム風船のようにいっきに抜け、一時はどうするすべもありませんでした。」と当時の心情を吐露したうえで次のように述べている。

「永年の宿望がかなえられた喜ばしい出来事……それは、敗戦がもたらした一大収穫と言えるかもしれません。世上には敗戦という灰色の雲が漂っている時、こと盲教育にとっては前途に曙光が輝いたのです。すなわち盲児の義務教育制度の実施、盲学校、ろう学校の分離により新教育の体制が形作られたことです。長い間、時代のぎせいとなっていた教育が再び道に乗る事が出来たのでした。そして、その頃寄宿舎であった一棟を盲学校仮校舎として希望にみちた第一歩を踏み出したのです。◆50」

(2) 山口県立下関盲啞学校について

山口県立盲学校『創立八十年史』（一九八五年）は、「山盲教育小史」として、校史を、一九〇五（明治三八）年の「今富盲学館」の創立から『創立八十年史』発行の八五年までの八〇年間を七つに時期区分し、各時期の名称と期間を示したうえでそれぞれの時期の重要な史実と特徴について説明している。

この校史の記述で注目すべき点は、第四の時期の名称が「山盲教育と太平洋戦争」であるにもかかわらず、その期間を「昭和17年～22年」とし、内容としては「(1)戦時中の盲学校」と「(2)終戦前後の盲学校」から構成していることである。次いで第五の時期は「教育制度の改革と山盲教育の再建」で「昭和23年～31年」であり、「(1)盲聾教育の分離と義務制の実施、(2)盲児施設『光林園』の開設と盲学校、(3)山盲教育の再建と校舎の焼失」から構成している。すなわち、「昭和20（一九四五）年」の終戦をもって校史の時期区分の指標とせず、それは「終戦前後」の史的経過の中に組み入れ、「昭和23（一九四八）年」の「盲聾教育分離と義務制の実施」をもって戦後における主要な出発点として位置づけているのである。

本文から第四の時期と第五の時期についての記述を抄録する。

前者については、四五年の五月から九月まで集団疎開し、同年七月二日に「光林舎」（寄宿舎）以外は全焼したが七〇人の生徒と七人の教師は「健在」であり、「自主独立の開学の精神」は失われず、「山盲教育は、戦後の混乱期に向けて力強く再出発した」と記している。後者については、学校教育法により「昭和23（一九四八）年4月1日」に各都道府県で盲聾教育の義務制が実施され、「山口県においても、長年の懸案であった山口県立下関盲唖学校の盲聾分離が実現し、ここに山口県立盲学校が誕生した」こと、さらに「芋畑だったグランドも元どおりに復旧し、防空壕は姿を消し、焼跡からは新校舎建築の鎚音が心地よく響く中で、初等部は小学部に、中等部と別科は高等部にそれぞれ改められ、新しく中学部が発足した。高等部はさらに本科・専攻科・別科に分かれ、学科も、長年親しまれてきた鍼按科があん摩師等法の制定に伴い理療科に生まれ変わるなど、山盲教育はいよいよ新しい時代を迎えたのである。」と記している。[51]

(3) 大阪市立盲学校について

大阪府立盲学校は四五年六月二五日の大阪大空襲によって講堂以外は焼失したが、戦時期から同校の教員であった花岡隆平は、大阪市立盲学校同窓会報編集部編『創立六十周年記念　螢窓六十年』（一九六一年）への寄稿「戦災前後の母校を回顧する」で次のように述べている。

「八月十五日、敗戦宣言の日は来た。ラジオを通じて天皇のお言葉が全国に伝わった。降伏である。国民はホッとした。負けてもよい、生命と国土が、保全されて憂色の中にも、一面、朗らかさを取りもどした。疎開地（高槻市大字原の山寮――引用者注）は解散することとなりそれぞれ山をおりた。それでも数人は寮長の奥村氏を中心に山の疎開地で窮乏する食生活に耐えて空堀の校舎に帰る日を待った。十月から桃谷の校舎に特殊教育の灯は、またあかあかと燃えた。荒れ果てた校舎、栄養失調の為に病人は続出、しかし耐乏生活に馴れた元気者は、先生と校庭の菜園の手入れをした。いつの日か敗戦を忘れることのできる豊かな時が来る。職員も生徒も一緒になって学校の生気を取りもどすために、懸命の努力がはらわれた。二十三年の五月、初夏の日をあびて、船場高女跡へ学校が移転した。教職員の数も、生徒の数も、平和と共に急増しはじめた。戦災した桃谷の校舎は永久にわかれをつげた。[52]」

(4) 岡山県立岡山県盲唖学校について

岡山県立岡山聾学校『創立八十周年記念誌』（一九八八年）所収の「本校教育のあゆみ」において、一八七五（明治八）年の京都の小学校訓導古河太四郎による小学校内での「瘖唖《いんあ》教場」の開設からの歩みを全六期に区分し、第四期を「戦中、戦後の混迷期（聾教育再成期）」（昭和一六年〜二二年）、第五期を「昭和の復興期（聾学校の学制の確立）」（昭和二三年〜四〇年）として記載している。

その第四期の解説の中で、「昭和二二年　終戦後初めて中・四国合同研究会を本校で開催した。会場は畳敷のうす暗い礼法室であったが、戦前のなつかしい顔ぶれが集まり聾教育の再建を誓った。[53]」と記している。そして、第五期については冒頭で「(1)昭和23年　盲学校・聾学校の就学義務制が実施され、岡山県立岡山聾学校と校名を改め、同じ校舎内ではあるが盲学校と分離した。」と記している。

この岡山聾学校の記念誌で注目すべき点は、前身の「岡山県盲唖学校」が四五年六月二九日夜間の岡山市大空襲で校舎に焼夷弾《しょういだん》が投下されたが教員と弱視の生徒を含む生徒たちの消火活動で焼失を免れたという貴重な体験を味わっているにもかかわらず、四五年八月一五日の終戦を校史の時期区分の指標とはせず、四八年の学校教育法に基づく盲学校・聾学校の義務教育制実施をもって「昭和の復興期」の始まりとして位置づけていることである。

以上の四校の記念誌・年史の校史の時期区分に関する記述から、おおまかにいえることは戦前（戦中）と戦後の時期を分ける史的指標は必ずしも〝敗戦（終戦）〟ではなく、それぞれの学校のいわば盛衰にかかわる事柄に視点を置いているということである。

すなわち、〝敗戦（終戦）〟が天皇の勅語の放送によって告げられたことは政治史・社会史などの時期区分の指標としては最も重要なことであり、「特殊教育諸学校」（「学校教育法」第六章の規程）もまたその推移の史的背景として〝敗戦（終戦）〟が厳然として存在することは明らかであるけれども、障害がある子たちの学校としての変容・発展に、より直接的にかつより質的に作用した要因としては、ほぼ共通して四八（昭和二三）年の学校教育法に基づく一般の小・中学校よりも一年遅れて開始された盲学校・聾学校の義務教育制の実施であり、盲唖学校の場合はたとえ依然として同一敷地内での、形態上はいまだ不十分であり、また同じ校長が両校の校長を兼任するような状態であったとしても、盲学校と聾学校としての分離・独立であったといえよう。

しかし、すでに第2章で述べたように、盲学校・盲唖学校・聾学校においてもさまざまな事情で集団疎開の期間が長く続いたり、再疎開を重ねざるを得なかった学校に関してはもちろん、盲学校・聾学校義務教育制実施をもって校史の時期区分をすることは出来ない。また、肢体不自由国民学校であった光明学校のように本校舎がほとんど焼失し、新校舎の建設と移転までに四年間にわたり、同一の地域・旅館に集団疎開を続けざるを得なかった場合のように、〝疎開〟（戦後は「学童集団合宿教育所」と名称を変更）という形態の面では戦中期の状態を続けているけれども、教職員や生徒の生活や意識、さらには教育実践の性格・内容の面では当時の一般の小・中学校と比較しても、より優れた戦後の民主主義教育として評価し得るものがあり、〝敗戦（終戦）〟を同校の校史の時期区分にどう位置づけるかは慎重な判断が必要であろう。

いずれも、「太平洋戦争下」の「障害児学校」の実態を総合的に究明していくために重要な研究課題である。

戦時下と戦後の盲学校とがめざしたいわば〝学校像〟を象徴する一つの資料として、「鹿児島県立鹿児島盲唖学校」において昭和期に入ってから終戦に至るまで唱われた校歌と、戦後、学校教育法により四八年四月に同校が盲・聾分離し、鹿児島県立鹿児島聾学校において校歌として唱われたものとを、それぞれその時代にふさわしい内容を表していると思われる一つの節を掲げて本章の結びに代えよう。

鹿児島立鹿児島盲唖学校校歌◆54

「一　我が大君の御恵みに
草牟田の星の学舎に
明暗《あやめ》もわからぬ盲《めしい》さえ
身振り手真似の口なしも」

鹿児島県立鹿児島聾学校校歌◆55

「三　人間万才　ヘレン・ケラー
君もわたしも　根気よく
みがけば光る　宝石だ
無限の力　つむぎ出す
言葉ゆたかに　学ぶのだ」

注

◆1　ジョン・ダワー著、三浦陽一・高杉忠明訳『増補版　敗北を抱きしめて(上)』岩波書店、二〇〇四年、三五～五九頁、参照。

◆2　◆1、四五頁より。

◆3　吉田裕・森武麿・伊香俊哉・高岡裕之編『アジア・太平洋戦争辞典』吉川弘文館、二〇一五年、一二一～一二三頁。吉田裕著『日本軍兵士――アジア・太平洋戦争の現実』（中公新書）中央公論社、二〇一七年、二二一～二二六頁、参照。

◆4　蟻塚亮二著『沖縄と心の傷――トラウマ診療の現場から』大月書店、二〇一四年、中澤正夫著『ヒバクシャの心の傷を追って』岩波書店、二〇〇七年、参照。

◆5　例えば、戦傷精神障害兵員問題については清水寛編著『日本帝国陸軍と精神障害兵士』不二出版、二〇〇六年、中村江里著『戦争とトラウマ――不可視化された日本兵の戦争神経症』吉川弘文館、二〇一八年、参照。

◆6　鳥取県立鳥取盲学校『創立百周年記念誌』二〇一一年、五五頁より。

◆7　愛知県立名古屋盲学校記念誌編集委員会編集『愛知県立名古屋盲学校創立八十周年記念誌』愛知県立名古屋盲学校創立八十周年記念委員会発行、一九八一年、五九頁より。

◆8　◆7、六一頁、参照。

◆9　佐賀県立盲学校編集・発行『佐賀県立盲学校史』一九七九年、一九頁より。

◆10　秋田県教育委員会編集・発行『秋田県の特殊教育』一九七九年、一四頁より。

◆11　池田敬正・土井洋一編『日本社会福祉総合年表』法律文化社、二〇〇〇年、一三四頁、参照。

◆12　糸井ふみ（元本校教諭）「思い出の数々」、栃木県立盲学校創立記念誌編集委員会編集『創立65周年／校舎新築記念誌』栃木県立盲学校発行、一九七三年、一四二〜一四三頁より。

◆13　山口貴久男著『戦後にみる食文化史』三嶺書店、一九八六年、六〜八頁、参照。

◆14　中川博著『食の戦後史』明石書店、一九九五年、七〇頁、参照。

◆15　西東秋男著『日本食生活史年表』楽遊書房、一九八三年より。

◆16　下村道子「戦中・戦後の食の実態」、芳賀登・石川寛子監修『全集　日本の食文化　第一一巻　非常の食』雄山閣、一九九九年、二〇〇頁、参照。

◆17　鈴木保司「八十八の半生」、創立五十周年記念誌編集委員編集『創立五十年』千葉県立聾学校創立五十周年記念事業推進委員会発行、一九八三年、一四四頁より。

◆18　あくたがわしずお「おもいでぐさ」、福岡県立福岡盲学校編集・発行『開校五十年記念誌』一九六〇年、三〇頁より。

◆19　中村光男「長野への空襲の体験」、長野県長野ろう学校編集・発行『創立百周年記念誌』二〇〇三年、一三六頁より。

◆20　宮崎県立盲学校編集・発行『宮崎盲学校50周年記念誌』一九六〇年、五二〜五三頁、参照。

◆21　高木政弘（元校長）「思い出」、高知県立盲学校創立四十周年記念誌編集委員会編集『記念誌　創立四十周年』高知県立盲学校発行、一九六九年、三〇〜三一頁、参照。

◆22　榎並稔（昭和36年度専攻科理療科Ⅰ部卒）「お腹空いたな、戦争はもう嫌だ――子供の頃の寮生活の思い出」、大阪市立盲学校百周年記念誌編集委員会編集『創立百周年記念誌　世紀を超えて　一九〇〇〔明治33〕年〜二〇〇〇〔平成12〕年』大阪市立盲学校発行、六一頁より。

◆23　北海道函館盲・聾学校創立百周年記念事業協賛会事業部編集・発行『暁光　創立百周年記念誌』一九九五年、二六頁より。

◆24　北海道小樽聾学校編集『北海道小樽聾学校創立百周年記念誌』北海道小樽聾学校創立百周年記念事業協賛会発行、二〇〇六年、三四頁より。

◆25 ◆24、三七頁より。
◆26 有川静子（旧職員）「思い出すままに」、鹿児島県立鹿児島聾学校編集・発行『創立八十周年記念誌』一九八三年、六一～六二頁より。
◆27 ◆26、六六頁より。
◆28 辻八重「苦しかった寄宿舎生活」、佐賀県立ろう学校編集・発行『創立五十周年記念誌』一九七四年、一一～一二頁より。
◆29 藤井トミヱ「盲児と共に二十年」、福岡県立福岡盲学校編集・発行『福岡県立盲学校開校五十年記念誌』一九六〇年、七二頁より。
◆30 神山恒「終戦前後の教育」、大阪府生野聾学校『創立50周年記念誌　あゆみ第8集』一九七六年、頁無記載、参照。
◆31 中島テツ「米穀通帳と衣料切符」、佐賀県立ろう学校『創立六十周年記念誌』一九八四年、六〇頁、参照。
◆32 大川良臣（昭和一六年度卒、本校教諭）「思い出の中から」、（鳥取県立ろう学校編集・発行『創立70周年記念誌』一九八〇年、二八三頁より。
◆33 鳥取県立鳥取聾学校編集・発行『鳥取県立鳥取聾学校史』一九七一年、三三頁、参照。
◆34 黒田研裕「耐乏生活の寄宿舎の思い出」、大阪市立盲学校80周年記念誌編集委員会編集・発行『創立80周年』一九八〇年、七六～七七頁、参照。
◆35 湯沢信子「大東亜戦争の頃」、秋田県立盲学校編集・発行『秋田県立盲学校七十周年記念誌』一九八二年、七七頁、参照。
◆36 中野喜久象「追憶」、創立八十周年記念誌編集委員会編集『秋田県立盲学校八十周年記念誌』創立八十周年記念事業推進委員会発行、一九九二年、一六二頁、参照。
◆37 愛媛県教育委員会／愛媛県特殊学校長会『愛媛県特殊教育百年記念誌』二〇〇七年、一六頁より。
◆38 ◆22頁、二九頁より。

◆39　一九八七年八月一三日、大塚ろう学校にて同校の戦時中から敗戦後についての筆者の聴き取りノートより。話し手は関先生（教頭）、末延先生、鈴木先生。聴き手として佐竹葉子（東京学芸大学四年生）同席。

◆40　荒川勇・大井清吉・中野善達著『日本障害児教育史』福村書店、一九七六年、一一六頁より重引。但し、英文は文部省著『特殊教育百年史』東洋館出版社、一九七八年、一八一頁より加筆した。

◆41　国立教育研究所編『日本近代教育百年史　学校教育（4）』一九七四年、八五三頁、八五五頁、参照。

◆42　ヘレン・ケラー著、岩橋武夫訳『わたしの生涯』（角川文庫）角川書店、一九六六年、岩崎英行「解説」四六〇頁より。

◆43　岩崎英行著『青い鳥のうた——ヘレン・ケラーと日本』日本放送出版協会、一九八〇年、一二四頁より。

◆44　創立五十周年記念誌編集委員会編集『創立五十年』千葉県立千葉聾学校創立五十周年記念事業推進委員会発行、一九八三年、一七五頁より。

◆45　高橋浩平・清水寛・飯塚希世「聴き書き：東京の心身障害児学級の教師たち（1）大庭伊兵衛氏の戦中・戦後の知的障害児教育の歩み」（精神薄弱問題史研究会編集・発行『障害者問題史研究紀要』第39号、二〇〇〇年九月）、五七～六八頁、清水寛・高橋浩平・飯塚希世「東京における第二次世界大戦後の心身障害児学級の歴史〔Ⅰ〕、〔Ⅱ〕、〔Ⅲ〕、〔Ⅳ〕」、『埼玉大学教育実践研究指導センター紀要』第11号～第14号、一九九八年三月～二〇〇一年三月、参照。

◆46　清水寛「第四章　戦後障害児教育の歴史」、河添邦俊・清水寛・藤本文朗著『障害児と学校』（新日本新書）新日本出版社、一九七九年、一四一～二一七頁、参照。

◆47　清水寛「わが国における障害児の『教育を受ける権利』の歴史」、日本教育学会機関誌『教育学研究』第36巻第1号、一九六九年三月、二八～三七頁。拙稿は永井憲一編『文献選集　日本国憲法8　教育権』（三省堂、一九七七年、二四五～二五八頁）、伊ヶ崎暁生編『教育基本法文献選集3　教育の機会均等』（学陽書房、一九七八年、二二五～二四二頁）、人間発達研究所紀要編集委員会編集『人間発達研究所紀要』第24・25号合併号（人間発達研究所、二〇一二年三月、九三～一一四頁、解題・渡部昭男）、湯川嘉津美・荒川智編著『論集　現代日本の教

◆48　育史3　幼児教育・障害児教育』（日本図書センター、二〇一三年、五〇八～五三三頁）に再録。
◆49　清水寛「障害者の『生存と教育』の権利――発達権保障の立場から」（日本教育法学会機関誌『日本教育法学会年報』第1号「教育権保障の理論と実態」、有斐閣、一九七二年、一〇八～一五三頁）、同「能力に応じて、ひとしく教育を受ける権利」（日本教育法学会編『教育法学辞典』学陽書房、一九九三年、四八四～四八七頁）、同「『ひとしく』『能力に応じて』について――障害者権利保障上の位置」、教育科学研究会編集『教育』国土社、第40巻第3号、一九九〇年三月、八四～九六頁、参照。
◆50　東京都立教育研究所編集・発行『東京都教育史　通史編　四』一九九七年（「第四章　障害者教育　第一節　戦後教育改革と新しい障害児教育制度の成立」、九〇九～九一五頁、執筆・清水寛）、参照。
◆51　但馬綾子（香川県立盲学校教諭）「創立五十周年を迎えて」、香川県立盲学校・同ろう学校『創立五十周年記念誌』一九五八年、四九～五〇頁より。
◆52　山口県立盲学校創立80年史編纂委員会編集『山口県立盲学校創立八十年史』山口県立盲学校発行、一九八五年、一一四～一一六頁、参照。
◆53　花岡隆平「戦災前後の母校を回顧する」、大阪市立盲学校同窓会報編集部編集『創立六十周年記念　螢窓六十年』大阪市立盲学校発行、一九六一年、二五頁より。
◆54　岡山県立岡山聾学校編集・発行『創立八十周年記念誌』一九八八年、五一頁より。
◆55　鹿児島県教育委員会／鹿児島県特殊諸学校長会編集・発行『鹿児島の特殊教育　全国100周年記念／鹿児島50周年記念特集号』一九七九年、一二頁より。
鹿児島県立鹿児島聾学校編集・発行『創立八十周年記念誌』一九八三年、参照。著者は一九九一年五月二日、鹿児島市草牟田町城西公民館にて、鹿児島県立鹿児島盲唖学校および県立鹿児島聾学校の歴史について、元・教員の坂本誠、新屋敷辰二、南竹鉄夫に聴き取りした際に戦後の同校の校歌の内容を教えていただいた。清原浩（鹿児島大学教育学部教員）がこれら関係者の方々を紹介してくださり、同席した。

補章　旧植民地台湾・朝鮮の障害児学校

補章では、序節で本書においてなぜ日本の旧植民地台湾・朝鮮における障害児学校をとりあげなければならないのかという理由について説明し、著者らがこれまでに日本近現代障害者問題史研究の一環として、不十分ながらとりくんできた日本の旧植民地台湾・朝鮮のハンセン病者・障害者問題史に関する調査・研究の経過に関して、著者が台湾および韓国を訪れて見聞し学んできたことを含めて述べる。そのうえで、第1節では旧植民地台湾における盲聾唖《もうろうあ》教育について、第2節では同朝鮮における盲聾唖教育について、日本の「外地」と呼ばれた台湾と朝鮮とを、日本の「内地」ともできるかぎり比較検討しながら論述していくことにする。

序節　台湾・韓国を訪れて

本書が書名に「太平洋戦争下の」そして「全国の」と銘打っているからには、その時期に日本が領有地とした植民地の台湾・朝鮮・「満州」（中国東北部）に存在した障害児学校をも対象として位置づけなければならない。したがって、きわめて不十分な内容ではあるが「補章」として旧植民地台湾・朝鮮における障害児学校についてとりあげることにする。「満州」においても「関東庁盲唖学校規則」（関東庁令第二四号、三〇・昭和五年）が公布され、「関東庁立盲唖学校」が設立されていた。また「大連盲唖学校（二八〈昭和三〉年創立）」、「樺太盲唖学校（三一〈昭和六〉年創立）」も存在した。しかしこれらは著者の研究が殆ど及ばないので割愛する。[◆1]

著者らは日本の旧植民地のハンセン病者・障害者問題史に関して次の論稿で言及した。

①清水寛「終章　障害者の権利保障の基本的方向と課題」、梅根悟監修・世界教育史研究会編『世界教育史大系』第33巻『障害者教育史』講談社、一九七四年一〇月。

②「韓国の国立小鹿島《ソロクド》病院と定着村益山《イクサン》農場への訪問」、『埼玉大学学報』第421号、一九九九年四月。

③研究代表・清水寛『日本及び旧植民地朝鮮・台湾におけるハンセン病児童の生活と教育と人権の歴史』、平成一〇年度~平成一二年度　科学研究費補助金基盤研究成果報告、二〇〇一年三月。

④清水寛「植民地台湾におけるハンセン病政策とその実態」、『植民地社会事業関係資料・台湾編　別冊〈解説〉』近現代資料刊行会、二〇〇一年六月。

⑤同「日本植民地教育史研究の意義と課題――日本近現代障碍者問題史研究の立場から」、『植民地教育史研究年報』第4号、二〇〇一年。ただし発行は二〇〇二年一月。

⑥同「植民地の障害者問題が社会福祉学に問いかけてやまぬもの――日本近現代障害者問題史研究の反省を通して」、社会事業史学会『社会事業史研究』第31号、二〇〇三年一二月。

⑦清水寛・平田勝政「解説」、編集復刻版『近現代日本ハンセン病問題資料集成』補巻7「台湾におけるハンセン病政策」不二出版、二〇〇五年一二月。

そして、例えば①の拙稿では生硬な表現ながら次のように提起した。

「日本『帝国主義』が植民地化したり、侵略した中国、朝鮮、東南アジア諸国について、日本の障害者との歴史的かかわりで正しく分析すること」、「戦前における日本の教育の〝近代化〟と〝教育の普及〟とかは、〝内〟に対しては、未解放部落の人々や障害者を差別し、〝外〟に対しては、アジア諸民族への侵略の上になりたつものであった」、「〝差別から解放への障害者教育〟を創造していくためには（略）、とりわけ日本の場合は、

写真５　「霧社事件」の抗日蜂起の子孫を訪ねて

注　高光華（中央）・潘美信（左）夫妻と母・高彩雲の遺影（後ろ）。右が著者。2003年３月26日、台中市能高郡霧社にて。
出典　著者所有。

未解放部落の人々、アイヌ系国民、在日朝鮮人、僻地《へきち》住民等、外国の場合は黒人等、差別を集中的にうけてきている人々や地域、階層、民族、人種等と障害者差別との歴史的関係を解明していくことが重要である。」

その後、日本近現代障害者問題史を植民地教育史・社会事業史と結びつけながら研究していく意義・課題と視点などについて、論稿④では三点にわたって、さらに論稿⑤では「植民地の最底辺の民衆に視点をあてた研究」、「植民地社会事業と天皇制慈恵との関係の究明」、「日本の植民地における社会事業と欧米の社会事業との比較研究」、「植民地社会事業の『近代化』促進論への批判」の必要性など七点にわたって提起するとともに、台湾・韓国・ベトナム（旧・越南）への訪問について、やや詳しく述べ、関連史蹟を撮影した写真も添えた。

そのような課題意識を抱きつつ、著者は台湾、韓国などを訪れ、聴き取り・資（史）料収集などにとりくんだ。

二〇〇〇年三月に初めて訪台した際には同月二五日〜二六日に台湾中部の山岳地の霧社（現・台中州南投県仁愛郷）を訪れ原住民の抗日蜂起「霧社事件」◆2について高光華（アウイ・ダッキス）・藩美信夫妻から事件の真相を聴き（写真5）、日本の台湾植民地支配の本質的性格と実態の一端を知った。

また後述する許澤銘（元・台北市立師範学院教授）の案内で台北市立啓知学校ほかの障害児学校を訪問。省立楽生療養院（三〇〔昭和五〕年、台湾総督府癩療養所楽生院として設立）と私立楽山療養院（三四〔昭和九〕年、台湾基督教長老教会が中心となって設立）も訪れ、とくに日本統治下における両者のハンセン病患者の処遇の違いなどについて在院者からの聴き取りもしながら調査した。

韓国には九九（平成一一）年一月に初めて訪問し最南端の離島にある国立小鹿島病院（三四年、朝鮮総督府癩《らい》療養所小鹿島更生園として設立）の「日帝時代」の「癩患者」処遇の痕跡を残す場所や建物（患者たちに園舎建築用の煉瓦製造などの強制労働をさせた跡や「監禁所」など）を見たり、当時の苛酷な状況を生きぬいて療養生活をおくっているハラボジ（おじいさん）、ハルモニ（おばあさん）から聴き取りさせていただき、「定着村」の一つである「益山農場」などを見学した。二回目の二〇〇〇（平成一二）年八月の訪韓では、金龍燮《キムヨンスプ》（KIM Yonq-Sub、元・九州大学大学院助手）の案内で国立のソウル盲学校、ソウル宣禧学校（前・ソウル聾唖学校）、仁川広域市視覚障碍人福祉館兼松庵朴斗星《パクヅソン》記念館を見学したほか、李相秦《イサンテ》（朝鮮総督府済生院盲唖部卒業生・元ソウル盲学校教員）、朴貞嬉《パクチヨンヒ》（朝鮮点字の考案者・朴斗星の息女）と面談し、金千年《キムチヨンニヨン》（済生院盲唖部卒業生。大阪府立盲学校中等部鍼按科および官立東京盲学校師範部鍼按科卒業。元・平壌光明盲唖学校とソウル盲学校の教員）を浦項《ポハン》の「愛の家」（視覚障害者福祉施設）まで訪ねその半生をうかがった。

また、日本帝国主義の支配・弾圧下、思想犯の多くが収監された西大門刑務所跡を見学した。絞首刑を執行する建物の裏側の高台に小窓に鉄格子がはめこまれた監房があった。「癩の思想犯」を隔離して拘置するためと聞き胸を衝かれた。「ナヌム（分かち合うの意）の家」◆3（元・日本軍の「性奴隷」にされた女性たちの共同生活の場）にお邪魔し、「慰安所」なども再現した歴史館を案内していただいたあと、ハルモニたちから体験をお聴きした。私は全身が硬直するような衝撃を受け、ただただ涙をしたたらせながら、「私の父も日本の兵員の一員でした。許して下さい」としか言えなかった。ハルモニのお一人が著者の両手を握りしめて言われた。「許すよ。でも忘れることは出来ない。」と。今もその言葉は著者の胸底に刻まれている。

国の戦争責任を追及していくことと日本の国民の一人としての戦争責任を深めていくことを結びつけながら、日本近現代障害者問題史の一環としての旧植民地台湾・朝鮮・「満州」や占領地の障害者問題の研究を続けたい。

補章の拙稿はこのような訪台・訪韓で見聞して学んだことと、主として東京教育大学大学院教育学研究科の同期生である許澤銘の『台湾における障害児教育の成立過程に関する研究』（筑波大学大学院教育学研究科、一九八二年度博士論文、全四三一頁）および金龍燮による日本植民地期の朝鮮における「特殊教育」に関する一連の優れた研究論文に負うところが多大であることを記し、お二人からの学恩に感謝の意を表する。

第1節　台湾における盲聾啞学校

本節では前半において、日本による統治下の台湾における障害者の障害別・州別さらに「内地人」「本島人」別の人数、窮民救済施設に収容された障害者とその中から盲聾啞《もうろうあ》学校へ委託された盲児・聾啞児などについて、主として台湾総督府による『台湾社会事業要覧』などに基づいて明らかにし、後半では教育制度上における盲聾唖学校の位置づけについて教育関係諸法規から検討することとする。

1 台湾における障害者の人数と救助

一 台湾の障害者人口――一九二四年

台湾総督府が統治していた時期（一八九五〔明治二八〕年～四五〔昭和二〇〕年）に、台湾に居住する日本人および台湾人の中には障害がある人たちはどれくらい存在していたのであろうか。

表16は、許澤銘が台湾総督府官房臨時国勢調査部の『大正十三年　第一回台湾国勢調査記述報告文』から作成した障害者人口である。[4]

表16から、各障害別に見ると、台湾人は盲・聾が各年とも他の障害よりも極めて多く、一九二〇（大正九）年には、盲者は二万二〇〇〇人余で人口一万人中、六三・八人、聾者は六〇〇〇人近くで人口一万人中一七・三人に及んでいる。しかも、両者とも年ごとに増加している。とくに盲者が全ての障害者の中で最多数であり、その増加率も著しいことがわかる。

また、日本（「内地」と呼んだ）から台湾（「外地」の一つで本島とも記載）に居住する者が増えるにつれて、日本人の中にも障害がある人たちが少しずつ増え始め、一九二〇年には日本人の盲、聾、知能障害、瘋癲《ふうてん》（精神状態が正常でない人、「癲狂《てんきょう》」とも呼んだ）の障害がある人たちが併せて一五〇人近くになるが、盲、聾の者が一〇七人で七割強を占めているのは留意すべきことである。

表16　台湾における障害者数の年別推移

国別 / 障害 / 年		日本人					台湾人				
		盲	聾	知能障害	瘋癲	計	盲	聾	知能障害	瘋癲	計
明治38年（1905年）		14	4	5	5	28	15,658	4,069	2,063	1,001	22,791
大正4年（1915年）		44	33	13	2	92	19,053	4,965	1,637	954	26,609
大正9年（1920年）		57	50	31	9	147	22,130	5,981	1,647	1,160	30,918
人口一万人中	明治38年	2.4	0.7	0.9	0.9	4.9	52.7	13.7	6.9	3.4	76.7
	大正4年	3.2	2.4	1.0	0.1	6.7	57.3	14.9	4.9	2.9	80.0
	大正9年	3.5	3.0	1.9	0.5	8.9	63.8	17.3	4.8	3.3	89.2

注　表題は著者による。
出典　許澤銘『台湾における障害児教育の成立過程に関する研究』（筑波大学大学院教育学研究科、1982年度）209頁より転載。初出は台湾総督府官房臨時国勢調査『大正十三年度版　第一回台湾国勢調査記述報告文』。

二　州別の障害者の人数

では、州別に見た障害者の人数はどのようであろうか。

台湾総督府が「主トシテ大正十四年（一九二五年）ノ事実ヲ基礎」として編集・発行した『大正十五年三月現在　台湾社会事業要覧』[5]（一九二六〔大正一五〕年四月発行）所収の「全島不具調」から「盲者」「聾唖者」「其ノ他ノ不具者」の州別の人数について表17を作成した。

表17から判明することは、第一に本島人（台湾人）の障害者で最も多いのは盲者で一万六五九九人（本島人の障害者合計の六二・二%）に及び、その他の不具者五二六六人（一九・七%）、聾唖者四八〇八人（一八・〇%）を遥かに上回っていることである。第二に、州別の本島人の障害者の人数で最も多

表17　台湾における盲者・聾唖者・その他の不具者の州別人数

州 ＼ 障害・内地人・本島人	盲者 内地人（男、女）	盲者 本島人（男、女）	聾唖者 内地人（男、女）	聾唖者 本島人（男、女）	其の他の不具者 内地人（男、女）	其の他の不具者 本島人（男、女）	計 内地人（男、女）	計 本島人（男、女）
台北	24（16、8）	1,883（1,024、859）	15（10、5）	791（478、313）	25（18、7）	754（525、229）	64（44、20）	3,428（2,027、1,401）
新竹	—	1,799（978、821）	1（1、0）	736（467、269）	—	876（589、287）	1（1、0）	3,411（2,034、1,377）
台中	6（4、2）	2,544（1,290、1,254）	2（1、1）	959（592、367）	7（4、3）	1,124（779、345）	15（9、6）	4,627（2,661、1,966）
台南	135（127、8）	7,060（3,285、3,775）	5（3、2）	1,326（834、492）	21（11、10）	1,534（959、575）	161（141、20）	9,920（5,078、4,842）
高雄	11（4、7）	3,054（1,474、1,580）	9（5、4）	874（535、339）	16（10、6）	783（502、281）	36（19、17）	4,711（2,511、2,200）
台東	—	113（49、64）	4（1、3）	71（46、25）	2（1、1）	106（60、46）	6（2、4）	290（155、135）
花蓮港	5（4、1）	146（68、78）	3（1、2）	51（32、19）	27（14、13）	89（58、31）	35（19、16）	286（158、128）
計	181（155、26）	16,599（8,168、8,431）	39（22、17）	4,808（2,984、1,824）	98（58、40）	5,266（3,472、1,794）	318（235、83）	26,673（14,624、12,049）

注　——は不詳を示す。表題は著者による。
出典　台湾総督府『大正十五年三月現在　台湾社会事業要覧』所収の「附録四　全島不具調」二九二～二九七頁より作成。

いのは台南州で九九二〇人（三七・二%）、次いで高雄州が四七一一人（一七・七%）、台中州が四六二七人（一七・三%）である。第三に、本島人の障害者の中では盲者がいずれの州においても最も多く、とりわけ台南州の盲者は七〇六〇人で本島人の盲者全体の四割強を占め、次いで高雄州の盲者は三〇五四人（一八・四%）、台中州の盲者は二五四四人（一五・三%）である。第四に、内地人の障害者の場合でも盲者が一八一人（内地人の障害者全体の五六・九%）で最も多く、しかもその州別の内訳では台南州が一三五人（内地人の盲者全体の七四・六%）に及んでいる。第五に、性別の人数では内地人と本島人、いずれの障害者の場合にも、全体的には男性のほうが女性より多いが、本島人の盲者の総数は女性が男性よりも二六三人多いのは注意すべきことである。

三　教育・授産の不能な障害者の州別人数

一般に、障害を負っていると教育を受ける機会が失われたり、社会的な生産活動に参加することが困難となったりして窮乏生活に陥らざるを得ない。

そのような障害者たちの中でも、台湾総督府『大正十五年三月現在　台湾社会事業要覧』（一九二六〔大正一五〕年四月発行）所収の「全島不具者調」において、教育及授産（自活ノ途ヲ含ム）不能者」とされた「盲者」「聾唖者」「其ノ他ノ不具者」の「内地人」「本島人」の州別人数は表18の通りである。◆6

表18からわかることは、第一に教育・授産不能な本島人の障害者の総数は五三四一人（男二六六四、女二六七七）であり、障害別では「盲者」が最多数で三三七七人（六三・二%）を占め、「其ノ他ノ不具者」は一三五〇人（二五・三%）、「聾唖者」は六一四人（一一・五%）である。第二に、州別に本島人の障害者を見ると、台南州が最も多く一八一〇人（三三・九%）であり、しかも「盲者」が一二一七人（本島人の盲者全体の三六・〇%）と極

表18　教育・授産の不能な障害者の州別人数

障害	盲者		聾唖者		其の他の不具者		計	
州＼内地人・本島人	内地人（男、女）	本島人（男、女）	内地人（男、女）	本島人（男、女）	内地人（男、女）	本島人（男、女）	内地人（男、女）	本島人（男、女）
台北	1（1、0）	440（197、243）	—	135（74、61）	9（8、1）	244（161、83）	10（9、1）	819（432、387）
新竹	—	506（240、266）	—	105（62、43）	—	197（125、72）	—	808（427、381）
台中	2（1、1）	612（237、375）	1（1、0）	120（67、53）	3（1、2）	313（211、102）	6（3、3）	1,045（515、530）
台南	20（20、0）	1,217（494、723）	1（0、1）	177（103、74）	4（2、2）	416（241、175）	25（22、3）	1,810（838、972）
高雄	7（2、5）	551（284、267）	1（0、1）	60（33、27）	2（0、2）	158（89、69）	10（2、8）	769（406、363）
台東	—	4（2、2）	1（0、1）	1（0、1）	1（1、0）	12（7、5）	2（1、1）	17（9、8）
花蓮港	—	47（22、25）	—	16（8、8）	—	10（7、3）	—	73（37、36）
計	30（24、6）	3,377（1,476、1,901）	4（1、3）	614（347、267）	19（12、7）	1,350（841、509）	53（37、16）	5,341（2,664、2,677）

注　——は不詳を示す。表題は著者による。
出典　台湾総督府『大正十五年三月現在　台湾社会事業要覧』所収の「附録四　全島不具者調」二九二～二九六頁より作成。

めて多い。台中州、高雄州、新竹州、台北州でも本島人の「盲者」は他の障害者を上回り、四〇〇人台から六〇〇人台を数える。第三に、本島人の障害者の人数を性別で見ると全体的には男性が女性より多いが、障害の種別や州によっては女性が男性を上回る例（例えば、台南州の「盲者」は女性が七二三人であるのに対し男性は四九四人）もある。第四に、内地人で教育・授産不能者の総数は五三人（男三七、女一六）で本島人より極めて少なく、州別では台南州に居住する者が二五人と最多であり、しかもその内二〇人（全て男性）が「盲者」である。

四　障害者の職業別人数

前掲の台湾総督府『大正十五年三月現在　台湾社会事業要覧』（一九二六年発行）所収の「全島不具者調」の中の「職業調(一)」に掲げられている四九種類の職業のうち、「無職」「日傭《ひやとい》」について「盲者」「聾唖者」「其ノ他ノ不具者」の州別の人数を表19に示す。

表19からわかることは、第一に一九二六（大正一五）年三月現在の台湾の障害者の職業のうち、「盲者」「聾唖者」「其ノ他ノ不具者」で「無職」が一万一九人、「日傭」が二七八九人いることである（合計一万二八〇八人）。第二に障害別に見ると「盲者」で「無職」が最も多く六九三四人で「無職」の障害者全体の七割弱を占め、次いで「其ノ他ノ不具者」は一七四五人（一七・四％）、「聾唖者」は一三四〇人（一三・四％）である。第二に「日傭」も盲者が最多で、一六六七人で六割弱に及び、次いで「聾唖者」が五六四人（二〇・二％）、「其ノ他ノ不具者」が五五八人（二〇・〇％）とほぼ同数である。第三に、州別に見ると、台南州の「盲者」が「無職」二五六五人（「無職」の盲者の三七・〇％）、「日傭」一一〇二人（六六・一％）と最も多く、次いで高雄州の「盲者」の「無職」が一九三七人（二七・九％）であり、新竹州、台北州の「盲者」の「無職」はそれぞれ一二八六人（一

八・五％）、一一三九人（一六・四％）とほぼ同数である。第四に「盲者」「聾唖者」「其ノ他ノ不具者」の障害者全体を対象とし、「無職」「日傭」を併せて州別に見てみると台南州が最多で五一三六人（四〇・一％）、次いで高雄州が二九三八人（二二・九％）、台北州が二一九八人（一七・二％）である。

表19　台湾の障害者の「無職」「日傭」の州別人数（一九二六年三月現在）

州＼障害	盲者		聾唖者		其の他の不具者		計	
無職・日傭	無職	日傭	無職	日傭	無職	日傭	無職	日傭
台北	一一三九	九五	三九四	一〇四	三五八	一〇八	一八九一	三〇七
新竹	一二八六	—	二八九	—	四二四	—	一九九九	—
台中	—	二〇四	—	一三四	—	一六四	—	五〇二
台南	二五六五	一一〇二	三五五	二二七	六七六	二一一	三五九六	一五四〇
高雄	一九三七	二六一	二九九	九八	二八三	六〇	二五一九	四一九
台東	七	—	三	—	四	—	一四	—
花蓮港	—	五	—	一	—	一五	—	二一
計	六九三四	一六六七	一三四〇	五六四	一七四五	五五八	一〇〇一九	二七八九

出典　台湾総督府『大正十五年三月現在　台湾社会事業要覧』所収の「全島不具者調」の中の「同上職業調㈠」二九八～三〇一頁より作成。

五　台湾における窮民救助施設と障害者

前掲の台湾総督府『大正十五年三月現在　台湾社会事業要覧』（一九二六〔大正一五〕年四月発行）は二四の「窮民救助」施設について紹介している。それらの中で「盲者」、「聾唖者」、「不具」、「廃疾」、「癩患者」、「精神病者」などに対して「院内及院外」救助事業を実施している施設の名称や事業の概況などについて表20（三八六～三八七頁）にまとめた。

表20からいえることは、台湾においては清朝時代の養済院の後身や日本の領有後に設立された窮民救助施設などには貧窮で自活し得ぬ者として障害者を収容している施設もあり、その中には台南慈恵院のように院内救養事業として盲人や聾唖者の教育を実施したり、台北仁済院、新竹慈恵院、台中慈恵院のように後述する台北盲唖学校、台南盲唖学校へ盲者・聾唖者を委託し、そのための経費を支出している施設があることである。

例えば、台中慈恵院は一九二四（大正一三）年度に盲唖生七人を台南盲唖学校に委託し、一人当たり月七円を食費・学資として支出している。[7]

なお、これらの窮民救助施設における貧窮障害者の収容・処遇の背景には、「台湾窮民救助規則」（一八九九〔明治三二〕年八月、台湾総督府令第九五号）、「台湾窮民救助規則取扱手続」（一九〇三〔明治三六〕年三月、台湾総督府訓令第五一号）による影響があったと考えられる。そこで、前者について全条を掲げる。

「台湾窮民救助規則

第一条　帝国臣民ニシテ本島内ニ住居ヲ有シ他ニ頼ルヘキ親族故旧ナク獨身ニシテ左ノ各号ノ一ニ該当シ産業ヲ営ムコト能ハサル者ハ此ノ規則ニ依リ救助スルコトヲ得

一　廃疾不具又ハ重病ノ者
二　満六十年以上ニシテ老衰シタル者
三　十三歳未満ノ者
第二条　独身ニアラスト雖《いえども》前条ニ該当シ其余ノ家人老幼疾病廃疾不具又ハ失踪逃亡在監等ニシテ給養スルコト能ハサルモノハ前条ニ準シ救助スルコトヲ得
第三条　救助ノ方法ハ台湾総督之ヲ定ム
第四条　救助ニ要スル費用ハ州ニ於テハ州費、庁ニ於テハ庁地方費ヲ以テ之ニ充ツ」◆8

先に、日本領有下の二六（大正一五）年を中心に台湾における障害者の障害別人数や貧窮障害者の人数とそれらを州別に比較した結果、いずれにおいても台南州が最多であり、台北州なども少なくないことを明らかにした。これらのことは、第2項で述べる台湾における盲聾唖学校の設立が台南州と台北州においてであることの重要な要因の一つとみなすことができよう。

2　台湾における盲聾唖学校の設立

一　W・キャンベルによる訓盲院の創設

台湾における盲聾唖教育事業は、英国スコットランドの長老教会（Presbyterian）からキリスト教伝道のために一八七〇（明治三）年に台湾へ派遣された同教会宣教師ウィリアム・キャンベル（William Cambell）が「明治

表20　台湾における窮民救助施設の障害者救養一覧

名称	所在地	沿革
台北仁済院	台北州台北市堀江町三二〇番地	清朝時代の養済院の後身。一九〇一年、県立仁済院を台北恵仁済院と改称。
新竹慈恵院	新竹州新築郡新竹街	一九二二年三月二四日、府令第25号により設置。院長は州知事。
台中慈恵院	台中州台中市台中一三七八番地	彰化にあった留養局などの後身。一九〇四年、彰化慈恵院開院、一九二二年、台中慈恵院。
台南慈恵院	台南市東門町三丁目	清国時代の台南地方の救恤機関を合併し、一八九九年に創立。
員林慈善院	台中州員林郡員林街員林一六一番地	一九一九年、有志が貧窮者他不具廃疾者の救恤のために創立。
博済社	台中州彰化郡鹿港街鹿港字采子頭六三六番地	一九一〇年、許林ほか12人の主唱で孤独、赤貧、不具、廃疾等の救恤のために創立。
景山公	台中州大屯郡霧峰庄霧峰	一八四三年、林景山祭祀のため創立。一九一九年、景山公と改称。窮民、救済と棺木給与。
台南市窮民救助	台南市	一九二一年七月より窮民救助開始。
朴子街窮民救助	台南州東石郡朴子街	一九二二年八月より開始。

出典　台湾総督府編集発行『大正十五年三月現在　台湾社会事業要覧』所収の「第三章　窮民救助」

組織	維持の方法	事業の概況
財団法人	地方税、台北州の補助金、有志者の寄附金。	鰥寡孤独の窮民の院内・院外救養。一九二四年度中、台北盲唖学校へ10人、台南盲唖学校へ８人委託。
財団法人	土地及預金等の財産、篤志家の寄附。	州管内の孤独、老弱者の救済、貧窮者の施療など。一九二四年度中、台南盲唖学校へ４人委託。
財団法人	基本財産よりの収入、補助金、寄附金。	台中州管内の救養者を院内・院外救養。一九二四年度、盲唖生７人を台南盲唖学校へ委託し食費・学資として一人当たり７円給す。
財団法人	基本財産の収益など。	台南市など１市４郡の窮民で自活出来ぬ者の院内・院外救養。一九〇〇年、教育部で盲人教育。一九一五年、唖生部を併置。
会員組織	会費及寄附金による。	一九二五年度、不具廃疾者及貧窮者一人につき毎月２円～３円を給す。
会員組織	会費及慈善家の寄附金、助成金による。	事業開始以来、毎年30人～35人の窮民に毎月70銭～１円50銭の食費を給与し、疾病者に治療費等給す。
会員組織	基本財産の収益、寄附金、会費による。	霧峰庄を中心に鰥寡、孤独、不具、廃疾、重病、老衰、幼弱者で他より扶助を受けられない極貧者三十余人を限度に毎月１人に30～40銭給与など救養。
市営	市費より支出。一九二四年度支出決算二五九三円。	台南市居住の窮民に衣食費として毎月４円を給し、市費で治療を受けさせる。一九二四年中、救助人員67人（うち廃疾９人、不具10人）。
街営	街費より支出。一九二四年度支出決算三八九円。	朴子街居住の癩患者、精神病者中の貧困者及その他貧困者に毎月１円～４円を給与す。一九二四年度中、救助人員109人（男69、女40）。

第一項　院内及院外」（三六～六五頁）の「窮民救助」施設に関する記載より重点的に収録・抄記。

二十三年（一八九〇年）二月、台南市所在の新樓病院構内に訓盲院を設け、盲人に対して聖書、点字、算術、手芸等を教授したのに濫觴《らんしよう》する。◆9」といわれ、同人が経営中に約二八人の修業者を出したという。

キャンベルが訓盲院を設けた動機は台湾府域（台南）に布教した際、盲人が極めて多く、しかも生計が甚《はなは》だ悲惨であることに驚き、教育による社会生活の自立の必要性を痛感したことにあるといわれる。◆10

しかし、キャンベルの訓盲院は経済的事情などで一八九七（明治三〇）年頃、閉鎖せざるを得なくなり、キャンベルは台湾総督府に盲人教育事業を実施するよう請願した。そして、その請願は台湾慈恵院の盲人教育部として結実することとなる。

二　台南州立台南盲唖学校について

表20に記載した台南慈恵院は、キャンベルの請願を受けた台湾総督府からの要請もあって、一九〇〇（明治三三）年一二月、キャンベルの盲人教育事業を継承するために同院の附属事業として盲人教育部を設置し、盲者一一人を収容。一九一五（大正四）年、「御大典記念事業として恩賜財団明治救済会長より盲唖学校建築費として金二万五千円の寄付」を受け、同年一一月に校舎を台南市寿町一丁目三五番地に新築し教育部を拡張して唖生部を併置し、台湾総督府の認可を受け台南盲唖学校と称した。一九二二（大正一一）年五月、同校が州立に移管することとなり、多年、台南慈恵院の附属事業として経営してきた盲聾唖教育事業は中止し、専ら窮民の救養施療事業に従事することになり、同校は台南州立台南盲唖学校と改称した。

台南州立台南盲唖学校の一九二四（大正一三）年度支出決算は一万三四五九円、翌年度の支出予算は一万五三七三円。◆11

州立の盲聾唖学校になった当初の授業科目は盲生部は普通科六か年（公学校程度）、技芸科四か年（鍼按マッサージ）、唖生部は普通科六か年（公学校程度）、技芸科四か年（男子は靴工、女子は裁縫。その後、技芸科は木工科となる）。一九二四年に校則を改正し、普通科修業年限を盲唖両部とも各四か年とした。

台湾盲唖学校時代から一九二四年度までの卒業生は盲部が九三人、唖部が一九人。

台南州立台南盲唖学校の一九二九（昭和四）年度の在籍生徒数は盲部六二人、唖部六九人、計一三一人。州別の内訳は台南州六四人、台中州二三人、高雄州一九人、その他二五人。同年度卒業生は盲九人、唖一八人、計二七人。[12]同年度の支出決算は一万七九五九円。翌年度予算は一万八九一八円。

同校の一九四〇（昭和一五）年度の「従事員」二〇人、「収容人員」は「内地人」九人（男六、女三）、「本島人」一六七人（男一二七、女四〇）。「経費」は二万四八六一円。[13]

在籍生徒の五割近くが台南州であることが注目される。

三　台北州立台北盲唖学校について

一九一五（大正四）年九月二二日、台北市で胃腸病院を経営していた医師・木村謹吾が私立の訓盲院を開設した。

木村謹吾が慈善事業の一端として訓盲院を設立した動機には、いくつかのことが挙げられる。一つは、静岡県沼津で医院を開業し、その後横浜基督教訓盲院で教育に携わった医師・先考廉敬の感化を受けたこと、二つは日清戦争に従軍渡台して二〇周年を迎えそれを記念する社会的に有意義な活動は何かと考え、それを盲人教育への取り組みに求めたこと、三つは自ら述べているように盲人教育の事業は「大正天皇御即位大典記念事業として」

ふさわしいと位置づけたことである。木村は盲人教育事業にとりくむために、内地の盲学校・盲聾唖学校も視察した。

こうして発足した訓盲院は一九一七（大正六）年に「木村盲唖教育所」へと発展し、さらに一九二〇（大正九）年八月三〇日に台湾総督府によって私立台北盲唖学校設立認可を得た。

私立台北盲唖学校の所在地は台北市榮町（旧総督府庁舎跡）。学校の経費は台北州の補助金、財団法人台湾婦人慈善会の補助金、一般特志者の寄附金、経営者の出金、その他の収入による。一九二四（大正一三）年度支出決算は一万六四四円、翌年度支出予算は一万三七五〇円。

当時の「事業の概況」は次の通りである。

「無月謝にて内地人、本島人の盲唖者に普通教育を施し独立自営に必要なる技芸を授く。貧困にて就学し能はさる盲唖者を給費生として寄宿舎に収容し総ての費用を給す、通学する貧困者には昼食料等給す。事業開始当時は設立者及教師一名にて速成按摩科を授業せしも其後逐次拡張し、現在校長以下八名にて盲生四一、唖生四八名の教育を為す。」◆14（句読点は引用者による）

一九二八（昭和三）年九月、州立に移管し台北州立盲唖学校となる。翌年八月、台北市蓬萊町八二番地に新築移転。

一九三〇（昭和五）年三月末現在の「事業概要」に関しては、盲生部は四学級、職員七人、生徒は「内地人」六人（男四、女二）、「本島人」五四人（男四〇、女一四）、計六〇人、唖生部は四学級、職員五人、生徒は「内地人」一九人（男一四、女五）、「本島人」四八人（男三七、女一一）、計六七人。

「経費」については二九（昭和四）年度支出決算は一万六七四三円、翌年度支出予算は一万八四三三円。◆15

「内地人」すなわち台湾に居住する日本人が盲者と聾唖者と合わせて二五人（生徒全体の二割近く）在籍してい

ることが注目される。

3 台湾の教育制度と盲聾唖教育関係法規の制定
――台湾教育令・改正台湾教育令ほか

前第2項で、私立台南盲唖学校と私立台北盲唖学校の設立とそれぞれの台南州と台北州への移管の過程について述べた。その背景には台湾における普通児教育の発展と教育全般に関わる教育制度の確立があり、また台湾公立盲唖学校官制・台湾公立盲唖学校規則など盲唖教育に関する法規の制定があった。

そこで、第3項では台湾総督府による教育政策の根幹となった教育法制と盲聾唖教育関係法規の制定について略述する。

一九一九（大正八）年一月四日、台湾教育令（勅令第一号）が公布された。植民地台湾における教育の基本的法令であり、台湾における台湾人の教育の諸制度を一本化し、「忠良なる国民を育成」する目的のもとに普通教育・実業教育・専門教育・師範教育をほどこすとした。

一九（大正八）年に台湾総督が武官から文官に交替すると二二（大正一一）年に台湾教育令は廃止され、新たな台湾教育令（勅令第二〇号。以下、改正台湾教育令と記す）が制定された。これにより、「内地人」と「台湾人」の教育制度の体系が一本化された。ただ、高等普通教育などでは民族的共学が進んだが、初等普通教育では「国語（日本語）を常用する者」は小学校、「国語を常用せざる者」は公学校に区別された。戦時体制に即応して内地で国民学校制度が実施されると、台湾でも四一（昭和一六）年三月以降、小学校や公学校も国民学校と改称した。

こうして、日本は台湾でも皇民化政策を急激に強化した。台湾を南方侵略の基地として武装する一方、本島人を総力戦の重要な人的資源として活用した。学校教育のみでなく社会教育にも力を入れ、とくに日本語の国語としての使用の強制など同化政策をいっそう推し進めた。四二（昭和一七）年九月一日、大東亜省設置とともに台湾は内務省所管（教育関係は文部省）となり、〝内台一体〟の標語のもとに台湾は第二次大戦の渦中に巻きこまれ動員されていった。内地と同様に錬成道場が設けられ、勤労報国隊が結成された。青年たちは軍隊に徴兵され、あるいは軍夫として徴用された。原住民も「高砂族」などと呼ばれ、日本軍に徴兵・徴用された。

改正台湾教育令は台湾教育令と同様に、私立学校、特殊の教育を為す学校、その他の教育施設に関しては何も規定しなかった。しかし、台湾教育令と同時に公布された「台湾総督府官制中改正」によってその基礎が据えられた地方自治制度は、改正台湾教育令の時代になって一層進展し、私立の盲聾唖学校が州立に移管されていく契機ともなった。

さらに改正台湾教育令の制定に伴い、一連の勅令・府令が発布され、その中には盲聾唖学校に関わる重要な規定も含まれていた。

そこで、まずそれらの府令・勅令を継時的に列挙する。

①二二（大正一一）年四月一日、「台湾公立小学校規則」（府令第六四号）第一四条は「小学校ニ幼稚園、盲唖学校、実業補習学校ヲ併置スルコトヲ得」と規定。（傍線は引用者による。以下同じ）

②同年同月同日、「台湾公立公学校規則」（府令第六五号）第一四条に「台湾公立小学校規則」第一四条と同じ内容を規定。

③同年四月二二日、「台湾公立盲唖学校官制」（勅令第二二四号）。

④同年五月一日、「台湾公立盲唖学校規則」（府令第一〇七号）。

⑤同年六月二七日、「私立学校規則」（府令第三八号）。
しかし、①および②の規定によって盲唖学校を併置した公立小学校、公立公学校は見られなかった。

そこで、次に③、④、⑤の勅令、府令の特徴とその意義・問題点などについて重点的に記す。

(1) 台湾公立盲唖学校官制について

この官制の要旨・特徴は、第一に公立盲唖学校長の官位を奏任または判任とし、盲唖学校長は判任の地位にとどまることも容認し、公立中学校長と同等の奏任にしなかったことである（第一条）。第二に学校長は州知事または庁長の命令を受けて校務を掌握し所属職員を監督する（第二条）。公立盲唖学校の職員の俸給その他の諸給与は州または庁地方費の負担とする（第七条）と定めているように州・庁立の学校と同様に位置づけたことである。第三に盲聾唖学校設置義務者の規定を定めなかったことである。

(2) 台湾公立盲唖学校規則について

本規則は私立から州立の盲聾唖学校になった学校の教育の内容・方法などを定めているので、八点にわたって要旨・特徴を指摘する。

第一は、普通教育と技芸教育の双方を重視する制度を導入したことである（第一条）。

第二は、盲部・聾唖部併置のほかに、盲生部または唖生部のみを置くことも認めた（第二条）。

第三は、普通科、技芸科のほかに専修科を設置することが出来るとしたこと（第三条）。

第四は、修業年限を普通科六年以内、技芸科五年以内、専修科三年以内と規定（第三条）。

第五は、唖生部普通科の教科目は修身、国語、算術、図画、体操、盲生部普通科の教科目は修身、国語、算術、唱歌、体操とし、随意科目として日本歴史、地理、理科、手工、裁縫、台湾語の中の一科目または数科目を加えることを認めたこと（第一〇条）。

第六は、技芸科の各分科の教科目は修身、国語、体操および実業または技芸に関する事項とするが、そのほかに随意科目または選択科目として必要なる教科目を加えることが出来るとしたこと（第一一条）。

第八は、普通科の生徒に技芸科の兼修を認めたこと。

各条の「国語」とは日本語である。

この台湾公立盲唖学校規則に基づいて、私立台南盲唖学校は、一九二二（大正一一）年に、私立台北盲唖学校は二八（昭和三）年にそれぞれ台南州立台南盲唖学校、台北州立台北盲唖学校となったのである。

(3) 私立学校規則について

第二条で、「私立学校ハ本令及特別ノ規定アル場合ノ外小学校（略）又ハ盲唖学校ニハ（略）台湾公立盲唖学校規則ノ規定ヲ準用ス」とした。しかし、前述したように、本規則が実際に用いられた事例はなかった。

まとめ

(1)日本が一八九五（明治二八）年以後半世紀にわたって領有した台湾には、障害児学校は盲聾唖学校二校しか存在しなかった。英国長老教会宣教師W・キャンベルが一八九〇年に台南市に創設した訓盲院を嚆矢《こうし》とし、次いで台北市で医院を開業していた木村謹吾が一五（大正四）年に訓盲院を開設した。その後、両者とも私立盲聾唖学校となり、二二（大正一一）年から二三（大正一二）年にかけて、それぞれ台南州立台南盲唖学校、台北州立台北盲唖学校となった。

(2)台湾における障害者の人数は障害別に見ると盲者が最多であり、次いで聾唖者が多かった。

(3)州別に見ると州人口が最も多い台南州において「盲者」「聾唖者」「其ノ他ノ不具者」も最多であり、次いで高雄州、台中州なども多かった。

(4)性別では全体として男性の障害者が女性の障害者よりも多かったが、台湾人の盲者の総数は女性が男性を上回っていた。

(5)「教育及授産（自活ノ途ヲ含ム）不能者」とみなされた障害者の中でも盲者が最多であり、その州別の人数は台南州が最も多かった。また、二六（大正一五）年三月現在の台湾総督府による障害者の職業調査では「無職」が最多であり、障害別では盲者、州別では台南州が最も多かった。

(6)台湾には清朝時代から各地に長年にわたって窮民を救助する伝統とそのための施設があり、日本の領有時代になってもそれらの民間慈善施設や台南市経営の窮民救助施設には「不具」「廃疾」を収容するところもあり、それらの施設の中には入所した盲者や聾唖者を台北盲唖学校や台南盲唖学校へ委託するところもあった。

(7)州立に移管された盲聾唖学校には、人数は少ないが「内地人」の盲者や聾唖者も在籍した。

(8)日本の戦前における盲聾唖学校を含む障害児学校と日本の領有後の台湾の盲聾唖学校とを比較すると、第一に、日本には公立の肢体不自由児学校と知的障害児学校が各一校設立されたが、台湾にはそれらの障害児学校は存在しなかった。第二に、日本では創設時から盲学校あるいは聾唖学校であったり、盲聾唖学校が盲・聾唖分離していったりしたが、台湾では二校とも盲聾唖学校として存続した。

第三に、日本における戦前の障害児学校に関する基本的な法律である「盲学校及聾唖学校令」（二三〔大正一二〉年八月二八日、勅令第三七五号）・「公立私立盲学校及聾唖学校規程」（同年八月二九日、文部省令第三四号）と、台湾における盲聾唖学校についての同様の「台湾公立盲唖学校官制」（二二〔大正一一〕年四月二一日、勅令第二二四号）・「台湾公立盲唖学校規則」（府令第一〇七号、同年五月一日）とを比較すると、①前者は盲聾分離の方向を明示したが後者は盲聾唖併設が原則であり、②学校設置義務について前者は道府県に課したが後者はその規定が欠け、設置主体も総督府ではなく州・庁に格下げされており、③前者は初等部は普通教育、中等部は普通教育・実業教育としたが後者は初等部に相当する普通科の生徒が途中の学年から普通科と職業科（技芸科）とを履修する兼修制としていたこと、④授業料について、前者は初等義務段階は無料としたが後者は徴収した点などに相違がある。

総じて、台湾の障害児学校は個人による慈善的社会事業から教育制度における学校へ進展していったが「大東亜戦争」と呼ぶ総力戦体制の中でそれ以上の発展は阻まれたといえよう。

第2節　朝鮮における盲聾唖学校

1　盲聾唖学校の設立と盲・聾唖教育事業

一　米国医療宣教師R・S・ホールによる私立平壌盲唖学校

朝鮮の近代的「特殊教育」の嚆矢は、米国のキリスト教監理派宣教会の医療宣教師ホール（Rosetta Sherwood Hall　一八六五～一九五一年）による私立平壌盲唖学校（一九一〇〔明治四三〕年創立）である。

(1) R・S・ホール略年譜◆[16]

・一八六五年九月一九日、ニューヨーク州に生まれる。
・一八八九年、ペンシルヴェニア女子医科大学卒業。同年八月、ニューヨークの貧民街で医療ボランティアの活動中にWilliam James Hall（一八六〇～一八九四年）と出会い婚約。
・一八九〇年一〇月、米国監理派宣教会（プロテスタント）の医療宣教師として朝鮮に渡り、京城《ソウル》の保救女館で女性のための医療活動に従事。

・一八九一年、婚約者W・J・ホール朝鮮に渡り、翌年結婚。
・一八九四（明治二七）年五月、平壌《ピョンヤン》で呉鳳来《オボンレ》という盲少女に初めて点字指導を試みたが不十分なため、同年一二月帰国、ニューヨーク式点字を学ぶ。
・一八九七年、W・J・ホール、平壌にホール記念病院開設。同年、R・S・ホール、ニューヨーク式ハングル点字を考案。翌年より大察里一六三番地の私塾にて呉鳳来にニューヨーク式ハングル点字の体系的指導を行う。
・一九〇〇（明治三三）年、平壌正進学校に盲女児の特別学級設置（私立平壌盲唖学校の前身）。
・一九〇八（明治四一）年、聾教育の準備のため、李イッミンらを中国の聾唖教育の視察に派遣（視察先は、後述する「第一回東洋盲唖教育会議」に中国から出席したA・E・カーター〔Carter A. E. 女性〕が校長を務める「芝罘聾唖学校」などであろうと推察する）。翌年より聾教育を始める。
・一九一〇（明治四三）年、平壌府水玉里三三番地に私立平壌盲唖学校を創立し校長に就任。
・一九一四（大正三）年、平壌盲唖学校の第一回卒業生の呉鳳来、曹培女《チョベニョ》が官立東京盲学校師範部へ官費で留学（呉鳳来は帰国後、私立平壌盲唖学校の教員となる）。同年八月一一日〜一五日、「第一回東洋盲唖教育会議」を平壌で開催し中心的な役割を果たす。
・一九一五（大正四）年七月二一日、官立東京聾唖学校を会場として開催された「第五回全国盲唖教育会」に「私立平壌広恵女学校附属盲唖学校長」の肩書きで同校の教員・金泰杰《キムテゴル》と出席。
・一九一七（大正六）年、京城の東大門婦人病院で活動。
・一九二〇（大正九）年、女子医学班を組織し朝鮮人女性医師を養成。
・一九二八（昭和三）年九月、京城女子医学専門学校創設（高麗大学校医科大学の前身）。
・一九三三（昭和八）年、救世療養院内にロゼッタ記念礼拝堂建立。

写真6　R.S.ホールと私立平壌盲啞学校の生徒たち

注　R・S・ホール（手前から3列目中央）と私立平壌盲啞学校の生徒たち。1910年代半ば頃。
出典　大韓特殊教育学会編『韓国特殊教育百年史』図書出版特殊教育、1995年（原文はハングル）、グラビアより。

・一九三五（昭和一〇）年、健康上の事情で宣教師を辞任し帰国。
・一九五一（昭和二六）年四月五日、死去。享年八五。

(2) 盲・聾啞児教育の動機と目的

ホールが朝鮮で盲教育を実施した動機は、母親がニューヨーク盲学校の生徒と交流がありホールの幼児期に点字を手解きしたため、盲人の教育に関心を持っていたこと、また平壌でのホール夫妻の活動の援助者でキリスト教信徒となった呉錫亭の娘で幼い呉鳳来が失明していることを知り役に立ちたいと思ったことにある。当時、朝鮮の盲人や聾啞者の境遇は悲惨で、盲人の女性は占い師か巫女《シャーマン》などになるしか生きる道がなかった。

　ホールの盲人教育の目的は、「朝鮮の盲女児たちが街の手品師になる代わりにキリスト教家族の一員となり幸せな人生を送ること」◆17にあり、したがって「我が校の目的は朝鮮の盲少女たちに知性」[18]を育むことにあった。

ホールは盲教育がある程度軌道に乗ると、聾唖教育にもとりくみ始めた。ホールは「聾唖者たちは自分の名前を分からず（略）魂を持っていてもそれを知らない。（略）私には今回の仕事も盲人事業と同じく思われる。[19]」と述べている。

(3) 盲・聾唖教育の実践の特徴とその意義

生徒が少なかった初期の盲教育では、盲女子だけの個人指導が中心であったが、盲・聾唖児が増えていくなかで特別学級を編成した。

盲児には点字による読み書き、聖書、算術、地理、音楽などのほか、手工芸品の製作、「キムチの漬け方、料理、洗濯、編み物、バスケット、マット、草履の製造」などの実業教育、鍼按・マッサージの実技とその基礎となる生理学の学習も行われた。

聾唖児の教育は障害の特性を考慮した教科にし、視覚的なシンボルを利用した手話法と口話法を併用した。また、手工芸品製作や菊の花などの植物栽培を行った。その結果、毎年恒例の生徒たちの手工芸作品や各種の花の展示即売会では多くの収益があり、学校運営の経費にも役立ったという。[20]

そのほか、ホールの教育実践で注目されるのは、知的障害がある盲児や両親を亡くし身寄りがなく「乞食」となっていた盲児を学校に引き取り教育していること、総督府に要請して日本の小学校の教科書を取り寄せ、米国聖書協会寄贈の点字製版機を生徒たちと使って『国語（日本語――引用者注）読本』『ヨハネ福音書』の教材づくりをしていること。卒業生の中には官立東京盲学校・同聾唖学校の師範部に進学し、帰国後同校の教師となった者もいることである。またホールは、卒業した盲女性が盲男性と結婚し、誕生した乳児をつれて母校に来たとき、心から喜び祝福してその子を抱き、将来、社会がこのような障害者たちを受け容れるようになってほしいと語ったという。そのほか、とりわけホールが、何年か同校で学んだ幾人もの盲生徒を一般の小学校・女学校に編入させ、健常児との共学を重視したことは、今日でいう障害児の統合教育の先駆的実践として高く評価し得る。[21] また特に朝鮮における女子の盲・聾唖児の教育に早い時期から長年にわたり一貫して力を尽したことは特筆すべきことである。

平壌盲唖学校はR・S・ホールの朝鮮における医療宣教師活動の一環であり、略年譜で示したように、その活動の範囲は広く、果たした役割は大きい。この点について、京城英字新聞主筆の山縣五十雄は、「朝鮮に於ける外国宣教師最初の博愛事業」と題して次のように讃辞を呈している。

「彼女は不幸の境涯（我が児の一人を亡くしたことや夫が病死したことなどか——引用者注）の中にも始終渝《かわ》るなく朝鮮女性のために働いた。彼女の手によりて九死の病より免るゝを得た朝鮮婦人の数は萬を以て数ふべきであらう、彼女が創立した平壌の廣恵女院と彼女が設立を援助したる京城東大門内の婦人病院とは朝鮮に於ける基督教主義の婦人専門の二大医療機関で、彼女の名を不朽に伝ふる記念物である。[22]」

なお、R・S・ホールが米国に帰国した三五（昭和一〇）年の翌年に発行された『朝鮮の社会事業』誌（三六（昭和一一）年三月発行）は、「第四章　児童保護」の中の「異常児保護」の項で、「平壌私立盲唖学校は米国監理教派が之を経営し、女子盲唖者に限り之を教養して居り、昭和九年度末現在盲生五〇名を収容して居る。」と記している。また、『昭和十一年三月　朝鮮社会事業要覧』（朝鮮総督府学務局社会課、三六年三月発行）は、「特殊教育事業」として「朝鮮総督府済生院盲唖部」と「私立平壌盲唖学校」を記載し、後者については「校長　恵仁《ヘイン》秀《ス》」、「従業員　教員2人、書記1人」、「修業年限　盲生4ヶ年」、「収容定員盲生50人」、「現在収容員数盲21人」、「卒業生数34人（盲生）」、「財源　御下賜金、官庁補助金、経営者出資金、篤志家ノ寄附金」などと記している。[23]

二　朝鮮総督府済生院盲唖部

(1) 済生院盲唖部の設立過程

済生院は、「韓国併合に関する条約」（一九一〇（明治四三）年八月公布・実施）の際に下賜された臨時恩賜金の中の五〇万円と朝鮮総督府交付金一一万三一五九円を基金とし、「済生院規程」（一九一一年六月、府令第七七号）の発布によって設立された財団法人である。本規程は、同院に対する監督権限は朝鮮総督にあり、設立目的は孤児の養育、盲唖者の教育及び瘋癲の救療を行うことにあると定めた（第一条）。そして、同院は私立京城孤児院が閉院となり、そこで養育されていた孤児九十余人を収容して養育部を設け一九一二年四月より京城府西大門外旧崇義廟跡において事業を開始した。同年三月、「朝鮮総督府済生院官制」（勅令第四三号）により同院に医療部を併設。同年四月、「朝鮮総督府医院及済生院特別会計法」（法律第六号）が公布され、済生院の事業は朝鮮総督府済生院に引き継がれ、同年度末に財団法人済生院は解散。

一九一三（大正二）年四月、「朝鮮総督府済生院規則」（府令第四一号）が発布され、従来の養育院のほかに新たに盲唖部を設けることになった（第一条）。そして、医療部の事業を総督府医院に移管した。

以上のような経緯をへて、官立の朝鮮総督府済生院盲唖部は、一九一三年度より京城府新橋洞一番地において事業を開始するに至った。敷地は一万四七六坪余、建坪は五八七坪余である。一九三四（昭和九）年三月末現在の「主なる建物は大神宮奉祀殿、事務室、講堂、教室、作業室、寄宿舎、食堂、浴室、倉庫及職員官舎等とす。」[24]

金龍燮は、朝鮮総督府が済生院盲唖部を設けた理由として、①「朝鮮に住んでいた日本人のための按摩が必要であった」、②「植民地政策の一環としての『社会事業』の実施の必要性」、③「すでに平壌で盲唖教育を展開

していた私立学校に対抗するため」という三点を指摘している。◆25

(2) 済生院盲唖部の教育に関する規定――「朝鮮総督府済生院規則」について

同規則は全二九条と附則から成り、「盲唖部」に関しては第一七条から第二八条で規定している。次にその内容を抄記する。

盲唖部の目的は「盲者及瘖唖《いんあ》者に普通教育を施し其の生活に適当なる技能を授くる」ことにある（第一七条）。

生徒：「給費生及自費生」とに分け、「給費生は総て寄宿」させる（第一八条）。

教科目：「盲生」は「修身、国語（日本語――以下同じ、引用者注）、朝鮮語、算術、鍼按及体操等」、「瘖唖生」は「修身、国語、朝鮮語、算術、手芸及体操等」（第一九条、第二〇条）。

修業年限：「盲生科」は三年、「瘖唖生科」は五年、「盲生速成科」は一年（第二一条）。

入学年齢：「盲生」は「年齢十二年以上」、「瘖唖生」は「年齢十年以上」（第二三条）。

入学志願者：「其の父兄親族又は身元確実なる者一名の連署を以て毎年三月十日迄に入学志願書」を提出しなければならない（第二四条）。

入学許可者：入学を許可された者は「保證人一人と連署の上在学証書を院長に」提出しなければならず、その「保證人は成年以上の男子にして独立の生計を営む者」であること（第二五条）。

半途退学：「半途退学」をするには「其の事由を記し出願人及保證人連署して退学願書」を提出しなければならない（第二六条）。

院長の権限：院長は「教育上必要と認めたるときは戒飭《かいちょく》《ママ》又は停学を為すこと」が出来（第二七条）、生徒の退学は「一　性行不良にして改善の見込なしと認めたる者。二　疾病又は能力劣等にして成業の見込なしと認めたる者。三　正当の理由なくして引続き一ヶ月以上欠席したる者又は出席常ならざる者」に院長が命ずる（第二八条）。

(3) 盲・聾唖生徒の入学・卒業――一九一三年～一九三八年

済生院に盲唖部が設けられた一三（大正二）年から三八（昭和一三）年までの二五年間の盲・聾唖生徒の入学者数・卒業者数の推移や卒業後の状況などについて見ていく。

(i) 入学者数について

朝鮮総督府済生院が毎年編集・発行した『朝鮮総督府済生院事業要覧』には「事業状況」の章に「盲唖部状況」の節もあり、その年度の生徒の「入学」「教育」「給費の状況」「卒業者就職状況」などが掲載されている。とくに、その「昭和拾参（一九三八）年度」（一九三八〔昭和一三〕年一一月発行）の版には、前述の全期間にわたって各年度別入学出願者数、第一学年入学許可状況、卒業者各年度別調の表が作成・収録されている。これらの資料に基づいて入学者数などの推移についての特徴を記す。

第一に、盲唖部が設置された一三（大正二）年度から二三（大正一二）年度までの一〇年間は大体において多くの出願者が入学を許可されている。この期間の入学出願者数の最少は一五年度と二〇年度の二一人、最多は二一年度の六三人、平均して三七人弱、合計三六五人であり、第一学年入学許可者の最少は一四年度の「速成科」の七人、最多は二一年度の五三人、平均して三〇人弱、合計二九六人である。

第二に、二四年度以降は入学出願者が急増しているのにもかかわらず、入学許可数はあまり増えていない。二四年度から三八年度までの入学出願者数の最少は二八年度の六二人、最多は三七年度と三八年度の一二七人、平均して九〇人強、合計一三〇八人であるが、第一学年入学許可者の最少は二五年度、二六年度の二四人、最多は三四年度の三七人、平均して約三五人、合計四九二人に過ぎない。

第三に、入学出願者数の推移を給費出願と自費出願で比較すると、いずれの年度においても前者が後者を上回り、二五年間の合計では前者は一二六四人（男一〇八七、女一七七）、後者は四〇九人（男二九〇、女一一九）である。

第四に、二五年間の全体の入学出願者数と第一学年入学許可者数を比較すると、前者が一六七三人であるのに対して、後者は八一三人で五割に満たない。

第五に、入学出願者の性別人数はどの年度でも男子が女子を上回っている。二五年間の入学出願者数一六七三人のうち、男子は一三七七人（八二・三％）、女子は二九六人（一七・七％）。

第六に、第一学年入学許可者数を盲生科と唖生科とで比較すると、一三年度から二三年度までは、前者が後者より多く、二四年度から三八年度までは後者が前者より多い。二五年間の全体の入学許可者数は前者が四〇八人（男三七四、女三四）、後者が四〇五人（男二九二、女一一三）でほぼ同数である。

(ii)卒業者数の推移と卒業後の職業など

表21に、盲生科と唖生科の一三（大正二）年度から三七（昭和一二）年度までの卒業者の男女別の人数を示す。

一三年四月盲唖部開設以来、三七年度までの盲生科の卒業者は二一三人（男二〇〇、女一三）で、卒業後の状況は「鍼按《しんあん》自営」一八一人、「教員」一人、「上級学校入学」二人、「死亡者」二三人であり、鍼按自営業が大多数で八割強を占める。同じく唖生科の卒業者は一五八人（男一一八、女四〇）で、卒業後の状況は「家事」三四人、「農業」三〇人、「和服仕立」二〇人、「洋服仕立」一五人、「大工」一一人、「店員」一〇人、「上級学校入学」三人、「自動車修繕工」二人、「金工」一人、「表具」一人、「髪結」一人、「其《そ》の他」八人、「死亡」二一人と多様である。[26]

表21　済生院盲啞部卒業者の年度別人数

1913～1937年度

年度別	盲生科			啞生科			合計		
	男	女	計	男	女	計	男	女	計
1913	△9	—	△9	—	—	—	△9	—	△9
1914	△6	—	△6	—	—	—	△6	—	△6
1915	8	—	8	—	—	—	8	—	8
1916	6	2	8	—	—	—	6	2	8
1917	6	—	6	5	1	6	11	1	12
1918	6	1	7	3	—	3	9	1	10
1919	6	—	6	—	1	1	6	1	7
1920	7	—	7	3	2	5	10	2	12
1921	5	1	6	—	—	—	5	1	6
1922	6	—	6	1	—	1	7	—	7
1923	7	2	9	8	2	10	15	4	19
1924	11	—	11	4	—	4	15	—	15
1925	9	1	10	7	—	7	16	1	17
1926	8	—	8	7	1	8	15	1	16
1927	7	1	8	6	1	7	13	2	15
1928	11	—	11	9	5	14	20	5	25
1929	8	—	8	8	3	11	16	3	19
1930	11	—	11	7	2	9	18	2	20
1931	8	—	8	5	3	8	13	3	16
1932	11	3	14	6	2	8	17	5	22
1933	7	1	8	8	4	12	15	5	20
1934	6	1	7	6	2	8	12	3	15
1935	9	—	9	8	4	12	17	4	21
1936	13	—	13	6	3	9	19	3	22
1937	9	—	9	11	4	15	20	4	24
計	200	13	213	118	40	158	318	53	371

注　表題は著者が改題。△印は「速成科」。
出典　『朝鮮総督府済生院事業要覧　昭和拾参年』1938（昭和13）年11月発行、50～53頁より作成。

なお、「盲生科」に開設当初設けられた修業年限一年の「速成科」は、「短期を以て修業せしめたるも技術の練習充分ならざりし」という理由で二五（大正一四）年度以降廃止された。

(4) 教育課程および毎週教授時間数

三八（昭和一三）年度三月末現在の盲啞部の学年別の「教課程及毎週教授時間数」について、「盲本科」に関しては表22に、「啞本科」に関しては表23に掲げる。

盲本科・唖本科の「教課程」と『昭和拾参年　朝鮮総督府済生院事業要覧』（一九三八〔昭和一三〕年一一月発行）などの「盲唖部　教育」の項の記述も参照しながらいくつかの特徴を次に記す。

第一に、先に抄記した「朝鮮総督府済生院規則」の盲唖部設置の目的に基づき、両本科とも「修身」「国語」（日本語、以下同じ）と実科にかなり重点を置いた。前掲『事業要覧』では、「盲生は生徒の年齢高きを以て理解力割合に良好なり（略）殊に国語と実科とに対しては特に力を注ぎ居れるを以て第一学年第二学期よりは簡単なる会話を為し（略）実科としては鍼按灸《きゆう》及マッサージを課し、第三学年に至れば授業時間外に於《おい》て実地練習を

表22　「盲本科教課程及毎週教授時間数表」

科目	第一学年	時間	第二学年	時間	第三学年	時間
修身	道徳の要旨作法	一	同上	一	同上	一
国語 朝鮮語	発音、点字、単語、短句、近易なる普通文、読方、綴方、話方	一二	近易なる普通文の読方、綴方、話方	一二	同上	一二
算術	整数	四	小数、諸等数	四	分数、比例、歩合算	四
唱歌	単音唱歌	一	同上	一	複音唱歌	一
体操	体操、遊戯	二	同上	二	同上	二
鍼按	普通按摩（全身）鍼術（鍼治法の大意用管刺法） 解剖大意	一六	普通按摩術（按腹） 鍼術（用管刺法） 灸術（灸治法） 生理の大意 鍼灸按摩学の大要（マッサージを含む）	一六	マッサージ（全身） 鍼術（捻鍼刺法） 灸術（灸治法） 病理衛生大意鍼灸按摩（マッサージを含む） 孔穴学の大要	一六
計		三六		三六		三六

出典　朝鮮総督府済生院編集・発行『朝鮮総督府済生院事業要覧　昭和拾参年』一九三八（昭和一三）年一一月一五日発行、四三頁より転載。

表23　「唖本科教課程及毎週教授時間数表」

科目	第一学年	時間	第二学年	時間	第三学年	時間	第四学年	時間	第五学年	時間
修身	道徳の要旨作法	一	同上	一	同上	一	同上	一	同上	一
国語及朝鮮語	発音、仮名、日常須知の文字及近易なる普通文、読方、書方、筆談書方	一二	同上	一二	同上	一二	同上	一二	同上	一二
算術	整数	五	同上	五	整数、小数	四	諸等数、分数	四	比例、歩合算	四
体操	体操、遊戯	二	同上	二	同上	二	同上	二	同上	二
手芸 図画	簡易なる形体	一三	同上	一五	同上	一六	同上	一六	同上	一七
手芸 裁縫	（和服）運針法（洋服）運針法手芸		（和服）簡易なる衣類の縫方（洋服）同上及用具使用法手芸		（和服）通常衣類の縫方（洋服）同上及端物類縫方並に手芸		（和服）同上及繕方裁方（洋服）下着類及通学服縫方		（和服）同上（洋服）同上及毛織服縫方其他裁方	
金工	―	―	鋏の練習簡単なる金工用具及使用法簡単なる物品の工作法	四	曲尺使用法ハンダ鑞付練習機械及工具使用法薬品名及用途と注意同	九	材料名及用途簡単なる型取法簡単なる日常用品の工作法及工作実習其他修理	一五	同上用器画及工作製図	一五
計		三三		三九		四四		五〇		五一

出典　表22と同じ。四四～四五頁より転載。

目的として一般者の需に応じて技術の練習と普通作用の実際とに慣れしむることに努めつつあり。」と説明している（以下、引用は同『事業要覧』による）。

第二に、公民教育という意味において、両本科とも「国語」の中に地理、理科などを加えて教授した。すなわち、「(両本科で) 公民教材の意味に於て国語科時間の一部を割き国語教授の下に地理歴史を加へ地理にありては朝鮮に出発して内地に及び我が国の地位国勢其の他一般状況に付き教授」すると説明している。

第三に、教授上の方針は、普通科と実科とのいずれにおいても、反復練習および応用に重きをおき、「実物又は模型等を利用」と、「実際的指導」に努めた。

第四に、障害の特性を考慮し、盲生には触覚や聴覚などの感覚機能の向上に力を入れ、唖生の教授方法としては手話に中心をおき、口話を加味した。

第五に、盲・聾唖生の「情操教育」のため盲本科の科目には唱歌を取り入れて諸種の楽器類を備え、「寄宿舎にラヂオ機を備え付け毎週二回之を聴取せしむる事とし以て慰安方法の一つ」とした。唖本科では、図画科を加えて写生や鑑賞を重視したほか、「花卉《かき》の栽培」を実施した。

したがって、全般的には健常児の一般教育と同じく順良な公民の養成をめざしながら、基礎的な生活自立の技能を身につけさせ、さらに障害の特性に応じた職業教育を学年段階が高くなるほど専門化させながら実施しようとしたといえよう。

なお、各科目の教科書は基本的に教員各自が分担編纂《へんさん》したものを使用することになっており、また複式授業にせざるを得なかったので、教員は指導上、多くの困難に直面したようである。

では、当時、生徒であった者はどのような感想を抱いているのであろうか。

著者が第一回の訪韓の際に、浦項にある「愛の家」(視覚障害者のための福祉施設)まで出向いて聴き取りした金千年(盲唖部盲本科の三八(昭和一三)年度卒業生)◆27は、「国語は一般の学校では六年間に全一二巻を習うようになっていたのに、盲本科ではそれを修業年限の三年間でこなさねばならず無理だった。とくに、『鍼按』科目の中の『解剖』『生理』『病理』などの内容は難しくて分からなかった。按摩実習はとても厳しかった。三年生になると社会へ按摩実習があり一回の報酬が三〇銭。盲唖部に預け卒業の際にもらった。」と語った。

また、金龍燮に紹介され、ソウルで聴き取りをした李相秦（盲唖部盲本科の第二七回、一九四二〔昭和一七〕年度卒業生）は、「盲唖部での盲生徒の教育は、実際には按摩教育に比重が置かれていて、一般の教科の科目の教育は日本語の『国語』以外はそれほどでもなかった。」という趣旨の話をされた。

盲唖部では授業は男女共学であるが寄宿舎は男子と女子と別の棟に分かれていた。

生徒の出身地域は一三道のうち、京畿道、平安南道、平安北道が多い。例えば、三八（昭和一三）年三月現在、全生徒一四四人（男一一八、女二六）のうち、京畿道五九人（男四六、女一三）、平安南道一九人（男一九、女〇）、平安北道一一人（男九、女二）である。

生徒の中には開設期から日本「内地人」が少なくない。例えば二一（大正一〇）年四月一日現在、全生徒八九人（男七四、女一五）のうち、「内地人」は二七人（男一八、女九）。障害別では「盲生」五人、「唖生」二二人。「自費」二四人、「給費」三人である。出身地域は二七人のうち、「京城府」が二一人（男一四、女七）である。[28]

この傾向はその後もあまり変わらない。例えば二四（大正一三）年七月末現在、全生徒一四四人のうち、「内地人」は一五人（男一〇、女五）。障害別では「盲生」四人、「唖生」一一人。「自費」一四人、「給費」一人。出身地域は「京畿道」一二人（男八、女四）、「忠清北道」一人（男）、「咸鏡南道」一人（女）、「咸鏡北道」一人（男）である。[29]

(5) 朴斗星たちによる朝鮮語点字の考案と普及

韓国の障害者教育とりわけ視覚に障害がある人たちの教育による学習と発達への権利の保障、ひいては「完全参加と平等」（一九八一年・国際障害者年スローガン）の実現のために画期的な意義を有する史実の一つは、済生院盲啞部の初の朝鮮人訓導朴斗星（一八八八〜一九六三年）を中心とした人たちが一九二六（大正一五）年一一月に朝鮮語点字を創案・頒布したことである。

それは点字の創始者であるフランスのL・ブライユ（Braille, Louis 一八〇九〜一八五二年）の方式に基づく六点の「訓盲正音」であり、その後何度かの修正・補完を経て、今日の韓国語点字の根幹となっている。

朴斗星は京畿道の出身、漢城師範学校を卒業（一九〇六年）後、京城の於義洞普通学校に訓導として勤務。一三（大正二）年一月六日、済生院盲啞部の発足と同時に赴任し、三五（昭和一〇）年三月三〇日まで勤務。盲啞部長事務扱を三一（昭和六）年と三六（昭和一一）年に、いずれも短期間だが朝鮮人として唯一、務めた。[30]

朴が朝鮮語点字の考案にとりくんだ理由・動機は「教課程」には朝鮮語も正規に位置づけられているのに盲生徒にそれを点字で教えることが出来ずにきたこと、R・S・ホールが考案し平壌盲啞学校で使用しているニューヨーク式四点点字では朝鮮語を十分に表現し伝えることが不可能であること、そして何よりも盲生徒たちから朝鮮語点字の作成を強く要求されたことにある。[31]

二三（大正一二）年、朴は志を同じくする同胞たちと朝鮮語点字研究委員会を総督府当局や官権による干渉や弾圧の危険を避けて密かに組織し、三年の歳月をかけて先の「訓盲正音」というブライユ式ハングル六点点字を完成。植民当局に朝鮮語点字としての承認を得るために陳情書を提出した。そこでは、失明という第一次障害を負った者に点字による言葉の教育をしないと、情緒不安、劣等感、さらには非社会的な行動などの第二次、第三次の副次的障害を生みだすおそれがあることを指摘し、「盲人の心眼」を開き、「情緒純化」を図るには「文字」を与えることが欠かせないことを訴えている。[32] その結果、総督府は朝鮮語点字を公認し、三八（昭和一三）年の選挙では盲人の点字投票を認めた。

ここで「文字」とは、すなわち盲生徒たちの母国語〝朝鮮語〟である。日本による植民地支配の一環として日本語を「国語」として強制し、朝鮮語の教育が疎《おろそ》かにされていく状況に立ち向かって、弾圧を避けながら密かに努力を続け、民族の基本的権利である母国語の獲得と朝鮮人としての主体形成のために朴斗星たちが朝鮮語点字の創造と普及に尽力したことの意義は極めて大きい。

＊

朝鮮総督府済生院盲唖部（以下、盲唖部と略す）の基本的な性格と意義・問題点などについて重点的にまとめる。

第一に、済生院の養育部・附属農場・盲唖部の事業全体が植民統治の一環であり、慈善・慈恵主義に基づいていることである。それは、同院の設立・運営が恩賜金を主たる基金としてなされたことにも示されている。

第二に、盲唖部の教育が社会事業の枠内にとどまり、教育制度上の学校教育として位置づけられていないことである。『朝鮮の社会事業』（朝鮮総督府学務局社会課、一九三六年版）、『京城社会事業便覧』（京城府、一九二九年版）などでも盲唖部は「児童保護」事業に分類されている（傍点は引用者）。

第三に、総督府は盲唖部の教育事業をとりたてて拡張せず、また京城府以外に盲唖教育施設を設立していないことである。ちなみに、三浦生の論考「朝鮮総督府済生院盲唖部を訪ふ」◆33（三三〈昭和八〉年）には、訪問者である三浦生が「貴部も21年も経過したとなれば、時世に順応して施設経営して貰ひたい事が多いでしょうね。」と問いかけたことに対して、盲唖部長の和久正志は、「まあ、朝鮮の盲唖教育は此の済生院の盲唖部を唯一枚の看板として『朝鮮でも盲唖教育をやってゐる』といった程度ですからね。」と応じたことが記録されている。また、今里新蔵（朝鮮社会事業主事）は三七（昭和一二）年に『同胞愛』誌（三七年二月号）で、「少なくとも朝鮮内に5箇所の盲唖学校が欲しい。理想としては将来は各道に設置が望ましい」と提唱したが、朝鮮総監府は全く受け入れなかった。

第四に、総督府が盲唖教育で究極的にめざす目的は、基本的に一般の学校における皇民化教育のそれと同様である。例えば、済生院盲唖部長の田中藤次郎は、盲唖部がめざす教育の目的は「他の一般教育と同じく、一に善良有為なる国家（日本国家――引用者注）の公民を養成するに在る。」と述べている。◆34

第五に、植民本国である日本「内地」の盲・聾唖教育と植民地である日本「外地」の盲聾唖教育には格差があり、さらに「外地」である台湾、朝鮮の間でも格差がみられることである。例えば、教育制度上の位置づけについて、日本「内地」では「盲学校及聾唖学校令」（一九二三〔大正一二〕年八月二八日、勅令第三七五号）によって盲学校・聾唖学校は文部省が所管し道府県が設置義務を負い、盲・聾分離を原則とする学校となった（但し、就学義務は課されず完備した義務教育制度ではない）。他方、台湾では日本「内地」より一年早く制定された「台湾公立盲唖学校規則」（一九二二〔大正一一〕年四月二二日、勅令第二二四号）によって盲・聾唖併置または盲部・聾唖部単独設置、普通教育・技芸教育の重視などがさだめられ、盲聾唖学校は正規の学校として認められた（但し盲聾唖学校設置義務者の規定なし）。しかし、朝鮮では盲児および聾唖児は学齢に達しても正規の学校への就学を保障する教育法令は制定されなかった。修業年限においても、日本「内地」の盲学校・聾唖学校と台湾の公立盲唖学校の「初等教育」は六年制、「中等教育」は基本的に四年制ないし五年制とほぼ同じだが、朝鮮総督府済生院盲唖部は「盲生科」三年制、「瘖唖生科」五年制と終始、初等教育レベルの教育が行われていた。済生院盲唖部の意義としてまず挙げることが出来るのは、官制の盲聾唖教育事業であったため、教職員の人件費をはじめとして、その維持・運営に必要な経費が国費として支出され、他の私立の盲聾唖学校などと違って財政面では安定していたことである。

第六に、盲学校・聾唖学校、盲唖学校を卒業することによる免許状の取得と行使にも、日本「内地」と、「外地」の台湾・朝鮮とでは違いがあり、さらに朝鮮においても官立の済生院盲啞部と私立の盲聾啞学校の卒業とでは違っていたことである。すなわち、日本「内地」の盲学校・盲聾啞学校鍼按科および済生院盲啞部の生徒は、卒業と同時に按摩《あんま》・鍼《はり》・灸の免許が取得できたが、済生院以外の私立盲聾啞学校の盲人卒業者は試験を受けて合格しなければならなかった。そのため私立学校出身の盲人の中には済生院盲啞部に編入して免許を得た者もいた。ただし、朝鮮で取った免許は日本「内地」では使えなかったが、日本「内地」で取った免許は日本「外地」のどこでも通用したのである。◆35 朝鮮で按摩・鍼・灸の免許に関する法令は日本「内地」のそれを元にして制定されていたにもかかわらずである。ここにも、植民本国である日本が被植民地朝鮮に対する障害者の職業の資格に関して差別的な態度をとっていたことがわかる。

三　日本人居留民による私立盲学校——「嶺南心眼共済院」

朝鮮に居留していた村上唯吉は、一九二六（大正一五）年六月一日に、釜山府西町二丁目一番地に私立の盲学校「嶺南心眼共済院」を設立した。

目的は「盲人青年男女に必要なる学科、技芸等を授け自営自治の途を向上」させるためであった。村上はその必要性と意義を提唱し「多数有志の後援」を得て設立したという。

会員制の組織で村上が代表者となり院務の処理に当たった。院の維持・経営は「会員より徴収する会費と地方篤志家の寄附金」に依った。

一九二七（昭和二）年現在の「事業」については、朝鮮総督府内務局社会課編集『朝鮮社会事業要覧』（朝鮮総督府、一九二七年八月一日発行）には次のように記されている。

「年齢十五歳以上三十五歳以下の盲人に対し、午前中普通学科及点字を授け、午後は生理、病理の学科より鍼灸、按摩等の術科を授け、現在男十五人女十人の盲生を収容し居れり。」[36]

しかし、同院の発起人で「代表者」である村上唯吉の履歴や設立の経緯、その後の経過については一八（昭和三）年度以降の朝鮮総督府による『朝鮮社会事業要覧』などにも記載されておらず不詳である。

四　朝鮮人による私立盲聾唖学校――「平壌光明盲唖学校」

二九（昭和四）年三月に朝鮮総督府済生院盲唖部を卒業した盲人の鄭滲出は三四（昭和九）年に平壌でマッサージ業を開業した。そして、その地域の盲人たちと協力して、盲男児たちに点字とマッサージの教育を行うことを志し、その教育事業を興すことを平壌南門の外の教会の牧師である李昌鎬に依頼した。

鄭たちの要請を李牧師は承諾し、三五（昭和一〇）年春、李牧師が校長に就任して盲聾唖者の教育と伝道事業を行う平壌盲唖学院を創設した。同学院は四二（昭和一七）年に私立学校としての認可を受け、平壌光明盲唖学校と改称した。

同校は教育目標として「正直、奉仕、勤勉」を掲げ、通学制と寄宿舎制を併用した。盲部と聾唖部を各学級で編成し、教育の科目は一般教科のほかに職業教科として盲部の生徒には按摩・マッサージなど、聾唖部の生徒には木工、洋裁などを教えた。教育の方法として、盲の生徒には点字を用い、聾唖の生徒には手話を用いた。そして、全生徒に対して、週に一回以上の礼拝の時間をとり、キリスト教の教育を実施した。

生徒の募集は朝鮮全域を対象にし、そのために全国のキリスト教の教会・新聞を通じて知らせた。学校運営に必要な経費は生徒からの授業料徴収、全国の教会からの寄附などによって賄おうとしたが、家庭の都合による授業料の未納者も多く、財政面では絶えず困難に直面した。教師は全て朝鮮人のキリスト教の信徒であり、盲啞教育に強い使命感を有していた。教師の養成と資質向上に努め、教師の中には日本「内地」の官立東京聾啞学校師範部に留学した者もいた。そして、聾啞教育の方法を手話から口話に切り替えた。

創設者であり初代校長となった李昌鎬牧師は一八九六（明治二九）年に平壌南道瀧川郡《ヨンチョン》で生まれた。先川の中学校と平壌神学校を卒業して牧師となり、大韓イエス救長老会平壌の会、平壌社会事業連合の会長も務めた。盲児・聾啞児の教育に確固とした信念と高い理想を抱き、第二次大戦中の日本の強圧下でもさまざまな苦難を乗り越えて学校運営を続けた。一九五二年、五六歳のときソウルで死去した。[37]

なお、済生院盲啞部を二九（昭和四）年に第一二回生として卒業した平安南道出身の孫龍洙《ソン・ヨンスウ》によって、三八（昭和一三）年頃に「元産盲学校」が設立されたが、同校についての詳細は不明である。盲啞部の同窓生である金千年によれば、創設者の孫龍洙は「活動家であり、社会事業者であった。」という。[38]

2 「東洋盲啞教育会議」の開催

「第一回東洋盲啞教育会議」が一四（大正三）年八月一一日から五日間にわたって、私立平壌盲啞学校で開催された。第一次世界大戦が同年七月に勃発している。そのような国際情勢の中で、日本と中国の中間に位置する朝鮮で、視覚障害や聴覚障害がある人たちのための教育に関する会議がアジア各国の障害児学校などの関係者たちによって開かれたことはアジアの障害者権利保障の歴史において画期的な意義を有する。この会議は「第一回」と銘打って開かれ、第二回の同会議を翌一五（大正四）年七月上旬に中国の芝罘聾啞学校で開催することを決め、そのための準備委員に次の人たちが選ばれた。

平壌盲唖学校長ホール（Hall, R. S.）、芝罘聾唖学校長カーター（Carter A. E.）、済生院盲唖部長大塚米蔵、上海盲学堂長ジョン・フライヤー（Frier, J.）、東京聾唖学校長小西信八、中村京太郎。

同会議には朝鮮、日本「内地」、中国からの盲唖教育の代表者約二〇人に加え、朝野知名の数十人、そして言語を異にするそれぞれの地域からの諸氏が参加。開催に当たっては、寺内正毅朝鮮総督、関屋貞三郎学務局長、平壌神学校長ベアード（Baired, W. M.）、京城英字新聞主筆山縣五十雄、朝鮮鎮南浦滞在清国領事、小西信八東京聾唖学校長などから祝電や祝辞が寄せられた。

同会議での発表題目と発表者について紹介する。


「○実験上より見たる盲生の健康状態　東京盲学校長町田則文
○国語教授上の実験　愛媛盲唖学校主任宇都宮直紀
○支那盲教育の現況　ジョン・フライヤー
○聾唖に対する談話教授上の新思想　芝罘聾唖学校エー・イー・カーター
○聾唖に対する教授上の実験　芝罘聾唖学校教師欒松梅
○聾唖者の資格　日本聾唖技芸会長　青山武一郎
○盲人に対する伝道について　岐阜訓盲院長森巻耳《けんじ》
○済生院盲唖部の過去及現在　同部長大塚米蔵
○訓盲万国会議報告　中村京太郎」

討論において注目を集めたのは、「普通官公私立学校に於て聾唖児童を普通児童と同一学級若くは同一校舎に於て教育するの利益如何」であった。それは平壌盲唖学校でR・S・ホールが積極的に実践していたいわゆる統合教育の評価にもかかわることであった。

同会議の内容と雰囲気については、「第四回万国盲人事業家大会」に日本代表として参加し、ロンドンからシベリア経由で帰国途中にこの会議に参加した中村京太郎が次のように伝えている。

「山形主筆が『信仰と愛の天使は、今や欧州の天地を去ってここ東洋の一角にその平和の翼を表わした。殺すということに比べて救うということのいかに尊く、かつ天意に叶うことであるか』とのべるや、満堂感激に満たされ、一同粛然として襟を正し、かつともに祈った。かくて毎日開会、しかも毎日開会ごとに点字聖書が朗読され、夕には各自自国語で主の祈り（『新約聖書』「マタイによる福音書」六章九～一三節――引用者注）をともに捧げ、全く商売気を離れた盲ろう教育という中立地帯における純なるクリスチャン・モーティブにおいて、日支両国の教育者は何等こだわることなく相語り、朗らかに答《ママ》い合った。信仰一つ、バプテスマ（洗礼――引用者注）一つ。願いも一つ、希望も一つ。両国のクリスチャンはかたく相結び、心と心、魂と魂とがここに相接点を捉えた。少くとも彼等は日支親善融和の新たな手がかりをここに見出した。◆[39]」

同会議中に平壌の監理教会で行われた公開演説会には一〇〇〇人を超える聴衆が集まり、盲生徒による英語および日本語の唱歌や聾唖教授の実験なども披露された。

閉会の際には、同会議の発起人の一人であり運営の中心となったR・S・ホールに参会者の代表が謝意を表し、朝鮮語、日本語、英語および中国語でそれぞれ祝辞を述べた。

同会議の参会者について、ここでは森巻耳と中村京太郎についてその略歴を記すことにしよう。

石川県人の森は一八八七（明治二〇）年、滋賀県師範学校から岐阜県立中学校の英語教師に転任したが、眼病のためその職に堪えず、在職一年で退いて治療に努めつつ、キリスト教に入信。岐阜聖公会に所属し伝道に携わった。森の後任として、岐阜中の嘱託英語講師になったのが岐阜聖公会司祭のA・F・チャペルであった。一八九三（明治二六）年六月、森は両眼失明、チャペルの激励に奮起し、残る生涯を盲人教育に挺身する決意を固めた。一八九一（明治二四）年の濃尾大震災の際にチャペルとその同志である岐阜聖公会の信者たちが特に盲人罹災者の救援のために設立した「鍼灸按伝習所」を仮校舎にして、九四（明治二七）年三月に森、チャペルらにより「岐阜聖公会訓盲院」が開院した。院長に就任した森は、同年八月から翌年二月まで、小西信八（一八五四（嘉永七）年～三八（昭和一三）年）が校長を務める官立東京盲唖学校で一般盲生に伍して点字、マッサージを学び、帰校して早速院生に点字を教えた。また九七（明治三〇）年には点字印刷機を購入して、米国のケルロッグ著のマッサージ書を翻訳し、教科書として使用しただけでなく、その点字本を全国の主要な盲学校に寄贈し、点字による盲教育の向上に寄与した。また聖書の四福音書の点字本を修身の教材として用いた。

〇五（明治三八）年、創立一〇周年を迎えた同院は「岐阜盲学校」と改称した。

森巻耳は東洋盲唖教育会議に出席した三か月後に帰天。岐阜聖公会訓盲院の院長時代の森の教育について、『岐阜盲学校六十年誌』（一九五四年）は次のように記している。

「当時森先生は盲生の心眼を開くために精神教育に重きをおかれた。即ち『彼の盲なるは神の栄光を現わさんがためなり』という信念を把握させることに最も力を入れられた。（略）先生が聖書を第一の教材にあげられたのはこのためであった。（略）一般普通科目（修身、国語、算術、理科、地理、歴史等）と職業科目（鍼、灸、あんまの理論と技能、解剖学、生理学、病理学、衛生学、診断学等）においてもその教授に当って一貫するものは祈りと愛の中に盲人の生きる道を導かれたことであった。」◆40

なお、森巻耳・しげ夫妻に、学校にも行けず〈女按摩〉の修業に出されていたのを引き取られ、実の子のようにいとおしんで育てられた盲女児の野口小つる（一〇歳）が、のちの斉藤百合（一八九一（明治二四）年～四七（昭和二二）年）である。百合は岐阜訓盲院、官立東京盲学校を経て、一八（大正七）年春、日本で盲女性として初めて大学（東京女子大学）に進学し、とりわけ盲女性の福祉と教育の発展に貢献した。

その生涯については、彼女が盲女性の教育と自立のために創設した「陽光会ホーム」で学んだ粟津キヨが著書『光に向って咲け――斉藤百合の生涯』（岩波新書、一九八六年。一九八六年度毎日出版文化賞受賞）に生き生きと描いている。

次に、中村京太郎（一八八〇〈明治一三〉年～六四〈昭和三九〉年）について簡略に紹介する。

中村は静岡県の農家の生まれ。小学生のときに眼病で失明。小西信八が校長時代の官立東京盲学校に学び、日本訓盲点字翻案完成者の石川倉次（一八六五〈慶応二〉年～一九四四〈昭和一九〉年）の指導を受ける。同校卒業後、同校の教諭となったが、これが日本で最初の盲人の普通科教師の誕生である。台湾からの盲人留学生の影響を受けてキリスト教の信仰に関心を持つ。〇四（明治三七）年、台湾慈恵院に盲部教育部長として赴任。同院はキリスト教系の社会事業施設であり、その時期にキリスト教に入信。一一（明治四四）年、職を辞し帰国。翌年、文部省から海外盲教育・盲人福祉事業視察の委託を受け欧州訪問。一二（大正一）年九月、英国盲人高等師範学校師範科に入学、一四（大正三）年卒業。卒業の年に第四回国際盲人会議に日本代表として出席、フランス、ドイツ、ロシアを歴訪。二一（大正一〇）年、クリスチャンの阿倍アツと結婚。翌年、大阪毎日新聞社に入社、今日まで続く『点字毎日』の初代編集長となる。成人盲女性の生活援護にも力を注ぎ、盲女子保護協会盲婦人ホーム（三八〈昭和一三〉年）などを設立、経営。世界盲人会議日本委員としての国際的な活動も続けた。六四（昭和三九）年、八四歳で死去。〝日本盲人の父〟と慕われたその風格と大きな歩みは鈴木力二著『中村京太郎伝――日本盲人の父』（中村京太郎伝記刊行会、一九六九年）に詳しい。

なお、R・S・ホールは、東洋盲唖教育会議で中村京太郎が盲児の早期教育や一般の生徒との共学の方法を述べたことに感銘を受けたことを、『朝鮮盲教育会雑誌』第26号の論稿で述べている。[41]

このように、キリスト教人道主義《ヒューマニズム》の絆《きずな》で結ばれて、大正初期にいまだ日本の植民地であった朝鮮の地で開かれた東洋盲唖教育会議は第一次大戦後の平和と民主主義を求める思潮の高まりという面も有する大正デモクラシーへの障害者運動の分野からの一つの先駆けでもあったとも評することが出来るのではあるまいか。

3　植民地下の盲・聾唖者の実態と対策

一　総督府による盲唖者調査

日本の植民地下の朝鮮において、官立および私立の盲唖学校で教育を受けることが出来た盲者や聾唖者はいたものの、その人数はごく僅かであり、そのような教育事業が行われた地域も極めて限定されていた。そのことは、朝鮮総督府が実施した三回の盲唖者調査に照らしても明らかである。

総督府によるそれらの調査の報告は次の通りである。

①朝鮮総督府済生院『大正十年七月末日調査　朝鮮盲唖者統計要覧』二二（大正一一）年三月発行。[42]　②同『昭和二年五月一日調査　朝鮮盲唖者統計要覧』二七（昭和二）年一二月発行。[43]　③朝鮮総督府内務局「昭和十三年四月現在　盲聾唖者調」（内務局『調査月報』第十巻第四号、三九（昭和一四）年四月発行。[44]

ここでは、調査③を中心に、必要な限りにおいて調査①、調査②とも関連づけながら検討する。

調査③に関して概括すると、二四年四月現在の朝鮮の盲者と聾唖者の総数は三万二二六五人で、朝鮮総人口の二二三一万二三六七人の〇・一四％であり、人口一万人につき一五人弱である。

盲者は一万二三七七人で盲・聾唖者総数の三八・四％、聾唖者は一万九八八八人で盲・聾唖者総数の六一・六％である。

男女別では、盲者は男性七五八五人で盲者総数の六一・三％、女性四七九二人で盲者総数の三八・七％、聾唖者は男性一万三四六〇人で聾唖者総数の六七・七％、女性六四二八人で聾唖者総数の三二・三％である。

内鮮別では、朝鮮人の盲者は一万二二六〇人、聾唖者は一万九七三三人、内地人の盲者は一一七人、聾唖者は一五五人である。

地域別で多いところは、盲者は慶尚北道一六五五人（盲者総数の一三・四％）、全羅南道一四一八人（一一・五％）、慶尚南道一二六三人（一〇・一％）であり、聾唖者は全羅南道三〇五九人（聾唖者総数の一五・三％）、慶尚北道二三四三人（一一・八％）、慶尚南道一八九五人（九・五％）である。

次に、「教育の程度」については、「教育を全然受けざる者」が、盲者は一万七三五人（盲者総数の八六・七％）、聾唖者は一万八六二二人（聾唖者総数の九三・六％）と大多数であり、「教育を受けたる者」が、盲者は一三〇八人（盲者総数の一〇・六％）、聾唖者は八三〇人（聾唖者総数の四・二％）と極めて少ない。

「職業別」の人数については、「職業を有せざる者」が、盲者は八六三九人（盲者総数の六九・八％）で最多であり、次いで多いのが「卜禱《ぼくとう》巫女《みこ》」の二七九七人（二二・六％）である。「農業」は二八八人（二・三％）、「鍼按」は二〇六人（一・七％）と少ない。聾唖者は「農業」が最多で九七六九人（聾唖者総数の四九・一％）、「日稼労働者」が七一九人（三・六％）、「下男下女」が二二七人（一・一％）、「裁縫」が二二二人（一・一％）、「商業」が一六五人（〇・一％）である。

調査③では、聾唖者に関しては「職業を有せざる者」[45]の人数の記載がない。しかし、調査①では「聾者ノ職業ハ全部ノ約六割ハ農業ニ従事シ無職者ハ三割二分ヲ示セリ」と記しており、調査②でも「唖者ハ総数（一万三〇

○人――引用者注）ノ約四割七分ハ無職者ニシテ農業従事者ハ又総数ノ約四割七分ナリ」◆46と記している。したがって、調査③においても無職の聾唖者がなかったとは考えられず、また記載されている職業別の人数の合計が聾唖者総数の一万九八八八人に達しないので記述の欠落と推定する。

二　窮民対策としての「不具」「廃疾者」救助

では、このように教育を受けてこなかった者が大多数であり、無職の者が少なくない盲者、聾唖者など障害者に対して、朝鮮総督府はどのような施策を講じたのであろうか。

当時、障害者は一般的に「不具・廃疾者」と呼ばれていたが、朝鮮の社会事業・教育関係法令の中で障害者のみを対象にしたものは一つもなく、一般の人たち、とくに窮民を対象にした法令の中で一緒に取り扱われていた。しかも障害者をも取り入れて対象にした法令の数も極めて少ない。

そのような数少ない法令の一つが、恩賜賑恤《しんじゅつ》資金窮民救助事業を開始するために制定された「恩賜賑恤資金管理規則」（一六〔大正五〕年一月、朝鮮総督府令第一号）および「恩賜賑恤資金窮民救助規程」（同年同月、朝鮮総督庁則令第一号）である。しかし、そこでは被救助者の資格が次のように厳格に定められていた。すなわち、①「廃疾者」「不具者」「重病者又は年齢六〇歳以上の老衰者にして生業を営む能力がなく、しかも他に頼るべき親族・故旧なき独身者」、②独身に非ずと雖も、前項に該当し、その家族が老幼・疾病・「廃疾者」・「不具者」等であるとか、又は失跡・逃亡・在監等の理由で扶養を受けることができない者に限られ、さらに、③その家族にして一三歳未満の者は特に救助することもあるとされた。

したがって、前述したように教育を受けたことがなく、無職の盲者、聾唖者であってもこれらの資格条件を満たしていなければ救助を受けることは出来なかったのである。

実際、朝鮮総督府社会課長の兪萬兼は、「朝鮮の社会事業㊂」の論稿で「恩賜賑恤資金窮民規程」に依る救助の対象は、「之を此《こ》の儘《まま》放任するときは乞食となるか餓死するの外はないと言ふ様な者」に限り、「救助の方法は食糧給与に限られ、男四合女三合以内の白米を給与」するが、「地方によっては白米の代用品として麦粟等を給し得る」と述べ、三二（昭和七）年一二月末現在の「救助中の者」は「老衰者九五八名、不具、廢疾、又は重病者一八〇名、幼弱者二三名、合計一一六一名」であると報告している。◆47

こうして「恩賜賑恤資金窮民規程」はごく限られた障害者をも取り扱う唯一の法令として施行されたが、四四（昭和一九）年三月から「朝鮮救護令」が実施されることによって廃止され、その後の障害者の処遇は同令によってなされた。同令の内容は三二（昭和七）年一月から日本「内地」で実施された「救護法」とほとんど同じである。

他方、教育に関する法令では、「朝鮮教育令」の第一六条において、「特殊ノ教育ヲ為ス学校」は「朝鮮総督ノ定ムル所ニ依ル」と規定したが、朝鮮総督の定むるものとしては「小学校規程」の第一一条に盲唖学校は之を「小学校ニ付設スルコトヲ得」という任意設置制を定めただけであり、しかも実際に盲唖学校を付設した小学校は存在しなかった。そのため、盲児、聾唖児、その他の「不具」「廃疾児」は学齢に達しても、就学し修学する教育制度の正規の学校はなく、第2節の1で述べたように大枠では社会事業としての性格を有する官立の済生院内の盲唖部と数校の私立盲聾唖学校・盲学校において少数の盲児、聾唖児に教育の機会が与えられるに過ぎなかった。

4 「朝鮮盲唖協会」の発足と活動

大韓特殊教育学会編『韓国特殊教育百年』（一九九五年）は、「受難期の特殊教育（植民地支配期）」の章で、二一（大正一〇）年三月に「朝鮮盲唖者協会」が発足したことを朝鮮・韓国の障害者の歴史に高く評価して位置づけている。目が見えず、耳が聞こえず、話すことが困難なために、社会から排斥され、孤立しがちであった視覚障害者・聴覚障害者たちが、コミュニケーションの能力を獲得し行使して、積極的に社会生活に参加し、集団的・組織的に自分たちの存在と意志を広く社会に向かって表明していく重要な出発点となったからである。[48]

創立総会で採択した「朝鮮盲唖協会会則」[49]は附則を含め全二九条からなる。同会則は主要事業として、「一 盲唖者並一般篤志家ノ懇親及智識ノ交換ヲ図ルコト。二 盲唖者ニ関スル各般ノ調査研究ヲ為スコト。三 盲唖者ニ関スル各種社会的施設ノ促進誘導ヲ為シ又ハ自ラ之カ施設誘導ヲ為シ又ハ自ラ之ガ施設経営ヲ為スコト。四 会報ヲ発行シ講習会及講演会ヲ開催スルコト。五 前条ノ目的ヲ達スル為メ特ニ必要アリト認メタル事項。」（第三条）を掲げている。会員については、「名誉会員」（朝鮮盲聾唖教育に特別の功労ある者、又は学識徳望ある者の中より会長が推薦）、「賛助会員」（特別の出資又はその他の方法により同協会の事業を援助する者）、「正会員」（盲聾唖者にして会費として毎年金一円二〇銭を納める者、但し事情により会費を減免することもある）（第五条）とし、役員として、「総裁」（一名）、「会長」（一名）、「評議員」（若干名）、「顧問」（若干名）、「副会長」（三名）、「幹事」（若干名）を置いた（第七条）。年一回の「総会」のほか「臨時総会」（第二〇条）などについても定めている。同協会の事務所は済生院盲唖部に置かれた。

これまで述べてきた盲聾唖学校の歩みと同協会との関係についていえば、盲聾唖学校の教員や卒業生たちも同協会の役員や正会員などになり、同協会での論議を経ながら自分たちの意見や要望を関係団体や行政当局などへ提起していくことも出来るようになったことが挙げられよう。

こうした取り組みの最も重要な事例の一つが三二（昭和七）年五月二一日に済生院盲唖部構内で開かれた同協会の第一二回総会での江川道春川在住の盲会員の柳道潤より提出された「正《ママ》（晴――引用者注）眼者の鍼按業制限方を其の筋に建議するの件」が満場一致で可決され、同協会が六月二四日付で朝鮮総督・政務総監・警務局長宛に「正《ママ》眼者ノ鍼按業許可制限ニ関スル件」という建議案を提出したことである。

その建議案では、現在の朝鮮では盲人にとっては鍼按業に就くことが唯一の生きる途《みち》なのに、健常者の鍼按業者が増え危機に瀕しているので制限してほしいということを次のように切々と訴えている。

「不具不幸ノ身ナル私共デアリマシテモ生命ノアル以上ハ自分デ為シ得ル職業ニ携ハリ精励シテ人トシテ生キネバナリマセン。又社会人トシテモ国民トシテモ働カネバナリマセン。而《しか》シテ私共此ノ盲者トシテ働キ得ル職業ハ音楽家又ハ鍼按業ヨリ外アリマセン。而シテ音楽ヲ職業トシテ生キルコトハ現今ノ朝鮮ニ於テ出来ナイコトデアリマシテ鍼按業ガ其ノ唯一ノモノデアリマス。（略）

（京城その他の都市で健常者の鍼按業が多くなり盲人鍼按業が圧倒されていることを述べ――引用者注）素《もと》ヨリ帝国臣民ハ職業ノ自由ヲ保証サレテ居リマスガ然《しか》シ之ハ一般的ノコトデアリマシテ、私共ノ不具者トシテ他ニ求メルコトノ出来ナイ唯一ノ職業デアリマス所ノ鍼按業ノヤウナ特殊職業ハ私共ヲ保護スル社会政策的立場ニ立ツテ何トカ御上ノ力ニ依リ此ノ正眼者等ノ営業許可ニ一切制限ヲ加フルカ、又ハ禁止スルカシテ頂カナイト、前述ノ如ク私共盲人営業者ハ自滅スルヨリ外《ほか》ナイノデアリマス。（略）」◆50（句読点は引用者による。以下同じ）。

当時、日本「内地」でも、晴眼者の鍼按業の進出問題に対する盲人およびその関係者による業権擁護問題はあった。しかし、朝鮮人盲人にとっては「内地」の日本人盲人とは違って晴眼者による脅威に加え、植民地の盲人であるがための特殊な事情によるもう一つの脅威があった。それは日本「内地」から渡航してくる日本人盲人の鍼按業者の存在である。済生院盲唖部の初代部長を務めた和久正志も、「内地から按摩等の盲唖者がやって来て朝鮮の是等の者の職業を奪ふと言ふ現象」[51]があると述べている。

済生院盲唖部の卒業生たちの職業の種類について指摘したように、同部の盲生科の卒業生の大多数が「鍼按自営」である。そして、三一（昭和六）年末の同協会の正会員のうち、盲正会員数は二〇一人（朝鮮人一五一人、日本人五〇人）である。したがって、朝鮮盲唖協会の三二年の第一二回総会における「正眼《ママ》者ノ鍼按業許可制限ニ関スル件」の建議案は、済生院盲唖部盲生科を卒業して鍼按業を自営し、同協会の正会員にもなっていた盲人がいたとすればその内容に強く共感し、賛同の念が強かったに違いない。

しかし、朝鮮総督府当局は、朝鮮盲唖協会の総会の決議に基づくこの建議案にそって具体的な対策を講じることはしなかった。

5　戦時体制の強化と盲唖教育の変質・停滞

天皇制国家日本による朝鮮に対する三五年に及ぶ植民地支配のもとでの、植民当局による「社会事業」は、金龍燮によれば、大きく三つの時期に区分してとらえることができるという。

すなわち、第一期は「植民地統治の前半期である一九一〇年代の臨時恩賜金による社会事業生成期」、第二期は「『3・1運動（一九一九〔大正八〕年三月一日に起きた朝鮮全域での独立運動）以後の文化統治時代における社会事業拡大期」、第三期は「一九三七（昭和一二）年の日中全面戦争以後の社会事業後退期」である。[52]

これまで述べてきたように、大枠では「社会事業」の一環として位置づけるべき盲者・聾唖者に対する教育事業の歴史も、基本的にはほぼこれら三つの時期に対応しているといえよう。

そこで、ここでは第三期を中心に盲唖教育の状況について検討する。

第三期における、盲唖教育を戦争遂行のための戦力・労働力の育成としてとらえる傾向は、すでに第二期末期のとくに「満州事変」と呼ばれる中国東北部（満洲）への侵略戦争が開始される三一（昭和六）年頃から濃厚になり始め、三七（昭和一二）年に起きた「支那事変」による日中全面戦争以降はいっそう強まっていく。

そのことは、例えば済生院盲唖部『創立二十五年』所収の「沿革」[53]からもうかがうことができる。次に関連する記録を抄記する。


「○昭和七年十一月十日　国民精神作興ニ関スル詔書奉読式ヲ挙行ス。爾後《じご》毎年十一月十日ヲ以テ国民精神作興ニ関スル詔書渙発《かんぱつ》記念日ト為シ、本日ヲ中心トシテ全鮮一般ニ国民精神ノ作興運動ヲ起スコトトナル。
○昭和八年三月二十七日　国際連盟離脱ニ関シ詔書ヲ下シ給フ。
○同年九月十八日　府内龍山練兵場ニ於テ満州事変戦死者慰霊祭挙行セラレ唖生第二学年以上引卒参拝ス。
○昭和十年十一月一日　熱田神宮遷座祭当日ニ付、遥拝式ヲ挙行ス。
○昭和十一年九月一日　教育ニ関スル勅語謄本奉護規程施行セラル全文五条。
○昭和十二年十月十三日　支那事変ノ勃発ニ伴ヒ空襲防護ノ完璧ヲ期スル為、朝鮮総督府済生院盲唖部特設防護団ヲ編成シ、京城府防護団中区第二分団第十一区ト協力シ部内ノ防護ニ当ルコトトナル。
○同年十二月十二日　支那中央政府ノ首都南京陥落シ全鮮一斉ニ祝賀ヲ為スコトトナリタルニツキ、当部ニ於テモ盲唖生一同職員引卒ノ下ニ旗行列ヲ行ヒ祝意ヲ表ス。

○昭和十三年一月十三日　支那事変勃発以来、出征軍人ノ歓送ニ、金品ノ献納ニ、家族ノ慰安ニ、或《あるい》ハ愛国日ヲ催シ、或ハ神社ニ参拝《さんぱい》シ、或ハ一分間黙禱《もくとう》ヲ捧ゲテ国威ノ宣揚ヲ祈リ、武運ノ長久ヲ願フ等極力時局ノ認識ト銃後ノ決意ニ努力シ来《きた》リタル処《ところ》、本日ヨリ毎週三回盲本科上級生ヲ龍山陸軍病院ニ派遣シ戦傷軍人ノマッサージ施術ヲ奉仕スルコトトス。

○同年一月三十一日　陰暦正月元日ナルモ時勢ニ鑑ミ本年ヨリ授業ヲ休止セザルコトトス。」

とくに、「昭和十二年度　学年暦」[54]を見ると、年間を通じて国家的儀式や国威宣揚のための行事が毎月数多く実施されており、とりわけ「国民精神作興週間」には次のような取り組みが連日行われている。

○「十一月七日（日）国民精神作興週間第一日　神社参拝、国体明徴拝日／八日（月）同第二日（月）勤労尊重、努力奮闘日／九日（火）同第三日　生活改善、反省戒心日／十日（水）第四日　詔書渙発記念日（克己忍苦時局認識日）／十一日（木）同第五日　公徳実行、公共奉仕日／十二日（金）同第六日　敬老愛幼、健康増進日／十三日（土）同報恩感謝、国民親和日」。

済生院盲唖部における教育は、すでに述べたように日本語を「国語」として身につけさせることに比重が置かれていたが、日中全面戦争から太平洋戦争へと戦争が拡大し、戦時体制が強化されていくなかで、盲唖部の生徒たちに〝日本精神を涵養せしめること〟にも力を入れ始めたのである。

三一（昭和六）年春、それまでの天然洞から新橋洞の旧宣禧宮址に移ってからは、構内の大神宮奉祀殿に日本国家の安寧を祈願させたり、日本国家思想の象徴である朝鮮神宮に盲唖部生徒を参拝させることが定例の行事となっていった。

また、戦争遂行のためにますます〝人的資源の確保〟が必要となると、銃後活動に携わるいわゆる産業戦士としての役割を担うようになっていった。

例えば、盲唖部長の田中藤次郎は四〇（昭和一五）年三月一二日に京城中央放送局婦人の時間の放送で次のように語っている。

「（盲唖部は――引用者注）これまで二十四回の卒業生を出して居りまして、朝鮮内は勿論《もちろん》、内地、満州国、北支、南洋にまで進出して居るのであります。（略）

盲生科の卒業生は（略）近時は又、軍部の後方病院に勤務して傷痍《しょうい》軍人の治療に従事する者、更に進んで戦地の部隊附として戦傷軍人の施術に当る者等もありまして、真剣に時局関係の仕事に携はつて居る人もあるのであります。（略）盲人に於きましても近時は先程申しました戦傷軍人の治療等に止まらず、無線電信・艦艇内の聴音等、相当優秀なる成績を揚げ得ると称せられて居るのでありまして、其の事の如何《いかん》に依りましては、更に進んで実戦に参加することも必らずしも不可能ではないのであります。吾々は、盲唖者は身に不自由があるにしましても、決して智能的に無能力者ではないといふことを深く留意しなければならんのであります。

（略）」

「又唖生科の卒業生は、盲唖部に於いて習得しました所の洋服裁縫、又は金工に従事するは勿論、和服仕立にまで進出して居りまして、或は徒弟として、或は職工として、或は店主として、夫々活動して居るのであります。（略）

（盲唖者の――引用者注）能力を発揮せしめないといふことも、国家的に頗《すこぶ》る不利な所以《ゆえん》でありまして、殊《こと》に人的資源の重要視せらるゝ今日、大いに考慮せらるべき問題であると思ふのであります。◆55」（傍線、傍点は引用者）

済生院盲唖部には中途退学者も少なくない。その盲・聾唖者たちはその後、戦時体制下の植民地朝鮮においてどのような人生を過ごしたのであろうか。また、田中藤次郎は「盲唖者」は「智能的に無能力者ではない」ことを強調しているが、知的障害がある人たちの能力と社会参加について、田中や盲唖教育関係者はどのように認識し、その認識はいつ頃から、なぜ、どのように変わっていくのであろうか。

なお、ヘレン・ケラーは第一回目の訪日に際し、日本の植民地であった朝鮮・「満州」などのハンセン病療養所や障害児学校を訪れ、病者や障害児を励ましている。すなわち、三七（昭和一二）年七月一二日から二六日までに、「朝鮮大邱」の「癩病院」、「京城」の「済生会盲唖《ママ》院」、「平壌」の「平壌盲唖学校」、「奉天」の「重明盲学校」、「大連」の「大連盲唖学校」を訪問している。[56]

新聞「満州日日」（三七（昭和一二）年七月一八日付）はヘレンを日本に招き、「満州」にも同行した岩橋武夫（関西学院教授、ライトハウス館長）の談として次のように報じている。

「（ケラー女史は――引用者注）満洲事変《じへん》以来わが国の執《と》つた各種《しゅ》の行動についても一切をよく理解《りかい》し、東亜《あ》の盟主《めいしゅ》として斯くあることが人類《るゐ》のため幸福《かうふく》の道《みち》であることを肯定《かうてい》してゐる。[57]」

果たして岩橋の談はヘレンの真意を伝えているのであろうか。当時のヘレンの日記・手紙など第一次資（史）料に照らして検証する必要があろう。

なお、岩橋武夫の日中戦争勃発後から太平洋戦争の期間の言説と盲人対策などに関しての社会的活動に対しては、杉山博昭が『社会事業研究』誌、『ライトハウス年報』などでの岩橋の論考に基づいて厳しく批判し、その戦争責任についても提起している。[58]

日本帝国主義はアジア・太平洋戦争、第二次世界大戦において敗北し、植民地朝鮮は「光復」の日を迎える。先に提起した諸問題はそのような歴史の大きな変化と結びつけながら究明していくべきいずれも重要な研究課題として残されている。

注

◆1　沈潔著『「満州国」社会事業史』ミネルヴァ書房、一九九六年、ほか参照。

◆2　三〇（昭和五）年、台中州霧社で原住民のタイヤル族三〇〇人余が苛酷な強制労役・圧制に対して抗日蜂起、総督府は武力も用いて徹底弾圧、翌年の第二霧社事件も含めて一〇〇〇人近くが犠牲となった。アウイ・ダッキスの父ダッキス・ナウイ（日本名花岡二郎）は警察の出張所である霧社分室の警手であったが、日本側にはつかず自決する。妻オビン・タダオ（高山初子・高彩雲）が身重であったため「おまえだけは生きよ」と言い遺した。オビンは何度かの生死の境を生きのびて出産、仁愛郷の診療所で助産婦をしながら息子アウイ・ダッキス（高光華）を育てた。高は小学校長、郡長を歴任。

　早乙女勝元編『台湾からの手紙――霧社事件・サヨンの旅から』草の根出版会、一九九六年、柳本通彦著『台湾・霧社に生きる』現代書館、一九九六年、鄧相揚著、下村作次郎・魚住悦子訳『抗日霧社事件の歴史』日本機関紙出版センター、二〇〇〇年、春山明哲著『近代日本と霧社事件・植民地統治政策の研究』藤原書店、二〇〇八年、又吉盛清著『日本植民地下の台湾と沖縄』沖縄あき書房、一九九〇年、参照。

◆3　ナヌムの家歴史館後援会編『ナヌムの家歴史館ハンドブック』柏書房、二〇〇二年、村山一兵&石川康宏ゼミナール共著『「ナヌムの家」にくらし、学んで』日本機関紙出版、二〇一二年、参照。

◆4　許澤銘『台湾における障害児教育の成立過程に関する研究』筑波大学大学院教育学研究科一九八二年度博士論文、二〇九頁、参照。

◆5　総監修・永岡正己、監修・大友厚子、沈潔『戦前・戦中期アジア研究資料2　植民地社会事業関係資料集　台湾編1　台湾社会事業総覧――社会事業要覧1』近現代資料刊行会、二〇〇〇年、収録。

◆6　台湾総督府『大正十五年三月現在　台湾社会事業要覧』一九二六（大正一五）年四月発行）の「第三章　窮民救助」三六～一一〇頁、参照。

◆7　◆5、八六頁、参照。

◆8 ◆6、二五〇〜二五一頁より。
◆9 杵淵義房「台湾社会事業史（下）　昭和十五年四月三日発行」（◆5『植民地社会事業関係資料集　台湾編11』同前）、三一八頁より。
◆10 ◆4、一五〇頁、参照。
◆11 ◆6、一九二頁、参照。
◆12 台湾総督府文教局社会課『昭和六年三月　台湾社会事業要覧』一九三一（昭和六）年三月一日三一日発行、二四二頁、参照。
◆13 台湾総督府文教局『昭和十七年三月　台湾社会事業要覧』一九四二（昭和一七）年六月一日発行、一〇九頁、参照。
◆14 台湾総督府『大正十五年三月現在　台湾社会事業要覧』一九二六（大正一五）年四月一五日発行、一九八頁より。
◆15 台湾総督府文教局『昭和六年三月　台湾社会事業要覧』一九三一（昭和六）年三月三一日発行、二四〇〜二四一頁、参照。
◆16 金龍燮（九州大学）「近代朝鮮における『特殊教育』とキリスト教――R. S. Hallを中心に」（教育史学会第四四回大会口頭発表、於・埼玉大学、二〇〇〇年一〇月一日、配布資料所収の「略年譜」に修正・加筆。
◆17 Hall, R.S（1906）*The clock class for blind girls* The Korea Mission Field. p.176（◆16、三頁より重引）。
◆18 Hall, R.S（1908）*Education for Blind Girls* The Korea Mission Field. p.80（◆16、三頁より重引）。
◆19 Hall, R.S（1909）*Work for the deaf* The Korea Mission Field. p.81（◆16、三頁より重引）。
◆20 大韓特殊教育学会編『韓国特殊教育百年史』図書出版特殊教育、一九九五年（原文はハングル）、一三一〜一三五頁、参照。
◆21 ◆20、一三五〜一三七頁、参照。
◆22 山縣五十雄「朝鮮に於ける外国宣教師最初の博愛事業」、『朝鮮社会事業』第七巻第一号、一九二九（昭和四）年一月、五五頁より（近現代資料刊行会企画・編集『植民地社会事業関係資料集　朝鮮編54』近現代資料刊行会、二〇〇〇年、二九七頁、再録)。

◆23 朝鮮総督府学務局社会課編集・発行『昭和十一年三月　朝鮮の社会事業』一九三六(昭和一一)年三月、九二頁より(前掲『植民地社会事業関係資料集　朝鮮編46』二〇〇〇年、一〇八頁、再録)。

◆24 朝鮮総督府済生院『昭和九年　朝鮮総督府済生院事業要覧』(一九三四〔昭和九〕年八月発行)六頁より。

◆25 金龍燮「朝鮮総督府済生院に関する一考察――盲唖部を中心に」、『九州大学大学院教育学研究紀要』創刊号〔通巻第44集〕、一九九九年、二三七頁。槇英弘「日本の植民地下における社会事業と障害者問題」、『季刊　障害者問題研究』第36号、一九八一年一月、二一～三三頁。同『近代朝鮮社会事業史研究――京城における方面委員制度の歴史的展開』緑蔭書房、一九八四年、参照。

◆26 朝鮮総督府済生院『昭和拾参年　朝鮮総督府済生院事業要覧』(一九三八〔昭和一三〕年一一月発行)五三～五四頁、参照。

◆27 金千年は一九一九年五月一七日、平安北道義州郡生まれ。朝鮮総督府済生院盲唖部卒業(盲本科第二三回、一九三八年)、大阪府立盲学校中等部鍼按科卒業(一九四二年)、官立東京盲学校師範部鍼按科卒業(一九四五年)、平壌光明盲唖学校退職(一九四六年)、韓国国民大学政治学科卒業(一九五九年)、韓国高麗大学院修了(政治外交学、一九六四年)、済生院盲唖部後身のソウル盲学校退職(教頭、一九八二年)、韓国浦項にある視覚障害者の福祉施設「愛の家」でボランティア活動に従事。

　金千年の半生や済生院盲唖部在学中の体験、勤務した盲唖学校・盲学校の実際については、金龍燮「戦前における朝鮮の盲人教育――金千年の『韓国盲人界実録』を中心に」(アジア教育史学会『アジア教育史研究』第八号、一九九九年三月)、一～一一頁、および金龍燮「朝鮮総督府済生院に関する一考察――盲唖部を中心に」(『九州大学大学院教育学研究紀要』創刊号〔通巻第44集〕、一九九八年)、二二九～二四二頁に詳しい。

◆28 『朝鮮総督府済生院要覧』(一九二一〔大正一〇〕年八月発行)、七～八頁、参照。

◆29 『昭和拾参年　朝鮮総督府済生院事業要覧』(一九三八〔昭和一三〕年一一月一五日発行)、三九～四二頁、参照。

◆30 盲唖教育の経験がない朴斗星が済生院盲唖部の教員になるに際しては朝鮮総督府済生院の関係者の意向で「キリ

スト教の信徒で、教員の資格を有していること」などが人選の参考にされたことを赴任後に聞かされたと朴は回顧している。朴の在職期間・官職名・本籍に関しては朝鮮総督府済生院盲唖部『昭和十三年三月三十一日　創立二十五年』一九三八（昭和一三）年一〇月一〇日発行、六〇頁、参照。

朴の評伝として、朴秉宰著『訓盲正音創案者　朴斗星伝』（原文ハングル、発行年不詳）がある。

◆31　金龍燮「植民地朝鮮における『特殊教育』の動向」、『九州大学大学院教育学研究紀要』第二号（通巻第四五集）、二〇〇〇年三月、二〇三～二一五頁、参照。

◆32　大韓特殊教育学編『韓国特殊教育百年史』図書出版特殊教育、一九九五年、原文ハングル、一五三～一五五頁、参照。

◆33　三浦生「朝鮮総督府済生院盲唖部を訪ふ」、朝鮮社会事業協会編『朝鮮社会事業』第一一巻一〇月号、一九三三（昭和八）年、七〇～七一頁、参照。

◆34　田中藤次郎「特殊児童の保護に就て」、『同胞愛』第一六巻第一一号、一九二七（昭和二）年。なお『同胞愛』誌は三五（昭和一〇）年六月までの『朝鮮社会事業』誌の改題、六〇～六一頁より。

◆35　とくに、済生院盲唖部が設立されてから、朝鮮の盲人たちにとって新しい職業となった按摩・鍼・灸という業種の法的根拠は、「按摩術、鍼術、灸術営業取締規則」（朝鮮総督府警務総監部令第一〇号）と、「按摩術、鍼術、灸術営業取締規則取扱手続」（朝鮮総督府警務総監部訓令甲第五五号）であったが、その骨子は日本「内地」の「按摩術営業取締規則」（内務省令第一〇号、一九一一（明治四四）年八月一四日）と「鍼術灸術営業取締規則」（内務省令第一一号、一九一一年八月一四日）を元にしていたと考えられる。

◆36　朝鮮総督府内務局社会課編集『朝鮮社会事業要覧』朝鮮総督府発行、一九二七（昭和二）年八月一日、「第五章　特殊教育事業」の「嶺南心眼共済院」、一二四～一二五頁、参照。

◆37　平壌光明盲唖学校と李昌鎬牧師については、大韓特殊教育学会編『韓国特殊教育百年史』図書出版特殊教育、一九九五年、原文ハングル、一五五～一六三頁、参照。

◆38　◆37、一六三頁、参照。

◆39　鈴木力二著『中村京太郎伝——日本盲人の父』中村京太郎伝刊行会、一九六九年、五四頁より。
◆40　岐阜県立岐阜盲学校編集・発行『岐阜盲学校六十年誌』一九五四年、八頁より。
◆41　◆37、『韓国特殊教育百年史』一三〇頁、参照。
◆42　近現代資料刊行会企画編集『植民地社会事業関係資料集　朝鮮編9』近現代資料刊行会、一九九九年、七～一三一頁、参照。
◆43　◆42、一三五～三〇五頁、参照。
◆44　◆42、四〇八～四一四頁、参照。
◆45　◆42、一八頁より。
◆46　◆42、一五六頁より。
◆47　朝鮮総督府社会課長　兪萬兼「朝鮮の社会事業㈢」（『朝鮮社会事業』第一一巻一二月、一八～二二頁、とくに二一〇頁より引用。『植民地社会事業関係資料集　朝鮮編55』近現代資料刊行会、二〇〇〇年、六六～七〇頁、再録）。
◆48　◆32、一四〇頁、参照。
◆49　京城府編『京城社会事業要覧』一九二九（昭和四）年度版、五五～五七頁、参照。
◆50　「朝鮮盲唖協会総会概況」、◆22『植民地社会事業関係資料集　朝鮮編54』近現代資料刊行会、二〇〇〇年、三一五～三一八頁、参照。
◆51　朝鮮社会事業協会編『朝鮮社会事業』第一一巻一〇月号、一九三三（昭和八）年一〇月、七一頁より。
◆52　金龍燮「日本植民地下における朝鮮の『特殊教育』」、日本特殊教育学会第三七回大会、一九九九年九月一六日、於・埼玉大学、口頭発表の配布資料全二五頁の三～四頁より。
◆53　朝鮮総督府済生院盲唖部編集・発行『昭和十三年三月三十一日　創立二十五年』一九三八（昭和一三）年一〇月発行、一～二七頁、参照（『植民地社会事業関係資料集　朝鮮編9』近現代資料刊行会、一九九九年、三一九～三四五頁、再録）。
◆54　◆53、五五～五九頁、参照。

◆55　田中藤次郎「済生院盲唖部卒業生の活動状況」、『朝鮮社会事業』第一八巻第五号、一九四〇（昭和一五）年五月、六一～六四頁より（『植民地社会事業関係資料集　朝鮮編9』一九九九年、四六三～四六六頁、再録）。

◆56　岩橋英行著『青い鳥のうた――ヘレン・ケラーと日本』（日本放送出版協会、一九八〇年）所収の「ヘレン・ケラー巡回講演日程表」（『日本ライトハウス四十年史』より作成）、七五頁、参照。

◆57　満州日日新聞、一九三七（昭和一二）年七月一八日付。記事の見出しには「お、、〝残された大きな喜びの満州〟よ／再び三重苦の聖女　ケラー女史を語る」とある。

◆58　杉山博昭「障害者問題における戦争責任――戦時下の岩橋武夫を通して」、全国障害者問題研究会『季刊　障害者問題研究』第二三巻第四号、一九九六年二月、八三～九一頁。杉山博昭著『キリスト教福祉実践の史的展開』（大学教育出版、二〇〇三年）に「岩橋武夫と盲人運動」（三〇〇～三一六頁）として再録。

あとがき

本書をまとめるには、他の著作活動とも並行してのことだが、「中間報告」の発表を含め準備におよそ三〇年余りの歳月を費やし、執筆には二年間にわたって、ほぼ連日とりくんだ。

その間に、数え切れないほど数多くの方々にお力添えいただいた。その方々に、心から感謝と敬意を表したい。

なによりもまず、都道府県さらには台湾、韓国の太平洋戦争期に設置されていた「盲学校」「盲唖学校」「聾唖学校」さらには知的障害学校・肢体不自由学校（障害児学校と総称）などの元教職員・生徒の方々には貴重な体験と思い出を聴かせていただき、『記念誌（年史）』などを寄贈していただいた。

坂下共《とも》さん（きょうされん）は資（史）料・文献の検索・複写をして下さった。鴨井慶雄《よしお》さん（元大阪市立盲学校教員）は、私が、関西に戦前から設置されていた盲学校などを訪問し第一次基本資（史）料などを閲覧し、複写・撮影するために便宜をはかって下さった。長年の友人である平田勝政《かつまさ》さん（長崎大学）からは、戦前・戦中の長崎県の盲学校・聾唖学校史を含め障害者教育の歴史の研究についてご教示いただいた。

とくに、岸博実《ひろみ》さん（元京都府立盲学校教員）には、私が収集できずにいた太平洋戦争期の盲学校・盲聾唖学校の『記念誌（年史）』を五〇点以上も複写し寄贈していただいた。金福漢《キムボクハン》さん（織《おり》の音《ね》手《て》織《おり》研究会）は私を韓国に二度も案内して下さり、また「補章」の旧植民地朝鮮の障害児学校について執筆するために必要な大韓特殊教育学会編『韓国特殊教育百年史』（図書出版特殊教育、一九九五年、原文ハングル）の「第三章　受難期の特殊教育（植民地支配）」を翻訳して下さった。

日本近現代史の優れた研究者である吉田裕《ゆたか》さん（一橋大学）は自著を幾冊もご恵贈下さったばかりではなく、私の編著『日本帝国陸軍と精神障害兵士』（不二出版、二〇〇六年）を書評して下さり、また近著『日本軍兵士——アジア・太平洋戦争の現実』（中公新書、二〇一七年）では私の編著を「戦時中における兵士の精神疾患に関して」の「代表的な研究」書の一冊として位置づけて下さっている（一一一～一一二頁、参照）。同じく、藤野豊《ゆたか》さん（敬和学園大学）も示唆に富む幾冊ものご労作をご寄贈下さり、私の編著『ハンセン病児問題史研究——国に隔離された子ら』（新日本出版社、二〇一六年）の書評の労を執って下さった。お二人から、これまでに受けた学恩は計り知れない。

研究者が研究してきた成果を著書として公刊するのは、研究業績を残すためではない。未知の方々を含め、少しでも多くの人たちに読まれ、厳しく批判され、乗り越えられ、さらに発展させていっていただくためである。

私は自著を拙い内容ではあっても全身全霊で生みだした自分のいわば〝分身〟であり、そこに少しでも真実があるならば自分の亡きあとも読んで下さる方々の心に生き続ける〝文化的生命〟ではないかと思っている。

長年にわたり、多くの方々のご教示・ご援助によって生まれた本書にこめた著者の思いをそのような意味で受けとめて読んでいただければ望外の喜びである。

本書も、編著『ハンセン病児問題史研究』にひきつづき、新日本出版社から刊行していただけることになり、同社編集部の角田真己さんには前著と同様に本書の原稿を深く読み取り、適切な助言をしていただきながら、編集の労を執って下さった。心より、厚くお礼申し上げる。

本書の執筆は、加齢といくつかの病とが重なり、苦しかった。

さいごに、私事ながら、私の生活と研究を支え続けてくれている妻・知子に感謝する。

二〇一八年八月九日、長崎原爆投下七三年目の日に記す。

著者

参考文献（都道府県別）

（注：例えば'57は一九五七年の略）

I　北海道地方

1　北海道

①篠崎平和編集『自明治二十八年至昭和三十二年　北海道函館盲学校・同聾学校沿革誌』'57。②北海道函館盲学校／同聾学校編集・発行『北海道函館盲学校・同聾学校創立百周年記念誌』'95。③清野《せいの》茂著『佐藤在寛』大空社、'98。④北海道帯広盲学校・同聾学校編集・発行『北海道帯広盲学校・同聾学校創立七十周年誌』二〇〇七年。⑤高橋實著『この道一筋　無謀と執念に生きた人生』自家版、二〇一七年。⑥北海道札幌盲学校編集・発行『優しく、厳しく　創立40周年記念誌』'85。⑦北海道旭川盲学校編集・発行『創立七十年誌』'92。⑧北海道小樽聾学校編集・発行『五十周年記念誌』'56。⑨北海道帯広聾学校編集・発行『創立四十周年記念誌』'77。⑩北海道室蘭聾学校編集・発行『創立四十周年記念誌』'76。⑪北海道室蘭聾学校編集・発行『半世紀の軌跡　創立50周年記念誌』'86。⑫北海道小樽聾学校編集『創立百周年記念誌』北海道小樽聾学校創立百周年記念事業協賛会発行、二〇〇六年。⑬小野宣子著『北海道肢体不自由児療育史』日本肢体不自由児協会、'81。

II　東北地方

2　青森県

①工藤博信編集『青森県障害児教育史年表』青森県障害児教育史研究会発行、'82。②青森県立八戸盲学校・同聾学校編集・発行『創立100周年記念誌』'90。③安藤房治著『青森県障害児教育史』北方新社、二〇一七年。④青森県立青森盲学校編集・発行『紀要　創立5周年記念創刊号』'73。⑤青森県立盲学校編集・発行『青森県立盲学校統合10周年記念誌』'77。⑥青森県立盲学校統合20周年記念事業記念誌係編集・発行『あゆみ　統合20周年記念誌』'87。⑦弘前大学教育学部障害児教育学研究室編集・発行『弘前大学障害児教育年報』第4号、'92（聞き取り「根川貞美氏と青森盲学校・青森空襲」話し手：根川貞美、聞き手：清水寛・安藤房治。「福士とも子氏と弘前盲学校」話し手：福士とも子、聞き手：清水寛・安藤房治）。⑧青森県立盲学校編集・発行『あゆみ　手から手へ・心をつないで　統合40周年記念誌』二〇〇七年。⑨青森県立八戸聾学校編集・発行『創立

七十周年記念誌』'95。

3　岩手県

①岩手県障害児教育史研究会編集・発行『岩手の障害児教育史』'96。②山田勲著『岩手の特殊教育の父　柴内魁三伝』柴内愛育会発行、'79。③岩手県立盲学校編集・発行『創立70周年記念誌』'81。

4　宮城県

①宮城県立盲学校編集・発行『文集　寄宿舎の思い出――創立六十周年を記念して』'73。②同前『創立七十周年誌』'84。③同前『創立八十周年記念誌』'94。④同前『創立90周年記念誌』二〇〇四年。⑤宮城県立聾学校編集・発行『五十年誌』'65。⑥宮城県立ろう学校編集・発行『宮ろうの歩みと私　創立70周年記念誌別冊』'84。

5　秋田県

①秋田県教育委員会編集・発行『秋田県特殊教育のあゆみ』'78。②秋田県盲学校編集・発行『五十年史』'62。③秋田県立盲学校編集『創立七十周年記念誌　七十年史』創立七十周年記念事業推進委員会発行、'82。④同前『創立八十周年記念誌』創立八十周年記念事業推進委員会発行、'92。⑤秋田県立聾学校編集・発行『記念誌　創立五十周年』'62。⑥秋田県立聾学校70周年記念誌編集委員会編集『創立70周年記念誌』秋田県立聾学校発行、'82。

6　山形県

①杉浦守邦編著『山形県特殊教育史　精薄・虚弱篇』山形大学教育学部養護教室発行、'78。②山形県教育委員会／山形県小学校教育研究会・同中学校教育研究会共編『雪わる花芽　山形県特殊教育研究紀要第24集』山形県立米沢養護学校発行、'79。③山形県立山形盲学校編集・発行『新築落成／創立六十年記念誌』'72。④同前『創立七十周年記念誌』'83。⑤同前『創立百周年記念誌』二〇一三年。⑥山形県立山形聾学校編集・発行『創立五十周年／新校舎落成記念誌』'79。⑦同前『創立60周年記念誌』'88。

7　福島県

①福島県立郡山盲学校・同聾学校編集・発行『あゆみ　福島県立郡山盲学校65年・福島県立聾学校25年』'73。②海野昇雄著『福島県特殊教育史』福島県特殊教育史出版後援会発行、'75。③福島県養護教育振興会編『福島県特殊教育史　第二巻』福島県特殊教育史出版実行委員会発行、二〇〇一年。④創立90周年記念誌出版委員会編『福島県立盲学校創立90周年記念誌』福島

県立盲学校創立90周年記念事業実行委員会発行、'87。⑤福島県立平盲学校編集・発行『記念誌 福島県立平盲学校並に同窓会のあゆみ』'97。⑥創立百周年記念誌部会編集『百年のあゆみ 福島県立盲学校創立／福島県盲人教育創始百周年記念誌』福島県立盲学校発行、'98。⑦創立80周年記念誌編集委員会編『福島県立聾学校／福島・会津・平分校 創立八十周年記念誌』福島県立聾学校発行、'88。

Ⅲ 関東地方

8 茨城県

①茨城県立盲学校編集・発行『60周年記念号』'68。②同前『創立70周年記念誌』'78。

9 栃木県

①栃木県立盲学校編集・発行『創立65周年／校舎新築記念誌』'73。②同前『八十年誌』'88。③同前『星霜 とちもう100年のあゆみ 栃木県立盲学校創立100周年記念誌』二〇〇一年。④栃木県立聾学校編集・発行『創立五十周年記念誌』'59。⑤同前『七十年誌』'79。⑥同前『創立80周年・校舎改築落成記念誌』'88。⑦栃木県立聾学校同窓会編集・発行『創立30周年記念誌』'96。⑧栃木県立聾学校編集・発行『創立90周年記念誌 過去10年の歩み』'99。⑨同前『創立100周年記念誌』二〇〇九年。⑩栃木県特殊教育連絡協議会『栃木県特殊教育35年の歩み』'86。

10 群馬県

①柳本雄次著『群馬の障害教育を創めた人々』あずさ書店、'90。②群馬県立盲学校編集・発行『あゆみ 群馬県盲教育60年誌』'67。③栗原光沢吉著『群馬の盲教育をかえりみて』あずさ書店、'89。④同前『光うすれいく時――明治の盲少年が教師になるまで』あずさ書店、'93。⑤群馬県立盲学校編集・発行『六星《むつぼし》の光 群馬県立盲学校創立百周年記念誌』二〇〇五年。

11 埼玉県

①埼玉県立盲学校創立80周年記念実行委員会編集・発行『埼玉県立盲学校創立80周年記念パンフレット』'88。②大嶋康夫著『初雁の空の下で――私の過ごした埼玉県立盲学校生徒時代の記憶』自家版、'93。③堺正一著『わたしの町の盲学校――川越の埼玉盲学校の90年の歩み』自家版、'99。④埼玉県立盲学校編集・発行『創立90周年記念誌』'99。⑤同前『創立100周年記念誌』二〇〇八年。⑥埼玉県立大宮ろう学校編集・発行『本校の歩み 60周年記念誌』'84。⑦埼玉県立坂戸ろう学校編集『坂戸

ろう学校開校三十周年誌』開校三十周年記念事業実行委員会発行、'86。

12　千葉県

①千葉県特殊教育研究連盟編『千葉県特殊教育二十年史』千葉市立養護学校発行、'71。②千葉県立千葉盲学校編集・発行『六十年の歩み』'72。③千葉市視覚障害者福祉会／千葉市はり・きゅう・マッサージ師会編集・発行『こえて来た道80年のあゆみ　創立50周年記念誌』'91。④創立五十周年記念誌編集委員会編『創立五十年』千葉県立千葉聾学校創立五十周年記念事業推進委員会発行、'83。

13　東京都（市）

①東京都立文京盲学校編集・発行『創立70周年記念誌』'79。②東京都盲人福祉協会編集・発行『都盲協八十年のあゆみ』'83。③東京都立文京盲学校編集・発行『創立80周年記念誌』'89。④筑波大学附属盲学校「今日の視覚障害教育」編集委員会編『今日の視覚障害教育　筑波大学附属盲学校創立一二〇周年記念誌』第一法規、'97。⑤東京聾唖学校編輯・発行『六十年史』'35。⑥東京都大塚聾学校編集・発行『創立25周年記念出版　教育概要』'51。⑦同前『創立三十周年記念出版　教育概要』'57。⑧都立大塚ろう学校編集・発行『創立40周年記念誌』'67。⑨小澤澄雄著『聾教育と私』小澤澄雄先生を送る会発行、'69。⑩東京都立大塚ろう学校編集・発行『創立五十周年記念誌』'77。⑪同前『あゆみ　創立60周年記念誌』'86。⑫東京教育大学附属聾学校編集・発行『東京教育大附属聾学校の教育——その百年の歴史』'75。⑬筑波大学附属聾学校編集・発行『創立一一〇周年記念誌』'85。⑭筑波大学附属聾学校同窓会一二〇年史編集委員会編『同窓会史　筑波大学附属聾学校同窓会創立一二〇周年記念』筑波大学附属聾学校同窓会発行、二〇一一年。⑮聴覚障害者教育福祉協会編集『聾教育百年のあゆみ』全国身障児福祉財団発行、'79。⑯井上亮一著『全聾活眼で生きる』自家版、二〇〇二年。⑰東京都立久留米養護学校編集・発行『沿革誌　創立四十周年記念』'76。⑱同前『「野火止」　創立50周年記念誌』'86。⑲菊友会（都立九段中学校同窓会）編集・発行『'88菊友会名簿発足六〇周年記念号』'88。⑳「センターのあゆみ」編集委員会編『心身障害児総合医療療育センターのあゆみ　整肢療護園50周年、むらさき愛育園25周年』心身障害児総合医療療育センター発行、'92。㉑結城捨次郎編輯、東京市立光明学校発行『東京市立光明学校概要』第一輯、'35。㉒同前『光明学校紀要』第二輯、'33。㉓同前第三輯、'35。㉔同前第四輯、'37。㉕同前第五輯、'37。㉖同前第六輯、'39。㉗同前第七輯、'41。㉘東京市立光明学校編集・発行『新築落成記念誌』'41。㉙東京市光明国民学校編集・発行『創立十周年記念誌』'42。㉚東京都立光明中学校編集・発行『学びの幾歳　卒業記念号』'49。㉛東京都立光明中小学

校編集・発行『寮舎新築記念誌』'49。㉜東京都立光明小中学校編集・発行『創立二十周年記念誌』'52。㉝仰光会編集・発行『光明学校創立二十周年・仰光通信第五十一号記念誌』'52。㉞東京都立光明養護学校編集・発行『創立25周年記念誌』'57。㉟同前『光明三十年』'62。㊱同前『光明四十年』'73。㊲佐藤彪也著『句集　畳の蟻』佐藤彪也先生の喜寿を祝う会発行、'87。㊳松本保平先生遺稿集刊行委員会編『肢体不自由児とともに　松本保平先生遺稿集』田研出版、'90。㊴光明学校の学童疎開を記録する会編『信濃路はるか　光明養護学校の学童疎開』同前、'93。㊵松本昌介著『竹澤さだめ　肢体不自由児療育事業に情熱を燃やした女医』同前、二〇〇五年。㊶東京都立光明養護学校編集・発行『光明70年』二〇〇二年。㊷ＮＨＫテレビＥＴＶ特集二〇一四年八月九日放送「〝戦闘配置〟されず――肢体不自由児たちの学童疎開」。㊸松本昌介・飯塚希世・竹下忠彦・中村尚子・細渕富夫編『編集復刻版　障害児　学童疎開資料集　第1巻　光明学校Ⅰ』六花出版、二〇一七年、㊹同前第2巻『光明学校Ⅱ』同前、二〇一七年。㊺同前第3巻『日誌・報告・通信ほか／回想・研究Ⅰ』同前、二〇一七年。㊻同前第4巻『回想・研究Ⅱ』同前、二〇一七年。

14　神奈川県

①神奈川県立平塚盲学校編集・発行『創立五十周年記念誌』'60。②横盲教育編集委員会編『横盲教育　創立90周年記念誌』横浜市立盲学校発行、'78。③横浜訓盲院・横浜訓盲学院編集・発行『光を求めて九十年』'79。④平塚盲学校記念誌編集委員会編『創立七十周年記念誌』神奈川県平塚盲学校発行、'81。⑤今村鎮夫編『白寿記念　今村幾太の全力投球人生』自家版、'87。⑥横浜訓盲院・横浜訓盲学院編集・発行『百年瞬間　横浜訓盲院・横浜訓盲学院創立百年記念写真集』'89。⑦神奈川県立平塚聾学校編集・発行『創立35周年記念誌』'60。⑧横浜市立聾学校編集・発行『ときわの丘　横浜市立聾学校創立五十周年記念誌』'75。⑨横須賀市立ろう学校編集・発行『道　横須賀市立ろう学校五十周年記念誌』'79。⑩日本聾話学校編集・発行『町田の十年　創立60周年記念』'80。⑪小嶋憲先生退職記念誌編集委員会編『道　小嶋憲先生退職記念誌』横須賀市立ろう学校発行、'86。⑫日本聾話学校史編集委員会編『日本聾話学校70年史』キリスト教新聞社、'90。⑬日本聾話学校同窓会記念文集編集委員会編集・発行『あゆむこの道　日本聾話学校同窓会六十周年記念文集』'95。⑭日本聾話学校編集・発行『大嶋功　可能性は空の極みまで』二〇〇〇年。⑮依田直也・依田和子共著『愛は決して滅びない――アメリカ人女性ワイス・クレーマーをめぐる人々』日本聾話学校発行、二〇〇五年。

Ⅳ　北陸地方

15　新潟県

①盲聾教育八十周年　新潟県記念誌編集委員会編『盲聾教育八十周年　新潟県記念誌』'58。②新潟県教育委員会編集・発行『新潟県特殊教育の歩み』'79。③新潟県立新潟盲学校編集・発行『創立六十周年　校舎竣工記念誌』'67。④新潟県立高田盲学校編集・発行『創立九十周年記念誌』'77。⑤新潟県立新潟盲学校編集・発行『創立七十周年記念誌』'77。⑥同前『創立八十周年記念誌』'87。⑦同前『創立百周年記念誌』二〇〇七年。⑧新潟県立長岡聾学校編集・発行『創立五十周年記念誌』'55。⑨同前『創立七十周年記念誌』'75。⑩新潟県立新潟聾学校編集・発行『創立五十周年記念誌』'80。⑪新潟県立長岡聾学校編集・発行『白い鳥　空高く　創立八十周年記念誌』'84。⑫新潟県立新潟聾学校編集・発行『創立60周年記念誌』'89。

16　富山県

①富山県立盲唖学校編集・発行『富山県盲唖教育三十年史』'36。②富山県立盲学校編集・発行『創立80周年記念誌』'87。③同前『今、世紀を拓く　創立100周年記念誌』二〇〇七年。④富山県立富山ろう学校編集・発行『五十年のあゆみ』'81。

17　石川県

①石川県特殊教育百年史編さん委員会編『石川県特殊教育百年史』石川県教育センター発行、'81。②石川県立盲学校編集・発行『あゆみ　石川県立盲学校六十周年記念誌』'68。③石川県立盲学校編集『創立80周年記念誌』石川県立盲学校創立80周年記念事業実行委員会発行、'88。④石川県立盲学校編集・発行『創立90周年記念誌』'98。⑤80周年記念誌編集委員会編『石川県立ろう学校　創立八十周年記念誌』石川県立ろう学校発行、'88。

18　福井県

①福井県立盲学校編集・発行『福井県立盲学校五十年誌』'63。②同前『創立70周年記念誌』'83。③同前『創立80周年記念誌』'93。④同前『創立百周年記念誌』二〇一三年。⑤福井県立聾学校編集・発行『福井県立聾学校五十年史』'64。

Ⅴ　中部・東海地方

19　山梨県

①山梨県立盲学校編集・発行『創立80周年（盲ろう教育開始50周年）記念誌』'99。②山梨県立聾学校編集・発行『ろう学校

今昔』'83。

20　長野県

①信濃教育会編集・発行『長野県特殊教育史　特殊教育一〇〇年史』'79。②長野県立松本盲学校編集・発行『創立六十周年記念誌』'72。③同前『創立七十周年記念誌』'82。④長野県長野盲学校編集・発行『創立百周年記念誌』二〇〇〇年。⑤長野県立長野ろう学校編集・発行『記念誌　七十周年から八十周年へ』'82。⑥長野県松本ろう学校編集・発行『開校60周年記念誌』'88。⑦長野県長野ろう学校同窓会編集・発行『創立40周年記念誌』'89。⑧長野県長野ろう学校編集・発行『創立百周年記念誌』二〇〇三年。

21　岐阜県

①岐阜県障害児教育資料センター編集・発行『岐阜県障害児教育の歩み』'75。②岐阜県立岐阜盲学校編集・発行『岐阜盲学校六十年誌』'54。③岐阜県立岐阜盲学校創立百周年記念事業実行委員会編集・発行『岐阜盲学校百年史』'94。④岐阜県立岐阜盲学校創立110周年並びに移転整備校舎落成記念事業実行委員会編集・発行『創立110周年記念誌』二〇〇三年。⑤創立50周年記念誌編集委員会編集『岐阜県立岐阜聾学校　創立50周年記念誌』岐阜県立聾学校発行、'80。

22　静岡県

①静岡県立静岡盲学校編集・発行『静岡県立静岡盲学校六十年誌』'58。②山下兼盛著『浜盲のあけぼのとわたし――母校創立六十年記念』自家版、'81。③静岡県立浜松盲学校同窓会編集・発行『浜盲の思い出――母校創立六十周年記念文集』'81。④静岡県立浜松聾学校編集・発行『浜松聾学校20年記念誌』'69。

23　愛知県

①愛知県立名古屋盲学校創立60周年記念事業委員会編集・発行『創立60周年記念誌』'61。②愛知県立岡崎盲学校『創立六十周年記念誌』'63。③同前『創立七十周年記念誌』'73。④愛知県立名古屋盲学校編集・発行『創立八十周年記念誌』'81。⑤愛知県立豊橋盲学校編集・発行『世々に残さむ　豊橋盲学校80年の〝生涯〟』'81。⑥愛知県立岡崎盲学校創立80周年記念誌実行委員会編集・発行『八十周年記念誌』'83。⑦愛知県立岡崎盲学校編集・発行『創立100周年記念誌』二〇〇三年。⑧愛知県立名古屋聾学校編集・発行『名聾八十年史』'81。⑨愛知県立豊橋聾学校編集・発行『拓く径　愛知県立豊橋聾学校八十年史』'81。⑩愛知県立岡崎聾学校創立80周年記念誌作成委員会編『創立八十周年記念誌』愛知県立岡崎聾学校創立80周年記念事業実行委員

会発行、'83。⑪愛知県立豊橋聾学校創立90周年記念誌編集委員会編集・発行『創立90周年記念誌』'89。

Ⅵ　近畿地方

24　三重県

①三重県立盲学校編集・発行『三重県盲教育の歩み　盲教育創始75周年記念／盲学校創立65周年記念』'84。②三重県立聾学校編集六十年の歩み記念誌編集委員会編『六十年の歩み』三重県立聾学校発行、'79。

25　滋賀県

①滋賀県立盲学校編集・発行『開けゆく盲教育』'53。②同前『創立70周年記念　記念誌』'78。③同前『創立八十周年記念誌』'88。④同前『創立90周年記念誌』'98。⑤滋賀県立聾話学校編集・発行『創立二十年』'48。⑥同前『移転改築竣工記念　創立四十年誌』'71。⑦同前『創立六十年記念誌』'88。

26　京都府（市）

①盲聾教育開学百周年記念事業実行委員会編集部会編集『京都府盲聾教育百年史』盲聾教育開学百周年記念実行委員会発行、'78。②京都府立盲学校七十五周年記念誌編さん委員会編『創立七十五周年記念誌』京都府立盲学校発行、'57。③鳥居篤治郎著『すてびやく　捨日役』京都ライトハウス発行、'67。④京都府立盲学校編集・発行『語り告ぎ言ひ継ぎ往かむ――わが学び舎九十年の歩み』'68。⑤京都府立盲学校創立百周年記念事業委員会編集・発行『ももとせにつどふ――京都府立盲学校開学百周年記念文集』'78。⑥京都府盲人協会編集・発行『京都府盲人協会の歩み　結成三十周年記念誌』'79。⑦京都府立聾学校編集・発行『創立九十年誌』'68。

27　大阪府（市）

①大阪市小学校教育研究会特殊教育研究部編集・発行『大阪における特殊教育（精神薄弱）の変遷』'60。②大阪市特殊教育実施70周年記念誌編集委員会編集『特殊教育70年史――大阪市における特殊教育のあゆみ』大阪市教育委員会発行、'70。③大阪養護教育振興会編集・発行『大阪市の養護教育――軌跡をたどって　あのこと　あの人』'83。④清水寛「特別対談　土屋兵次先生に聴く　その一」（大阪養護教育史研究会〔鈴木文庫を伝える会〕編集・発行、『大阪養護教育史研究紀要』第6号、'87・11）。⑤同「その二」同前、第7号、'88・11。⑥同「その三」同前、第8号、'89・11。⑦同「その四」同前、第9号、

'90・11。⑧同「その五」同前、第10号、'91・11。⑨同「土屋兵次先生と語る　大阪養護教育百年の歩み」同前、第11号、'96・11。⑩赤塚康雄編著『大阪の学童疎開』クリエイティブ21、'96。⑪大阪府立盲学校編集・発行『大阪府立盲学校四十年誌』'55。⑫大阪市立盲学校編集・発行『大阪市立盲学校60年史』'60。⑬大阪市立盲学校同窓会編集・発行『螢窓六十年　創立六十周年記念』'61。⑭大阪府立盲学校編集・発行『大阪府立盲学校創立五十周年記念誌』'64。⑮同前『翔《はばたき》　創立60周年を記念して』'74。⑯大阪市立盲学校編集・発行『創立70周年記念誌』'70。⑰同前『創立80周年記念誌』'80。⑱大阪府立盲学校編集・発行『大阪府立盲学校70周年記念誌』'84。⑲大阪市立盲学校編集・発行『創立90周年記念誌』'90。⑳大阪府立盲学校編集・発行『大阪府立盲学校80周年記念誌』'94。㉑大阪市立盲学校編集・発行『世紀を超えて　創立百周年記念誌　一九〇〇（明治33）年〜二〇〇〇（平成12）年』二〇〇〇年。㉒大阪府立盲学校編集・発行『大阪府立盲学校90周年記念誌』二〇〇四年。㉓大阪府立聾口話学校編集・発行『皇国民錬成　能動教育』'42。㉔大阪府立生野聾学校編集・発行『あゆみ　第7集　全館鉄筋化記念』'68。㉕大阪市立聾学校編集・発行『大阪市立聾学校七十年史』'72。㉖大阪府立生野聾学校編集・発行『創立50周年を記念して　あゆみ　第8集』'76。㉗大阪市立生野聾学校編集・発行『あゆみ　第9集　創立60周年記念誌』'86。㉘白石堯美《たかみ》著『軍国ろう少年』星湖舎、二〇〇四年。㉙大阪市立思斉養護学校編集・発行『思斉学校史　創立30周年』'70。㉚同前『思斉　創立40周年記念誌』'80。㉛同前『思斉　創立五十周年記念誌』'90。㉜保木賢雄著『人間教育を求めて——養護教育三十年の思い出』タイムス社、'73。㉝同前『この道に生きる』タイムス社、'83。㉞津田清次著「思斉養護学校史　その1、その2、その3、その4」（『年報　しせい』大阪市立思斉養護学校編集・発行、'73、'74、'75、'77）。

28　兵庫県

①兵庫県立盲学校編集・発行『創立60周年記念誌』'65。②永田信一著『神戸市立盲学校創設の想い出』自家版、'82。③兵庫県立盲学校編集・発行『創立80周年記念誌』'85。④同前『創立90周年記念誌』'95。⑤神戸市立盲学校編集・発行『創立50周年記念誌』'89。⑥兵庫県立盲学校編集・発行『創立百周年記念誌』二〇〇五年。⑦兵庫県立神戸聾学校編集・発行『創立35周年記念誌』'66。⑧同前『創立50周年記念誌』'81。

29　奈良県

①障害児教育百年奈良県記念会編集・発行『障害児教育百年奈良県記念誌』'79。②奈良県立盲学校編集・発行『創立五十周年記念誌』'70。③同前『この道一すじに　小林卯三郎先生想い出の記』'70。④同前『創立六十周年記念誌』'80。⑤同前『創立

70周年記念誌』'90。

30　和歌山県

①和歌山県盲唖学校編集・発行『盲聾唖教育会発布記念誌』'24。②和歌山県教育委員会編集・発行『盲聾教育40周年記念誌』'59。③井関奎一著『果てしなき道に――障害者運動、ひとつの源流の記録』自家版、'95。④和歌山県立和歌山盲学校編集・発行『創立五十周年記念誌』'68。⑤同前『くすのき　創立六十周年記念文集』'78。⑥同前『創立七十周年記念誌』'88。⑦記念誌編集委員会編『創立五十周年　校舎改築落成　記念誌』和歌山県立ろう学校発行。'71。

Ⅶ　山陰・中国地方

31　鳥取県

①鳥取県特殊教育百年事業実行委員会編集・発行『鳥取県特殊教育の歩み』'78。②鳥取県立鳥取盲学校編集・発行『風雪』'85。③同前『創立百周年記念誌』二〇一一年。④鳥取県立鳥取聾学校編集・発行『鳥取県立鳥取聾学校史』'71。⑤鳥取県立鳥取ろう学校編集・発行『創立70周年記念誌』'80。

32　島根県

①島根県立盲学校編集・発行『開校六十年記念誌』'66。②同前『創立七十周年記念誌』'75。③同前『創立八十周年記念誌』'85。④島根県立松江ろう学校編集・発行『創立八十周年記念誌』'85。

33　岡山県

①岡山県立岡山盲学校編集・発行『五十年のあゆみ』'58。②同前『創立七十年誌』'78。③同前『創立80周年記念誌』'88。④同前『創立百周年記念誌』二〇〇八年。⑤岡山県立岡山聾学校編集・発行『回顧五十年』'58。⑥同前『創立六十年記念誌』'69。⑦同前『創立七十周年記念誌』'78。⑧同前『創立八十周年記念誌』'88。

34　広島県

①広島県立広島盲学校編集・発行『創立八十周年記念誌』'95。②広島県立広島ろう学校編集・発行『五十年史』'66。③同前『創立六十周年記念誌』'76。④同前『創立七十周年記念誌』'85。⑤広島県立広島ろう学校平和教育資料編纂委員会編『広島ろう学校　被爆と疎開の記録』広島県立広島ろう学校発行、'96。

35　山口県
①山口県立盲学校編集・発行『創立七十年誌』'75。②同前『創立八十年史』'85。③同前『創立百周年記念誌』二〇〇五年。
④山口県立聾学校編集・発行『創立六十年記念誌』'68。⑤同前『創立80周年記念誌』'88。

Ⅷ　四国地方

36　徳島県
①徳島県教育委員会編集・発行『徳島県における障害児教育（特殊教育）の歩み』'92。②徳島県立盲学校編集・発行『徳島県盲教育八十年記念／徳島県立盲学校創立五十周年記念　徳島県教育史』'80。③同前『徳島県立盲学校創立百周年記念誌』二〇〇〇年。④徳島県立聾学校編集・発行『義務制25周年記念誌』'74。⑤同前『創立五十周年記念誌「やまびこ」特集号　第三号』'82。

37　香川県
①香川県障害児教育記念行事実行委員会編集・発行『香川の障害児教育の歩み（特殊教育百年記念）』'78。②香川県立盲学校／香川県立ろう学校編集・発行『創立五十周年記念誌』'58。③香川県立盲学校編集・発行『創立70周年記念誌』'78。④香川県立聾学校編集・発行『足あと　聾学校教育70年の歩み』'80。

38　愛媛県
①愛媛県教育委員会・愛媛県特殊学校長会編集・発行『愛媛県特殊教育百年記念誌』'79。②愛媛県立松山盲学校編集・発行『創立八十周年記念誌』'87。③同前『創立九十周年記念誌』'97。④愛媛県立松山聾学校『創立五十年誌』'58。⑤同前『創立八十周年記念誌』'87。

39　高知県
①高知市教育研究所編集・発行『高知市障害児教育の充実――歴史的な流れから』'79。②高知県立盲学校編集・発行『創立三十周年記念誌』'60。③同前『創立四十周年記念誌』'69。④同前『創立五十周年記念誌』'82。⑤同前『創立六十周年記念誌』'89。⑥高知県立盲学校同窓会編集・発行『創立60周年記念文集』'89。⑦高知県立盲学校編集・発行『創立七十周年記念誌』'99。

IX　九州地方

40　福岡県

①福岡県立福岡盲学校編集・発行『開校五十年記念誌』'60。②福岡県立柳河盲学校編集・発行『創立七十周年記念誌』'79。③同前『創立八十周年記念誌』'89。④福岡県立福岡盲学校編集・発行『開校85周年記念誌』'95。⑤福岡県立福岡聾学校編集・発行『創立五十周年記念誌』'60。

41　佐賀県

①佐賀県立盲学校編集・発行『佐賀県立盲学校教育史』'79。②佐賀県立ろう学校編集・発行『創立五十周年記念誌』'74。③同前『創立六十周年記念誌』'84。④同前『創立七十周年記念誌』'94。

42　長崎県

①平田勝政、早田美紗、菅達也「長崎県障害児教育史研究（第Ⅴ報）――昭和戦中期～戦後初期の長崎県盲・聾教育を中心に」『長崎大学教育学部紀要――教育科学』第62号、二〇〇二年。②長崎市史編さん委員会編集、長崎市発行『新長崎市史第三巻近代編』「第8章　総力戦とその帰結」の「第2節　戦時下の教育」の「4　特殊教育の変容」（執筆・平田勝政）。③長崎県立盲学校編集・発行『創立八十年記念誌』'79。④創立百周年記念誌編集委員会編『長崎県立盲学校一〇〇年の歩み　明日の盲教育を見すえて　創立百周年記念誌』'98。⑤長崎県立ろう学校編集・発行『創立60周年誌』'58。⑥長崎県ろうあ福祉協会／全国手話通訳問題研究会長崎支部編集・発行『手よ語れ　ろうあ被爆者の証言』'86。⑦池田杉男（ろうあ者）著、協力・長崎県ろうあ福祉協会編集・発行『ノーモア・ろうあ被爆者――長崎ローア・ドキュメンタリー劇画』自家版、'86。⑧長崎県ろうあ福祉協会／全国手話通訳問題研究会長崎支部編集『原爆を見た聞こえない人々』文理閣、'95。

43　熊本県

①熊本県立盲学校編集・発行『創立七十周年記念誌』'81。②熊本県病弱教育史編集委員会編『熊本県病弱教育のあゆみ』熊本県立石原養護学校発行、'88。

44　大分県

①大分県立盲学校編集・発行『創立五十周年記念誌』'58。②同前『大分県盲学校史』'74。③同前『創立80周年記念誌』'88。

45　宮崎県

①宮崎県特殊教育百年記念会編集・発行『宮崎県特殊教育史』'79。②宮崎県立盲学校編集・発行『創立五十周年記念誌』'60。③宮崎県立延岡聾学校編集・発行『創立50周年記念誌』'78。

46　鹿児島県

①鹿児島県立盲唖学校編集・発行『創立四十周年記念誌』'43。②鹿児島県教育委員会／鹿児島県特殊諸学校長会編集・発行『鹿児島の特殊教育　全国100周年記念／鹿児島50周年記念　特集号』'79。③鹿児島県立鹿児島盲学校編集・発行『創立百周年記念誌』二〇〇三年。④鹿児島県立鹿児島聾学校編集・発行『創立六十周年記念誌』'66。⑤同前『創立八十周年記念誌』'83。

47　沖縄県

①沖縄の特殊教育史編集委員会編『沖縄の特殊教育史』沖縄県教育委員会発行、'83。②宮城政三郎著『等しきを求めつづけて――障害児の教育権保障・その変遷と課題』自家版、'88。③沖縄盲学校編集・発行『沖縄盲教育50年のあゆみ――沖縄盲学校創立50周年記念誌』'71。④沖縄県立盲学校創立60周年記念事業実行委員会編集『創立60周年記念誌』沖縄県立盲学校発行、'83。⑤赤座憲久作、山城見信・絵『デイゴの花かげ　盲目の先達・高橋福治』小峰書店、'89。⑥沖縄県立盲学校創立70周年記念事業期成会編『創立70周年記念誌』沖縄県立盲学校発行、'91。⑦〈道ひとすじ――昭和を生きた盲人たち〉編集委員会編『道ひとすじ――昭和を生きた盲人たち』あずさ書店、'93（「沖縄盲界のパイオニア　高橋福治」小林一弘執筆）。

資料1　第2次アンケート調査用紙（元・教職員宛）

第2次大戦下の全国の障害児学校の戦争被害に関する調査

（調査の趣旨，略）
記入者　（　　　　　　　　　　）
記入日　（　　年　　月　　日）
住　所　（　　　　　　　　　　）
電話番号（　　　　　　　　　　）

※以下の項目に対して，該当する記号を○で囲んで下さい

第一部　戦時下について

A　校舎についてお聞きします

1．戦時中（昭和16年から終戦まで）の勤務校の校名と所在地をお書き下さい
　校　名（　　　　　　　　　　　　　　　　　　　　　　　　　）
　所在地（　　　　　　　　　　　　　　　　　　　　　　　　　）

2．空襲による校舎に対する被害がありましたか
　イ　有　　　　ロ　無　　　　ハ　不明
「有」とお答えの方にお聞きします
① それはいつの空襲ですか（　　年　　月　　日）
② 被害の程度はどれくらいでしたか
　イ　全壊　　ロ　半壊　　ハ　一部
③ 人的被害がありましたか
　イ　はい……死亡（　　）人　　負傷（　　）人
　ロ　いいえ
　ハ　わかりません

3．学校閉鎖や休校，授業中止などの措置がとられましたか
　イ　はい　　ロ　いいえ　　ハ　不明
「はい」とお答えの学校にお聞きします
① 次のいずれですか
　イ　学校閉鎖……期間（　　年　　月　　日）～（　　年　　月　　日）
　ロ　休校　　……期間（　　年　　月　　日）～（　　年　　月　　日）
　ハ　授業中止……対象児童・生徒（　　　　　　　　　　　　　　）
　　　　　　　　期間（　　年　　月　　日）～（　　年　　月　　日）
② それらはどんな理由によるものですか
　イ　これ以上学校にいることは，児童・生徒の身の上に危険があるから
　ロ　通学途上において，爆撃などの危険があるから
　ハ　交通事情が極度に悪化し，途絶したりして，登校不可能となったため
　ニ　空襲による校舎の焼失や破壊などのため
　ホ　校舎を軍に接収されたり企業・公共団体に貸したりしたため
　ヘ　食料難のため
　ト　教師の出征等による人手不足のため
　チ　登校児童・生徒数の減少のため
　リ　家族に困難な事情が生じ，その児童・生徒の養育が不可能となったため
　ヌ　その他（　　　　　　　　　　　　　　　　　　　　　　　　）

B　児童・生徒のうけた被害等についてお聞きします

1．学校生活についてお聞きします

① 食料は足りましたか
イ 十分足りた ロ まあまあ足りた
ハ 不十分だった ニ 全く足りなかった
② 食料を確保するために，どのようなことをしましたか
イ 何もしなかった
ロ 校庭で野菜栽培等をした
ハ 近所の田畑を借りて開墾した
ニ 荒地や空き地を開墾した
ホ 家庭から提供してもらった
ヘ 特別配給をうけた
ト その他（ ）
③ 戦時色の濃い服装をしましたか
イ いいえ
ロ はい…その場合，あてはまるものを以下の項目より選んで下さい
イ 巻脚絆（ゲートル）
ロ 国防色の制服
ハ 戦闘帽
ニ もんぺ
ホ その他（ ）
次の④～⑤の質問は，寄宿舎のあった学校にお聞きします
④ 希望者は全員入舎できましたか
イ できた ロ できなかった
⑤ 寄宿舎で困ったことはどんなことですか
イ 病気やけがの児童・生徒がでた
ロ のみやしらみ，回虫などが発生した
ハ 医薬品がたりなかった
ニ 施設・設備が破損，老朽化しても修理できなかった
ホ 寝具や衣料品がたりなかった
ヘ 寮母がたりなかった
ト 寮母の健康状態が悪かった
チ その他（ ）
2．当時の教育状況についてお聞きします
① 時間割りどおりの授業時数がとれましたか
イ とれた ロ まあまあとれた
ハ あまりとれなかった ニ 全くとれなかった
② 教材・教具などは，足りましたか
イ 足りた ロ まあまあ足りた
ハ 不十分だった ニ 全く足りなかった
③ 足りなかったとお答えの場合，とくに足りなかった物は何ですか
（例 点字紙など ）
④ 軍事教練が行われましたか
イ 行われた ロ 行われなかった ハ 不明
3．学校，学部ぐるみの疎開をしましたか
イ はい ロ いいえ
「はい」とお答えの学校にお聞きします
① 次のいずれですか
イ 学校ぐるみ
ロ 一部の学部……対象（ ）

② 疎開先はどこですか

イ　山間部　　ロ　農村部　　ハ　漁村部　　ニ　都市郊外　　ホ　その他

所在地（　　　　　　　　　　　　　　　　　　　　　　　　　　　　　　）

③ 疎開の期間はいつですか（　年　月　日）～（　年　月　日）

④ 疎開してよかったことは何ですか

イ　爆撃の危険がない

ロ　食料が以前より確保できた

ハ　教育に時間がとれるようになった

ニ　児童・生徒と教師との間の親密さが増した

ホ　その他（　　　　　　　　　　　　　　　　　　　　　　　　　　　　）

⑤ 疎開中，とくに困ったことは何ですか

イ　依然として爆撃の危険がなくならなかった

ロ　食料が不足していた

ハ　寝起きする場所が狭くなった

ニ　のみやしらみなどが発生し，衛生面で困った

ホ　環境の変化により児童・生徒が精神的に不安定だった

ヘ　住民との人間関係がうまくいかなかった

ト　地元の子ども達と友達になりにくかった

チ　家庭との連絡がとりにくかった

リ　教育に時間がとれなかった

ヌ　衣料品や医薬品が不足した

ル　その他（　　　　　　　　　　　　　　　　　　　　　　　　　　　　）

4．貴校では児童・生徒は，勤労奉仕活動に参加させられましたか

イ　はい　　ロ　いいえ　　ハ　不明

「はい」とお答えの学校にお聞きします

① その対象になった生徒の学部，学年，性別をお書きください

学部（　　　）　学年（　　　）　性別（　　　）

② どこでどのような労働に従事しましたか

（例　病院でマッサージ奉仕　　　　　　　　　　　　　　　　　　　　）

C　教職員についてお聞きします

1．人手は足りていましたか

イ　十分だった　　　　ロ　まあまあ足りた

ハ　不十分だった　　　ニ　全く足りなかった

2．応召された方がいらっしゃいましたか

イ　はい……その場合　応召（　　）人

戦死（　　）人

戦傷（　　）人

ロ　いいえ

第二部　終戦・戦後のことについて

1．授業が中止された学校で開始されたのは，いつのことですか

（　　年　　月　　日）

2．終戦後の授業は，どこで開始されましたか

イ　元の学校

ロ　疎開先

ハ　近くの小・中・高等学校の一部（学校名　　　　　）

ニ　その他（　　　　　　　　　　　　　　　　　　　　　　　　　　　　）

3．戦中，戦後の児童・生徒・教職員の人数の変遷について，おわかりになる範囲で結

構ですのでご記入下さい（授業が中止された学校は，中止時と再開時の年に○をつけて下さい）

昭16	児童（　　）人	生徒（　　）人	教職員（　　）人
昭17	児童（　　）人	生徒（　　）人	教職員（　　）人
昭18	児童（　　）人	生徒（　　）人	教職員（　　）人
昭19	児童（　　）人	生徒（　　）人	教職員（　　）人
昭20	児童（　　）人	生徒（　　）人	教職員（　　）人
昭21	児童（　　）人	生徒（　　）人	教職員（　　）人
昭22	児童（　　）人	生徒（　　）人	教職員（　　）人
昭23	児童（　　）人	生徒（　　）人	教職員（　　）人

4．戦争の傷跡もひとまずいえて，学校教育として軌道にのりはじめたのは，いつごろですか（　　年　　月ごろ）

資料についてのお願い

戦時下や終戦後のことにつきまして，何かお書きになった文献や関連する資料などございましたら，是非，拝読させて下さい

関連する資料について

イ　ない

ロ　ある……①　著名，発行年を教えて下さい

（　　　　　　　　　　）

（　　　　　　　　　　）

②　入手方法（定価等）を教えて下さい

（　　　　　　　　　　）

③　入手が不可能な場合，戦時下に関する箇所を複写などしてお送りいただけるでしょうか（実費はお送りいたします）。

イ　送れる　　ロ　送れない

以上の回答と重複しても結構ですので，戦時下や終戦後のことで，特に強く印象に残っていることや，語り伝えたいと考えておられること等がございましたら，ご記入下さい。

（自由記入欄）

ご協力たまわりまして，誠にありがとうございました。

資料2　概括表

――全国108の障害児学校の被害・状況・沿革など

注　教職員の応召・戦死、卒業生・在学生の海軍（陸軍）技療手への志願・戦死、病死・事故死などについては下線を付した。

学校名(元)	1　北海道庁立盲学校	2　私立旭川盲唖学校
現学校名	北海道札幌視覚支援学校 　同　札幌聴覚支援学校	北海道旭川盲学校 　同　旭川聾学校
空　　襲	被害なし。所在地は札幌市南９条西１丁目。'45・６、空襲激化。	被害なし。旭川市八条通八丁目。
疎　　開	'45・７、十勝の御影村の旅館を買収し疎開。	なし。
校　　舎	'45・４、札幌市南３条西15丁目に移転した校舎は老朽。	
校　　庭		
寄 宿 舎	'43・７、南14条西８丁目に仮校舎・寮を借用。	'53・７・１、聾学校寄宿舎新築、盲学校も併用。
勤労奉仕・学徒動員	不明。	'43・10、勤労報国隊を結成、近郊農村で援農作業。
食糧・燃料	食料事情急迫し'46・６・28より２ヵ月間学校閉鎖。	校長南雲総次郎と弟貞吉、農家に米の喜捨を受けに出向き食糧に供した。
教育・行事	'44、校内学芸会、点字競技会。 '45・６、空襲激化のため８月末まで校舎閉鎖。	'40・６・10、第８回北海道盲学生雄弁大会を当校で開催。初等部全体で時間割、授業は複式。
教 職 員		
服　　装		
戦　　後	'45・９・１、学校再開。 '47・11、北海道立盲学校と改称。	戦争末期から戦後にかけ経営困難に直面。寄付金などに頼る。
沿　　革	'27・４、私立札幌盲唖学校開校。 '43・７、北海道庁立盲学校と改称。 '50・４、北海道札幌盲学校と改称。	'22・６、私立旭川盲唖学校開校。 '48・10、盲聾分離、道立旭川盲学校、同旭川聾学校。

学校名(元)	3　私立小樽盲唖学校	4　私立函館盲唖院
現学校名	1の元・北海道庁立の視覚支援、聴覚支援の学校に吸収。	北海道函館盲学校 同　函館聾学校
空　襲	被害なし。小樽市奥沢町2丁目。	被害なし。函館市元町88番地。終戦直前、函館大空襲。
疎　開	なし。	なし。一時、各家庭に帰省させた。
校　舎	'41・6、暴風で倒壊した校舎の塀を盲部・聾唖部同窓会の醵金で修理。	軍隊が一部使用、当院地下に弾薬庫造成。
校　庭		校舎の裏の土手に大きな防空壕をつくり避難。校庭を耕し野菜づくり。
寄宿舎	'52・9・9、新寄宿舎建設、校舎と兼用。ノミ、シラミ、回虫など発生し苦しむ。	ノミ、シラミ、回虫など発生し苦しむ。寝具、衣料品の不足。
勤労奉仕・学徒動員	不明。	初等部5・6年生と中等部。聾部は防空壕づくり、いも掘り。盲部は按摩、マッサージ。
食糧・燃料	'41・5、食糧増産のため空閑地を耕作。	学校の裏山約1町歩を開墾し野菜栽培。戦後の配給の食糧（馬鈴薯、南瓜等）の運搬に苦労。
教育・行事	授業継続。しかし、校舎は老朽化。暖房の石炭が不足し手がこごえ点字学習困難。相撲大会、遠足等。	授業継続。教科書、用紙の不足。佐藤在寛校長（'22・5～'49・4）は一貫して手話擁護の信念を貫く。
教職員	終戦の時は経済状態悪化し、教員の生活も困難となる。	'37・8～'46・7、採用者19名、退職者24名と出入り激しい。俸給では生活困難。
服　装		男子は国防色の制服、巻脚絆（以下ゲートルと記す)、女子はもんぺ。
戦　後	'48・10、道立に移管、北海道小樽盲学校、同小樽聾学校となる。	経営困難のため'47・4、函館市立盲唖学校に移管。
沿　革	'06・6、私立小樽盲唖学校創立。 '35・5、道庁代用校として認可。	'12・4、私立函館盲唖院創立。'48・4、道内の公私立盲・聾学校を道立に移管。

学校名(元)	5　私立帯広盲唖院	6　私立室蘭聾唖学校
現学校名	北海道帯広盲学校 同　帯広聾学校	北海道室蘭聾学校
空　襲	被害なし。'44・7より空襲あり、防空壕への緊急避難繰り返す。	被害なし。室蘭市母恋南町33番地。
疎　開	なし。	なし。
校　舎	'42・6～'45・7、帯広市大通10丁目の元永渕病院跡に移り校舎とする。	'36・10、母恋南町に56坪の院舎兼寮舎新築。
校　庭	食糧不足のため馬鈴薯などを大量に買い入れ、穴を掘って貯える。	
寄宿舎	'45・10、借用した元・救護院には寄宿舎なく、昼は教室、夜は寝室に。	
勤労奉仕・学徒動員	不明。	なし。
食糧・燃料	食糧難。	'45、生徒五十余名をかかえて終戦前後は食料対策に終始。山林や学校周辺の笹やぶを開墾。
教育・行事	'45・7～10、空爆を避け閉院し、生徒は一時帰省。院長は家族と疎開し、休院。	文部省・道庁・室蘭市の補助金だけでは経営困難。後援会の資金で維持。授業は続行。
教職員	'48・5・1、校長、訓導の他に、教諭、嘱託、炊事婦が加わり五名となる。	'46・6、校長夫妻も栄養失調と過労で病人同様となるが休業せず。
服　装		
戦　後	'45・10、授業再開。元・救護院建物を帯広市より無償で借用。	施設整わず、他校の教室を借用。
沿　革	'37・7、私立帯広盲唖院創立。'48・10、道立に移管、北海道立帯広盲学校、同聾学校と改称、併置。	'36・10、私立室蘭聾唖学院創立。'39・5、室蘭聾唖学校と改称。'48・10、道立移管、道立室蘭聾唖学校。

学校名(元)	7　青森県立青森盲唖学校	8　青森県立八戸盲唖学校
現学校名	青森県立青森盲学校 　同　青森聾学校	青森県立八戸盲学校 　同　八戸聾学校
空　　襲	'45・7・28、全焼。青森市浦町。児童・生徒は帰省中で人的被害なし。	八戸市に空爆があったが当校は被害なし。八戸市類家。
疎　　開	なし。	集団疎開を県当局と接衝し、集団疎開の方針決定したが敗戦となり中止。
校　　舎	被爆で校舎・寄宿舎を焼失。	
校　　庭	野菜栽培等。	
寄 宿 舎	食糧不足。ノミ、シラミ、回虫等、発生し苦しむ。	'41当時、寮費は個人負担のため、苦学生は夜間街で按摩をして稼いだ。
勤労奉仕・学徒動員	陸軍病院で按摩、マッサージ、理髪の奉仕。	出征兵士留守宅・遺家族への木工奉仕、按摩奉仕等。
食糧・燃料	生徒の家業は農業が多く、食糧提供あり。特別配給を受けた。	'47頃、食糧極度に不足し、臨時休業、食糧増産休業。'48頃、ララ物資の食糧で飢えを免れる。
教育・行事	'45・7・20～'47・5・7、休校。'47、焼け跡のバラック小屋で授業。教材教具不足。	戦勝旗行列、防空訓練、避難訓練、応召兵見送り、英霊出迎え等。
教 職 員	教員不足のため複式授業。	教職員の転職多し。
服　　装	国防色の制服、戦闘帽。女子はもんぺ着用。	国防色の制服、戦闘帽。 女子はもんぺ。
戦　　後	'49・4、盲聾分離、県立青森盲学校、県立青森聾学校。	'45、2学期頃、授業再開。'49・4、盲聾分離、県立八戸盲学校、同聾学校。
沿　　革	'25・10、青森盲人教所創立→'27・11、青森盲学校→'31・8、青森盲唖学校→'37・4、県立移管。	1891、東奥盲人教訓会発足。'11・12、私立東奥盲人学校創立。'27・4、私立八戸盲唖学校→'37・4、県立移管。

学校名(元)	9　岩手県立盲啞学校	10　宮城県立盲啞学校
現学校名	岩手県立盛岡視覚支援学校 　同　　盛岡聴覚支援学校	宮城県立視覚支援学校 　同　　聴覚支援学校
空　　襲	被害なし。盛岡市上田第49地割。空爆の危険あり、初等部低学年生は帰省。	被害なし。'45・7・9～10、仙台空襲全焼圏から約200メートル圏外。所在地は仙台市東九番丁17番地。
疎　　開	なし。	'45・7・21～10・24、中等部は栗原郡宮野村の能持寺に疎開学寮設置。
校　　舎	'35・8、盛岡市上田字北山90番地に校舎・寄宿舎竣工し移転。	'25・9、仙台市北七番丁に移転→'35・8、東九番丁に移転。疎開中は校舎を簡易保険局、金属回収統制会社等に貸す。
校　　庭	大根、馬鈴薯等の野菜栽培。	
寄宿舎	ノミ、シラミ、回虫等発生。食糧不足で栄養状態が悪化し、結核や病弱が多く、生徒3人死亡。	炊事の燃料のため県に山林を買ってもらい伐採。ノミ、シラミ発生し苦しむ。炊事婦以外の寮母なし。
勤労奉仕・学徒動員	'42から中等部盲部は軍需工場や鉱山労務者に鍼灸按摩治療奉仕。聾部は、鉱石運搬、作業衣補修。	'43から中等部盲部は仙台の陸軍病院、片倉製糸工場で鍼按灸奉仕。聾部は陸軍病院で理髪奉仕。
食糧・燃料	荒地を開墾し、南瓜栽培。養豚。海岸に住む父母からコンブを送ってもらった。	近所の田畑を借りて耕作。家庭が食糧提供の支援も。炊事の燃料の薪を山で拾い集める。
教育・行事	授業継続。軍事教練あり。点字紙不足し古葉書等使用。	中等部の疎開中、初等部は全員帰省。中等部聾児に軍事教練。'45・7・5～'45・10・31休校。
教職員	人手不足。応召2人、戦死1人。	応召2人。
服　　装	男子、ゲートル、戦闘帽。女子、もんぺ着用。	男子、ゲートル、戦闘帽。女子、もんぺ。
戦　　後	'46・7～9の3カ月間、食糧難のため臨時休校。	'45・11・1、校舎を貸していた企業が出たので授業再開。
沿　　革	'11・8、私立岩手盲啞学校創立。'25・4、県立盲啞学校。'48・4、盲聾分離、県立盲学校、同聾学校。	'07・4、私立東北盲人学校創立。'14・4、宮城県立盲啞学校創立。'48・4、盲聾分離、県立盲学校、同聾学校。

学校名(元)	11　秋田県立盲唖学校	12　山形県立盲学校聾唖学校
現学校名	秋田県立視覚支援学校 　同　　聴覚支援学校	山形県立山形盲学校 　同　　山形聾学校
空　　襲	被害なし。 秋田市長野下新町末南丁。	被害なし。 山形市香澄町。
疎　　開	なし。'45、盲部は由利郡西滝沢村、聾部は河辺郡戸米川村へ校舎を軍需工場化するため疎開準備。	なし。静岡盲学校から疎開生徒あり。
校　　舎	老朽化し疲弊荒廃。	一部、貸与。
校　　庭	耕して野菜づくり。防空壕造成。	畑にし、豆、甘藷、胡瓜等栽培。道端にヒマ植える。シャベルで防空壕掘り。
寄 宿 舎	'41年度、昼は教室、夜は宿舎。病者が寝ていても授業。	食糧、薪炭、衣料、寝具、医薬品不足。ノミ、シラミ発生し苦しむ。職員は炊事婦のみ。
勤労奉仕・学徒動員	'43年度、日赤秋田県支部の要請で無医村を巡回治療奉仕。軍属の技療手となった生徒あり。	中等部盲児は農山村で鍼按奉仕、聾児は飛行機部品製作。'39年度卒２人海軍軍属技療手、１人はブーゲンビルで戦死。
食糧・燃料	食糧難のため授業より増産作業多く、雄物川の河原で馬鈴薯等つくる。養豚。盲唖生10数人で山奥に薪とり。	食糧難。家庭から提供受けた。配給物資の運搬に苦労。
教育・行事	'40年度、小学部１年生から徒歩での遠距離遠足。'42年度、失明傷痍軍人入学。防空訓練。	紙類、鉛筆、教科書等不足。'43～'45頃、「体育の時間は軍事教練」。'45・９・１、授業再開。
教 職 員	応召教員２人、戦死２人。	応召３人、戦死３人。
服　　装	男子、ゲートル、戦闘帽。女子、もんぺ。	男子、ゲートル、国防色の制服、戦闘帽。女子、もんぺ。
戦　　後	戦時中以上に食糧難。ララ物資受けとる。'47・６、東北地区盲学校生徒会連盟発足。	'48・６、盲、聾分離、県立山形盲学校、同山形聾学校。'48年度、寄宿舎に寮母１人就任。
沿　　革	'11・４、私立盲導院設立。'12・４、秋田県立盲唖学校創立。'48・４、盲聾分離、県立盲学校、同聾学校。	'13・４、私立山形盲学校創立。 '35・４、県立移管→山形県立盲学校。

学校名(元)	13　福島県立福島盲唖学校	14　郡山市立郡山訓盲学校
現学校名	福島県立盲学校 同　　聾学校	13の福島県立聾学校に吸収
空　　襲	被害なし。'18・9、福島市仲間町30番地。	被害なし。福島市堂前14番地。空襲警報で寺境内にも避難。
疎　　開	なし。	なし。疎開生徒を受け入れ戦争末期には生徒数40人余に増加。
校　　舎	仲間町の校舎は敷地445坪、２階建で教室４、舎室７、教員宿舎。	校舎は蚕病予防事務所跡。
校　　庭	野菜栽培。	町内会の協力で防空壕掘り。
寄宿舎	「保姆」不足。舎費は舎生の負担なので夜間、町内の家庭で按摩をして稼いだ。	'49・10・31、県立盲ろう学校の３分校の寄宿舎を児童福祉施設にする。
勤労奉仕・学徒動員	傷痍軍人や軍事施設への慰問按摩奉仕。卒業生５人が軍属「按摩師」として応召。	不明。舎生の上級生は舎費・小遣い稼ぎに帰舎後に按摩に出た。
食糧・燃料	校長・教師・生徒全員で食料、薪炭等の買い出しに農村へ出かけた。配給制度の配給率は最低ランク。	戦中から戦後にかけて、校長、教師、生徒が農村へ食料買出し。'47頃まで寮母・炊事婦なく、舎生が共同炊事。
教育・行事	出征軍人の壮行会などに参加。軍用飛行機献納募金活動。授業は継続。点字紙等不足。	郡山大空襲の６月頃から終戦まで休校。農村からは15～20歳での入学者も。生活苦から中退者も多い。
教職員	'41年度、生徒数（盲31人、４学級）、専任教員８人。	'48・４に県立化された郡山、若松、平の分校では暫く給与が出ず、寄金などでまかなったという。
服　　装	ゲートル、国防色の制服、戦闘帽。女子、もんぺ。	
戦　　後	'46・11・23、福島市渡利字七杜宮に移転。他の市立３校の中等部を集める。'48・４、福島県立福島盲ろう学校。	戦中・戦後は失明軍人が入学。
沿　　革	1898・２、私立福島訓盲学校→'29・５、私立福島盲唖学校→'44・４、福島県立福島盲唖学校。	'08・５、私立郡山訓盲学校創立→'24・９、郡山市立訓盲学校→'48・４、県立福島盲ろう学校郡山分校。

学校名(元)	15　会津若松市立盲学校	16　平市立盲学校
現学校名	13の福島県立盲学校に吸収	13の福島県立聾学校の平分校
空　　襲	被害なし。 若松市行仁町。	被害有り。平市字堂前。'45・3・10、磐城地方大空襲で校舎・寄宿舎全焼。校長と2教諭被爆殉職。
疎　　開	なし。	なし。戦争末期、空爆激化し児童生徒は帰省。
校　　舎	'22・11、12年間の間借り校舎をへて、行仁町の新校舎へ移転。	
校　　庭		
寄宿舎	'22・11、新校舎とともに、寄宿舎棟（2階建）を新設。	シラミが衣服、寝具に大量に発生。舎監に隠れて近くの食堂へうどん・そばを食べに出る。
勤労奉仕・学徒動員	不明。	不明。 卒業生5人が軍属の「技療手」（「按摩師」）として戦場に赴いた。
食糧・燃料		食糧不足で常に空腹。 寄宿舎の食事は「一汁一菜」。
教育・行事	職員生徒親睦団「校友会」は「報国会」となる。日中戦争以降は出征兵士見送り等。	校舎焼失後、休校。
教職員	'41年度、生徒数31人、3学級、専任教員4人。	'45・7・26、平市空襲で平第一小学校被爆し、本校の校長兼務の渡辺寿重、嘱託佐藤三義、同瓜田寿が爆死。
服　　装		
戦　　後		'46・1、旧藤田女学校跡を仮校舎に授業再開。'49・11、校内に盲ろう児福祉施設新設。
沿　　革	'11・5、私立会津訓盲院創立→'34・4、会津市立会津盲学校→'48・4、県立福島盲ろう学校会津分校。	'06・11、私立磐城訓盲院創立 →'44・4、平市立盲学校。 '48・4、県立福島盲ろう学校平分校。

学校名(元)	17　茨城県盲学校	18　茨城県聾唖学校
現学校名	茨城県立盲学校	茨城県立水戸聾学校
空　襲	被害なし。水戸市愛宕町。 '45・8・1、水戸大空襲で近隣焼失。	同左。
疎　開	なし。	なし。
校　舎	'26・9、東茨城郡常磐村久保に新築・移転。 '45・7・7、疎開官庁用に転用。	同左。県地方事務所が長く占用。 '51・12、水戸市千波町に新築・移転。
校　庭	防空壕づくり。耕作して野菜等栽培。	同左。
寄宿舎	'33・4、同敷地内に寄宿舎錦修寮設置したが、'47まで寮母はおらず、教員の舎監が代行。	ノミ、シラミ発生し苦しむ。軍病院の看護婦宿舎に転用。
勤労奉仕・学徒動員	'44、中等部男子は常磐炭鉱、三菱重工等に治療奉仕。'43・11、在校生4人、卒業生4人、海軍技療手となる。	'44、中等部生徒は動員学徒として市内軍需工場に就労。
食糧・燃料	食糧増産のため畑仕事。薪・炭の買い出しに出向く。燃料用の木材を全盲生も背負って山から運ぶ。	同左。
教育・行事	'39、北関東盲学校相撲大会優勝。 '45・7・8～'45・12、校舎転用のため休校。'46・1、授業一部再開。	戦後、寄宿舎「錦秋寮」を教室に代用。'46・1、授業一部再開。
教職員	教員は学齢盲児の就学勧奨と教員のなり手探しに苦労。	教員2人応召。
服　装	ゲートル、戦闘帽。女子は、もんぺ。	同左。
戦　後	'48年度、県立盲学校、県立ろう学校分離。義務教育を逐年進行で実施。	同左。
沿　革	'08、私立茨城盲唖学校創立。'24・4、県立茨城盲学校・同聾唖学校（校舎は同一）。	同左。'51・12、盲学校と校舎を分離し、千波町に校舎独立。

学校名(元)	19　栃木県立盲学校	20　栃木県立聾唖学校
現学校名	栃木県立盲学校	栃木県立聾学校
空　　襲	被害なし。所在地は足利市内の東北部の相生町。	'45・７・12、宇都宮大空襲で自宅焼失の生徒たちあり。所在地は宇都宮市外の河内郡城山村。
疎　　開	なし。'44、'45、東京の盲学校から疎開して編入学する生徒がふえる。	なし。'44頃、東京の聾学校から疎開し編入学する生徒あり。
校　　舎	'45・６～８、講堂を工場化。'49・７、河内郡横川村江曽島に移転。	'43・秋、校舎の一部が中島飛行機K.Kの用地となる。'44・３、河内郡城山村大字駒生中丸に新築・移転。
校　　庭	校庭や畑で甘藷等を栽培。	防空壕造成。中島飛行機K.Kが周囲の畑と共に工場や滑走路にしたため'44・３、駒生に移転。
寄宿舎	'43～'44、舎生急増、近くの民家借用。'49・11、児童福祉施設に移管。	舎生にカルシウムを摂取させるためとして、田んぼでイナゴ採り。
勤労奉仕・学徒動員	中等部の男女生徒は農村へ治療奉仕。学校工場で作業。'45、中等部男子は宇都宮清原飛行場でマッサージ奉仕。	出征家族へ農作業奉仕。'44・７、校舎は中島飛行機の工場となり小学高学年以上の生徒と教員が飛行機部品製作。
食糧・燃料	食糧不足。床芋の輪切りに麦と米がついたのが主食。昼食はうどん。夕食は野菜の煮物が付くだけ。	不足。'39・９、河内郡横川村江曽島に校舎新築。校庭で甘藷、ソバ、大根等栽培。
教育・行事	初等部の児童は帰省させ、授業継続。'45・６、中等部で「軽度の軍事教練」。	体育では、剣道、薙刀、競歩を重視。'44以降、運動会、学芸会中止。'45・７・２の空襲後、休校。
教職員	応召あり。	男性教員は応召し、校長、教頭以外は女性教員となる。
服　　装	ゲートル、黒または国防色の服。防空頭巾、もんぺ。	同左。
戦　　後	'48・７・１、県立盲学校、県立聾学校分離、義務教育実施。	同左。
沿　　革	'09・２、私立宇都宮盲唖学校創立→'35・４、県立宇都宮盲唖学校→'39・４、盲部が県立足利盲学校と合併し県立盲学校。	'09・２、私立宇都宮盲唖学校創立。'35・４、県立移管。'39・４、盲聾分離、栃木県立聾唖学校。

学校名（元）	21　群馬県立盲啞学校	22　私立高崎盲学校
現学校名	群馬県立盲学校 同　　聾学校	'50頃、廃校
空　　襲	被害なし。所在地は前橋市市之坪。'45・8・5、前橋大空襲で被災免れる。通学生1人、被爆死。	被害なし。高崎市羅漢町の天台宗の法輪寺に設立、高崎鍼按学校とも称した。
疎　　開	なし。	なし。'44、転入者激増し、隣接の寺を臨時宿舎に。
校　　舎	'45、郵便局、食糧営団、被災した税務署等が利用。屋上に防空監視哨。前橋大空襲被災者の救護所となる。	木造二階建、1階3教室と教員室、2階4教室。
校　　庭	'44、校舎の周りの土手や運動場に野菜栽培。'45・3、防空壕造成。	
寄 宿 舎	'27・7、学校敷地内に寄宿舎新築。舎生の食糧確保が非常に困難となる。ノミ、シラミ発生。保母不足。戦後も食糧不足。	
勤労奉仕・学徒動員	'37より中等部盲生徒が高崎衛戍病院等でマッサージ。'45・4、黒磯の飛行場へ動員。聾生徒は工場労役。	不明。
食糧・燃料	寄宿舎の朝・夕食は大豆と米、昼食は甘藷、里いも。おかずはこんにゃく、納豆、福神漬など。	
教育・行事	'37・9、防護団発足。'38・10、中等部は遠距離徒歩強行。暖房なく点字学習困難。'45・7、空襲激化し、休校。	空爆激化のため一時期、休校。
教 職 員	「軍事教練」を実施。 応召教員4人。校医戦死。	法輪寺住職の三浦興泰、眼科医の小林春造、外科医の秋田聡太郎らが学校運営。
服　　装	男性教員は国防色の国民服に戦闘帽、ゲートル、編上靴。女性はもんぺ。	
戦　　後	'45・9・5、学校再開。'48・4、盲聾分離、県立の盲学校、聾学校。	戦争中から敗戦後の混乱期に生徒減少し自然閉校。
沿　　革	'27・3、私立前橋盲学校、同桐生盲学校、同高崎聾啞学校を統合し、群馬県立盲啞学校。	'21・10、私立高崎盲学校創立。

学校名(元)	23　埼玉県立盲啞学校	24　私立埼玉県熊谷盲啞学校
現学校名	埼玉県立特別支援学校塙保己一学園 同　大宮ろう学園	学校法人熊谷盲学校
空　襲	被害なし。隣接する東洋ゴム工場に機銃掃射あり。所在地は川越市宮元町2,200番地（校地8,946㎡）。	被害なし。所在地は熊谷市箱田。'45・8・14、熊谷空襲の被災免れる。
疎　開	なし。	なし。東京の私立仏眼盲学校の生徒たちが疎開してきた。
校　舎	'26・5、川越市神明町に校舎新築移転（敷地2,227㎡）。1階の教室は全て国土防衛隊の宿舎となる。	校地244坪、建物143坪、寄宿舎は旧22坪、新33坪。
校　庭		畑をつくり、馬鈴薯、穀類栽培。職員・生徒で防空壕造成。
寄宿舎	'26・5、川越市神明町に校舎新築、寄宿舎は民家借用。'40・10、川越市宮元町に校舎新築、寄宿舎は民家借用。	'36・5、寄宿舎設立。
勤労奉仕・学徒動員	'44、軍属の海軍技療手として生徒2人志願し入隊。隊の生活は「ビンタと馳け足の日々」とのこと。	近くの軍需工場へ治療奉仕。
食糧・燃料	食糧不足で空腹の日々。焼き芋、屑せんべい、コッペパン。	食糧難であった。食料・衣類等も配給制、切符制で不足した。
教育・行事	'40、「皇紀二千六百年」に際し「国あるが故に我あり」と説く教員あり。点字紙不足し古葉書、新聞紙等使用。	中途失明で鍼灸按摩師を志望して入学する者多し。'40・4、聾啞部新設。'44、失明傷痍軍人が入学。
教職員	戦時中も授業継続し休校せず。県当局より教員に、敵機の機種・高度聴き取る「聴能訓練」研修の通知あり。	教員で応召した者はいないが、生徒で軍属として応召者あり。
服　装		国民服。
戦　後	'46年度入学者は数人に減少。'49、寄宿舎新設。'50・1、盲・聾分離、県立盲学校、県立ろう学校(独立校舎なし)。	'52頃、県立移管の申請運動したが認可されず。
沿　革	'08・2、私立埼玉和協会訓盲学校創立→'23・4、私立埼玉盲啞学校。→'37・4、県立移管、県立盲啞学校。	'24・4、私立熊谷盲学校創立→'52、学校法人熊谷盲学校→2015・3、閉校。

学校名(元)	25　千葉県立盲学校	26　千葉県立聾啞学校
現学校名	千葉県立千葉盲学校	千葉県立千葉聾学校
空　襲	被害なし。所在地、千葉市亥鼻町86番地。'45・6、千葉市空襲、生徒全員帰省中のため人命損傷なし。	被害なし。千葉市市場町435番地。'44より空爆激化し、たびたび臨時休校。'45・3・4、グラマン機が寄宿舎周辺急襲。
疎　開	なし。	なし。
校　舎	'45・6・11、県の指示で生徒全員帰省。寄宿舎に警備隊常駐し、兵舎化。	校舎も施設も貧弱。寄宿舎は民家借用。師範学校の農業用教室を教室に転用。'45・4、校舎に軍隊駐屯。
校　庭	全て耕作して農場化し、甘藷等栽培。掩蓋防空壕を作り、避難訓練。	テニスコート跡地のため狭隘。'43・6、防空壕造成。
寄宿舎	'43・9、舎監から「国ニ尽ス」ために、衣食節減を説かれ、舎生たちが減食を申し出て飯米量を減らす。	ノミ、シラミ発生。'45・4、寄宿舎で授業。'45・6、県の警備隊入る。'46・5、寄宿舎落成式。
勤労奉仕・学徒動員	'44・3、治療奉仕隊発足。四街道まで行き飛行場整備手伝い。夜半の按摩で得た収入を陸軍省に献金。	'39、中等部男子、機械工場の旋盤工として勤労。傷兵療養所、飛行場等での集団的勤労作業。
食糧・燃料	校庭農場の作物で生徒の食糧補給。'43より養豚、職員・生徒の食用となる。	空襲の合間に教職員・生徒で畑作業。食糧、薪炭欠乏し、家庭からの補給に依存。
教育・行事	時局に関する講演に教職員、生徒参加し、戦時体制強化。校庭農場の作業のため授業とりやめ多くなる。	'37以降、防空避難訓練。必勝祈願の神社参拝、鍛練行軍、傷病兵慰問。'45・6、戦争苛烈のため学校閉鎖。
教職員	'42・8、学校衛生婦1人従軍看護婦として応召。男性教職員も応召、職員不足。	応召した教員2人、看護婦1人。教員1人は硫黄島で戦死。'45・3、男性教員は校長と教頭の2人になる。
服　装		
戦　後	占領軍放出のララ物資受給。	'45・8、軍隊・警備隊より校舎・寄宿舎返還。'45・10、学校再開。「ララ物資」受給。職員、放課後畑作業。
沿　革	'10・6、千葉訓盲院創立。'24・4、千葉盲学校と改称。'33・4、県立に移管、県立盲学校。	'31・4、千葉県立聾啞学校創立。'48・8、千葉県立千葉聾学校と改名。

学校名(元)	27　官立東京盲学校	28　官立東京聾唖学校
現学校名	筑波大学附属視覚特別支援学校	筑波大学附属聴覚特別支援学校
空　襲	被害なし。所在地、小石川区雑司ヶ谷町120番地。'44・4・29、天長節より学校は休校状態。	小石川区指ヶ谷町77番地。'44・4、学校閉鎖(居住地域で分散授業)。'45・5・25、東京大空襲で校舎・寄宿舎全焼。
疎　開	'44・9～'46・3、静岡県伊豆長岡町(第一分校)、富山県宇奈月温泉(第二分校)。	'44・9～'46・12、埼玉県葛飾郡高野村(第一分教場)・南埼玉郡百間村(第二、第三分教場)の三つの寺に分散。
校　舎	東京大空襲でも被災免れる。	小石川区指ヶ谷町に敷地6000坪、建物延坪数2200坪の木造2階建の建築。
校　庭	'43年度、防空壕、待避壕造成。	コンクリート製の「奉安殿」の前は敬礼して通る。相撲場設置。
寄宿舎	'40頃、「寄宿舎規程」で「心身修養ノ鍛練ノ道場」と定める。	疎開先の寺ではノミ、シラミ発生し苦しむ。近隣の農家の風呂を借用。
勤労奉仕・学徒動員	'38以降、勤労奉仕作業実施。'43、治療奉仕。第一分校では三島陸軍病院治療奉仕。	応召者や戦死者のいる農家の援農作業。農作業中、破傷風となり生徒1人死去。生徒1人溺死。
食糧・燃料	食糧不足のため、第一分校は農場開墾。第二分校は豪雪地帯のため配給物資受け取りに苦労。	食糧不足で耕地を借り教員・生徒が農作業。朝食・夕食は配給米にいもを混ぜた雑炊、昼食は馬鈴薯だけ。
教育・行事	'38、失明傷病軍人教習所設置。'40、「報国会」発足。教育課程で「修練」重視。防空監視哨の実験、鍛練遠足。	疎開先でも口話法の指導継続。儀式的行事、娯楽・文化的行事、運動・体育的行事開催。青年団・村民とも交流。
教職員	家族と疎開したり、学校集団疎開に参加せず退職した教職員あり。	終戦後、国府台校舎には戦災で自宅を失った教職員も同居。
服　装	国防色の制服、詰襟の制服、ゲートル、戦闘帽、もんぺ、防空頭巾。	同左。
戦　後	'46・3、疎開先より雑司ヶ谷の校舎に復帰。'46年度より学校再開。	'47・2・3、千葉県市川市国府台の旧兵舎跡地で開校式。
沿　革	1880、楽善会訓盲院創立→'85、文部省直轄学校→'87、官立東京盲唖学校→'09、官立東京盲学校。	'09、東京盲唖学校が盲聾分離し、官立東京聾唖学校となる。

学校名(元)	29　東京都立聾啞学校	30　東京都立聾学校
現学校名	東京都立中央ろう学校	東京都立大塚ろう学校
空　襲	被害なし。品川区南品川6-1502番地。	'45・4・13、全焼。所在地、豊島区巣鴨町7丁目1850番地。疎開中で人命損傷なし。
疎　開	'44・5・31～'46・4・1、神奈川県津久井郡小淵村ほかの4寺院に分散疎開。戦時疎開学園と呼ぶ。	'44・8・21～'45・12・3、足立区花畑町5,604番地の足立病院を疎開学園とし疎開。
校　舎	品川区南品川の校舎は焼け残ったが、軍隊（防空隊）が駐屯し、荒廃。	疎開先は東京都民生局所管の避病院であった建物で老朽化。ノミ、シラミ発生し苦しむ。
校　庭		疎開先に防空壕造成。食糧不足のため野菜等栽培。
寄宿舎	疎開先の宿泊所の寺ではノミ、シラミ発生し苦しむ。保護者の面会困難。	疎開先の近くに高射砲部隊があり、付近に焼夷弾落下。
勤労奉仕・学徒動員	不明。	'38・7、勤労奉仕の集団作業として、傷病兵衣裁縫を女性教諭・女子生徒が行い、縫製料を国防費に献金。
食糧・燃料	疎開中は当地での配給の食糧では足りず、農家へ買い出しに行く。山林を開墾。	疎開中は配給食糧だけでは不足し、周辺の農家へ買い出しに出かけた。
教育・行事	'40年度に中等部職業科設置。中等部男子木製の銃で分列行進など軍事教練。運動会で「南京陥落」の玉当て競技。	疎開先では畑仕事、空襲警報による防空壕避難で授業殆どできず。中等部男子、軍事教練。
教職員	疎開先から、少なくとも教諭2人応召。	応召教員3人。
服　装	ゲートル、もんぺ。	ゲートル、国防色の制服、戦闘帽。もんぺ、防空頭巾。
戦　後	'46・1・15、元の校舎で授業再開。	'45・12・3、台東区入谷町大正小学校へ疎開児童生徒復帰、授業開始。'46・4、疎開学園を教育合宿所と改称。
沿　革	'34・3、東京府立聾啞学校創立。 '43・7、東京都立聾啞学校と改称。 '49・4、東京都立品川聾学校と改称。	'26・6、日比谷小学校内に東京市立聾学校創立。'43・7、都立聾学校と改称。'49・6、都立大塚聾学校と改称。

学校名(元)	31　私立盲人技術学校	32　私立八王子盲学校
現学校名	東京都立文京盲学校	東京都立八王子盲学校
空　襲	被害なし。京橋区小田原町4丁目11番地。	'45・8・2、八王子空襲で20坪の治療所以外焼失。所在地、八王子市台町。夏季休業で生徒帰省中。
疎　開	なし。'44・5、都内在住の生徒以外は他県の盲学校へ転校。	なし。
校　舎	'23・9、関東大震災で校舎全焼→'29・4、新校舎竣工、7月に移転。京橋区南小田原町4丁目11番地。	陸軍通信隊が利用していたため狭かった。
校　庭		防空壕づくり。いも、とうもろこし等を栽培。弱視と全盲の生徒とで肥料を運ぶ。養鶏。
寄宿舎		学校内では教頭が指揮をとり、寮では上級生が先頭となって避難訓練。都心部などからの疎開者が入舎した。
勤労奉仕・学徒動員	「陸軍技療手」として軍医部に配属された生徒あり。	農繁期には近隣の農家に泊り込みで治療奉仕。
食糧・燃料		甘藷や団子などの配給に頼るほか、親が面会で持参する食べ物に依存。
教育・行事	'41・4、生徒会「徳風会」を「報国会」と改称。'44・4、学校を閉鎖し、都在住の生徒のみ築地本願寺で授業。	避難訓練では弱視生徒を先頭にし、綱につかまって逃げる。点字紙、治療具不足したが戦時中授業継続。
教職員		食糧不足、薪炭など燃料欠乏し、買い出しに追われる。
服　装	ゲートル、国防色の制服、戦闘帽。もんぺ、防空頭巾。	ゲートル、国防色の制服、戦闘帽。もんぺ、コート、防空頭巾。
戦　後	'46・4、学校再開し、5月より授業開始。'48・3、都に移管するため閉校。	'45・9、臨床実習室で授業再開。'50・2、都立八王子盲学校となる。
沿　革	'08・9、私立盲人技術学校創立→'48・4、都立築地盲学校→'51・9、都立文京盲学校と改称、築地分校設置。	'30・3、八王子盲学校創立。'41・2、財団法人八王子盲学校認可。'50・2、都に移管、都立八王子盲学校。

学校名(元)	33　私立同愛盲学校	34　私立杉山鍼按学校
現学校名	廃校	廃校
空　　襲	'45・5・25、東京大空襲で全焼。東京府豊多摩郡中野町字谷戸2369番地。	東京大空襲で全焼。府下北豊島郡西巣鴨町宮伸2025番地。
疎　　開	なし。群馬県の私立高崎盲学校へ転校。	なし。群馬県の私立高崎盲学校へ転校。
校　　舎		
校　　庭		
寄 宿 舎		
勤労奉仕・学徒動員	不明。	不明。
食糧・燃料		
教育・行事	'24・4、開校時の学科は初等部、中等部、鍼按科、研究科、別科。	
教 職 員		
服　　装		
戦　　後	'48、教職員、卒業生有志が復興図る。'48・4、東京盲人会館で授業再開。	再興に努力したが、'47、再建できず消滅。
沿　　革	'24・7、私立同愛盲学校創立。'54・1、経営困難で休校。'56・4、廃校。	'25・4、私立杉山鍼按学校創立。

学校名(元)	35　私立仏眼協会盲学校	36　私立日本聾話学校
現学校名	廃校	私立日本聾話学校
空　　襲	東京大空襲で全焼。東京市浅草区松清町40番地。	被害なし。東京府荏原郡松沢村上北沢2-458番地。
疎　　開	なし。群馬県の私立高崎盲学校へ転校。	'45・4・27 ～ 11・6、長野県小県郡滋野村の農家の蚕室用の建物。畑を借り南瓜、甘藷などをつくりながら授業。
校　　舎		疎開中は軍需工場の岩崎通信機会社に貸した。
校　　庭		'43より校庭を教員と生徒で畑にし、いも類を栽培。男性教員と中等部生徒で防空壕造成。
寄宿舎	不明。	寄宿舎なく通学制のため、空襲警報で学校宿泊の生徒も。
勤労奉仕・学徒動員		なし。
食糧・燃料		'44・4より学校給食。疎開中は配給では足らず、畑を耕作し、甘藷等を栽培し、'48末まで続けた。
教育・行事	'26・4、文部大臣への初等部設置申請書では「寄宿舎ヲ設ケ」舎監と保母を「専属」させるとあり。	'26・9、東京府荏原郡松沢村上北沢(現・世田谷区上北沢)に新築移転。キリスト教主義に基づく口話法の教育。
教職員		'41・3、創立者ライシャワー、理事ハナフォード帰米。'43末、クレーマー、メーヤは収容所抑留。
服　　装		男性教員はゲートル、戦闘帽、女子教員はもんぺ。生徒は自由な服装、防空頭巾。
戦　　後	'48、同窓会有志が街頭募金等、再興に努めたが再建できなかった。	住居を失った職員が校舎に同居。'68・9、町田市野津田町に新築移転。
沿　　革	'24・5、仏眼協会盲学校創立。'42・4、大日本仏眼協会と改称。	'20・4、キリスト教宣教師A・K・ライシャワー夫妻が東京牛込矢来町の福音教会に私立日本聾話学校開校。

学校名(元)	37　東京都立光明国民学校(肢体不自由児学校)	38　東京都立久留米学園(病弱児学校)
現学校名	東京都立光明特別支援学校	東京都立久留米特別支援学校
空襲	'45・5・25、麻布区本村町の分教場全焼。世田谷区松原町4－272番地の本校は教室の一部を残し焼失。	被害なし。都下北多摩郡久留米村野火止小山(2万3529坪)。'45・4・1、爆弾十数発校庭に落下。
疎開	'44・7、世田谷の本校に「現地疎開」。'45・5・15～'49・5・28、長野県更級郡上山田村の上山田ホテルに疎開。	なし。
校舎	'39・6、麻布から世田谷区松原町の新築の本校舎へ移転。'39・10、麻布区の旧校舎を分教場として認可。	'44・4～12、荒川区戦時疎開学園。'44・12～'47・11、都立誠明学園が寄宿舎等利用。'45・5、陸軍通信隊入る。
校庭	'43・5～6、学校農園、山羊小屋、歩行練習路。'44・11、防空壕4カ所造成。	大小二十余の防空壕造成。戦後初期、食料不足のため稲・麦・馬鈴薯、南瓜栽培。
寄宿舎	'41・5、寄宿舎・特別教室・講堂・日光浴室増築。治療室にレントゲン設置。	'38～'39、校舎・寄宿舎増築。'40、看護婦を配置した病院形式の寄宿舎静養寮設置。
勤労奉仕・学徒動員	なし。	なし。
食糧・燃料	疎開先では配給の食糧が不足、すいとん食、甘藷、馬鈴薯、とうもろこし等。婦人団体の慰問の食糧。	配給制の米穀通帳を入園時に提出し、食糧を受給したが不足し、事務長の努力で食糧補給。
教育・行事	麻布での結城捨三郎校長の時期は個性尊重、児童中心の療育に特色。疎開先でも授業継続。歩行訓練、遠足等行う。	'36・5、結核等の病虚弱児療養学園として発足。遠足、神社参拝、避難訓練。'44・12、学園休園。
教職員	少ない人数の教師と保母が協力し、家族的な集団生活と食糧集めに努力。	休園後も、教職員は物品管理等のために出勤。
服装	教職員は戦時色の服装。生徒は障害に応じ身体に合う自由な服装。	
戦後	'46・4、戦災孤児等学童集団合宿教育所と改称し残留。ララ物資に助けられる。'49・5、世田谷本校へ復帰。	'46・2、新入園児を迎え学園再開。'57・4、都立久留米養護学園と改称。
沿革	'32・4・6、東京市立光明学校創立。'42・4、東京市光明国民学校と改称、市直営から世田谷区長の管理となる。	'36・7、東京府立久留米学園創立。'43・7、都立久留米学園と改称。'59・4、都立久留米養護学校。

学校名(元)	39　東京都立片浜養護学園(病弱児学校)	40　神奈川県立盲啞学校
現学校名	閉校	神奈川県立平塚盲学校
空　　襲	被害なし。所在地は静岡県沼津市大諏訪46番地。	被害なし。平塚市平塚1544番地。'45・7・16、平塚空襲で校庭に十数発爆弾落下。職員居宅10軒焼失。
疎　　開	なし。	なし。
校　　舎	'44・5・25、戦時疎開学園に転用。砲台建設の軍隊が建物の一部を使用。	'34・1、平塚市平塚1544番地に新築移転。'44・3、農業実習地（913坪）買収。軍隊が一部転用。
校　　庭	松林に防空壕。食糧不足のためいも、野菜等栽培。	校庭の松の木を切り、生木の薪を炊事等の燃料にした。
寄 宿 舎	ノミ、シラミ発生し苦しむ。医薬品、寝具、衣料品不足。保母足らず。	'36・10、寄宿舎新築。教員が交代で舎監となり舎生の世話。警報発令のたびに防空壕へ誘導。
勤労奉仕・学徒動員	なし。	中等部盲部は陸軍病院等で鍼按灸治療奉仕。聾部は砲兵陣地構築部隊と材木切断工事、出征軍人家庭の援農。
食糧・燃料	物資が配給制のため、食糧・薪炭等が不足。すいとん、雑炊、いも食が常食となる。	'44・3、本校後援会が買収した土地を教職員・生徒で耕作。養豚。「終戦前後の食生活の窮乏は餓死寸前」。
教育・行事	'44・3・17、全児童退園で養護学園休園。'44・5・25、戦時疎開学園となり荏原区、品川区の疎開児童が入園。	教材・教具、点字用の紙等不足。軍事教練実施。'45・7・17～7・24、休校。
教 職 員	教職員は全員、戦時疎開学園の職員を兼任。	普通科担当教員の採用困難。事務職員1人爆死。応召教員6人、戦死1人。
服　　装	国防色の制服、もんぺ。	ゲートル、戦闘帽、もんぺ。外套着用は虚弱児のみ許可。
戦　　後	「満州」からの引揚者など入所。'45・3、閉園。児童は再疎開。'47・1・20、学園再開。2003・3、閉校。	'48・4、盲聾分離、県立平塚盲学校、県立平塚ろう学校と改称。
沿　　革	'41・5、東京市立片浜養護学園創立。'43・7、都立片浜養護学園と改称。'59・4、都立片浜養護学校。	'10・4、私立中郡盲人学校創立。'33・4、県移管。県立盲啞学校と改称。

学校名(元)	41　横浜市立聾話学校	42　私立横浜盲人学校
現学校名	横浜市立ろう特別支援学校	横浜市立盲特別支援学校
空　襲	横浜市中区宮川町2丁目39番地。'45・5・29、横浜大空襲で全焼。疎開中で人命被害なし。	横浜市磯子区西根岸上町。'45・5・29、横浜大空襲で一部破損。人命被害なし。
疎　開	'44・9〜'46・1、横浜市の井戸ヶ谷の寺院、保土ヶ谷の青年錬成所事務所に疎開(通学制)。	なし。
校　舎	'49・6、横浜市の横浜経済専門学校跡の校舎に移転。二階建の鍵型の木造校舎。	'25、磯子区西根岸町に新築・移転。空爆で被災した本校関係者5、6世帯が'50・3まで居住。
校　庭	運動場がなく、体操は近くの狭い空地で行った。	校庭の一部を畑とし食糧の補助にあてる。
寄宿舎	'50・11、校舎の一部増築、寄宿舎に転用。	
勤労奉仕・学徒動員	職業補導部生徒が'43・10より校内で横浜航空機会社の材料の仕上げ、'44・2より軍部の衣類修理を行う。	なし。
食糧・燃料	疎開先で空地を1反歩(300坪)ほど耕作し、食糧増産に努める。	
教育・行事	幼稚部、高等部なし。校舎焼失し、疎開から戻っても焼け残った市内の小学校等で授業。	戦中・戦争直後、一時、学校運営が休止状態に陥りながらも授業は継続。しかし、次第に経営困難になっていった。
教職員	焼失前の教職員は10人ぐらい。専科の教員は図工、裁縫のみ。応召教員2人。	創立者浅水十明は1889(明治22)年より1943(昭和18)年まで本校の運営に尽力。
服　装		
戦　後	'46・1、疎開地より滝頭国民学校分教場に移転。'49・4、横浜市立聾学校と改称。	廃校の危機に同窓生・法人役員が市立移管運動にとりくみ、'50に横浜市立盲学校となる。
沿　革	'26・3、私立横浜聾話学院創立→'33・8、横浜市立聾話学校。	'89、鍼治揉按医術講習学校創立。'07、財団法人横浜盲人学校と改称。

学校名(元)	43　私立横浜訓盲院	44　私立馬渕聾唖学校
現学校名	学校法人横浜訓盲学院	横須賀市立ろう学校
空襲	横浜市中区元町181番地。'45・5・29、横浜大空襲で校舎・寄宿舎の7割焼失。大防空壕に退避し全員無事。	被害なし。横須賀市小矢部町836番地。
疎開	なし。'45、神奈川県津久井郡青根村に1600平方メートルを借地し疎開準備中。	なし。
校舎	'13・4、横浜市中区根岸町竹之丸3414番に校舎、寄宿舎落成→'25・9、総面積1680坪。	'42現在の校舎の坪数は339坪。'44・10、横須賀海軍工廠航空実験部が8教室を徴用(風船爆弾の実験研究)。
校庭	'41～'45、教職員・生徒で大防空壕造成（居住・教育可能な設備あり)。	'42現在の敷地は1486坪。
寄宿舎	'46、校舎・寄宿舎他の復興建築開始。	'42現在、寄宿舎坪数約117坪。'44・3、寄宿舎閉鎖し通学生のみ授業。
勤労奉仕・学徒動員	なし。	なし。
食糧・燃料	院の空地、土手に南瓜、豆、トマト、馬鈴薯栽培。農地を借り院専用農場とし、職員・生徒が米、野菜栽培。	戦後の食料難の中で、教員と生徒たちで運動場を掘り起こし畑にして、甘藷、南瓜を栽培。
教育・行事	戦時中は午前中授業、午後は防空壕掘りであった。警報発令中は防空壕内で授業。	教員たちの多くが帰省。防空壕がある本校と数人の教員宅で授業。'45・8・5、分散授業中止。
教職員	'39・9、基督教宣教師で創設者ドレーパー、日米関係悪化のため帰国。'41・9、今村幾太院長・理事長就任。	応召教員2人、戦死1人。
服装		ゲートル、国防色の制服。
戦後	'48・4、盲児施設として社会福祉法人横浜訓盲院認可。'51・2、学校法人横浜訓盲学院。	'45・10、本校舎で授業再開。'51・3、学校法人馬渕ろう学校→'53・4、横須賀市立ろう学校となる。
沿革	'00（明治33)・10、私立横浜基督教訓盲院創立。'24・12、私立横浜訓盲院と改称。	'29・5、私立馬渕聾唖学校創立→'37・2、財団法人馬渕聾唖学校。

学校名(元)	45　新潟県立新潟盲学校	46　新潟県立長岡聾唖学校
現学校名	新潟県立新潟盲学校	新潟県立長岡聾学校
空　襲	被害なし。新潟市関屋金鉢山町。'44～'45、機銃掃射激しく、校舎の裏山へ避難。	長岡市上中島町。'45・８・１、夜、長岡市大空襲で全焼。夏休みで生徒帰省中のため人命損傷なし。
疎　開	なし。	有り。'45・９・10～'48・10・18、長岡高女の寄宿舎１棟を借りて疎開し、仮校舎とする。
校　舎	新潟市関屋金鉢山町に校舎・寄宿舎移転・改築。体育館・教室に国土防衛隊駐屯、校庭で軍事訓練。	空襲激化し、夏季休業以前に、初等部は帰省。
校　庭	学校菜園を造り栽培。防空壕掘り。	防空壕造成。校舎全焼後、仮校舎から通い、焼け跡の校庭で畑づくり。
寄宿舎	ノミ、南京虫で眠れず苦しむ。舎生、夜、無断外出して買い食い。	空襲前、舎生は毎夜屋内運動場で裸マッサージ体操。ノミ、シラミ発生し苦しむ。
勤労奉仕・学徒動員	駐屯兵のマッサージ奉仕。校舎前の除雪作業のあと風邪をひき急性中耳炎を悪化させ男子生徒１人死亡。	中等部の男女生徒・教員は軍需工場の北越製紙工場へ動員。ドラム缶の鋲打ち作業。
食糧・燃料	主食は「麦、いも」、「大根めし」。魚は鰯の塩辛漬。「空腹で生の馬鈴薯」や「犬を煮て食った」生徒たちもいる。	朝食は雑炊、焼け跡の校庭で栽培した作物で不足を補う。家庭からの提供あり。燃料不足。
教育・行事	初等部高学年が往復40キロの夜行軍、風邪気味の女子生徒が肋膜炎となり死去。暖房なしで点字読み困難。	仮校舎では職員・事務員等一部屋に同居、教室は舎室と兼用で、ムシロを敷き授業、食事、就寝。教材・教具不足。
教職員	校長が先頭になって焚物の買い出し。「戦陣訓」等による「スパルタ教育」。	応召教員３人。校舎延焼の際、当直教員は「勅語謄本」等を持って避難。
服　装	ゲートル、国防色の制服、戦闘帽、もんぺ。防空頭巾。	ゲートル、もんぺ、防空頭巾。上着に氏名・住所・血液型の名札。
戦　後	戦争激化のため、'45・７に無期限の休暇に入る。'45・９授業再開。	'48・10、焼け跡に新校舎の一部を再建し、授業行う。ララ物資受給。
沿　革	'07・７、私立新潟盲唖学校創立。'10・２、財団法人新潟盲唖学校となる。'22・４、新潟県立新潟盲学校と改称。	'05・３、私立長岡盲唖学校創立→'22・４、県移管、県立長岡聾唖学校と改称→'28・４、県立長岡盲学校併置。

学校名(元)	47　私立高田盲学校	48　私立新潟聾口話学校
現学校名	廃校	新潟県立新潟聾学校
空　　襲	被害なし。新潟県高田市中寺町。	被害なし。新潟市田中町。
疎　　開	なし。	なし。
校　　舎	'44・12～'45・2の豪雪に除雪できず破損、倒壊の危険。'50・10、高田市寺町2丁目142番地に新校舎落成し移転。	'28・11、新潟市異人池ほとりに独立校舎建設→'36・6、新潟市日和山内216坪に校舎・寄宿舎移築。
校　　庭	食料不足のため'46・7、約30坪開墾し耕作。	
寄 宿 舎	老朽化し、破損しても修理できず。ノミ、シラミ発生し苦しむ。寝具、衣料品不足。	
勤労奉仕・学徒動員	中等部男女生徒が'43・7頃から日本木日曹会社の軍需工場へマッサージ奉仕。	なし。
食糧・燃料	食糧不足し、生徒は時折、帰省。戦後、ララ物資の缶詰配給あり。	食糧不足。
教育・行事	教材・教具不足。点訳された本類や点字用の紙が不足。授業は細々と継続。	授業は継続していたが、'44末からは空襲警報のサイレンに脅かされ、落ち着いて勉強できず。
教 職 員	'45、県等からの補助金途絶え、教職員に給料支給できず。	創立時の'27現在では「初等部」のみであり、教員は3人（校長を含む）。'48・4、義務制実施、中学部設置。
服　　装	ゲートル、国防色の制服、戦闘帽、もんぺ。	
戦　　後	'48・5、校舎荒廃し廃校の危機。'49・3、県に移管、県立高田盲学校となる。	'45・4、授業再開。'48・4、新潟県立新潟聾学校と改称。→'50・10、新潟市小金町に校舎・寄宿舎移築。
沿　　革	1891・6、私立訓矇学校創立→'07・4、高田訓矇学校→'15、私立高田盲学校と改称。	'27・5、私立新潟聾口話学校開校。'46・5、県移管、県立新潟聾口話学校。

学校名(元)	49　富山県立盲唖学校	50　石川県立盲学校
現学校名	富山県立富山視覚総合支援学校 同　　聴覚総合支援学校	石川県立盲学校
空　襲	富山市赤江町12番地。'45・8・2未明の富山空襲で全焼。盲・聾の舎生全員無事避難。	被害なし。金沢市上弓ノ町。警報発令されると盲生たちはロープにつかまって防空壕に避難。
疎　開	有り。'45・9・15～'49・5・9、県内婦負郡八幡村、富山市下奥井。但し、'48・4、盲・聾分離し、別の地域に。	なし。
校　舎	'39・5、富山市赤江に、木造2階建の校舎新築し移転。	'26に木造二階建校舎を新築したが古材を利用したため老朽化。
校　庭	作業主任の教員が全盲生をも指導し校地開墾、芋・野菜栽培。「ヒマ」を栽培し、実を供出して国策に協力。	教員と生徒で防空壕掘りや畑にして藷・野菜栽培。
寄宿舎	ノミ、シラミ、回虫発生し苦しむ。空爆を受け、手を取り合って避難。	寮母は'47まで1人も居ず、盲児対象と聾児対象の教員各1人が隔日交代で昼夜勤務。
勤労奉仕・学徒動員	中等部男女生徒は陸軍病院などでマッサージ等の奉仕。'44・8、学徒動員令で中等部生軍需産業に動員。	'42、'43国民学校でマッサージ奉仕。陸軍病院に慰問と治療奉仕。技療手として海軍病院配属。
食糧・燃料	校舎焼失後、特に食糧不足となり、代用食料の乾パンと甘藷になる。寮の米・配給物を生徒が荷車で運ぶ。	配給の米の代用に甘藷、馬鈴藷、魚は週一回少量。野菜不足で食べられる雑草を炊事に。海水を調味料に。
教育・行事	勤労教育に徹し、防火訓練、夜行軍による体力練成、軍事教練。初等部は授業をやめ帰省。	真冬に暖房できず、山から木を伐採してストーブに使ったり、授業中に体操をして体をあたため点字読む。
教職員	応召教員4人。内、戦傷者1人。	失明軍人が入学し、按摩・マッサージの職業指導を受ける。鍼や点字用の紙が不足し、指導困難。
服　装	男子生徒たちは半ズボン。女子生徒はスカート禁止。ゲートル、もんぺ、防空頭巾。	ゲートル、国防色の制服、戦闘帽、もんぺ。
戦　後	'45・9、日本海ドックの寮を仮校舎に開校。'48・4、盲聾分離、県立盲学校、同聾学校となる。	'65・7、県立ろう学校が新築移転し、盲、ろう学校の完全分離実現。
沿　革	'07・4、市立富山訓盲院創立。 '32・4、県移管、県立盲唖学校。	'08・1、私立金沢盲唖学校創立。 '22・4、県立盲唖学校開設→'48・4、県立盲学校、県立聾唖学校に分離。

学校名(元)	51　石川県立聾啞学校	52　福井県立盲学校
現学校名	石川県立ろう学校	福井県立盲学校
空　襲	被害なし。金沢市弓ノ町。警報発令で教員は登校、舎生たちを防空壕へ誘導。	吉田郡西藤島。'45・7・19、福井大空襲で在校生1人、登校中の教員1人焼死。
疎　開	なし。	なし。'44以降、東京、大阪等の大都市の盲学校からの疎開転校生ふえる。
校　舎	空爆を避けるために建物にカモフラージュの色を塗った。	自宅焼失の本校教職員、県関係者の宿舎、市織物組合事務所等に、校舎の半分を提供し、残りの教室で授業。
校　庭	運動場は殆ど畑となり、体力増強に努めた。	校長が率先し教職員・生徒たちで耕し、いも、なす、南瓜、大根等を栽培。
寄宿舎	舎監は、配給の燃料に製材屑や食用の芋づるを遠路荷車で受け取りに。海水を汲み味つけ。	豆、いも、野菜等まで遅配・欠配が多くなり、舎生の食事づくり困難に。
勤労奉仕・学徒動員	防火活動用の砂袋を海辺まで行って砂を運んできて作る作業。出征遺家族の畑の援農作業。	遠く若狭方面の農漁村にまで按摩鍼灸の治療奉仕。'43、卒業生1人、中等部生1人、軍属の技療手として従軍。
食糧・燃料	葉っぱ、大豆割り、大根入りのお粥の食事。通学生の弁当も大根めしに。食糧難は戦後も続く。	学校の土塀を崩して耕地を広げ、麦を蒔き、運動場を畑にして野菜等栽培し、寮生の食料に。
教育・行事	'42頃までは授業も時間割どうりに行えた。その後、課外活動もできなくなり、出征兵士壮行会等が多くなる。	'41・11、福井市公会堂で聾啞学校と公開学芸会。'44・6、必勝祈願、心身鍛練のため寺院で合宿訓練。
教職員	応召の教員1人、事務職員1人。	'43・10、金属類回収令により創立者長澤小作の胸像供出。応召1人。
服　装	国防色の制服、ゲートル、戦闘帽。もんぺ。	国民服、ゲートル、戦闘帽、防空頭巾、もんぺ。
戦　後	'65・7、県立ろう学校が金沢市窪町に新築移転。	'45・9・1、授業再開。 '49・4、福井県盲学校と改称。
沿　革	'48・4、県立盲学校と同聾啞学校に分離したが校舎は同じ敷地に併置。	'13・6、福井訓盲学舎創立。'25・4、県立代用校となり福井盲学校と改称。'29・4、県立移管、県立盲学校と改称。

学校名(元)	53　福井県立聾啞学校	54　山梨県立盲啞学校
現学校名	福井県立ろう学校	山梨県立盲学校 山梨県立ろう学校
空　襲	被害なし。吉田郡西藤島。'45・7・19、福井市大空襲は市の北端にあったので免れた。	甲府市百石町105。'45・7・6、甲府大空襲で寄宿舎全焼。舎生数人居たが無事避難。通学生1人焼死。
疎　開	なし。	'45・9・20～'46・9・22、西八代郡共和村下田原の校長所有の蚕家へ疎開し授業継続。
校　舎	罹災した本校教職員、県関係者の宿舎となり、講堂は織物組合の事務所などになった。	'44・5、日向町蚕業取締所に移転。'45・9～'47・9、日向町7番地の校舎は被災傷病者収容所として県立病院に貸与。
校　庭	畑にして甘藷など栽培。	野菜栽培。
寄宿舎	日曜日の食事費から各自3銭を節約して皇軍慰問金にする。ノミ、シラミ発生し苦しむ。	百石町の旧校舎を寄宿舎にしたが、畳なくゴザを敷く。破損・老朽化したが修理できず。ノミ、シラミ発生。
勤労奉仕・学徒動員	竹製品の売上げを皇軍慰問金にあてる。'43・8・23～26、9・3～10、農村で草刈り・除草奉仕作業。	中等部の男女全員が校内で軍需工場の下請作業。'45・4、蚕産取締所の一室に学校工場設置。
食糧・燃料	食料不足深刻。野草を採集し舎生の雑炊の食材に。校庭の甘藷の盗難防止に教員・生徒が不寝番。	疎開先で食糧なく臨時休校。敗戦後も朝はおじや、昼食はもろこしの焼だんご、夕食はすいとん。
教育・行事	盲学校と合同で、聾生が盲生の手を引き、心身鍛練のための登山。軍隊への慰問文作成等。	戦禍広がり、東京の盲学校から疎開の転入児あり。'45・7・6以降臨時休校、舎生の大半が帰省。
教職員	応召教員2人、戦死1人。県下の不就学聾児の就学勧奨活動。	疎開中の教員は盲部4人、聾部2人、児童生徒も帰省し減少。
服　装	男性は国民服、ゲートル、戦闘帽、女性はもんぺ、防空頭巾。	
戦　後	食糧不足が続き、校庭の菜園で児童生徒は食糧増産。'48・4、福井県聾学校と改称。	'47・9、日向町の校舎に戻り、増改築。'49・4、県立盲啞学校廃止し、県立ろう学校となる。
沿　革	'15・3、私立福井聾啞学校創立。'29・3、県に移管、県立聾啞学校。	'19・3、私立山梨訓盲院創立。'22・5、私立山梨盲啞学校、'42・4、県立移管し、山梨県立盲啞学校。

学校名(元)	55　長野県立長野盲唖学校	56　長野県立松本盲学校
現学校名	長野県長野盲学校 長野県長野ろう学校	長野県松本盲学校
空　　襲	被害なし。長野市三輪神境。空襲警報で燈火管制、盲の舎生が聾の舎生を誘導して防空壕へ避難。	被害なし。松本市岡ノ宮町。警戒警報で防空壕に避難。
疎　　開	なし。	なし。
校　　舎	盲・聾唖分離運動がなされたが財政上の事情で実現せず。'34・10、新校舎設置。	'42・1、東部五〇部隊校舎に宿営。'45・5、疎開中の三菱重工に校舎一部貸与。'44頃、職員室を工場に作業。
校　　庭	校庭・学校への道路脇を開墾し野菜栽培。運動場に身を伏す穴を多く掘る。	'45・4、防空壕掘る。
寄 宿 舎	ノミ、シラミ発生し苦しむ。回虫駆除のため稲藁を長時間煮出し飲ませた。	冬は半日くらい授業つぶしてノミ、シラミ退治。'45～'46頃もシラミがいてDDTふりかけられた。
勤労奉仕・学徒動員	'45・5、中等部ろう唖生徒は岡谷市の被服工場に勤労動員。'45・8・1、盲生徒に陸軍病院へ動員命令。	'32、松本衛戍病院奉仕治療。'39以降、農家への勤労奉仕。'42・9、在郷失明軍人講習。'44・11、飛行機部品製造。
食糧・燃料	寄宿舎の食事は極めて劣悪。豆等の入ったご飯で米粒は僅少。おかずは生のごぼうやみょうがの葉など。	食糧難、深刻。'44頃は甘藷3本が昼食。'46年度に食糧底をつき職員・生徒が野草や校庭のクローバーを食す。
教育・行事	'45・6、盲唖学校生徒は県学徒隊に編入。'45・7、戦時教育令で防空委員会設置、防空壕づくり、避難訓練。	'45・7、防空対策のため児童・生徒の一部帰省。'45・8・10、六市の中等学校長会議で授業中止決定。
教 職 員	警戒警報のサイレンが鳴ると、教職員は夜半でも学校へ集合。	教科書の数が少なく、教師の言うことをノートするだけ。点字用紙に古葉書、厚手の広告、カレンダー等利用。
服　　装	ゲートル、国防色の制服、戦闘帽、もんぺ。救急袋を持って通学。	
戦　　後	'49・4、盲唖分離され、県立長野盲学校、県立長野ろう学校となる。	'45・12・15～'46・1・31、交通事情と薪炭不足で休校。'46・6・8～8・20、食料欠配で休校。ララ物資受給。
沿　　革	'00・4、市立長野盲人教育所創立。'01、私立長野盲唖学校→'24、長野市立盲唖学校→'33、県立長野盲唖学校。	'12・6、私立松本盲人教育所創立。'16・3、松本市立松本訓盲院。'33・3、県に移管、長野県松本盲学校。

学校名(元)	57　上田市立上田盲学校	58　私立松本聾唖学校
現学校名	廃校	長野県松本ろう学校
空　襲	被害なし。上田市新参町。空爆に備え絶えず防空壕への避難訓練。	被害なし。松本市白板町378番地。
疎　開	なし。	なし。
校　舎	戦時中、補修が行われず校舎は荒れはててしまった。割れたガラス窓にはベニヤ板やボール紙をあてた。	'35・7、松本市蟻ヶ崎から県立盲学校があった松本市白坂町の校舎へ移転。
校　庭	防空壕造成。	耕して畑にし麦をつくり、校舎までの道路の両側に大豆、南瓜など栽培。
寄宿舎		
勤労奉仕・学徒動員	不明。	勤労奉仕のために授業を中断した。手真似を禁止し口話法による教育が続けられた。
食糧・燃料	食糧不足。寄宿舎の食事は少量の麦・米に大豆、いも等をまぜる。	食糧不足。
教育・行事	児童・生徒の募集は、戸倉以西は長野盲学校、以東は上田盲学校と協定。教師の口述を点字に打つのが授業の大半。	'43、戦時下各種学校整理のため文部省に廃校を指示されたが父兄の存続運動により'44・10、財団法人として認可。
教職員	戦局の悪化にともない応募者少なくなり、児童・生徒は15～16人に。	'42年度～'45年度は「小学部」のみであり、在籍児童は29～32人。
服　装		生徒たちは「防空頭巾に救急袋、カバンを持って通学」。
戦　後	'50、県立長野盲学校に合併され、廃校となる。	'48・4、松本市立松本ろう学校となる。'50・7、県に移管、長野県松本ろう学校。
沿　革	'12・5、私立上田盲学校創立。'26・4、上田市立上田盲学校となる。	'28・11、松本女子求道会付属聾唖教育所創立→'32・9、松本聾唖学院→'36・8、私立松本聾唖学校と改称。

学校名(元)	59　岐阜県立岐阜盲学校	60　岐阜県立岐阜聾唖学校
現学校名	岐阜県立岐阜盲学校	岐阜県立岐阜聾学校
空襲	岐阜市梅ヶ枝町。'45・7・9、空爆で校舎・寄宿舎全焼。失明傷痍軍人生徒1人爆死。教職員2人罹災死亡。	稲葉郡加納西丸町。'45・7・9、岐阜空襲で焼夷弾多数投下、教職員、生徒の消火活動により校舎一部焼失のみ。
疎開	有り。'45・9・15～'47・1・23、県内山県郡梅原村の梅原国民学校、木造町の勝林寺。疎開先で授業継続。	なし。
校舎	'46・9～'48・12、寄宿舎・講堂・炊事室・本館（教室等)、新築。	'45・7・14、鉄道管理局の一部、'45・9・29、加納高女4年生、当校へ疎開してくる。
校庭	教員・生徒で防空壕造成、退避訓練。	野菜栽培。
寄宿舎	'40・12、帰国した宣教師ショールの住宅が貧困盲生の寮に。石けん、薬品不足で不潔となり、ノミ・シラミ発生。	ノミ・シラミ発生し苦しむ。医薬品不足、寮母役の女性不足。
勤労奉仕・学徒動員	'34～岐阜陸軍病院傷病兵、'36～一般市民、'38～出征遺家族、'42～産業戦士に報国団（隊）が奉仕治療。	'44・4、初等部高学年が岡本鋳造所で作業。'45・4、中等部女子岡谷市で縫製作業。'45・7、同男子上呂で農場開墾。
食糧・燃料	燃料や暖房のために、遠くまでリヤカーや大八車で薪の買い出しに行き、全盲の女子生徒も薪割り作業。	食糧不足。荒地も開墾し増産に努める。
教育・行事	創立時よりキリスト教精神により教育。'40、婦人宣教師たち帰国、聖書の授業中止。'41より錬成教育強化。	'41・11～'42・1、創立10周年を記念し県下の高等女学校4校に出張学芸会。中等部男子は軍事教練。
教職員	'45年度の教職員は6人（晴眼者は教員1人、事務職員1人)。	応召教員4人。戦死2人。
服装	空襲が激化し、女生徒は防空頭巾、もんぺのままで寝た。	国民服、ゲートル、もんぺ。
戦後	'45・9・15、木造町の勝林寺を仮校舎に授業再開。'47・1、梅ヶ枝町の本校跡地に講堂・寄宿舎新築。	'45・9・1、県当局の指示で授業再開。'50・4、県立岐阜ろう学校と改称。
沿革	1894・3、岐阜聖公会訓盲院創立→'05・3、岐阜訓盲院→'40・4、県立移管、岐阜県盲学校。	'31・4、県立岐阜県聾唖学校創立。

学校名(元)	61　静岡県立静岡盲学校	62　静岡県立静岡聾唖学校
現学校名	静岡県立静岡視覚特別支援学校	静岡県立静岡聴覚特別支援学校
空　襲	静岡市曲金孤ヶ崎。'45・4・4、6・19の空爆の爆風で校舎・寄宿舎の一部損壊。人命被害なし。	静岡市中字桔梗川東。'45・6・19、校舎・寄宿舎周辺に焼夷弾落下、一部損壊。人命被害なし。
疎　開	なし。	なし。市内の大里中学校の生徒たちが疎開してきた。
校　舎	'37に静岡市曲金に校舎・寄宿舎新築したが爆風で壊され荒廃した。	戦争末期、軍隊が校舎の一部を接収。
校　庭	防火用水、貯水槽の整備。コンクリート柱を使っての防空壕2カ所。	畑にして、甘藷づくり。校庭の不発焼夷弾に児童が触れて爆発し怪我。
寄宿舎	ノミ、シラミに苦しみ発病した生徒も。寮母の制度なく、舎の運営困難。	ノミ、シラミ発生し苦しむ。医薬品不足。「寮母」なし。食事はすいとん等。
勤労奉仕・学徒動員	'37・7、日中戦争以降、陸軍病院への慰問治療。中等部・別科は農家へ治療奉仕、若干の食べ物をいただく。	中等部男子は海軍飛行機工場で爆弾の部品づくり、女子は田中屋デパートで国民服の縫製作業。
食糧・燃料	食糧・燃料が不足し困った。校庭や空地を耕して畑にし、馬鈴薯等を栽培。	不足。米粒が少なく、大根、いも、南瓜等の入ったお粥。おやつはメリケン粉に甘藷を餡にしたもの。
教育・行事	体育錬成会、健脚鍛練の徒歩行進、必勝祈願の神社参拝等。県当局の通牒で'45・4・14～5・15、授業停止。	授業の時間は余りとれなかった。教材・教具不足。軍事教練実施。
教職員	人手、教材・教具不足。点字の用紙がなく困った。	人員が不足。応召教員1人。
服　装	国民服、ゲートル、もんぺ。	教職員は国防色の国民服。児童生徒は防空頭巾、もんぺ。
戦　後	'45・9・1、県当局の通牒で授業再開。'48、校舎の本館のみ新築。	'45・9・1、県当局の通牒で授業再開。
沿　革	1898・3、東海訓盲院開院→'17・5、私立静岡盲唖学校→'34・4、県立移管、盲聾分離、県立静岡盲学校。	'33・4、私立の静岡盲と同聾唖合併、県立静岡盲唖学校→'34・4、県立移管、盲聾分離、県立静岡聾唖学校。

学校名(元)	63　私立浜松盲学校	64　私立浜松聾唖学校
現学校名	静岡県立浜松視覚特別支援学校	静岡県立浜松聴覚特別支援学校
空　襲	浜松市鴨江町419番地。'45・4・20、浜松大空襲で校舎の一部破損。'45・6・18、空襲で校舎全焼。	浜松市鴨江町419番地。'45・4・20、浜松大空襲で校舎一部損壊。'45・6・18、戦災で校舎全焼。
疎　開	有り。1回目の空襲後休校。そのため2回目の空爆でも人命被害なし。	なし。第1回の戦災後、休校となり人命被害はなし。
校　舎	終戦後は陸軍病院として使用した跡の木造平屋の建物で雨漏り、採光悪く小暗い。戦災家族3世帯同居。	老朽化し、荒廃していた。'48・10、借用校舎と用地を買収し改造工事。
校　庭	空襲激化し、警報が鳴ると防空壕へ避難。	防空壕造成。
寄宿舎	校舎の中の2間を寄宿舎に。按摩業者の徒弟修業した年輩者も入寮。小火鉢に炭火だけの暖房。	狭隘な1室。終戦後、戦災家族が3世帯同居。
勤労奉仕・学徒動員	不明。校友会を報国隊と改称。授業の合間に防空演習が増える。	不明。
食糧・燃料	食糧不足。寄宿舎の食事は雑炊、すいとん。空腹で学習も困難。	極度に不足。
教育・行事	'40・11、県西部中等学校弁論大会で第1位。授業が少なくなり、裏山で薪切り作業。食べ物の買い出し。	'45・7、財団法人浜松聾唖学校認可。'46・5、元・陸軍病院の国立浜松病院の一部で授業再開。
教職員	在校生から軍属として応召2人。'46・5、元・陸軍病院の国立浜松病院の一部で授業再開。	県教委に建物修理、教具等購入依頼。教職員の採用に尽力。
服　装	太平洋戦争になり、ゲートル、戦闘帽、防空頭巾、もんぺの生徒増える。	教員は国民服。生徒の男子はゲートル、戦闘帽、女子は防空頭巾、もんぺ。
戦　後	'48・4、県立に移管、県立浜松盲学校となる（浜松市追分町）。	'48・4、県に移管され、県立浜松聾学校となる（浜松市追分町）。
沿　革	'21・12、私立浜松盲学校創立。'23・4、私立浜松聾唖学校併設。	'23・4、私立浜松盲学校内に私立浜松聾唖学校を併設。

学校名(元)	65　愛知県立愛知県盲学校	66　愛知県立愛知県聾唖学校
現学校名	愛知県立名古屋盲学校	愛知県立名古屋聾学校
空　　襲	'44・3・19、名古屋大空襲で中区宮前町の校舎・寄宿舎等全焼。'45・7・29、疎開先の一宮中学校全焼。	'45・3・25、名古屋大空襲で千種区振甫町の寄宿舎全焼、校舎も大破。疎開中で人命被害なし。
疎　　開	'44・9・30～'45・3・19、一宮市の一宮中学校へ疎開→'45・12～'49・3、津島市の津島中学校へ再疎開。	'44・8、初等部全員が碧海郡知立町の寺院に疎開。'45・2～'46・2、西加茂郡猿投村の寺院に再疎開。
校　　舎	宮前町の学校全焼→疎開先の一宮中全焼、いずれも人命損傷なし。	'33・11、千種区振甫町に新校舎落成。
校　　庭	防空壕造成。野菜栽培。	
寄 宿 舎	'34・1、校内に寄宿舎新設。舎監として教員4人、女性看護人2人。	疎開先の寺院では、食料難とノミ、シラミに苦しむ日々であった。
勤労奉仕・学徒動員	中等部3、4年生男女が陸軍病院で慰問治療。近辺の農民に治療奉仕。	中等部は疎開せず本校で勤労作業。'45・4～8、男子は名古屋造兵廠、女子は諏訪市の被服廠に学徒動員。
食糧・燃料	食料不足。三度の食事も困難になり、学校から遠く昭和区川名通りまで甘藷、そば、野菜栽培に出かけた。	再疎開してから一層食糧・物資の入手困難。食事はコーリャンと大豆類、いも粉等。薪も積雪の山で採る。
教育・行事	'44・6、'45・6の臨時休校中も教職員は登校し、校舎・備品を護り、家庭と連絡。	口話指導と職業教育との一体化の方針。'43・12、職業科修練道場を新築し、中等部高学年生を修練。
教 職 員	二度にわたる、合わせて4年6か月にも及ぶ疎開中も授業に努めた。応召教員2人。	「会話自然主義」の理念を堅持して授業。体練科では木銃をかついで軍事教練。
服　　装	教員は国民服、生徒の男子はゲートル、戦闘帽、女子は防空頭巾、もんぺ。	高学年男子はゲートル、男子職員は丸刈頭。女子はもんぺ。
戦　　後	'45・12～'49・3、津島市の津島中学校に再疎開し授業。'48・4、愛知県立名古屋盲学校と改称。	'48・4、愛知県立名古屋聾学校と改称。
沿　　革	'01・4、私立名古屋盲唖学校創立→'12・10、名古屋市立盲唖学校→'32・4、県立に移管、愛知県盲唖学校→'33・4、盲聾分離し愛知県盲学校と愛知県聾学校になる。	

学校名(元)	67　愛知県立豊橋盲唖学校	68　私立岡崎盲唖学校
現学校名	愛知県立豊橋聾学校	愛知県立岡崎盲学校 愛知県立岡崎聾学校
空　襲	'45・6・19、夜、豊橋大空襲で寄宿舎焼失、教員の消火活動により校舎1棟焼け残る。豊橋市鍵田町。	被害なし。岡崎市伊賀町。'45・7・29、岡崎市大空襲、被災免れる。
疎　開	なし。	なし。
校　舎	'41・11、大旋風で聾唖部校舎倒壊。豊橋空爆で住居焼失した校長・教員や通学不能の盲生たちが泊り込んだ。	3棟あり、一部防空壕に代用。
校　庭	初等部（聾のみ）は馬ふん拾い等をして、花壇・空地で大根・いもなど栽培。	畑をつくり、甘藷等栽培。防空壕掘り。土俵を作り朝食前や寒風の中で身体錬成相撲。
寄宿舎	教員の舎監と炊事婦1人。ノミ、シラミ発生。'45・4、空爆の危険のため閉舎。以後、通学生だけで授業。	男子舎生は二階建の民家、女子舎生は校舎の一室。浴室なく銭湯へ。
勤労奉仕・学徒動員	'42頃～'44末、中等部は豊橋陸軍病院にマッサージ治療奉仕。卒業生数人軍属技療手となり3人戦死。	弱視の生徒を含め近くの工場へ勤労奉仕。全盲生は畑の雑草抜き。聾部（小学部も）は耕地を耕し野菜栽培。
食糧・燃料	深刻な食糧不足。配給の食糧・物資では全く足りず、舎生の家庭の農家からの援助も受けた。	食糧・物資が配給制になったが全く足りず、舎生の家庭からも援助を受ける。
教育・行事	'45・5、全舎生帰省。'45・6～8、休校。'45・9、授業再開、教室不足し聾部2学級は〝青空教室〟。	'42、中等部が熱田神宮まで徒歩で必勝祈願参拝。教育勅語暗誦。戦争激化し'45・6～8、授業停止。
教職員	応召教員1人。同人は戦死。空襲時、校舎消火作業に尽力。	校訓「従順、正直、勤勉」で指導。銭湯へ盲児たちを伴う。
服　装	男子はゲートル、女子はもんぺに防空頭巾。年長児は鉄帽子、年少児は防空頭巾と非常袋、胸に名札。	ゲートル、もんぺ。
戦　後	'45・9、被災免れた校舎1棟で授業再開。'48・4、盲聾分離、県立豊橋盲学校、同豊橋聾学校となる。	'47・4、県立に移管、愛知県岡崎盲唖学校と改称。'48・11、盲聾分離し県立岡崎盲学校、同岡崎ろう学校。
沿　革	1898・7、私立拾石訓唖義塾創立。 1900・3、私立豊橋盲唖学校と改称。 '45・4、愛知県豊橋盲唖学校。	'03・8、私立岡崎盲唖学校創立。 '15・8、財団法人岡崎盲唖学校。 '52・3、明大寺町に校舎新築移転。

学校名(元)	69　三重県立盲啞学校	70　滋賀県立盲学校
現学校名	三重県立盲学校 三重県立聾学校	滋賀県立盲学校
空　　襲	津市下部田字北浦。'45下旬、津市空襲で被災免れる。	被害なし。彦根市尾末町。近隣をB29、艦載戦闘機が爆撃。
疎　　開	なし。	なし。
校　　舎	'45・9・15、裁判所、警察練習所、工業試験所が接収→一身田町の元県警察練習所を仮校舎として移転。	元・県立高等女学校の寄宿舎改築の古材で建てたので老朽化。
校　　庭	防空壕づくり。運動場や空地を畑にし、野菜栽培。	防空壕造成。畑にして甘藷等食糧増産。
寄 宿 舎	ノミ、シラミ発生し苦しむ。食糧不足が一番困った。男子舎生が配給受け取り。舎生が寮歌を作詞・作曲し合唱。	ノミ、シラミ発生し苦しむ。蚊に刺され、マラリア発病者続出。一室に火鉢一つ。
勤労奉仕・学徒動員	中等部男女生徒は陸軍病院、軍需工場、農村部でマッサージ治療奉仕。	農家に按摩奉仕。陸軍病院治療奉仕、卒業後同院のマッサージ師に採用された者もあり。校内で軍服解体作業。
食糧・燃料	とくに、寄宿舎は食糧不足。朝食は甘藷の粉の汁、昼食はゆでた馬鈴薯、夕食は米粒がついた芋めし。	寄宿舎の食事は特に'43以後極度に悪化。つぶした小麦、馬鈴薯、大根の雑炊など。炭焼き作業。
教育・行事	'43頃より戦時教育非常時対策として防空訓練、避難訓練、夜中行軍等。空襲のため'45・5・中旬～8・下旬、閉校。	出征兵士見送り・英霊出迎、護国神社へ必勝祈願参拝。身体鍛錬のための運動会。失明傷痍軍人4人入学。
教 職 員	空襲激化し、防空壕への避難で授業中止多し。食料買い出し。	「教育勅語」の点字速書競争。配給木炭受け取りに山奥まで出向く。点字用紙がなく他の用紙で間に合わせる。
服　　装	ゲートル、国防色の制服、校章のついた学生帽、学生服、もんぺ、防空頭巾。履物は運動靴、下駄。	ゲートル、国防色の制服、戦闘帽、もんぺ、防空頭巾。
戦　　後	'45・9・25、津市下部田の元校舎に復帰。'47・4、盲・聾分離、県立盲学校、県立聾学校となる。	'49・4、児童福祉法により新築の県立盲児療育入所施設・湖東寮を寄宿舎とする。
沿　　革	'21・4、私立三重盲啞学校創立。 '25・4、県立に移管、県立盲啞学校。	'08・5、私立彦根訓盲院創立。'24・7、私立彦根盲学校と改称。'28・4、県立に移管、県立盲学校。

学校名(元)	71　滋賀県立聾話学校	72　京都府立盲学校
現学校名	滋賀県立聾話学校	京都府立盲学校
空　　襲	被害なし。栗太郡草津町。	被害なし。京都市上京区鷹野花ノ坊2番ノ51。'42・4・18、京都市に初めて警戒警報発令。
疎　　開	なし。	なし。
校　　舎	創設期の校舎は郡農会の養蚕室で老朽化。'35・12、草津町郊外に校舎・寄宿舎新築移転（3038坪）。	'45・4、学舎を軍需工場に接収されたほか府立臨時女子医専が入所（'46・3まで）。
校　　庭	運動場や草津川の堤を耕して畑にし、甘藷、野菜づくり。防空壕造成。	'42・9、防空壕造成。戦中から戦後にかけ砂場、土俵も芋畑にした。
寄 宿 舎	食料不足。イナゴのおかず。特別配給あり。近所の農家、家庭からの提供も。	ノミ、シラミ発生し苦しむ。配給の食糧・燃料不足し炊事・暖房困難。
勤労奉仕・学徒動員	初等部5・6年生、中等部全員で応召家庭の農作業手伝い。育苗店で藷つる切り作業。中等部学徒、軍需工場に徴用。	'38頃から勤労奉仕始める。'45・6頃から中等部・研究科の鍼按科生が外来治療を始め、工場にも治療奉仕。
食糧・燃料	食糧・燃料不足。'42・11、全校生徒落穂拾い、約2斗。'44・5、甘藷苗植付け。'44・6、校地の茶を摘み製造。	食糧難で苦労。戦後も寄宿舎の食事を賄いきれず、時々帰省させて栄養を補う。
教育・行事	授業継続に努めるが絶えず中断。出征兵士見送り・英霊出迎え。軍事教練。戦中・戦後、授業継続。	'41・12、全国盲学生弁論大会で本校生徒優勝。戦時非常措置令により、'45・3・14～11・9、休校。
教 職 員	応召教員2人、戦死1人。'48・3・10、ヘレン・ケラー来日記念盲ろう教育研究会開催。	金属類回収令により創設者・古河太四郎胸像供出。
服　　装	ゲートル、国防色の制服、戦闘帽、男子は頭髪丸刈り。女子はもんぺ。	学生服の胸に氏名住所、動員票を装着、防空頭巾に氏名住所、血液型記す。ゲートル着用。
戦　　後	'45・9以降毎月1回研究授業。'46・8、甘藷盗難防止のため職員夜警。'47・5、ララ救援物資受給。	'48・9、京都府盲人協会再建→'61、京都ライトハウス発足。
沿　　革	'28・4、滋賀県立聾話学校創立。'49・4、滋賀県立湖南寮（児童福祉法による聾唖児施設）を寄宿舎とする。	1878・5、京都府（立）盲唖院創立→1889・12、京都市立盲唖院→'25・4、盲・聾分離、京都市立盲学校。

学校名(元)	73　京都府立聾唖学校	74　大阪府立盲学校
現学校名	京都府立聾学校	大阪府立南視覚支援学校
空　襲	被害なし。京都市上京区釜座通り椹本町下ル東裏辻町。	被害なし。大阪市住吉区山之内町旭1番地。たびたびの大阪大空襲から、周辺が畑のため被災免れる。
疎　開	有り。但し、建物疎開。'45・3・24、寄宿舎・食堂・教室の一部・職員室が戦時建物疎開として取り壊された。	'45・5、初等部は大阪府南河内郡富田林町廿山の長福寺、中等部は北河内郡津田町穂谷の長伝寺と西雲寺へ疎開。
校　舎	'45・3、戦時建物疎開のため校舎の大半が取り壊され、残りは大政翼賛会が転用。	'45・3、大阪海兵団分室になり海兵団員2000人宿泊。そのため戦後、校舎荒廃。
校　庭	運動場に大防空壕造成。耕して畑にし野菜・いも類栽培。	'44・5、防空壕造成。運動場の大半を耕地に。'46・5、校庭・周辺を再耕作。
寄宿舎	隣接地が警察本部長公舎のため、寄宿舎・食堂・教室の一部が引き倒された。	'42・12、物資配給制となり、主食欠配続く。空襲避難訓練繰り返す。ノミ、シラミ、蚊発生し苦しむ。
勤労奉仕・学徒動員	'38頃から勤労奉仕。中等部女子は軍人家庭の洗濯奉仕。男子は尼崎精工徴用、'45、電機会社校内工場に動員。	'42・9、産業戦士慰問開始。'44・5、鍼灸奉仕隊、農村慰問隊。'45・1、弱視生徒、大阪金属工業に動員。
食糧・燃料	物資切符制・米穀配給制では全く足らず、敗戦直後は買い出し、米軍の軍事用物資配給等で窮状をしのぐ。	主食欠配続き寄宿舎は経営困難に陥る。舎監ら窮状打開に全力傾注。'44・4、初等部で学校給食実施。
教育・行事	'39頃から木刀素振訓練、京都御苑内の宗像神社清掃。'45・3・14～10・9、予科・初等科は授業停止。軍事教練。	'37以後、武運長久を祈る行軍鍛錬。'39・9、全国盲学生体育大会で担架競争等。教育方針は体力増進と精神訓練。
教職員	'45・3・14、休校。予科・初等部教員は府食糧事務所へ転出。応召教員5人、戦死1人、戦災死1人。	応召教員あり。学校防衛に残留教職員と勤労動員生徒が従事。
服　装	同上。教職員は国防色の国民服着用。	'41・1、全教職員、国民服着用。ゲートル、防空頭巾、もんぺ。
戦　後	'45・10・10、予科・初等部授業再開。返還後の校舎・寄宿舎は破損・荒廃。	'45・9、参集生徒で授業再開。空き教室に教職員の罹災者等同居。
沿　革	'25・4、盲聾分離、京都市立聾唖学校→'31・4、府に移管、府立聾唖学校となる。	'14・10、私立大阪訓盲院創立→'25・3、天王寺盲学校と改称。'28・4、府に移管、大阪府立盲学校となる。

学校名(元)	75　大阪府立聾口話学校	76　大阪市立盲学校
現学校名	大阪府立生野聴覚支援学校	大阪府立北視覚支援学校
空　　襲	被害なし。大阪市東成区東桃谷町３丁目。'45・６・15、大阪大空襲で焼夷弾十数発投下、全て不発。	大阪市南区桃谷町。'45・６・15、空爆で講堂・寄宿舎焼失、校舎一部焼け残る。
疎　　開	'44・９～'45・10、予科は中河内郡、初等部は泉北郡と奈良県の天理教会、寺院。中等部は泉北郡の企業学徒寮。	'44・10・28～'45・10・15、初等部・中等部生、高槻市大字原の天理教清原分教会中村集会所に疎開。
校　　舎	疎開後の校舎の一部は軍需工場に接収。校舎は傾き支柱を建てた。廊下は波打ち壁は剥落。窓硝子損壊。	焼け残った桃谷校舎は海兵団が使用し破損・荒廃していたが、'45・10、授業再開。'48・５、東区安土町に移転。
校　　庭	戦後、教室は不足し、各学級は交替で青空の下で学習せざるを得なかった。	戦後も運動場を耕作し、甘藷等を栽培。いもづるの入った汁物を食す。
寄 宿 舎		ノミ、シラミ発生し苦しむ。疎開先でもノミ、シラミに苦しむ。
勤労奉仕・学徒動員	中等部男女生徒は疎開先の軍需工場和泉航空で飛行機の部品製造、熔接、旋盤の作業。	疎開しなかった中等部男女生徒は二葉電気ＫＫ、失明軍人会館に動員され電波兵器部品製造。
食糧・燃料	いずれも全く不足。特別配給を受けたこともあった。	食糧難。疎開先の食事はよもぎや芋づるの入った雑炊。炊事用の薪は山で木の枝を拾う。
教育・行事	'42、本校が主導してきた「能動学習」を「皇国民錬成能動教育」と提唱。中等部男子に銃を使わせて軍事教練。	'41・２、校友会児童部主催で大阪陸軍病院の失明軍人を招き学芸会。疎開先に学寮を設け授業継続。
教 職 員	'43・７、加藤亨初代校長の銅像供出。応召教員あり。	疎開先の学寮と本校とを１週間おきに勤務し、３日目位に宿直。
服　　装	国民服、ゲートル、もんぺ、防空頭巾。	国民服、もんぺ、防空頭巾。
戦　　後	'45・10、荒廃した校舎の修理に忙殺されながら、午前10時～11時30分、授業。学用品、暖房の燃料の不足。	インフレ、食糧難、交通難のため児童・生徒減少し、少数の教職員で授業。ララ物資配給。
沿　　革	'26・５、私立大阪聾口話学校創立。'33・４、府移管、同・６、府立聾口話学校→'54、府立生野ろう学校。	'00・９、私立大阪盲唖院創立→'07、市立大阪盲唖学校→'19、大阪市立盲唖学校→'23、大阪市立盲学校。

学校名(元)	77　大阪市立聾唖学校	78　大阪市立思斉国民学校(知的障害児学校)
現学校名	大阪府立中央聴覚支援学校	大阪府立思斉支援学校
空　襲	'45・6・15、大阪市天王寺区勝山通3丁目の勝山校舎全焼。死傷教職員・学童なし。	被害なし。大阪市豊里町1758番地。大阪大空襲で焼夷弾投下されたが不発。
疎　開	'44・6初旬～'46・1、主に初等部が、'39に身心鍛練用に香里の山間部に建てた香里道場学舎に疎開。	'45・4・15～'48・11・4、泉北郡南池田村国分の破損した青年修養道場を修繕し光明寮と呼び疎開。
校　舎	軍隊が一部を接収。校舎焼失し五条国民学校に仮事務所。'48・4、東区広小路町35の元東商業学校跡へ移転。	'43・3、旭区豊里町に新築移転。付近に高射砲陣地築かれ校舎の一部を軍が接収。
校　庭	'43、食糧増産のため校内の空地耕作し野菜栽培。	防空壕造成。戦後、いも畑、野菜畑として耕作。多くの山羊も飼育。
寄宿舎	食糧難。病気や怪我の学童が出た。'28～'30に教員、卒業生有志で聾唖者劇団「車座」結成、手話劇公演。	疎開地では児童50人余、教員3人、寮母2人、炊事員2人が一大家族として生活。
勤労奉仕・学徒動員	'44・6、全教員と初等部5年生以上が勤労奉仕。中等部の男子は軍需工場で兵器部品、女子は複写紙の製造。	なし。
食糧・燃料	全く足りなかった。	疎開先では配給少なく、馬鈴薯、豆が主食。米は週2日程。村民は精神薄弱児に冷淡で厄介視した。
教育・行事	'41、防空演習開始。'44・12、戦局悪化し残留学童の授業停止。手話教育含む実践。軍事教練。'44・3～'46・1、休校。	養護教育担任者養成講座開催。戦時体制下でも創設時からの個性尊重等の方針堅持。生徒と生活を共にした教育。
教職員	応召教員3人。'42・春、教員1人、戦死。校長高橋潔は聾教育会の重鎮で手話による教育も尊重。	'44頃、軍人会の「役に立たぬ子の学校を青年軍事訓練所に」の圧力に抗した。
服　装	'32、生徒の制服制定。国民服、ゲートル、戦闘帽、頭巾、もんぺ。	国民服、防空頭巾、もんぺ。
戦　後	'46・1、城東区の榎並小分教場に移転。学校再開の知らせを新聞に出す。'48・4、大阪市立聾学校。	'46・11、光明寮閉鎖、残留児を本校に収容。戦後数年間は食糧事情が最悪で、食糧増産の労作教育に力を集中。
沿　革	'23・4、大阪市立盲唖学校が盲聾分離し、大阪市立聾唖学校となる。'48・4、大阪市立聾学校と改称。	'40・6、大阪市立思斉学校創立→'42、市立思斉国民学校→'47、市立思斉小学校→'57、市立思斉養護学校。

学校名(元)	79　大阪市立助松郊外学園(病弱児学校)	80　堺市立境聾唖学校
現学校名	廃校	廃校
空　襲	被害なし。	'45・7・10、堺大空襲により全焼、校舎の壁のみ焼け残ったが使用できず。通学のための交通機関壊滅。
疎　開	なし。	なし。
校　舎	'32・5、大阪府泉北郡泉大津市の助松海岸に、大阪市教育会経営の身体虚弱児童の助松学園開園。	'40・5、堺市神明町東二丁26番地に独立した専用校舎竣工。予算は'41年度5966円、'42年度9006円計上。
校　庭		
寄宿舎	小学校3年生から6年生の虚弱児童を、期間3か月を原則として収容。	
勤労奉仕・学徒動員	なし。	不明。
食糧・燃料		
教育・行事	養護よりも鍛練に移行。'45、私立勝山小学校等が戦時疎開に使用。'45・6、軍隊の宿舎となり教育活動一時停止。	戦争の激化により、堺市は政府の方針に従い'45・4・1以降、国民学校を除く市立学校の授業停止。
教職員	生活習慣の確立、食事指導、安静、医療体操、太陽灯の照射等を行う。	予科1年・初等部6年・別科(成人聾者)1年の計8年制。'42年度は6学級、職員は校長、教員6人、嘱託医1人。
服　装		
戦　後	'45・5、戦災孤児等集団合宿教育所となり、孤児・貧困児童等に小学校教育実施。	'45・4以降休校、開校できず消滅。
沿　革	'40・1、大阪市立助松郊外学園。'45・9、市立郊外国民学校助松学園→'47・4、市立郊外助松小に助松学園併設。	'34・5、私立堺聾唖講習所創立。'41・4、堺市立堺聾唖学校となる。

学校名(元)	81　兵庫県立盲学校	82　兵庫県立聾唖学校
現学校名	兵庫県立視覚特別支援学校	兵庫県立神戸聴覚特別支援学校
空　襲	明石郡垂水区垂水町東垂水の農村。'45・3・6、6・5の空爆で近隣まで焼失したが被災免れる。	神戸市須磨区垂水町。'45・6・5、神戸大空襲で校舎・寄宿舎全焼。人的被害なし。
疎　開	なし。'44・1、神戸市立盲学校、'45・6、県立聾唖学校が疎開してくる。'45・7、県下の各地に疎開先探す。	'45・6・10～'45・7、県立盲学校へ疎開。'45・7～'47・2、垂水町の自治会館へ再疎開。
校　舎	転入生徒増え、寄宿舎に入舎しきれず教室を夜間に寝室にした。戦後は罹災教職員家族も同居。	垂水の校舎焼失後は港の見える私立学校跡を仮校舎とした。
校　庭	運動場に防空壕五カ所造成。建物のない空地は全て野菜園、いも畑にした。	
寄宿舎	'43、文部省の指令で集団疎開か寄宿舎への全員収容かを選ばされ、市街地から離れていたので後者を選択。	仮校舎には寄宿舎もあり。
勤労奉仕・学徒動員	'42より勤労奉仕と呼ばれる除草作業。中等部男子は学徒動員。	不明。教職員・生徒で仮校舎の自治会館の整備作業に従事。仮校舎前の山林で伐採と土運び。
食糧・燃料	'42年度に学校給食実施。食糧不足のため寄宿舎は粥食、いも食、粉食で少量。配給と家庭の援助にすがる。	食料不足。
教育・行事	'40、皇紀二千六百年を記念した校旗作成。点字毎日新聞社主催全国盲学校弁論大会で優勝。木銃使い軍事教練。	'27、手話部を廃し口話法のみに。'44・3、空襲激化し遠隔地の児童生徒の帰省が増え休校。通学生には授業継続。
教職員	空襲警報下、校舎から教職員・生徒が重要書類搬出。'47頃から自由疎開していた教職員も復職。	'42～'45に応召教員4人、その内、戦死2人。
服　装	国民服、戦闘帽、ゲートル、もんぺ、防空頭巾。	国民服、戦闘帽、ゲートル、もんぺ、防空頭巾。
戦　後	戦後数年間は食糧難が続き、いも畑づくり続く。失明傷痍軍人在学。	'47・2、垂水自治会館が失火で全焼し、県立盲学校へ第三次疎開。 '47・8、県立女子商業跡地に新築。
沿　革	'05・6、私立神戸訓盲院創立。'25・4、神港盲学校(旧神戸盲人技術学校)と合併し、県立盲学校となる。	'15・9、私立神戸聾唖学校創立→'20・4、私立神戸盲唖学校→'31・5、県に移管、県立聾唖学校となる。

学校名(元)	83　神戸市立盲学校	84　奈良県立盲唖学校
現学校名	神戸市立盲学校	奈良県立盲学校 奈良県立ろう学校
空　襲	神戸市林田区御崎町２丁目。'45・３・17夜、神戸市空爆で校舎全焼。疎開中で人的被害なし。	奈良市油阪町３丁目。'45・４頃、銃弾が校舎の屋根を貫通、一部破損。
疎　開	'45・１～'47・１、県立盲学校へ戦時学童集団疎開。疎開中の授業は午前中が県立盲学校、午後が市立盲学校。	なし。
校　舎	'39・５、元・神戸市立御崎小学校の建物を校舎として開設・運営。	民家を流用した二階建の校舎。１階は事務所、職員室。２階は実習室４室。
校　庭	防空壕造成。	運動場、教材園を畑にし、馬鈴薯、甘藷等を栽培。防空壕造成。
寄宿舎	創設時から寄宿舎を設けず全員が戦後まで通学生。	住宅難のため教員３、４人同居。ノミが多く眠れず苦しんだ。
勤労奉仕・学徒動員	不明。中等部・別科の生徒が防空壕掘りや家屋疎開跡の廃材を運搬し燃料等に使用。	奈良陸軍病院にマッサージ治療、出征兵士の家庭、木工所で勤労奉仕。中等部卒業生７人が軍属で戦死。
食糧・燃料	食料難、教科書、点字用の紙、鍼灸用の物資等不足。	食糧、燃料不足。木炭や薪の買い出しに大八車で山田まで出向く。
教育・行事	'41・９、学校報国隊結成、防衛訓練開始。出征遺家族に治療奉仕。'43・９、全国盲学生体育錬成大会で優勝。	極寒の中での剣道の練習、耐寒・耐暑の朝の駆け足、遠路夜行軍、戦闘服にゲートルを巻いての軍事教練。
教職員	空爆で校舎延焼中、自宅から駈けつけて重要書類搬出に協力した生徒あり。宿直は教員１人と生徒２人位で実施。	教職員も生徒も「勉強よりは食糧生産作業に精出す」。
服　装	男性教員はカーキ色の詰襟の制服、ゲートル、国民帽、鉄かぶと、女子はもんぺ、防空頭巾。	国民服、国民帽、ゲートル、もんぺ、防空頭巾。
戦　後	'47・１～'53・７、神戸市内の真野小学校の校舎の一部を改修し移転。	戦傷失明軍人が入学。ララ物資。'49・４、県立奈良盲学校、同聾学校。
沿　革	'39・５、神戸市立盲学校創立。	'20・３、私立奈良盲唖学校創立。'24・６、私立奈良盲学校と改称。'31・４、県立移管、県立盲唖学校となる。

学校名(元)	85　和歌山県立盲唖学校	86　鳥取県立鳥取盲聾唖学校
現学校名	和歌山県立和歌山盲学校 和歌山県立和歌山聾学校	鳥取県立鳥取盲学校 鳥取県立鳥取聾学校
空　襲	'45・7・9、和歌山市空襲、校舎・寄宿舎全焼し2人死亡。所在地は市の中心部の真砂町。寄宿舎分室、焼け残る。	被害なし。鳥取市湯所町131番地。
疎　開	あり。'46・2・1～'48・8・31、磯の浦海洋道場・同公会堂を仮校舎・寄宿舎。	なし。
校　舎	校舎全焼したため、休校となる。'48、盲・聾分離後も同じ敷地・校舎で同じ校長が両校を兼務。	白亜の校舎は空爆の的になるのを避けて黒く塗られた。'45、軍司令部が職員室等接収、校舎の半分は兵舎に。
校　庭	耕して畑にし甘藷、南瓜等、栽培。教員と中等部男女生徒とで防空壕づくり。	防空壕を数カ所造成。畑にして甘藷、馬鈴薯、南瓜、蕗、ひま等栽培。軍隊が教練。
寄宿舎	校庭に建てられている寄宿舎のほかに、門の外の民家を借用して「分舎」と呼び、中等部女生徒が入居。	'43・9・10、鳥取大地震で倒壊したのでバラックを建て戦時中も使用。軍隊が寄宿舎も接収、校長室を寄宿舎に。
勤労奉仕・学徒動員	中等部男女の聾生は工場で軍服を縫い、兵器工場で弾丸、魚雷部品製作。盲生男女は無医村で治療奉仕。	'44頃、聾部高学年男子土木科生が軍需工場で手榴弾の部品製作。'45、同男女全員が軍需工場で弾薬箱製作。
食糧・燃料	戦後も食料難。毎食、粥か雑炊、三日に一食位雑穀を混ぜたご飯。網引きを手伝い、こぼれ落ちる魚を貰う。	戦後も食料難続く。'47・2、浜村の農村で雪をかき上げて野菜掘り出す。食糧の買い出し。
教育・行事	遠足は神社の必勝祈願行軍。毎月8日大詔奉戴日は護国神社参拝。体育は教練。防空・避難訓練。日曜返上し修練。	'45・4、初等部3年生以下は休校。校舎が兵舎となり、2階に合併教室設け合同授業。心身鍛練主義の強化。
教職員	教材・教具不足。実習の鍼の使用制限。点字用紙は新聞帖り合わせ使用。	'45・9～'46年度、舎監の教員は1人で、学校の公務と兼務。
服　装	国民服、国民帽、ゲートル、もんぺ、防空頭巾。	国民服、国民帽、ゲートル、もんぺ、防空頭巾。
戦　後	'46・2、磯の浦海浜道場等で分散授業。'48・7、盲・聾分離、県立和歌山盲学校、同和歌山聾学校となる。	'48・4、盲聾分離、県立鳥取盲学校、同鳥取聾学校。同一校舎使用、校長兼務。
沿　革	'15・4、紀伊教育会附属盲唖学校創立。'18・4、県立移管、和歌山県立盲唖学校。'48年度、盲聾分離、義務化。	'10・7、私立鳥取盲唖学校創立。'19・9、鳥取盲唖学校と改称。'37・4、県立移管、県立鳥取盲聾唖学校。

学校名(元)	87　島根県立盲唖学校	88　岡山県盲唖学校
現学校名	島根県立盲学校	岡山県立岡山盲学校
	島根県立松江ろう学校	岡山県立岡山聾学校
空　　襲	被害なし。所在地、松江市外中原町。	岡山市西古松野。'45・6・29夜、岡山市大空襲で焼夷爆弾投下、教員、聾・弱視生徒の消火活動で被災せず。
疎　　開	なし。	なし。
校　　舎	'44・4、近隣の清光院の山腹に防空壕を弱視生徒も加わり造成。待避・防空訓練くりかえす。	'45・7、国民義勇隊が校舎の大半に駐屯。'45・8、鉄道部隊本部が駐屯。焼け出された人たちが宿泊。
校　　庭	校庭を畑にし、甘藷、南瓜等栽培。山を開墾し畑にする。	余す所なく畑にしいも等を栽培。校庭の松の木等を切り倒し防空壕に使用。
寄 宿 舎	ノミ、シラミ、蚊が発生し苦しむ。寝具、衣料不足。舎監の人数少なく学校の授業を兼ね激務。	'45・6、空襲翌日舎生全員が帰省。'45・10、寄宿舎再開。老朽化し窓硝子破損、寒風吹き込む。
勤労奉仕・学徒動員	中等部盲生は陸軍病院、日赤病院でマッサージ治療。同聾生は安来市の日立製作所で木工作業奉仕。	'42・7、盲部治療奉仕団が農村訪問。'45、中等部盲生が工場でマッサージ。同聾唖部生が工場へ動員。
食糧・燃料	戦後も食糧難のため校庭を畑にし、舎監と保護婦（後の寮母）が堆肥づくり。舎生が配給品を荷車運搬。	食料品・衣類が統制され、不足・不服の連続で舎生も舎監も疲れ切る。薪配給も月2回、煮炊きに足る程度。
教育・行事	出征兵見送り・英霊出迎え。陸軍病院で慰問学芸会・軍事教練。初等部の年少児は帰省。'45・4、入学停止。	校舎は部隊が駐屯したため寄宿舎の座敷を昼は教室、夜は寝室に使用。軍事教練実施。
教 職 員	'45・5、看護婦1人、'45・8・8、奉仕作業付添教員1人、出勤途中、汽車爆撃で即死。応召教員2人。	戦争末期には女性教員も2人ずつ宿直。応召教員2人、戦死1人。
服　　装	国民服、国民帽、ゲートル、もんぺ、防空頭巾。	教職員は国民服、国民帽、ゲートル、女性教員はもんぺに統一。男女生徒は防空頭巾。女子生徒はもんぺ。
戦　　後	'45・9頃、授業再開。'48・4、盲聾分離、県立盲学校、県立聾学校。同一校舎で校長は兼務。	食料難が続き、寄宿舎の食事は1日2回粥、副食物なく、塩をなめただけもあり。'48・4、盲聾分離。
沿　　革	'05・5、私立松江盲唖学校創立。'11・9、財団法人松江盲唖学校。'23・4、県に移管、県立盲唖学校。	'08・11、私立岡山県教育会付設盲唖院創立。'10、私立岡山盲唖学校→'27・4、県立移管、岡山県盲唖学校。

学校名(元)	89　広島県立盲学校	90　広島県立聾学校
現学校名	広島県立広島中央特別支援学校	広島県立広島南特別支援学校
空　　襲	広島市尾長町757番地。'45・3・19、機銃掃射。'45・8・6、原子爆弾投下、全焼。疎開中で人的被害なし。	広島市吉島本町。原爆投下、軍需工場として使用中の講堂全壊、校舎・寄宿舎半壊。疎開中で人的被害なし。
疎　　開	あり。空爆激化し、'45・4、双三郡田幸村の双三実業学校へ疎開。女子は校内に寄宿、男子は寺に合宿。	'45・4～'46・12、県中央部の高田郡吉田町の法専寺、浄円寺、蓮華寺に分散合宿。
校　　舎	建物は傾斜地に並んでつくられ、移転前の校舎・寄宿舎の一部を転用。	爆風で傾き破損した校舎・寄宿舎に被災者・傷病者が避難・死去、惨状を極めた。
校　　庭	山の麓に校舎があり、後ろの山を生徒たちと崩して整地し運動場に。	防空壕造成し、避難・防火訓練。疎開先の寺の中庭や参道の半分を耕し芋を植えた。
寄 宿 舎	疎開先では寺院を寄宿舎にしたが、狭く、乏しい食糧とシラミに悩まされた。	疎開先では、狭い御堂で布団をくっつけ合っての生活であり、衣類も不足し、特にシラミに悩まされた。
勤労奉仕・学徒動員	'44頃より、中等部3年生が2人ずつ1カ月交替で広島陸軍病院に外科の後療法のためにマッサージの奉仕。	疎開先では、初等部上級生・中等部生は田んぼを借りて稲作、荒地を開墾し野菜栽培。荷車で食糧買い出し。
食糧・燃料	食料不足。後ろの山を開墾して畑にし大根、甘藷等栽培。全盲生と弱視生とがペアとなり下肥をかついだ。	疎開先でも配給食糧では全く足りず農学校の野菜畑の手伝い、買い出し等に努めたが食事は芋づる雑炊等。
教育・行事	'44・7、県の盲学校・聾学校閉鎖の方針に存続を懇願。'45・2、県が疎開指示、疎開地探しに奔走。	'37～'41、軍事訓練が行われたが指導の教員が応召し中止。'44、学徒報国隊結成。鍛練重視、寒中往復行軍等。
教 職 員	失明傷痍軍人も在学し指導。疎開先では実業学校で授業、食糧調達。	疎開先では吉田町農学校や寺で授業。「コトバ」の指導は疎かにされなかった。応召教員4人、戦死1人。
服　　装	教職員は国民服、国民帽、ゲートル、女性教員はもんぺに統一。男女生徒は防空頭巾。女子生徒はもんぺ。	中等部以上の生徒の男子は国防色の制服、制帽、ゲートル、女子はもんぺ、防空頭巾。
戦　　後	'46・6、尾長町の校舎一部復旧し疎開先より戻る。'48・5、広島県盲学校と改称。	'46・5～12、校舎の第1期復旧工事。'46・12、疎開先より復帰。
沿　　革	'14、私立広島盲学校、同広島聾唖学校創立。'21、広島県立盲唖学校。'34、盲聾分離、県立盲学校、同聾学校。	同左。'48・5、学制改革で小学部・中学部・高等部に編成。広島県ろう学校と改称→'54・4、広島県広島ろう学校。

学校名(元)	91　山口県立下関盲唖学校	92　徳島県立盲聾唖学校
現学校名	山口県立下関南総合支援学校 山口県立山口南総合支援学校	徳島県立徳島視覚支援学校 同　徳島聴覚支援学校
空襲	被害あり。下関市大坪町。'45・7・2、下関空襲で校舎は全焼。寄宿舎は被災を免れ人的被害なし。	徳島市南二軒屋町。'45・7・3～4夜間、徳島市大空襲で校舎・寄宿舎全焼。直前に疎開、人的被害なし。
疎開	'45・5～10半頃、初等部1・2年生は家庭へ、3年生以上(中等部通学生は除く）は二俣瀬村の明専寺へ疎開。	あり。'45・7～'46・7、学校ぐるみで穴吹高女、富岡高女へ集団疎開。'45・7、両高女に分校を置き授業行う。
校舎	'42・1、西部派遣日和部隊が作法室使用。空爆に備え校舎の天井板剥がす。'43・3、創設者今富八郎の銅像供出。	数教室に本土決戦に備えた軍隊常駐し戦時色が校内にみなぎる。'45、軍人、援護会県支部委嘱で職業補導所設置。
校庭	'43・4、校地内の防空壕掘り始める→市有地の裏山に横穴式の大防空壕造成。'44、寄宿舎前グランドをいも畑に。	防空壕5カ所造成。防火避難訓練間断なく実施。畑にし南瓜等栽培。善通寺師団輸送隊物資集積所となる。
寄宿舎	'41・12、西部派遣日和部隊が2室使用。ノミ、シラミ発生し苦しむ。	ノミ、シラミ、回虫等発生。食糧・医薬品不足に困る。盲と聾、年長と年少の児童・生徒が協力して避難する訓練。
勤労奉仕・学徒動員	'38・2、中等部盲部、陸軍病院治療奉仕。'43・8、中等部・別科は軍需工場、特攻隊保養所で治療奉仕。	盲部は陸軍病院、農山漁村への治療奉仕。聾唖部は軍需工場で軍服製作。'20・5、海軍技療手に1名採用。
食糧・燃料	'41・5、学校の裏山を開墾し芋畑づくり。燃料不足のため、'44・11、市内の万勝院の裏山で自家製炭行う。	近郊の借用地で米作、荒地開墾し甘藷等栽培。薪炭用の雑木伐採に学校総出で行う。
教育・行事	'43・4、教育課程改訂し中等部・別科では正規に作業・奉仕・修練の時間設ける。体育科で軍事教練。	'43、聾、弱視生徒の歩兵銃の調練、分列行進を配属将校が検閲。'44、体操が体練となり、専ら軍事教練。
教職員	'42・9、近県失明軍人指導講習会始める。'43・3、職員宿泊錬成会。毎土曜日、職員修養会。'43・9、職員信条制定。	'44・12、降雪の山林で薪炭用の雑木伐採中、田中静一校長過労で倒れ死去。応召教員4人、戦病死1人。
服装	'41頃より男子生徒の服装もゲートル、戦闘帽姿みられる。女子生徒はもんぺ、防空頭巾着用。	男子生徒は緑色の国防服にゲートル、女子はもんぺ姿となる。胸には血液型、動員票、学校名、氏名の名札をつける。
戦後	'45・9、盲部は寄宿舎で、聾部は長府教育修養道場で教育再開。'48・4、盲聾分離、山口県盲学校、同聾学校。	'41・8、木造平屋1棟竣工、寄宿舎なく、寺院に下宿。'48・4、盲聾分離、徳島県盲学校、同聾学校となる。
沿革	'07・9、私立下関盲唖学校創立。'23・1、愛国婦人会山口支会下関盲唖学校と改称。'29・4、県立移管。	'05・10、私立徳島盲唖学校創立。'31・6、徳島県立盲唖学校となる。

学校名(元)	93　香川県立盲学校聾唖学校	94　愛媛県立盲唖学校
現学校名	香川県立盲学校 同　　聾学校	愛媛県立松山盲学校 同　　松山聾学校
空　　襲	高松市天神町。'45・7・4、高松市大空襲で校舎・寄宿舎は一部破損。舎生は教員の誘導で退避し無事。	一部被害。'45・7・26～27、松山市大空襲で焼夷弾十数個落下、教職員の消火活動で寄宿舎別室のみ焼失。
疎　　開	なし。初等部低学年生は帰省。綾歌郡栗熊の山村の寺院へ疎開準備。	なし。盲唖学校の所在地は松山市御幸町188番地。
校　　舎	軍隊が駐屯。大空襲の被災者が校舎・寄宿舎に運び込まれ「修羅の巷」と化す。	'45・7～8、松山陸軍病院傷病者約170人、本校教職員罹災家族等が校舎を利用。
校　　庭	防空壕造成し避難訓練を度々行う。	'36頃より軍人が使い始め。'38頃より増員。'44・1、校内各所に待避壕造り始める。戦争末期、高射砲の弾片落下。
寄宿舎	給食事情悪化し南瓜、ぬかパン等に減食。食器類は竹製またはベークライトになる。	'44・9、増築中の寄宿舎落成。食料不足のため舎生の帰省も数度となる。
勤労奉仕・学徒動員	'40頃から盲学校中等部生は農山村へ治療奉仕、海軍技療手として志願。聾唖学校は軍需品の竹製品生産。	'42、盲部出張治療開始。出征軍人家族慰問治療。'44・4、聾部、吉田浜海軍航空隊の掩体壕造り。
食糧・燃料	全く不足。	深刻な食糧難。教職員と児童生徒とで耕作し甘藷等栽培。終戦後、水田を借り稲作。畑を借り甘藷、みかん栽培。
教育・行事	盲学校は鍼管がアルミ製から竹製に。点字用紙に古雑誌使用。聾唖学校では「ウルシ」がなく、漆器作れず。	初等部を含む錬成教育強化。'40・4～'53、皇紀二千六百年記念学校林造成作業。'45・7～9、閉校、全舎生帰省。
教職員	心身鍛練の教育強化。軍事教練。応召教員1人。	勤労奉仕・学徒動員、舎生帰省の付き添い。防火活動。応召教員6人、戦死1人。戦後、軍籍者の出校一時停止。
服　　装	生徒もゲートル、もんぺ姿となる。	男性はゲートル、戦闘帽、女性はもんぺ。
戦　　後	'48・4、盲・聾分離、県立盲学校、同聾学校。'49・7、盲学校新築移転。'53・9、聾学校が高松市太田上町へ。	'48・4、盲聾分離し、愛媛県立盲学校、同聾学校となる。'52・8、愛媛県立松山盲学校、同聾学校と改称。
沿　　革	'08・4、私立香川県盲唖学校創立。'24・4、県立移管、香川県立盲学校聾唖学校となる。	'07・10、私立愛媛盲唖学校創立。'29・4、県立移管、愛媛県立盲唖学校。

学校名(元)	95　高知県立盲唖学校	96　福岡県立福岡盲学校
現学校名	高知県立盲学校 　同　　高知ろう学校	福岡県立福岡視覚特別支援学校
空　　襲	被害あり。'45・7・4未明、高知市大空襲で焼夷弾十数発投下、校舎・寄宿舎全焼。通学盲生1人爆死。	福岡市二見町2番地。'45・6・19、夜間、福岡市大空襲、被災免れる。
疎　　開	あり。'45・7・15、高岡郡黒岩村の国民学校に疎開。'45・8・31、疎開先より高知市愛宕町校舎に戻る。	なし。
校　　舎	'45・6、本校舎焼け跡にバラック校舎を建て移転。'45・9、高知市愛宕町に新校舎落成。	'34・9、本館・寄宿舎落成。 '41・11、奉安殿竣工。
校　　庭	教職員、弱視の生徒も加わって校舎周辺に防空壕造り。	防空壕造成。畑をつくり、野菜栽培。建国体操・青年体操で鍛練。
寄 宿 舎	ノミ、シラミ発生。食糧不足で栄養失調から罹病し死亡した舎生も。深夜でも防空壕への避難訓練。医薬品等不足。	老朽化し、終戦前後は破損した窓から風雪吹き込む。ノミ発生。上級生は下級生の世話をするが、制裁を加える者も。
勤労奉仕・学徒動員	'37・5～7、盲部中等部が日赤病院傷病軍人にマッサージ治療奉仕。漁港の工場・造船所で慰問治療。	'43夏、中等部治療報国隊を陸軍病院に動員。'44春、男子は工場・炭鉱で、女子は本校治療所で奉仕。
食糧・燃料	宇津野の山や校舎裏の竹薮を開墾し畑にして甘藷等栽培。農家を援農し食物を受給。	食糧難深刻。近所の田畑借り耕作。教員・生徒が太刀洗まで甘藷買い出し。塩の配給も少なく海水で補う。
教育・行事	'42・12、特設防護団の避難訓練を知事が表彰。'43頃より軍事訓練、防空演習。	'37頃から防空演習開始。毎月8日、神社参拝。'42・9、夜間強行軍。軍属として戦死した卒業生あり。
教 職 員	当番で寄宿舎に泊まり、空襲警報で防空壕に避難させる。高知市空爆で校長等9人の住居焼失。応召教員1人。	教員の中には生徒を鞭で腕を打つ者もいたが、人格的感化を与える者も。応召教員4人、戦死1人、戦傷1人。
服　　装	男性はゲートル、戦闘帽。女性はもんぺ。	「男子は戦闘帽にゲートルを巻き、女子はモンペ姿といった臨戦服装」へ。
戦　　後	'48・4、盲聾分離、高知県立盲学校、同聾学校となる。但し、校長は'52・7まで両校を兼務。	'46、'47は食糧難のため一時休校。アメリカの放出物資ララ物資で食糧事情好転。
沿　　革	'24・3、私立高知盲学校創立。'29・4、県立移管、高知県立盲唖学校。	'10・1、私立福岡盲唖学校創立。'24・4、県に移管、県立福岡盲唖学校。'31・4、盲唖分離、県立福岡盲学校。

学校名(元)	97　福岡県立福岡聾学校	98　福岡県立柳河盲学校
現学校名	福岡県立福岡聴覚特別支援学校	福岡県立柳川特別支援学校
空襲	福岡市新開町2丁目22番地。'45・6・19、夜間、福岡市大空襲で被災免れる。	被害なし。山門郡三橋村今古賀170番地。
疎開	なし。	なし。
校舎	'43から海軍施設部隊が駐屯し、寄宿舎半分と教室の一部を接収、軍と学校との同居は終戦まで続いた。	
校庭	防空壕を運動場、職員室前、奉安殿前に造成。畑を作り、甘藷・野菜等栽培。	畑をつくり、野菜等を栽培。
寄宿舎	警戒警報下、廃品で遮光した部屋で自習。夜間、頻繁に防空壕への避難訓練。	'37・4、保姆が制度化され、保姆1人任用、その後、寮母と改称。ノミ発生。上級生が下級生の面倒をみる。
勤労奉仕・学徒動員	農繁期に中等部高学年は農家や出征軍人家庭で勤労奉仕。	中等部生は農繁期に援農。'44・4から中等部生は工場、鉱山、無医村で鍼灸マッサージ治療奉仕。
食糧・燃料	食料不足は戦後も続き、校庭の空地、軒先を教員・生徒が耕作し、甘藷・野菜等栽培。2合5勺の配給米と雑穀の粥。	食料難。竹筒製食器に少量の芋飯、大豆粕で作った蒸しパン。おかずはおから。交替で帰宅し食糧持ち込み。
教育・行事	連日連夜、空襲警報発令され防空壕へ避難。通勤・通学時に米軍機に機銃掃射されるため休校、舎生は帰省。	戦時下でも休校にせず、勤労奉仕、防空壕避難の合間に授業。失明傷痍軍人入学増加。軍需工場の作業。
教職員	約30人の教員の大半は女性のため、女性教員が2人ずつ宿直。24時間、もんぺ姿で御真影守護、校舎防護、書類運搬。	戦時期の「福岡県柳河盲学校職員服務細則」に「耐久行軍、勤労奉仕、避難訓練」規程。応召教員5人、戦死1人、戦傷1人。
服装	男性は教員も生徒も国民服、ゲートル、戦闘帽。女性はもんぺ。繊維統制規則により衣料品購入票が必要。	ゲートル、戦闘帽、もんぺ。
戦後	'45・9、授業再開。インフレで生活困窮し、職業科のミシン、用布類が盗まれ、泊り込みで監視。	'48・5、福岡県立柳河盲学校と改称。
沿革	'10・1、私立福岡盲唖学校創立。'24・4、県に移管、県立福岡盲唖学校。'31・4、盲唖分離、県立福岡聾学校。	'09・5、私立柳河盲学校創立。'24・4、県に移管、県立柳河訓盲院。'25・4、福岡県柳河盲学校。

学校名(元)	99　佐賀県立盲唖学校	100　長崎県立盲学校
現学校名	佐賀県立盲学校 佐賀県立ろう学校	長崎県立盲学校
空　　襲	佐賀市水ケ江町。'45・8・5～6夜間、佐賀市初空爆で全焼。宿直教員・弱視生徒が全盲生約20人を田んぼに避難させた。	被害あり。'45・8・9、原爆で全壊。所在地は爆心に近い上野町237番地。多比良義雄校長は市内で被爆し死去。
疎　　開	あり。'45・9・1～'52・3・31.龍谷中学校→願正寺→上芦町の民家→多布施町の元・日東航機の青年寮跡。	あり。'45・6・23～'48・5・28、西彼杵郡長与村丸太郷の三菱療養所に疎開。中等部2年以下は自宅待機(内4人、原爆死)。
校　　舎	県立移管後も小規模同一校舎。管理棟は盲・聾学校教職員が一緒。教室は盲・聾に区分。各1階は低学年。	'35・7、長崎市の浦上天主堂近くに鉄筋コンクリート3階建校舎新築。'45・6～8、三菱造船所の軍需工場。
校　　庭	狭い運動場で体育指導は盲・聾合同の時もあり。防空壕造りと壕内留水汲出し作業。畑を作り、野菜栽培。	校舎裏の土手に教員・生徒で防空壕造成。寄宿舎から下肥を運び畑耕作。
寄 宿 舎	賄いの用務員夫婦を放課後、女子生徒が手伝い家庭的雰囲気あり。教員も交替で舎監となり昼夜勤務。	中等部生徒たちは農家へ食糧買い出しに行き、腐ったトロ箱を燃料として配給され大八車で運ぶ。
勤労奉仕・学徒動員	聾部では'44頃より、軍需工場が割り当てた軍服縫製に洋裁科の教員・生徒が従事。	'38、自彊奉仕団結成。自彊の誓い宣誓し、日曜ごとに護国神社の整地の奉仕作業。長与、喜々津の農家へ慰問治療。
食糧・燃料	食糧不足。雑炊やすいとん。外米、とうもろこし、稗、粟、麦等。教職員の家庭からの食料で飢えを凌ぐ。	食糧難。長与駅前の配給所へ配給食糧を大八車で受けとりに行く。雨の日に農家の畑からいもを盗み食いも。
教育・行事	各教室の間仕切は衝立で隣室の授業が聞こえる。間仕切を外し盲・聾合同の式行う。昼夜の避難消火訓練。	'42・4、校友会を報国団に改組。修学旅行で嬉野の陸軍病院に治療奉仕。戦後は青年団の演芸会に参加。
教 職 員	指導日誌を毎週提出し、研究授業を行った。'45頃より女教師も宿直。応召教員5人。戦死1人、戦傷1人。	戦争末期には、応召する兄を見送るための帰省を認めなかったり、通学生には寒中でも素足の登校を強制する教員も。
服　　装	ゲートル、国民服、戦闘帽、もんぺ。通学時は防空頭巾被り、救急袋携帯。	男性教員・生徒は制服が国民服、ゲートル。女性教員・生徒はもんぺ。
戦　　後	'45・9～10、龍谷中、'45・11～'47・1、願正寺、'47・2～3、上芦町の民家で授業。'47・4、盲聾分離。	'48・5、大村市乾馬場郷(古町)の海軍航空廠女子工員寄宿舎跡へ移転。'49・8～'55・3、上野町へ移転、ろう学校と分離。
沿　　革	'06・7、佐賀盲唖学校創立→'15・3、閉鎖。'24・10、私立佐賀盲唖学校開校。'34・4、県に移管、県立佐賀盲唖学校。	'98(明治31)・9、長崎盲唖院創立→'00・12、私立長崎盲唖学校→'24・7、盲聾分離→'29・4、県立盲学校。

学校名(元)	101　長崎県立聾唖学校	102　熊本県立盲唖学校
現学校名	長崎県立ろう学校	熊本県立盲学校 熊本県立聾学校
空　襲	被害あり。長崎市上野町。分校の県立工業学校の残留組担当の女教員２人と未疎開の予科の幼児十数人爆死。	熊本市出水町937番地。'45・６・30～７・１、夜間、熊本大空襲、被災免れる。
疎　開	あり。'45・５～'47・５、分校の工業学校の教員・予科以外は島原半島の南高来郡加津佐町の漁村部へ疎開。	あり。'45・7～9、熊本県下益城郡砥用町の山間部の青年道場に中等部３・４年生の希望者疎開。米軍機の機銃掃射あり。
校　舎	疎開先の海水浴場に面した三菱造船所の元・外人用宿泊所を仮校舎とした。疎開した頃の在籍者は約54人。	'41・9、失火で校舎・寄宿舎焼失→'42・12、盲唖学校新築。'45、空爆に備え教室天上板外す。舎生大半帰省。軍隊駐屯。
校　庭	疎開先の加津佐町の仮校舎の荒地を開墾し、野菜、いも等を栽培し、麦や米も収穫。	庭の中央は聾部生の活発な遊び場、周囲の木蔭・芝生は盲部生の語らいの場。タコツボ防空壕、用水池造成。
寄宿舎	夜間に空襲警報が発令されると、畳を踏んで聾唖生を起こし防空壕へ避難。	７歳～40歳位の舎生が十数人１室の同居生活。月１回、室ごとの親睦会。ノミ、シラミ発生。「寮母」なく、炊事婦１人。
勤労奉仕・学徒動員	疎開先の加津佐の仮校舎や戦後の大村市の仮校舎では連日、勤労作業に追われる。	不明。中等部半盲生も食糧増産。日曜日も月２回は甘藷、南瓜、そら豆植え。夏休み後、繁った雑草抜き。
食糧・燃料	食糧不足。疎開先の加津佐町の仮校舎ではニラを摘み、海草を採集し食事に供した。	食糧難で常に飢餓感あり。食事は甘藷の粉団子、甘藷の茎。木炭なく火の気なしの冬を２度過ごす。
教育・行事	軍国主義教育が強まり、竹槍訓練、救護訓練、防空消火訓練。校長は「学校は皇国民錬成の道場」と説く。	'40・５、市公会堂で学芸会開催。'40・11、紀元二千六百年奉祝旗行列参加。'45・５頃より空爆激化し休校。
教職員	家庭の都合で疎開できぬ児童のため教員５人が県立工業学校仮校舎で授業。空爆激化し原爆投下前に中止。	'44頃、校長が「盲生はできることをして戦力になろう。」と訓辞。応召教員５人、戦死３人、戦病(マラリヤ)１人。
服　装	男性教員・生徒は、制服が国民服、戦闘帽、ゲートル。女性教員・生徒はもんぺ。	教員も生徒も防空頭巾、ゲートル。女生徒はもんぺで、常に空爆に備えた服装で授業。
戦　後	'47・５、大村市の海軍航空廠女子工員寄宿舎跡へ移転。'48・５、大村市の同寄宿舎跡で盲聾併舎。	'45・9、疎開から帰省、10、授業再開。ララ物資受給。'47・４、盲聾分離、県立盲学校、同熊本聾学校。
沿　革	長崎県立盲学校と同じ。'24・７、盲聾分離、長崎聾唖学校。'29・４、県に移管、県立聾唖学校。	'11・９、私立熊本盲唖技芸学校創立。'19・９、熊本盲唖学校と改称。'26・４、県に移管、県立盲唖学校となる。

学校名(元)	103　大分県立盲啞学校	104　宮崎県立盲学校
現学校名	大分県立盲学校 大分県立聾学校	宮崎県立明星視覚支援学校
空　襲	大分市金池町三丁目。'45・7・16～17、夜間、大分市大空襲で寄宿舎焼失。職員・舎生で本館延焼をくいとめる。	被害なし。宮崎市上別府町（末広町）2丁目。'45・8・10～12、宮崎市空襲。戦災戸数2394戸、同人口9157人。
疎　開	'45・5～'46・3、全盲生・女生徒全員が大分市挾間町の竜祥寺、即願寺に疎開。男子弱視生は残留し、勤労作業、防護訓練。	あり。'45・6～'46・2、宮崎県西諸県郡野尻村紙屋の畑地4反をもつ民家購入。初等部年少児・中等部病弱者は帰省。
校　舎	火災を免れた校舎に大分裁判所臨時執務所開設。焼夷弾落下に備え天井板はがす。	県当局の方針で疎開中は宮崎商業学校に貸与。軍隊が一時期、宿舎に使用。'48・2、宮崎市神宮町へ移転。
校　庭	防空壕造成。校庭全体を畑にし、甘藷、南瓜、馬鈴薯、茄子、大根等栽培。	運動場なし。
寄宿舎	寄宿舎焼失し新川の軍需工場跡に移転。昼は初等部の授業、夜は生徒の宿舎に使用。ノミ、シラミ発生苦難。	ノミ、シラミ発生。医薬品、寝具・衣料等不足し困った。寄宿舎として、'54・4、盲児福祉施設「明生学園」設置。
勤労奉仕・学徒動員	中等部の聾部と残視生徒は砲弾移送作業。軍需工場の木工作業。農家の援農奉仕。陸軍病院への施療奉仕。	中等部鍼按科の男女は軍の病院に治療奉仕。全盲生は舎屋で炊事、わら草履づくり等。弱視生は畑で甘藷等栽培。
食糧・燃料	食糧難。校庭の畑の収穫物で補う。副食として、四斗樽に海水を汲み青菜を入れ、大八車で疎開先まで運搬。	食糧難。米・麦等は全く不足。食事は殆ど芋粥で塩気不足のため皮膚病に罹患する舎生も出た。
教育・行事	艦載機グラマンの掃射激しく授業困難。兵役体験教員が中等部男子に銃剣術・竹槍訓練等の軍事教練。	教材・教具不足。点字紙なくザラザラの厚紙使用。疎開前46人の生徒は21人、教員は10人から5人に減少。
教職員	午前中は疎開先の授業援助、午後は本校残留児の指導。応召教員1人。	疎開から戻った教職員は窓硝子が盗まれ、寄宿舎も畳が剥がされ、荒廃した校舎の復旧に尽力。
服　装	教員は国防色の国民服とそうでないものと統一されず。大半が詰襟服。女教師・女生徒はもんぺ。	国防色の制服、戦闘帽、もんぺ。
戦　後	'45・7～9、授業休止し、防空壕撤去、校庭整備、炊事場造成。'48・4、盲聾分離、県立盲学校、同聾学校。	'46・5半ば、ようやく学校再開。生徒は、'46は47人、'47は62人に増加。'48・4、県立ろう学校延岡分校設置。
沿　革	'08・6、私立大分盲啞学校創立→'11・4、大分県教育会附属大分盲啞学校→'21・4、県に移管、県立盲啞学校。	'11・2、日向訓盲院創立。'31・4、宮崎県立代用盲学校となる。'35・4、県立に移管、宮崎県立盲学校となる。

学校名(元)	105　宮崎県立聾唖学校	106　私立延岡盲唖学校
現学校名	宮崎県立都城さくら聴覚支援学校	宮崎県立延岡しろやま支援学校
空襲	被害なし。都城市宮丸町。学校の近くの飛行場を中心に米軍機の襲撃を受けたが被弾・被災せず。	被害なし。延岡市岡富町131番地。
疎開	あり。空爆が激化したため、短期日、山田町に疎開。	なし。
校舎	校地は低地のため、毎年夏の水害で校舎は床まで浸水することが多かった。	'43･10、大洪水により五ヶ瀬川の堤防決壊、校舎1階まで浸水、机・椅子等流出、校舎の土壁等剝落、大損害。
校庭		洪水による泥水により運動場使えず。
寄宿舎	戦時期、舎生は約40人。施設・設備不備。'54・4、寄宿舎「高千穂学園」(児童福祉法の盲ろう唖児施設)設置。	畳の代わりに筵を敷く等、生活は困窮を極めた。'48・11、寄宿舎「鐘明寮」新築。
勤労奉仕・学徒動員	不明。	なし。
食糧・燃料	食糧不足のため、舎監は車を引いて買い出しに行ったが、栄養失調から皮膚病に罹患した舎生も出た。	困窮を極めた。
教育・行事	'34頃の生徒数は約60人、教職員室・普通教室8室、木工室・理容室等もでき、校長は県立移管を接衝。	洪水被害からの復旧の困難と戦局の悪化により物資が欠乏し、閉校寸前であった。
教職員	'48年度、盲ろう教育義務制が小学部第1学年より逐年実施となり、教員は就学勧誘・奨励にとりくむ。	敗戦後の混乱から各種補助金の支給が殆ど途絶え、教職員の給料未払いが続いた。父母が学校存続運動。
服装		
戦後	'49・12、都城市横市町(都原町)に移転。'50・3、校舎・寄宿舎新築。	'48・4、県に移管、県立盲学校、県立都城ろう学校延岡分校設立。'55・4、県立延岡ろう学校として独立。
沿革	'27・9、都城聾話学院創立→'29・2、私立都城聾話学校→'31・1、県立代用聾話学校→'35・4、県立聾唖学校。	'28・7、延岡訓盲学舎創立。'29・7、私立延岡盲唖学校となる。

学校名(元)	107　鹿児島県立鹿児島盲唖学校	108　沖縄県立盲聾唖学校
現学校名	鹿児島県立鹿児島盲学校 同　　鹿児島聾学校	沖縄県立沖縄盲学校 同　沖縄ろう学校
空　　襲	鹿児島市草牟田町3873番地。'45・6・17、鹿児島市大空襲で寄宿舎、舎監住宅1棟焼失。児童1人死亡。	島尻郡真和志村字古波蔵。'44・10・10、那覇市大空襲では被災を免れたが、'45・2、空爆で全焼、休校。
疎　　開	なし。	'45・3、高橋福治校長は疎開地探しのため郷里の宮崎に戻ったが、戦況悪化し、教職員・生徒渡航できず。
校　　舎	'45・2、軍の駐屯地に指定され宿泊部隊到着。'45・6、校舎の半分を焼失した県立病院等に提供。	盲部は校地600坪。寄宿舎1、教室3室等。校舎の大半を海軍人事部、大政翼賛会が使用。
校　　庭	伊敷にある農場で小麦栽培。校庭を耕し、甘藷・里芋・馬鈴薯栽培。	校地内に防空壕を掘り、避難訓練頻繁に行う。耕作し芋・野菜等栽培。
寄 宿 舎	ノミ・シラミや回虫も発生し、海人草服用し寄生虫駆除。'50・3、寄宿舎として盲聾福祉施設「三光園」設置。	灯火管制、防空訓練が日常的になる。初等部生は'44・10の初め頃、帰省。中等部は授業続行。
勤労奉仕・学徒動員	'39・8及び'40・7、他の中学校等と共に霧島参拝道改修作業。'45・6、学徒義勇戦闘隊結成。	戦時体制下で生徒たちは夜の流し按摩で資金を作り慰問袋を戦地へ送ったり、兵士たちに按摩・マッサージ奉仕。
食糧・燃料	食糧難は戦後も続き、配給は一日一食分程度。主食は甘藷、馬鈴薯、メリケン粉、カタクリ粉等。	食糧困窮。家族や生徒の食糧も欠乏。食糧をはじめ生活必要品は統制購入となり、主食は殆ど毎日、いもご飯。
教育・行事	'45・4・15、空爆に備え学校閉鎖、児童生徒は帰省。'45・10、授業再開、校舎貸与し残りの教室で授業、合宿。	盲部と聾唖部は数百メートル離れていた。授業は部ごとに行い、学校の行事は盲部校舎で実施。'44末、授業停止。
教 職 員	教職員は学校閉鎖後も学校管理と畑で生産活動。応召教員1人。	中等部生と教職員だけが校舎に残留していたが、県民4人に1人の生命が奪われる悲惨な地上戦で極限状況に陥った。
服　　装		
戦　　後	ララ物資の配給を荷車で遠くまで受け取りに行く。'48・4、盲聾分離、県立鹿児島盲学校、同鹿児島聾学校。	'48・秋、沖縄盲人協会等が中心となって再建を軍民両政府に陳情。'51・8、学校と福祉施設を兼ねた沖縄盲唖学校再建。
沿　　革	'00(明治33年)・7、鹿児島聾唖学院創立。'03・3、鹿児島慈恵盲唖学校となる。'29・4、県に移管、県立鹿児島盲唖学校。	'20・4、私立沖縄訓盲院創立。'24・4、私立沖縄聾唖学校創立。'43・4、両校合併、県立盲聾唖学校となる。

清水寛（しみず・ひろし）
1936年、東京都生まれ。埼玉大学名誉教授（障害者教育学）。全国障害者問題研究会顧問。『セガン知的障害教育・福祉の源流』全4巻（日本図書センター、2004年、編著、第24回社会事業史学会文献賞受賞）、『日本帝国陸軍と精神障害兵士』（不二出版、2006年、編著）、『資料集成　戦争と障害者』全7冊（不二出版、2007年、編集）、『ハンセン病児問題史研究』（新日本出版社、2016年、編著）、『資料集成　精神障害兵士「病床日誌」』全3巻（六花出版、2017年、共編）など著作多数。

太平洋戦争《たいへいようせんそう》下《か》の全国《ぜんこく》の障害《しょうがい》児《じ》学校《がっこう》——被害《ひがい》と翼賛《よくさん》

2018年10月15日　初　版

著　者　清　水　　寛
発行者　田　所　　稔

郵便番号　151-0051　東京都渋谷区千駄ヶ谷 4-25-6
発行所　株式会社　新日本出版社
電話　03（3423）8402（営業）
03（3423）9323（編集）
info@shinnihon-net.co.jp
www.shinnihon-net.co.jp
振替番号　00130-0-13681

印刷　光陽メディア　　製本　小泉製本

落丁・乱丁がありましたらおとりかえいたします。

ISBN978-4-406-06284-8 C0037　Printed in Japan